Thomas Kunze · Thomas Vogel (Hg.)
**Oh Du, geliebter Führer**

Thomas Kunze · Thomas Vogel (Hg.)

# Oh Du, geliebter Führer

Personenkult im 20. und 21. Jahrhundert

Ch. Links Verlag, Berlin

Die Deutsche Nationalbibliothek verzeichnet diese Publikation
in der Deutschen Nationalbibliografie;
detaillierte bibliografische Daten sind im Internet
über www.dnb.de abrufbar.

1. Auflage, November 2013
© Christoph Links Verlag GmbH
Schönhauser Allee 36, 10435 Berlin, Tel.: (030) 44 02 32-0
www.christoph-links-verlag.de, mail@christoph-links-verlag.de
Umschlaggestaltung unter Verwendung folgender Fotos:
Vorderseite/oben: Jugendliche jubeln Adolf Hitler zu (entnommen:
Sammelalbum »Adolf Hitler«, hg. vom Cigaretten/Bilderdienst Altona
Bahrenfeld (1934), Archiv des Verlags)
Vorderseite/unten: Nordkoreanische Offiziere verbeugen sich vor einem
Bild des verstorbenen Kim Jong Il (picture-alliance/AP Images,
Ng Han Guan)
Rückseite: Statue des turkmenischen Präsidenten Saparmurat Nijasow
in Aschgabat (Hubert Kemper)
Satz: Ch. Links Verlag, Berlin
Druck und Bindung: Druckerei F. Pustet, Regensburg

ISBN 978-3-86153-734-2

# Inhalt

»Händchen falten, Köpfchen senken,
immer an den Führer denken!« 9
*Einleitung von Thomas Kunze
und Thomas Vogel*

## I. DIE PERSONEN

### Die großen Diktatoren

Adolf Hitler –
Führerkult im Nationalsozialismus 15
*Thomas Grimm*

Josef Stalin –
Die »strahlende Sonne der Völker« 35
*Markus Herbert Schmid*

Mao Zedong –
Ein Toter, 22 Liter Formaldehyd und ein Mythos 53
*Thomas Awe*

### Kommunistische Nachahmer

Nicolae Ceaușescu –
»Er ist der Honig der Welt!« 73
*Thomas Kunze*

Die Kim-Dynastie –
»Mehr Mutter als alle Mütter der Welt«   93
*Vera Lengsfeld*

Enver Hodscha –
»Knie an Knie mit dem Volk«   109
*Thomas Schrapel*

Josip Broz Tito –
Der Sonnenkönig an der Adria   125
*Veronika Wengert*

Arbeiter-Präsident Wilhelm Pieck,
Sozialismus-Baumeister Walter Ulbricht,
Freizeit-Jäger Erich Honecker –
Personenkult in der DDR   135
*Thomas Grimm und Thomas Kunze*

**Populisten und Kultfiguren**

Kemal Atatürk –
Der »Vater der Türken«   151
*René Sternberg*

Evita Perón –
Die Heilige, die nicht sterben darf   159
*Christoph Wesemann*

Fidel Castro und Hugo Chávez –
Der ewige Revolutionär und sein Schüler   171
*Nikolaus Werz*

Nelson Mandela –
Der »Speer der Nation«   189
*Carsten Scharffetter*

**Nationalisten, Militärkarrieristen und religiöse Führer**

Rafael Trujillo –
»El Jefe« (»Der Chef«)  199
*Nikolaus Werz*

Ayatollah Khomeini –
Der islamische Revolutionsführer  211
*Arash Sarkohi*

Muammar al-Gaddafi,
Zine el-Abidine Ben Ali
und Husni Mubarak –
Die arabischen Despoten  227
*Andreas Jacobs*

Saparmurat Nijasow (»Turkmenbaschi«) –
Neue Götter in Mittelasien  239
*Hubert Kemper und Peter Boehm*

**Monarchen und ein selbsternannter Kaiser**

Kaiser Willhelm II. –
»Der beste Herr, den Preußen jemals hatte«  253
*Martin Sieg*

Kate als heilige Kuh –
Personenkult in der parlamentarischen
und konstitutionellen Monarchie  265
*Alexander von Schönburg*

Kaiser Bokassa I. –
Der Napoleon Afrikas  275
*Reinhart Bindseil und Thomas Kunze*

## II. DAS PHÄNOMEN

»Hurra, Mr. President« –
Personenkult, Massenmedien und Demokratie   286
*Thomas Vogel*

Die toten Augen sehen alles –
Führer-Monumente im Sozialismus   296
*Michael Schindhelm*

Göring als Harlekin und
der Kaiser in Porzellan –
Kunst und Personenkult in Deutschland   304
*Ingeborg Becker und
Stefan von Finckenstein*

Die Droge Macht –
Warum Personenkult nicht aussterben wird   318
*Thomas Kunze und Thomas Vogel*


### Anhang
Bildnachweise   327
Informationen zu den Herausgebern und Autoren   329

# »Händchen falten, Köpfchen senken, immer an den Führer denken!«

## Einleitung von Thomas Kunze und Thomas Vogel

Adolf Hitler war im Deutschland der dreißiger und vierziger Jahre allgegenwärtig. »Händchen falten, Köpfchen senken, immer an den Führer denken. Er gibt euch täglich euer Brot und rettet euch aus aller Not.« Unter diesem Motto betrieb die Nationalsozialistische Volkswohlfahrt im Dritten Reich ihre Kindergärten. Josef Stalin war in der Sowjetunion omnipräsent. Auch dort gehörte ausgeprägter Personenkult zum gängigen Machtinstrumentarium. Noch heute stehen wir fassungslos vor der Frage, wie im März 1953, als der Massenmörder Stalin starb, Millionen Menschen in eine wahre Trauerhysterie fallen konnten.

Personenkult ist kein Phänomen der Moderne, er ist nicht ausschließlich auf kommunistische Systeme begrenzt, und es gibt ihn auch in Demokratien. Es gab ihn bei den Pharaonen in Ägypten sowie unter Cäsar und anderen Kaisern im Römischen Reich. Seit es politische Führer gibt, gibt es auch deren kultartige und glorifizierende Verehrung und Bewunderung. Die manipulativen Techniken und zeremoniellen Praktiken moderner Personenkulte weichen dabei prinzipiell nicht von denen vergangener Jahrhunderte und Jahrtausende ab. Nur die Mittel und Methoden wandelten sich im Laufe der Zeit.

So diente zunächst vor allem Kunst als Instrument der Heroisierung und Mystifizierung, etwa in heldenhaften Skulpturen und in Gemälden mit siegesgewissen Posen. In der Poesie wurden Allmächtigkeit und Stärke des Führers gepriesen. Mit dem Aufkommen des Buchdrucks und – Jahrhunderte später – neuer Medien wie Radio, Fernsehen und schließlich Internet veränderte sich lediglich die technische Qualität dieser auf Faszination, Manipulation und Emotion gerichteten Herrschaftsform.

Kulthafte Führerverehrung, die über eine längere Periode anhält, war in der neuesten Geschichte vor allem Teil autoritärer oder diktatorischer Systeme. Insbesondere faschistische und kommu-

*Vergoldete Statue Saparmurat Nijasows (»Turkmenbaschi«) in Aschgabat.*

nistische Diktaturen boten im 20. Jahrhundert immer wieder den ideologischen Humus, auf dem der Kult um einzelne Führerfiguren gedeihen konnte. Gerade in der Zeit des Kalten Krieges florierten Personenkulte auf nahezu allen Kontinenten dieser Erde. Der geografischen Streuung wird auch in diesem Band Rechnung getragen. Auch heute finden wir in einigen Weltgegenden noch eine kulthafte Verehrung von Staatschefs. In Turkmenistan nahm die Herrschaft des inzwischen verstorbenen »Turkmenbaschi« absurdeste Formen an. In Aschgabat, der turkmenischen Hauptstadt, drehte sich ein vergoldeter Führer auf einem Denkmalsockel mit dem Verlauf der Sonne. Nicht weniger bizarr und gleichsam bedrohlich ist die seit Jahrzehnten bestehende Herrschaft der Familie Kim in Nordkorea, derzeit ausgeübt durch den »hervorragenden Führer« Kim Jong Un. Für eine Prognose, ob der Personenkult ein Auslaufmodell ist, ist es noch zu früh. Der fundamentalistische Islam entwickelt sich zunehmend zur dritten totalitären Bedrohung. Totalitäre Staaten sind besonders anfällig für Herrscherkult. Niemand weiß, wer auf gestürzte arabische Potentaten wie Husni Mubarak, Ben Ali oder Muammar al-Gaddafi folgen wird.

Protagonisten des Personenkults betreten die politische Bühne in der Regel nicht mit leeren Händen, sondern mit einem Angebot. Sie schmieden Staaten wie Mao in China, sie vereinen Nationalitäten wie Tito in Jugoslawien, sie bedienen soziale Gleichheitsträume wie die Peróns in Argentinien oder sie instrumentalisieren religiöse Gefühle wie Ayatollah Khomeini im Iran. Ob zufällig oder zwangsläufig erworben, ob verdient, erzwungen oder erheuchelt – Personenkult ist ein Teil menschlichen Verhaltens, seit die Horde der Steinzeit das Bedürfnis verspürte, sich zur besseren Regelung ihrer kollektiven Angelegenheiten einen Anführer zu erwählen. Die Autorität, die von Führern ausgeht, prägt in allen Gesellschaftsformen die Verhaltensmuster ihres Gefolges. Staatenlenker zeigen aber in der Regel dann eine Vorliebe für Personenkult, wenn es ihnen an demokratischer Legitimation fehlt. Er ist wie eine Droge, die zur Festigung der Macht dient, aber auch zur Befriedigung persönlicher Begierden. Parallel zum Personenkult dominieren oft Claninteressen und Bereicherungssucht das politische Handeln. Rafael Trujillo (Dominikanische Republik) steht stellvertretend dafür, aber auch Jean Bédel Bokassa, der selbstgekrönte Kaiser von Zentralafrika. Und auch andere versuchen zu profitieren: Lakaien dienten solchen Figuren immer wieder in vorauseilendem Gehorsam, um sich im Lichte der Macht zu sonnen, Poeten dichteten Reime, um ihnen zu gefallen, Musiker komponierten Hymnen, um ihnen zu huldigen, Architekten entwarfen Paläste, um den Ruhm ihrer Führer in Stein zu meißeln. Personenkult braucht nicht nur Führer, sondern auch diejenigen, die folgen.

»Alle Tiere sind gleich, aber manche sind gleicher«, so steht es am Scheunentor in George Orwells berühmtem Roman »Animal Farm« (»Farm der Tiere«), geschrieben im Jahr 1945: eine ironische Betrachtung über das Machtverhalten von Menschen. Und eine Warnung davor, wie schnell Macht Menschen korrumpieren und unbeschränkte Macht in Größenwahn und Grausamkeit enden kann. Das vorliegende Buch widmet sich der Geschichte des Personenkults im 20. und 21. Jahrhundert. Die wichtigsten und schillerndsten Repräsentanten dieses politischen Phänomens sind in diesem Buch vertreten. Wir stellen die Fragen: Wie kann es geschehen, dass sich Millionen Menschen einem System der Alleinherrschaft fügen, so dass sie dem einen – zum Beispiel Hitler – bis in den Untergang folgen, und den anderen – zum Beispiel Stalin –

*Der nordkoreanische Diktator Kim Jong Un umringt von begeisterten Frauen (2012).*

bei seinem Tod hysterisch beweinen? Was sind das für Persönlichkeiten, um die ein Kult bis zur Lächerlichkeit getrieben wird? Wie erklärt sich die paradoxe Mischung aus Charisma, Verehrung und Unterwerfung einerseits sowie Verachtung, Brutalität und Größenwahn andererseits? Woher nehmen die Führergestalten ihr Sendungsbewusstsein? Was sind die Mechanismen ihrer Selbstinszenierung? Glauben sie im Ernst an die Liebe des Volkes und ihren geschichtlichen Auftrag, oder ist es der süchtigmachende Genuss von Machtritualen? Warum kleben charismatische Figuren wie Fidel Castro, der den Kubanern einst persönliche Würde zurückgab, weit über ihre Zeit hinaus an der Macht? Die Antworten darauf geben Autoren verschiedener Herkunft – Historiker, Politiker, Journalisten und Diplomaten.

Sie zeigen in dem vorliegenden Buch auf, wie Personenkult entsteht, welche Formen er annehmen kann und welche Automatismen und Mechanismen sich entfalten, wenn Herrschaft zur totalen Herrschaft wird.

*Thomas Kunze, Thomas Vogel (Taschkent, Zürich)*

# I. DIE PERSONEN

# Adolf Hitler

*Adolf Hitler (1937).*

\* 20. April 1889 in Braunau am Inn (Österreich)
† 30. April 1945 in Berlin (Selbstmord)

1921: Übernahme der Führung in der Nationalsozialistischen Arbeiterpartei Deutschlands (NSDAP); 1933: Reichskanzler; nach dem Tod des Reichspräsidenten Paul von Hindenburg (1934) trug Hitler den Titel »Führer« und Reichskanzler.

Adolf Hitler regierte das Deutsche Reich zwischen 1933 und 1945 diktatorisch. In weiten Teilen der Bevölkerung stieß seine Politik (Beseitigung der Massenarbeitslosigkeit, Überwindung der Folgen des Versailler Vertrages) zunächst auf breite Zustimmung. 1939 entfesselte Hitler den Zweiten Weltkrieg, der Millionen Menschenleben forderte. Während des Holocaust wurden zwischen 5,6 und 6,3 Millionen Juden ermordet. Der Hitlerkult gehörte von Beginn an zur Herrschaftsmethodik der nationalsozialistischen Diktatur.

*Mein Führer*

*Nun hab' ich dich gesehen
und trag' dein Bild in mir.
Was immer mag geschehen,
ich werde zu dir stehen,
ich halt' die Treue dir!*[1]

*(Hans H. Seitz, 1934)*

# Adolf Hitler – Führerkult im Nationalsozialismus

*Thomas Grimm*

12. Mai 1945. Es ist früher Nachmittag in einem sächsischen Dorf. Die Obstbäume blühen in diesem heißen Mai schon prächtig; lila und weiß. Unter strahlend blauem Himmel und bei Temperaturen von über 25 Grad versammelt sich eine Gruppe von Mädchen und Jungen in einem Garten. Sie sind zwischen 13 und 15 Jahren alt. Seit vier Tagen ist der Krieg vorbei. Die deutsche Armee ist besiegt und Hitler tot. In beschwörender Haltung stehen die Kinder um ein frisch ausgehobenes Erdloch. Darin versenken sie eine Kaffeebüchse. Ihr Herz schlägt schwermütig und manchem treibt es die Tränen in die Augen. Es ist ein freiwilliges Abschiednehmen von Führer, Volk und Vaterland. In die versenkte Blechbüchse haben sie Fotos ihrer Idole getan, vom abgestürzten Jagdflieger Werner Mölders über Generalfeldmarschall Erwin Rommel bis zu Hitler selbst. Dazu die Metallspitze einer Fahne, in die das Hakenkreuz eingraviert ist, außerdem das Halstuch des BDM, des Bundes Deutscher Mädel, mit dem ledernen Knoten. Als das Loch mit Erde gefüllt ist, folgt ein letzter stiller Hitlergruß. Sie halten sich noch einmal an den Händen, bevor sie stumm auseinandergehen. In diesem Augenblick endet ihre Jugend.

Das sind die Erinnerungen einer 82-jährigen Frau an das Kriegsende vor 68 Jahren.[2]

Wie konnte es zu einer derart innigen Beziehung der Jugendlichen zu ihrem »Führer« kommen? Welche Werte der nationalsozialistischen Propaganda haben sie so sehr verinnerlicht, dass sie den Zusammenbruch des Naziregimes auch als einen persönlichen Verlust empfanden?

Der Führerkult hat sehr tiefe Spuren bei den meisten deutschen Jugendlichen hinterlassen. Sie waren der nationalsozialistischen Propaganda bis zum bitteren Ende ausgesetzt und verharrten noch in ihrer Verblendung, als ein Teil der Erwachsenen schon Ausschau hielt, wie er sich mit den kommenden neuen Verhältnissen arrangieren kann. Die Väter, wenn sie denn aus dem Krieg zurückkamen, waren desillusioniert und nicht selten gebrochene Männer. Das war der mentale Zustand nach dem jähen Ende dessen, was nach den Verlautbarungen der Propaganda als Tausendjähriges Reich in die Geschichte eingehen sollte. Die eigene Hitlerbegeisterung wurde von vielen schnell verdrängt.

Mit der Machtübernahme durch Hitler und seine Nationalsozialistische Deutschen Arbeiterpartei (NSDAP) im Frühjahr 1933 beginnt in Deutschland eine neue, bisher in der Geschichte nicht bekannte Welle propagandistischer Beeinflussung. Die »Bewegung«, wie die Parteigenossen ihren siegreichen Aufstieg nennen, versammelt sich hinter einer einzigen Person: Adolf Hitler. In der Geschichte erscheint er als eine bis dahin nie dagewesene Führergestalt. Die Historie des Nationalsozialismus ist ohne diesen Kult nicht denkbar. Er ist »alles aus sich und alles in einem: Lehrer seiner selbst, Organisator einer Partei und Schöpfer ihrer Ideologie, Taktiker und demagogische Heilsgestalt, Führer, Staatsmann und während eines Jahrzehnts Bewegungszentrum der Welt«[3] – Joachim Fests Darstellung nimmt die Wahrnehmung vieler Deutscher zwischen 1933 und 1945 auf.

Die Summe dieser Eigenschaften begründet das, was der britische Historiker Ian Kershaw die charismatische Herrschaft nennt. Die rasante Entwicklung der neuen Medien in den dreißiger Jahren des 20. Jahrhunderts begünstigt die Herausbildung dieses Phänomens in bis dahin nicht erlebter Weise. Ob auf Fotos, im Rundfunk oder im Film – es gibt nur ein Gesicht, eine Stimme und eine Gestalt, welche die nationale Aufbruchsstimmung vertritt und verkörpert.

Zeitgenossen berichten von Hitlers mitreißender, magischer Wirkung. Mit seinen Auftritten und Reden trifft er den Nerv weiter Teile der Bevölkerung, nicht nur in den national-konservativen Kreisen, im vornehmlich protestantischen Bürgertum und im Kleinbürgertum. Auch große Teile der Arbeiterschaft, die sich in den Wahlen vor 1933 noch resistent gegenüber den Nationalsozialisten gezeigt hatten, schauen nun zu ihm auf. Verspricht er doch, sie aus ihrer wirtschaftlichen Misere zu erlösen. Das deutsche Volk, so heißt es, sei müde vom Gezänk der Weimarer Republik und sehne sich wieder nach einer klaren Führung, die mit Willens- und Überzeugungskraft der Nation ihren Stolz zurückgebe. Diese soziale Gemengelage ist der Nährboden der Führerfigur Hitler.[4]

Schon lange vor seinem Machtantritt 1933 stilisiert sich Adolf Hitler als Heilsbringer, als Rächer der »Schmach von Versailles«. Seit der Gründung im Jahr 1921 führt er die NSDAP, die Nationalsozialistische Deutsche Arbeiterpartei. Anfänglich versucht er, sich in der Nähe bereits populärer Persönlichkeiten zu profilieren und emporzuarbeiten. Im ehemaligen Stabschef der Obersten Heeresleitung, Erich Ludendorff, findet er einen Gleichgesinnten mit hohem Bekanntheitsgrad. Gemeinsam gründen sie den Deutschen Kampfbund, eine paramilitärische Organisation, deren erklärte Ziele die Niederkämpfung »des Marxismus, des Internationalismus, des Pazifismus, der Juden, des Parlamentarismus und des internationalen Kapitals« waren.[5] Im Ersten Weltkrieg hatte Hitler es nur zum Gefreiten gebracht. Weder Statur noch Physiognomie noch Stimme scheinen ihn als charismatische Führerpersönlichkeit zu prädestinieren. Doch er vertraut auf sein Redetalent. Bei öffentlichen Auftritten mit Ludendorff, der sich trotz der Niederlage von 1918 als Weltkriegsheld feiern lässt, kann er die Wirkung seiner Reden auf die Zuhörer testen. Es ist diese politische Symbiose, die ihn bei Tausenden von Weltkriegssoldaten über Nacht bekannt macht. Davon profitiert das Parteiblatt der NSDAP. Der »Völkische Beobachter« gewinnt in dieser Zielgruppe schnell viele neue Leser. Bereits mit der ersten Ausgabe beginnt die Fixierung auf die Person Hitlers. Auf der Umschlagseite sieht man Hitler in silbriger Windjacke vor einem Wald von Hakenkreuzfahnen. Im Vordergrund der Führer, die Bewegung hinter oder unter ihm. Dieses Prinzip seiner optischen Präsenz wird später von der Dokumentarfilmerin Leni Riefenstahl bis zur Deutschen Wochenschau kultiviert.[6]

Gemeinsam mit Ludendorff und anderen Getreuen versucht Hitler im November 1923 in München die bayerische Regierung zu stürzen und einen »Marsch auf Berlin« einzuleiten. Auch wenn der Putsch scheitert, er steigert Hitlers Bekanntheitsgrad. Er bekommt einen Prozess. Sein Name – wenn auch meist negativ – findet dadurch in allen nationalen, bürgerlichen, aber auch in den linksorientierten Zeitungen weite Verbreitung. Hitler wird des

Hochverrats angeklagt. In seinen Verteidigungsreden zeigt er sein erstaunliches rhetorisches Talent und geriert sich eher als Ankläger denn als Angeklagter. Er führt sich als Volkstribun auf, der die Schmach von Versailles rächen will. Damit spricht er etwas aus, was Millionen Deutsche denken und fühlen. Das Gericht attestiert ihm »reinen vaterländischen Geist«.[7]

Bereits hier zeigt sich, wie Hitlers Charisma auf die Anwesenden wirkte. »Er war – je nach Einstellung – ein Volksredner, Hetzredner oder Demagoge. Seine Redekunst wurde zum wichtigsten Instrument für seinen Aufstieg ...«[8], so Norbert Elias.

Hitlers Stimme mit dem rollenden R klingt auf bemühte Art einstudiert. Merkwürdigerweise zeigt seine Aussprache eine gewisse Ähnlichkeit mit der des Reichskanzlers Otto von Bismarck, der als Vater der ersten Einheit Deutschlands gilt. Das lässt eine erst 2011 gefundene Edisonwalze erkennen. Zwar kann Hitler Bismarcks Stimme nicht persönlich gehört haben und ob ihm seine Rhetoriklehrer oder Berichte von Bismarcks Redestil Kenntnis verschafft haben, kann nicht nachvollzogen werden. Aber da sich Reichskanzler Hitler als legitimer Nachfolger von Reichskanzler Bismarcks verstand, scheint dieser Gedanke nicht ganz abwegig.

Neben seinem Redetalent entdeckt Hitler ein weiteres Kommunikationsmittel für sich: die Fotografie. Heinrich Hoffmann, sein späterer Hoffotograf und Reichsbildberichterstatter, hatte Hitler angeblich bereits 1914 auf dem Odeonsplatz in München fotografiert, wie er in einer begeisterten Menge den Beginn des Ersten Weltkriegs begrüßt.[9] 1923 beginnt der Fotograf mit einer Porträtreihe, die dem ehrgeizigen Bierkellerredner ein charakteristisches Aussehen geben soll. Motive zeigen Hitler als Privatmann in dunklem Anzug, im Trenchcoat mit linker Hand an der Hüfte und in der rechten Hand Stock und Hut. Auch lichtet Hoffmann die Angeklagten des Putschversuches vom November 1923 als Gruppenbild vor dem Gericht in München ab – Hitler in aufrechter Pose, daneben mit ordensbesetzter Brust der General a. D. Ludendorff. So entstehen Bilder von hoher Symbolkraft. Als Postkarten finden sie viele Adressaten. Aus der Haftanstalt Landsberg verschickt Hitler Postkarten mit der Aufschrift »Erst recht!«.

Fotografien als Medien des nationalen Selbstverständnisses, als Vergewisserung deutscher Größe und deutschen Seelenlebens haben zu dieser Zeit Konjunktur: Bildbände wie »Das Deutsche Ge-

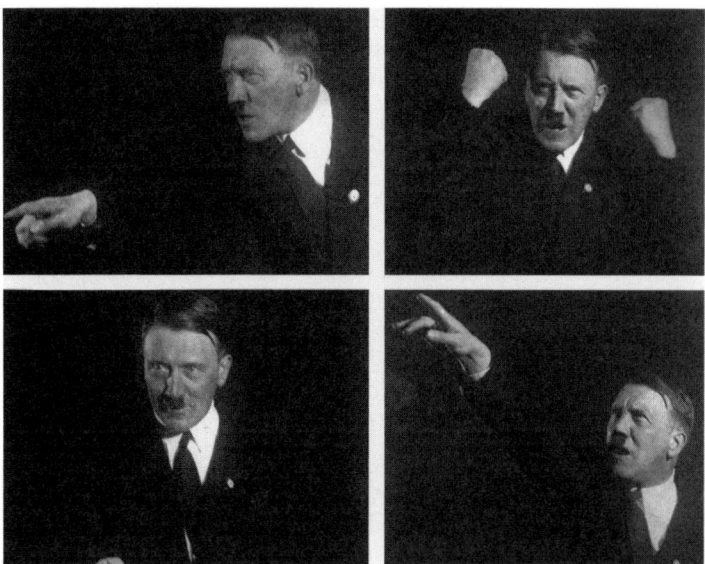

*Adolf Hitler in Rednerposen. Fotografiert von Heinrich Hoffmann (1930).*

sicht«, »Deutsches Antlitz«, »Volksgesicht« sind nur einige Beispiele. Die Physiognomie gilt seit langem als anerkanntes Forschungsgebiet mit einer großen Publikationsbreite in Wissenschaft, Kultur und Literatur. Heinrich Hoffmann weiß um die öffentliche Begrenztheit ausschließlicher Kunstporträts, die über den Rahmen von Ateliers und Privatwohnungen nicht hinausgehen. Hitlers Gesicht zeigt keine herausragenden Merkmale, es ist eben und im Grunde unauffällig. Im beginnenden Zeitalter der Massenmedien braucht es aber Massenauflagen. Also fotografiert Hoffmann Hitler immer und immer wieder in neuen Posen. So stilisiert und modelliert er den massentauglichen Hitler. Hitlerporträts entwickeln sich in den folgenden Jahren für seine Anhänger fast zu sakralen Bildnissen. Heinrich Hoffmann fühlt diese starke nationale Bewegung nach, die Hitler trägt und die er verkörpert. Mit der Methode der Reportagefotografie begleitet Hoffmann Hitler bis in die letzten Winkel Deutschlands und erschafft mit seinen Fotos das Phantom eines volksnahen Politikers.

Nicht alle Medienleute sind von der fotografischen Heroisierung Hitlers begeistert. Ein Teil der bürgerlichen und linksliberallen Presse macht sich über die Posen lustig. In Satiremagazinen wird er zu einer passablen Witzfigur. Darstellungen im Ausland zeichnen Hitler als kriegslüstern. So zum Beispiel Hitler als ein Kanonenrohr, aus dessen Mundöffnung eine Friedenstaube fliegt.

Interessant ist ein von Hoffmann eingeführtes, über Jahre hinweg wiederkehrendes Motiv: Hitler und sein Kraftfahrzeug. Bereits bei seiner Entlassung aus der Festungshaft in Landsberg im Jahr 1924 posiert er vor einem PKW. Auf dem Parteitag der NSDAP 1927 steht Hitler in einem offenen, etwas mitgenommenen PKW mit der Hand am Koppel. Sein Auto ist mit Blumen überschüttet. Neun Jahre später streckt er sich aufrecht und mit Führergruß in einem nagelneuen, chromblitzenden Mercedes, während Arbeitsdienstkolonnen vorbeimarschieren. Im Krieg, solange es Siege zu feiern gibt, ist das Auto sein mobiler Thron. Ob nach der Besetzung von Wien, Prag oder Paris, Hitler nutzt ein prunkvolles Gefährt ohne Verdeck zur Siegesfahrt durch die Städte. Ohne eine vor Attentaten schützende Hülle zeigt er sich der jubelnden Menge wie den Besiegten als unverwundbarer, gottgesandter Führer. Zur damaligen Zeit galt das Auto nicht nur als Luxusgut, es war wesentlich ein Statussymbol. Hitlers Aufstieg spiegelt sich in seinen Kraftfahrzeugen. Je höher er steigt, um so qualitativ höherwertiger, technisch ausgereifter sind seine Automobile. Das Automotiv wird von Heinrich Hoffmann seit Beginn seiner Fotoarbeit für Hitler regelrecht zelebriert.

Bis zum Ende des Dritten Reiches wird der Leibfotograf an der Seite Hitlers bleiben. Er dokumentiert Aufstieg und Fall des Diktators mit zweieinhalb Millionen Fotos. Ein beträchtlicher Teil davon wird millionenfach in Büchern, Zeitschriften, Tageszeitungen und auf Plakaten abgedruckt. Die technische Reproduzierbarkeit macht Hitlers Antlitz zur optischen Ikone. Die Deutschen sind gleichsam mit Hitlers Konterfei ins Bett gegangen.

Adolf Hitler erhält 1924 für den Putschversuch eine Geldstrafe und fünf Jahre Festungshaft, wovon er weniger als neun Monate absitzt. Diese Monate in der Haftanstalt Landsberg werden entscheidend für den späteren Führerkult. Seinen Mitgefangenen, darunter Rudolf Heß, diktiert Hitler den ersten Teil seines Buches »Mein Kampf«. Darin zieht er eine wichtige Lehre aus seinem missglückten Putschversuch: Nur eine Massenbasis der NSDAP kann zum

*Jugendkundgebung im Berliner Olympia-Stadion am »Tag der nationalen Arbeit«, Rundfahrt Adolf Hitlers im Auto, 1. Mai 1938.*

Sieg führen. Es sei die Kunst der Propaganda, stellt er fest, »dass sie, die gefühlsmäßige Vorstellungswelt der großen Masse begreifend, in psychologisch richtiger Form den Weg zur Aufmerksamkeit und weiter zum Herzen der breiten Masse findet«.[10]

Das Buch schafft das ideologische Fundament für die verschiedenen medialen Säulen des Personenkultes um Hitler. Auf dem Cover des zweiten Bandes von 1925 ist ein Porträtfoto Hitlers. Die Vorlage von Heinrich Hoffmann verleiht Hitlers Gesichtsausdruck einen zwingenden Gestus, eine suggestive Ausstrahlung. Der Leser hat das Gefühl, als schaue ihm Hitler direkt in die Augen. Der Verlag verstärkt die Wirkung noch, indem er unter dem fordernden Blick Hitlers den Titel des Buches auf rotem Grund druckt. Den Käufer soll das Buch allein schon durch seine optische Präsenz beeindrucken und mobilisieren.

Heinrich Hoffmann berichtet in seinen Erinnerungen, dass Hitler von Beginn an das Recht an seinem Bild durchsetzen wollte. Nur gegen Geld sollten Fotos von ihm gedruckt werden. Als das Angebot einer amerikanischen Zeitung über 20 000 Dollar für ein Foto von Hitler eintrifft, fragt ihn der Fotograf, warum er darauf nicht eingehen. Hitler antwortet: »Angebote nehme ich generell nicht an!

[...] Ich stelle Forderungen, wohldurchdachte Forderungen! Vergessen Sie nicht – die Welt ist groß –, so ein Zeitungskonzern erwirbt das Recht, mein Bild als teures Erstrecht in zahlreichen Zeitungen zu veröffentlichen. Dagegen ist meine Forderung von 30 000 Dollar eine Lappalie! Wer ein Angebot akzeptiert, verliert sein Gesicht, wie die Chinesen sagen«.[11]

Aus dem Deal mit der amerikanischen Zeitung wurde nichts. Doch Hitlers Hetzschrift wird schon in der Zeit der Weimarer Republik zum Bestseller. Hunderttausende Käufer füllen der NSDAP die Parteikasse. Der Verfasser erhält zehn Prozent Honorar und wird am Ende 7,6 Millionen Reichsmark verdient haben, was umgerechnet in heutiger Währung etwa 30 Millionen Euro entspricht. Immer neue Auflagen werden nach 1933 über das deutsche Volk ausgeschüttet. Seit 1936 erhalten Brautpaare statt der Bibel »Mein Kampf«. Finanziert wird das aus dem Staatshaushalt. Bis 1944 werden fast elf Millionen Exemplare gedruckt und in 16 Sprachen übersetzt.

Hitler erweist sich auch anderweitig als werbewirksame Marke. Im Wahlkampf im Februar und März 1933 werden Vignetten mit seinem Konterfei als Propagandamittel in Umlauf gebracht. Ein Heftchen mit 20 Stück kostet 20 Pfennige. Die Blindmarken gelten im Postverkehr nicht, werden aber eifrig von Hitlers Anhängern neben die gültigen Postwertzeichen geklebt.

Dieses Vermarkten und Verdienen wird ständig ausgebaut, immer neue Geldquellen werden erschlossen. Für alle deutschen Briefmarken mit einem Hitlerbild sind seit 1937 Tantiemen an den Abgebildeten abzuführen. Hitlers enger Vertrauter Martin Bormann erfüllt damit den Wunsch seines Führers nach mehr Geld für dessen geplante Kunstsammlung im Führermuseum Linz und lässt Sondermarken drucken. Von 1941 bis Kriegsende gibt es dann eine Dauerserie mit dem Konterfei des Führers von einem Pfennig bis schließlich fünf Reichsmark.

Seit Mitte der zwanziger Jahre widmet sich Hitler mit Eifer dem weiteren Aufbau der NSDAP. Er wird gewissermaßen zum Schöpfer dieser Massenpartei, weil er ungewöhnlich begabt ist, Stimmungen des Wandels der Machtverhältnisse für seine Ziele zu nutzen. »Rivalen bekämpft er mit Schläue und Brutalität. Verbündete spielt er mit großem Geschick gegeneinander aus«,[12] urteilte wiederum Norbert Elias.

Bei der Wahl seiner Mitarbeiter ist Hitler stets misstrauisch und vorsichtig. In seinem engsten Kreis ist Adolf Hitler die absolute Leitfigur. Sein Wort gilt, seine Entscheidungen werden befolgt. Aus diesem kleinen Zirkel heraus tritt der Führermythos seinen Siegeszug in die deutsche Gesellschaft an. Hitlers Ziel, die politische Macht zu erlangen, führt wesentlich über den vom späteren Reichspropagandaminister Joseph Goebbels geschickt inszenierten Führermythos: Hitler – der Erlöser, der Deutschland vor dem Chaos rettet und dem gebeutelten Land seine Stärke und sein Ansehen zurückgibt. »Mein Kampf« enthält bereits die grundlegenden Sprachregelungen, die Goebbels zu einfachen, volksverständlichen Slogans zusammenfasst: »Schandfrieden«[13], »Deutsches Volk erwehre dich deiner Haut« und »Novemberverbrecher«[14]. Durch die dauernde Wiederholung dieser Schlagworte in der NS-Propaganda wandeln sie sich zu Glaubenssätzen. Es geht nicht um Differenzierung oder rationale Erklärung der politischen Situation, es geht um den Glauben an den Nationalsozialismus. Hitler als Messias, als Gottbegnadeter, der Deutschland »aus dem Sumpf der Parteiendiktatur« der Weimarer Republik herausführt. Das sollen die Menschen empfinden und glauben.

1926 führt die NSDAP den Hitlergruß ein, zunächst nur vorgesehen für den Parteigebrauch. Der ausgestreckte rechte Arm mit flach gehaltener Hand auf Augenhöhe war ursprünglich Begrüßungsgeste der Römer. Hitlers frühe Gefolgsleute übernehmen sie von Benito Mussolini, dem Führer der italienischen Faschisten. Je nach Situation begrüßen sich die Mitglieder und Sympathisanten mit »Heil Hitler« oder »Sieg Heil«. Bei direkter Begegnung mit Hitler gilt: »Heil mein Führer«. Nach der Machtübernahme 1933 wird der Hitlergruß devot von den Organen des Staates, Institutionen und Verbänden übernommen. Der Deutsche Fußballbund ist einer der ersten Sportverbände, der den Führergruß für seine Mitglieder vorschreibt. Auch in den Schulen wird der deutsche Gruß – wie er nun offiziell heißt – über Nacht obligatorisch. Verschont vom Führergruß bleibt noch lange Zeit die Wehrmacht. Dort grüßt man traditionell nach alter militärischer Art. Erst nach dem gescheiterten Attentat auf Hitler vom 20. Juli 1944 wird auch in der deutschen Armee das »Heil Hitler« zur Pflicht.

Der Aufstieg Hitlers und seine Massenwirkung erklären sich zu einem Gutteil aus den Lebensumständen der deutschen Bevölkerung seit Ausbruch der Weltwirtschaftskrise im Jahr 1929. Die Verarmung breiter Arbeiterschichten, ruinierte Mittelständler, von Existenzsorgen geplagte Teile des Bürgertums bringen ihm immer mehr Zulauf. Im Jahr 1932 gibt es in Deutschland sechs Millionen Arbeitslose. Die depressive Grundstimmung ist in der gesamten Bevölkerung zu spüren. Die demokratischen Kräfte der Weimarer Republik werden mit dem sozialen Chaos nicht fertig, immer schneller wechseln die Regierungen und die große Masse der Deutschen hat nur einen Wunsch: Endlich geregelte Verhältnisse. Auf die Wirkung einfacher Slogans bauend, positioniert sich die NSDAP-Propaganda mit einem Plakat, auf dem unter einer Masse von ausgemergelten Gestalten nur der eine Satz steht »Hitler, unsere letzte Hoffnung«. Hitler verspricht Ordnung und Stabilität. Er gibt vor, sich der Not der Menschen anzunehmen.[15]

Für die Reichspräsidentenwahl und die Reichstagswahl 1932 unternimmt Hitler mehrere Wahlkampfreisen per Flugzeug. Mit dreimotorigen Lufthansa-Maschinen überfliegt er Deutschland. Die höchst moderne Werbekampagne zu den Reichstagswahlen im Juli 1932 steht unter dem Slogan »Hitler über Deutschland«, wofür von der NSDAP-Hauptabteilung Film ein gleichnamiger Propagandafilm produziert und im Wahlkampf eingesetzt wird. Hitler unternimmt vier sogenannte Deutschlandflüge in den Wahlkämpfen des Jahres 1932 und tritt in 146 Städten auf. Von der NSDAP und ihren Helfern wird jeder Auftritt generalstabsmäßig vorbereitet. Das Warten der Massen auf den Führer gehört zum Ritual. In Stralsund, wo er sich wegen schlechten Wetters und einer Notlandung stark verspätet, harren 40 000 Menschen trotz Regen und Kälte bis in die Morgenstunden aus. Je lauter die Menge nach Hitler ruft, desto mehr wird Hitlers Redetalent angekurbelt. Der Inhalt seiner Ansprachen bewegt sich zwischen Banalitäten und Versprechungen für eine leuchtende Zukunft. Er verpasst es nie, seine Gegner zu verunglimpfen. Dabei ist ihm jedes Mittel recht.[16]

Meist wird Hitler bereits am Flughafen von begeisterten Anhängern empfangen. Er steigt sozusagen von oben herab, gleich einem Gesandten des Herrn. Hitler genießt es, Menschenspaliere abzuschreiten. Abwechselnd schüttelt er Hände oder entbietet den deutschen Gruß. Das Bad in der Menge, von Hoffmann in jedem Ort auf Fotos gebannt, verbreitet tausendfach das Bild vom volksnahen Versteher, vom Übervater der Nation.

Hoffmanns Bildbände über Hitler sind in jenen Jahren außerordentlich beliebt. Überaus erfolgreich verkauft sich der Band »Hitler, wie ihn keiner kennt«,[17] der den kommenden Führer 1932 zutiefst menschlich, tierlieb und naturverbunden zeigt. Auf dem Einband platziert Hoffmann ein Foto, das all diese Eigenschaften zusammenzufassen scheint: Hitler mit seinem Schäferhund auf einer Bergwiese sitzend und mit melancholischem Blick in die Ferne schauend. Für seine propagandistische Bildberichterstattung stehen dem Hoffotografen später in seinem »Verlag nationalsozialistischer Bilder« 300 Mitarbeiter zur Verfügung. Der Vertrieb der Fotobildbände im Auftrage der NSDAP bringt Millionen ein. Zusätzlich setzen die Wahlkampfstrategen unter der Leitung von Goebbels erstmals wirksam Kinowerbespots ein. Die NSDAP wird bei den Wahlen im Juli 1932 stärkste Kraft im Reichstag. Hitler ist nicht nur Gewinner der Wahlen, sein Mythos als omnipotenter Retter für die Nation verfestigt sich.

Nach Hitlers Machtübernahme am 30. Januar 1933 setzt eine Form der Verehrung ein, die alle gesellschaftlichen Bereiche einschließt. Zehntausende Menschen treten in die NSDAP ein. Hitler verordnet daraufhin einen längeren Aufnahmestopp. In den deutschen Amtsstuben werden Zimmer mit Hitlerbildern versehen, vor Türen und auf Fluren Nazifahnen drapiert. In Gaststätten, Tanzsälen, ja sogar in Geschäften werden Bilderrahmen ausgetauscht und mit Hitlerporträts gefüllt. Keine deutsche Stadt möchte zu spät kommen, den großen Führer zum Ehrenbürger zu ernennen. Über Nacht heißen Tausende von Straßen nach dem Führer, es entstehen Adolf-Hitler-Plätze, Adolf-Hitler-Brücken, Adolf-Hitler-Sportarenen. Selbst die Natur wird vom Kult nicht verschont. In deutschen Auen und Parks gedeihen plötzlich Hitler-Eichen und Hitler-Linden.

Ein herausragendes Beispiel für die kultischen Züge der Hitlerverehrung bieten die Kinos. An den Fassaden hängen Hakenkreuzfahnen bis zum Boden. Der Bühnenraum ist an beiden Seiten der Leinwand mit Blumen und NS-Symbolen geschmückt. Nicht selten werden im Eingangsbereich Führerbüsten aufgestellt, um die alle Kinobesucher herumlaufen müssen, wenn sie in den Saal wollen.[18]

Eigentlich kann sich das NS-System aber erst nach 1935 deutlich stabilisieren. Der Rückgang der Arbeitslosigkeit wird zum großen Propagandafeldzug genutzt. Begeisterung gilt den Straßen des Führers, wie die Autobahnen genannt werden.[19] Dafür werden ca. 300 000 Arbeiter eingesetzt. Die Goebbels-Propaganda schafft es, dieses moderne Verkehrsprojekt als Hitlers geniale Leistung für das Wohl des Volkes zu deklarieren. Ein Mythos, der heute noch nachhallt. Die Masse der bisher Arbeitslosen wird in der von der Aufrüstung stimulierten Wirtschaft eingesetzt. Viele Aufsteiger profitieren von der Vertreibung der jüdischen Bürger aus dem öffentlichen Dienst, aus den Schulen und Universitäten. Sogenannte Volksdeutsche besetzen die frei werdenden Stellen, Deutschstämmige also, die bis dahin jenseits der Reichsgrenzen lebten und für NS-Zwecke aktiviert wurden. Die verbesserten Lebensverhältnisse breiter Schichten der Bevölkerung stärken Hitlers Ansehen als Baumeister eines neuen Deutschland.

Die Jugendorganisationen werden nach demselben Prinzip vereinheitlicht und auf den Führer und die NS-Ideologie eingeschworen. Die Hitlerjugend (HJ) und der Bund Deutscher Mädel (BDM) disziplinieren die jungen Leute, geben ihnen aber auch ein tiefes Gemeinschaftsgefühl. Nicht grobe Gehirnwäsche, sondern subtile Methoden werden angewandt, um die junge Generation gefügig zu machen. Die Literaturwissenschaftlerin Inge Jens erinnert sich so: »Ja wir hatten eine unbeschwerte [...] Kindheit, in der Erlebnisse wie eine persönliche Begegnung mit Hitler und höchst bürgerliche Kindergeburtstagsfeiern, HJ-Dienst und häusliche Pflichten, Familienreisen an die Ostsee und Jungmädel-Fahrten[20], später dann Heimabende und Konfirmandenunterricht problemlos nebeneinander liefen – und zwar ohne dass wir das Gefühl hatten, uns jeweils ›anders‹ verhalten zu müssen.« An Heimabenden wird das Leben des Führers nur nebenbei gelernt. Im Frühjahr werden Hundsblumen zu Kränzen gebunden und ins Haar gesteckt. Es werden Volksweisen gesungen. Das soll Harmonie verbreiten, Heimatgefühl und Naturliebe erwecken. Gelebte Harmonie in einer gleichgeschalteten Gesellschaft.

Die Wirkung Hitlers auf die Jugend hat etwas Erhabenes, er ist das harmonisierende Kraftfeld zwischen den Generationen. In dem Aufsatz »Als ich Hitler die Hand gab« berichtet 1937 eine Zehnjährige: »Als Hitler aus dem Zimmer ging, und ein bisschen auf dem Flur spazieren ging, sah er uns [...] Er gab uns allen die Hand und fragte uns: Wie alt wir wären, wo wir wohnen [...] und wie wir in die Empfangshalle kämen. Dies beantworteten wir ihm. Dann musste er wieder weg. Wir strahlten alle. [...] Nachher fuhren wir selig nach Hause, und waren sehr, sehr stolz.«[21]

Diese uniformierte Normalität – im familiären Alltag und im nationalsozialistischen Teil der Freizeit – bleibt als positives Wertgefühl bei vielen Heranwachsenden lange erhalten. Im Verlauf des Krieges dann werden die Seelen der Kinder und Jugendlichen in noch skrupelloserer Weise der Propagandaschlacht ausgesetzt. Immer mehr Familienväter fallen an den Fronten. Goebbels verherrlicht den Heldentod. Der Gefallene wird zum Märtyrer erhoben, der »im Kampf gegen den Bolschewismus« die Heimat gegen die »Untermenschen« verteidigt hat. Mit fataler Wirkung. Selbst bei Todesnachrichten bleibt der Glaube an die Fähigkeiten des Führers ungebrochen. Ein Zeitzeuge berichtet: »Als mein Vater gefallen war, musste ich mich ans Lehrerpult setzen und die Todesnachricht der Klasse vorlesen. Ich war den Tränen nahe, versuchte mich aber zu beherrschen. Später beruhigte ich mich etwas, als die Lehrerin mir die Hand auf die Schulter legt und mit Nachdruck sagt: ›Der Führer wird den Tod deines Vaters rächen.‹ An diesen Gedanken habe ich mich lange Zeit geklammert.«[22]

Im Rundfunk werden Hitlers Reden oftmals in voller Länge mit allen Hasstiraden übertragen. Es werden sogenannte Rundfunkstuben eingerichtet, damit auch in Fabriken Sondermeldungen verbreitet werden können. Goebbels steigert die Zuhörerquote um ein Vielfaches, als er 1933 den preiswerten »Deutschen Kleinempfänger« für 35 Reichsmark in Umlauf bringt, auch Volksempfänger genannt. Im Volksmund wird daraus später: »Goebbelsschnauze«. Von den verschiedenen Modellen werden insgesamt mehrere Millionen Exemplare verkauft. Die Siege in den blitzartigen Überfällen 1939/1940 auf Polen und Frankreich geraten zu heroischen Stunden für die Rundfunkpropaganda.

Natürlich nutzt Hitlers Hoffotograf Heinrich Hoffmann die Triumphposen für symbolträchtige Bilder. Eines der bekanntesten Fotos zeigt Hitler mit seiner Entourage 1940 in langem Ledermantel vor dem Pariser Eiffelturm, auf den Betrachter zulaufend. Die Waffenstillstandsunterzeichnung im Salonwagen in Compiègne am 22. Juni 1940 ist der NS-Propaganda eine Serie von Postkarten wert: Hitler vor oder im Waggon mit der unterlegenen französischen Führung. In diesem Luxuswaggon hatte Deutschland 1918 die Kapitulation im Ersten Weltkrieg unterzeichnen müssen. Eine Demütigung durch die Franzosen. Und jetzt dreht Hitler den Spieß um. Nun rächt er die Niederlage von 1918. So fühlen Millionen Deutsche.

Im Jahr 1940 ist Hitler in Bild und Ton auf dem Höhepunkt des Führerkultes. Kaum jemand kann sich in Deutschland dieser Propagandawalze entziehen. Aber das ist nur noch von kurzer Dauer.

Der Überfall auf die Sowjetunion 1941 ändert die Lage nachhaltig. Die Goebbels'sche Propagandamaschine läuft nicht mehr so rund wie bisher. Die reale Situation des Kriegsverlaufes an der Ostfront 1941/42 wird zunächst noch in Gewinne umgedeutet. Als immer mehr Todesnachrichten und Berichte vom Rückzug der deutschen Verbände die Bevölkerung erreichen, geht es mit der Glaubwürdigkeit des Volksempfängers bergab. Nach der Niederlage von Stalingrad im Februar 1943 macht sich ein Stimmungstief im Volk breit. Noch einmal gelingt Goebbels in einer 109 Minuten langen Rede im Berliner Sportpalast – die vom Rundfunk live übertragen wird – eine propagandistische Meisterleistung zur Mobilisierung der Massen, begleitet von Hasstiraden gegen Juden und Russen. »Wollt ihr den totalen Krieg?«, schreit er in den Saal. »Wollt ihr ihn, wenn nötig, totaler und radikaler, als wir ihn uns heute überhaupt erst vorstellen können?« Die ausgesuchte Zuhörerschaft bejaht die Frage frenetisch. Bei Goebbels' Schlusssätzen erheben sie sich. »Der Führer hat befohlen, wir werden folgen«, verlangt er. »Und darum lautet von jetzt ab die Parole: Nun, Volk, steh auf, und, Sturm, brich los!« Demagogisch bedient er sich dabei der Worte aus einem Gedicht Theodor Körners aus der Zeit der Befreiungskriege von 1813, appelliert an den Durchhaltewillen und hinterlässt im Bewusstsein vieler Deutscher nachhaltige Spuren. Das Jahr 1944 wird die meisten Todesopfer im bisherigen Kriegsverlauf bringen. Die Vernichtung der Juden wird in einem unvorstellbaren Tempo und Ausmaß durchgeführt. Bis in die letzten Stunden des Krieges kämpfen selbst Kinder und Großväter noch im sogenannten Volkssturm.

Der Volksempfänger bleibt bis zum Ende des Hitlerreiches das effizienteste Propagandamittel. Vor dieser Macht des Rundfunks haben sogar die Verschwörer des 20. Juli 1944 größten Respekt. Die Militärs um Graf Claus Schenk von Stauffenberg wussten: Solange über den Äther nicht Hitlers Tod gemeldet wird, kann der Putsch keinen Erfolg haben. Aus dem Lautsprecher kommt die Verkündung: »Der Führer lebt.« Seine zittrige Stimme ist zu hören. Das Volksradio stabilisiert mit einer Eilmeldung die herrschende Diktatur.

Nicht weniger wird das Bewusstsein verheert durch den Film. Als die Regisseurin Leni Riefenstahl, die bereits 1933 einen NSDAP-Kurzfilm produziert hatte, 1934 nach München zu Hitler gerufen wird, erhält sie den Auftrag, in Nürnberg einen Parteitagsfilm zu drehen. Hitler gibt ihr auf den Weg: »Ich wünsche keinen langweiligen Parteitagsfilm, keine Wochenschauaufnahmen, sondern ein künstlerisches Bilddokument. Die dafür zuständigen Männer der Partei verstehen das nicht [...] Sie [haben] bewiesen, dass Sie es können.«[23] Die Regisseurin wirft sich in die Arbeit und erhält alle erdenkliche Hilfe. Sie lässt einen Fahrstuhl an einem Fahnenmast anbringen und filmt aus 34 Metern Höhe die aufmarschierten Formationen in Totalen. Auf Schienen bewegen sich Objektive vor den Reihen der angetretenen Massen und die Kamera umkreist den Führer. Riefenstahl choreografiert in ihrem Film »Triumph des Willens« Menschenmassen zu einem Ornament mit einer Ausrichtung: den Auftritt des Führers. »Der Film endet mit dem Hochruf des Zeremonienmeister Rudolf Heß: Die Partei ist Hitler – Hitler aber ist Deutschland – wie Deutschland Hitler ist. Heil Hitler! Sieg Heil! Sieg Heil! Sieg Heil!«[24] 1935 wird der UFA-Film in allen deutschen Kinos aufgeführt, seine Propaganda erreicht Hunderttausende Kinobesucher.

Ein Jahr später: Das Bild vom friedliebenden Führer, der die Welt nach Berlin bringt, bestimmt den Unterton von Leni Riefenstahls Olympiafilm von 1936. Im Olympiastadion gewinnt der Afroamerikaner Jesse Owens den 100-Meter-Lauf in sensationellen 10,4 Sekunden. Bei diesem Ereignis sitzt Baron Falz-Fein als Reporter für eine französische Sportzeitung nur unweit von Hitler. Er erinnert sich, dass Hitler nur mit Mühe seine Verärgerung über den Sieg eines »Schwarzen« verbergen konnte. In Riefenstahls Film aber ist der Führer ein Freund aller Nationen.

Als Hitler dann 1938 die sogenannte Heimholung des Sudetenlandes und der sogenannte Anschluss von Österreich gelingen, übersteigt sein Kultstatus alle Maßstäbe. Die Deutsche Wochenschau feiert ihn als außenpolitisches Genie und stilisiert ihn zum Herren der Welt.

Nicht nur der Filmproduktion, auch dem Lichtspielbetrieb wird von Anfang an eine bedeutende Rolle in der Verbreitung der NS-Ideologie zugemessen. Unmissverständlich verfügt die Reichsfilmkammer bereits 1934, dass die »Missachtung vor dem deutschen Kulturgut und der deutschen Filmkunst« zum Verlust der Kinolizenz führt. 1939 gibt es in Deutschland 5506 Lichtspieltheater mit zwei Millionen Sitzplätzen. Das ist weltweit die zweithöchste Anzahl nach den USA. Die Kinobesuche – 1932 waren es 240 Millionen – steigen beträchtlich an. 1937/38 sind es 400 Millionen, 1939 624 Millionen Besucher und 1942/43 werden gar 1,1 Milliarden Kinobesuche registriert. »Der Kinosaal wurde zum Ort der nationalsozialistischen Volksgemeinschaft, wo der Führer durch seine übergroße Leinwandchimäre das Volk beherrschte.«[25]

Vor jedem Spielfilm wird ab 1939 die Deutsche Wochenschau gezeigt, die von Goebbels strengstens überwacht wird. Zwischen 1942 und 1943 lässt sich Hitler persönlich die Ausgaben vorführen, um Anweisungen zu geben, damit der Kriegsverlauf in seinem Sinne dargestellt wird. Von jeder Wochenschau werden fast 2000 Kopien verschickt. Für die Hitlerjugend werden eigens Kinosäle eingerichtet und Wanderkinos in die Provinzen geschickt. Die Wochenschau wird bis zum Kriegsende produziert, selbst unter schwierigsten Bedingungen und als die Propaganda des Regimes vom Endsieg schon von vielen nicht mehr geglaubt wird. In der letzten Ausgabe schüttelt der vom Bunkerleben gezeichnete Führer jungen Volkssturm-Angehörigen noch einmal die Hand vor dem Untergang.

Im Bereich des Spielfilms bildet der im Januar 1945 uraufgeführte Farbfilm »Kolberg« in der Regie von Veit Harlan das letzte Aufgebot. Darin wird ein historisches Ereignis, die von den Einwohnern mitorganisierte Verteidigung der pommerschen Stadt Kolberg im Jahr 1806 gegen die Truppen Napoleons, zum Paradigma erhoben, an dem sich die seit Jahren unter Krieg und Bombenangriffen leidende Zivilbevölkerung im Winter 1944/45 messen kann und zum erbitterten Kampf im Volkssturm bereit finden soll. Ganze Wehrmachtseinheiten werden von der Front abgezogen und im Film als Komparsen zu einem Massenaufmarsch formiert. Fast neun Millionen Reichsmark kostet das gigantische Filmprojekt mit Heinrich George, Kristina Södermann und Horst Casper in den Hauptrollen, so viel wie kein anderer Film während der NS-Zeit. Doch es wird zu einem Flop an den Kinokassen. Das Einzige, was noch gilt, ist, zu überleben.

Goebbels Endsiegpropaganda muss nun immer mehr ohne die direkte Einbeziehung der Person Hitler auskommen. Doch bis zum Ende übt Hitler auf seine Umgebung eine fast magische Faszination aus. Ein Zeitzeuge, der Generalstabsoffizier Ulrich de Maizière – er wurde noch am 22. April 1945 in den Führerbunker gerufen, um die militärische Nachtlage vorzutragen –, beschreibt das so: »Selbst wenn man kein Anhänger des Regimes ist«, erinnert er sich, »musste man sich gegen die zwanghafte Ausstrahlungskraft Hitlers innerlich wehren. Ich auch [...] Sobald man das Milieu verlassen hatte, fiel alle Wirkung wieder ab [...] Ich kenne nur ganz wenige Leute, die in der Lage gewesen sind, sich diesem personalen Einfluss zu entziehen [...] Hitler war nicht geisteskrank in dem Sinne, dass er in den Teppich biss oder Schaum vor dem Mund hatte, wie manche Legenden nach dem Kriege meinten. Aber er lebte in einer hybriden, hypertrophen Selbstidentifikation mit dem deutschen Volk. Ich habe das aus seinem Munde gehört. Er war subjektiv überzeugt, dass mit seinem Ende [...] das deutsche Volk keine Überlebensmöglichkeit hätte, es würde untergehen [...] Wenn Sie [...] diese bezwingende Wirkung auf andere Menschen und die hypertrophe Selbstüberhöhung, seiner kriminellen Energie hinzufügen, dann kommen Sie zu einer einmaligen geschichtlichen Erscheinung, die zu all dem geführt hat, was wir damals erlebt, oder nach dem Krieg erkannt haben. Das ist für mich der Schlüssel zur Person Hitler.«[26]

Die Suggestivkraft war mit dem Tod des Diktators und der Kapitulation vom 8. Mai 1945 nicht gebrochen. Bis heute ist das historische Gedächtnis nicht nur der Erlebensgeneration, sondern auch das der Enkel und Urenkel durch die Propaganda der Nationalsozialisten und den Kult um Hitler beeinflusst oder unbewusst überformt. Neben der Faszination dessen, was der Politikwissenschaftler Peter Reichel als »schönen Schein des Drittens Reiches«[27] beschreibt – die auf emotionale Überwältigung statt auf argumentative Überzeugung setzenden Macht der musikalisch untermalten

Filme von Massenaufmärschen –, ist es heute vor allem die Sprache Hitlers und der NS-Propaganda, die sich auch nach fast 70 Jahren im Gebrauch erhalten hat.[28] So wird von Hitler immer noch als »dem Führer« gesprochen und verbreitet ist noch die Annahme, dass bestimmte Eigenschaften oder Fähigkeiten den Menschen oder gar ganzen Völkern im Blute liegen sollen. Für einiges Aufsehen sorgte, als zu Beginn der Fußballweltmeisterschaft 2010 eine Fernsehmoderatorin angesichts des lang ersehnten Torerfolgs eines Nationalspielers von einem »inneren Reichsparteitag« sprach.

An die Stelle Hitlers als einer messianischen Führerfigur ist ein Hitlerbild getreten, dass in ihm die Personifizierung all dessen sieht, was Hannah Arendt das radikal Böse genannt hat. Grenzenlose Bewunderung ist grenzenlosem Abscheu gewichen, die Faszination jedoch ist geblieben.

Müßig ist die Frage, ob es Auschwitz auch ohne Hitler gegeben hätte. Nicht selten wird der Verweis auf die Verführbarkeit des Einzelnen durch den Hitlerkult und die NS-Propaganda als Entlastungsargument benutzt, um der Frage nach eigener, individueller Schuld auszuweichen. Auch in dieser Hinsicht ist Hitler bis heute nicht nur eine historische Figur, sondern eine Projektionsfläche für viele Erinnerungen und Zuschreibungen geblieben, die letztlich auf die fehlende Reflexion des eigenen Handelns zurückverweisen.[29]

## Anmerkungen

1 Deutsches Lesebuch für Volksschulen, 5. und 6. Schuljahr, 2. Auflage XV, Chemnitz, o. J., Seite 392, Quellennachweis: Wir. Deutscher Arbeitsdienst-Verlag, Berlin, 1934.
2 Margit Fügert, Zeitzeugen TV (http://www.zeitzeugen-tv.com/), 2013.
3 Fest, Joachim C.: Hitler. Eine Biographie, Berlin/Frankfurt a. M. 1973, S. 18.
4 Vgl. Haffner, Sebastian: Von Bismarck zu Hitler, München 1989.
5 Vgl. Deutscher Kampfbund, 1923, in: Historisches Lexikon Bayerns, http://www.historisches-lexikon-bayerns.de/artikel/artikel_44471 (Zugriff 08.09.2013).
6 Schmölders, Claudia: Hitlers Gesicht. Eine physiognomische Biographie, München 2000, S. 87.
7 Zit. nach Thamer, Hans-Ulrich: Die nationalsozialistische Bewegung in der Weimarer Republik, 2005, http://www.bpb.de/geschichte/nationalsozialismus/dossier-nationalsozialismus/39535/ns-bewegung-hintergruende?p=all (Zugriff 09.09.2013).
8 Elias, Norbert: Der charismatische Herrscher, in: 100 Jahre Hitler, hg. von Rudolf Augstein, Spiegel Spezial, 2/1989, S. 42.
9 Dass das Foto ursprünglich tatsächlich Hitler zeigte, wird von Historikern inzwischen mit ziemlicher Sicherheit angezweifelt.
10 Hitler, Adolf: Mein Kampf, München 1939, S. 198.
11 Hoffmann, Heinrich: Hitler, wie ich ihn sah, München 1974, S. 26.
12 Elias: Der charismatische Herrscher, S. 42
13 Der Versailler Vertrag von 1919, der die Niederlage des Deutschen Reiches im Ersten Weltkrieg besiegelte, schrieb u. a. die alleinige Kriegsschuld Deutschlands fest, das zu erheblichen Reparationszahlungen verpflichtet wurde. Der Vertrag wurde von der politischen Rechten bis hin zu Teilen der deutschen Sozialdemokratie als »Schandfrieden« abgelehnt.
14 »Novemberverbrecher« war ein Schimpfwort für Unterstützer und Befürworter der Novemberrevolution von 1918, das in der Weimarer Republik und im Dritten Reich häufig auch von der NSDAP verwendet wurde.
15 Vgl. Haffner: Von Bismarck zu Hitler.
16 Weißbecker, Manfred; Pätzold, Kurt: Adolf Hitler. Eine politische Biographie, Leipzig 1995.
17 Hoffmann, Heinrich: Hitler, wie ihn keiner kennt, Berlin 1932.
18 Kleinhans, Bernd: Lichtspieltheater im Dritten Reich, unter: http://www.zukunft-braucht-erinnerung.de/drittes-reich/propaganda/185-lichtspieltheater-im-dritten-reich.html?q=kino (Zugriff 27.05.2013).
19 Vgl. Schütz, Erhard; Gruber, Eckhard: Mythos Reichsautobahnen. Bau und Inszenierung der »Straßen des Führers« 1933–1941, Berlin 1996.
20 Jungmädel (JM): Unterorganisation der Hitlerjugend (HJ) im Dritten Reich.
21 Jens, Inge: Unvollständige Erinnerungen, Reinbek 2011, S. 28 und S. 31.
22 Margit Fügert, Zeitzeugen TV (http://www.zeitzeugen-tv.com/), 2013.
23 Riefenstahl, Leni: Memoiren 1902–1945, 3. Auflage, Berlin/Frankfurt a. M. 1996, S. 222.
24 Toeplitz, Jerzy: Geschichte des Films, Berlin 1979, 270 f.
25 Kleinhans, Bernd: Ein Volk, ein Reich, ein Kino. Lichtspiel in der braunen Provinz, Köln 2003.
26 Ulrich de Maizière, Zeitzeugen TV (http://www.zeitzeugen-tv.com/), 2013.
27 Vgl. Reichel Peter: Der schöne Schein des Dritten Reiches. Faszination und Gewalt des deutschen Faschismus, München 1991.
28 Vgl. die neue Studie von Horst Dieter Schlosser: Sprache unterm Hakenkreuz. Eine andere Geschichte des Nationalsozialismus, Wien/Köln/Weimar 2013.
29 Der Autor dankt Werner Tress vielmals für seine wertvollen Anmerkungen.

# Josef Stalin

*Stalinkult in der DDR.*

\* 18. Dezember 1879 in Gori
(Georgien, damals Russisches
Kaiserreich)
† 5. März 1953 in Moskau

1922: Generalsekretär des Zentralkomitees der Kommunistischen Partei der Sowjetunion (KPdSU);
1941: Vorsitzender des Rates der Volkskommissare;
1946: Vorsitzender des Ministerrates (Der »Rat der Volkskommissare« bzw. später der Ministerrat war die offizielle Bezeichnung der Regierung der Sowjetunion);
1941: »Generalissimus« und Oberbefehlshaber der Roten Armee.

Josef Stalin (Geburtsname Jossif Dschugaschwili) errichtete in der Sowjetunion eine totalitäre Diktatur. Ca. 20 Millionen Menschen fielen in seiner Herrschaftszeit Massenrepressionen und systematischem Terror zum Opfer. Stalin zählt damit zu den brutalsten Massenmördern der Geschichte. Über seinen Tod hinaus umgab ihn ein extremer Personenkult.

*Dem Ewig-Lebenden*

*Seht! Über Stalins Grab die Taube kreist,*
*Denn Stalin: Freiheit – Stalin: Frieden heißt!*
*Und aller Ruhm der Welt wird Stalin heißen!*
*Laßt uns den Ewig-Lebenden lobpreisen!*[1]

*(Johannes R. Becher, 1953)*

# Josef Stalin –
# Die »strahlende Sonne der Völker«

*Markus Herbert Schmid*

Moskau, 31. Oktober 1961. Auf dem Roten Platz üben Militärfahrzeuge für die Parade zum bevorstehenden Jahrestag der russischen Revolution von 1917. Auffallend früher als in anderen Jahren, bis zum 7. November, dem eigentlichen Jubeltag, ist es noch eine ganze Woche. Neugierige werden weiträumig ferngehalten. Denn es handelt sich um ein Ablenkungsmanöver. Niemand soll mitbekommen, was zu dieser Stunde an der Kremlmauer und davor in dem klobigen roten Würfelbau des Lenin-Stalin-Mausoleums geschieht.

Drinnen im Mausoleum wird unterdessen der gläserne Sarkophag geöffnet, in dem die mumifizierten Körper von Wladimir Iljitsch Lenin und Josef Wissarionowitsch Stalin beieinanderliegen wie zwei tote Brüder. Mitarbeiter einer nichtgenannten wissenschaftlichen Institution mühen sich um einen der beiden Einbalsamierten und hieven ihn in einen mit rotem Atlas ausgekleideten Holzsarg. Ein Offizier der Kremlwache entfernt dem Verblichenen schnell noch die goldenen Uniformknöpfe und ersetzt diese durch solche aus Messing.

Im Kremlpalast hatten die Delegierten des 22. Parteitages der Kommunistischen Partei der Sowjetunion kurz zuvor – wie üblich einstimmig – den Beschluss gefasst, die sterbliche Hülle Josef Stalins von der Seite Lenins zu entfernen. Zu schwer lastete das Erbe des Diktators auf dem Land, zu unverschämt bremsten gestrige Funktionäre noch immer jeden Reformansatz, als dass der impulsive neue Führer des Sowjetreiches, Nikita Chruschtschow, sich Hoffnung machen konnte, den Schatten des einst auch von ihm selbst beweihräucherten Despoten loszuwerden.

Draußen an der Kremlmauer, wo so viele Tote der Weltrevolution bestattet sind, heben Wachsoldaten im Schutze der hereinbrechenden Nacht ein frisches Grab aus und dichten es mit Stahlbetonplatten ab. Um 22.15 Uhr ist es schließlich so weit. Acht

Offiziere in Paradeuniformen tragen den Holzsarg aus dem Mausoleum ins Freie und lassen ihn an der Aushubstelle in die Tiefe gleiten. Eilig schippen die Soldaten das Grab zu. Als die Moskauer am nächsten Morgen erwachen, gibt es auf dem Roten Platz kein Lenin-Stalin-Mausoleum mehr. Es heißt nur noch – wie vor Stalins Tod im Jahr 1953 – nach dem Revolutionssieger von 1917: Lenin-Mausoleum. Aus der Zeitung erfahren die Sowjetbürger davon erst später. Das schäbige nächtliche Ritual war nichts anders als der Reflex einer unbewältigten Vergangenheit.

Für die Nachgeborenen mag der Eindruck entstehen: Alle Diktatoren, die die Welt bewegten, steigen in die Sphäre des Mythos auf und werden so gewissermaßen unsterblich. Dabei scheinen unsichtbare Kräfte am Werk zu sein, die sich der objektiven Ratio entziehen. Vielleicht gibt es deshalb bis heute keine generell gültige Stalinismusdefinition. Während der Mann, der 29 Jahre lang das Sowjetreich beherrschte, seiner Epoche den Namen lieh, kann man nur in seltenen Fällen von Hitlerismus lesen. Jedoch: Wie sehr die Zeit von 1929 bis 1953 vom Personenkult bestimmt wurde, das macht der Begriff Stalinismus durchaus deutlich.

Mit der Person des Führers identifiziert man eine Revolution in ökonomischer und gesellschaftspolitischer Hinsicht, die ein System schuf, das in allen Lebensbereichen auf die Person des Georgiers ausgerichtet war. Der Historiker Wolfgang Ruge bezeichnete den Stalinismus deshalb als Alleinherrschaft und terroristische Theokratie, die pseudoreligiös auf die Spitzengestalt Stalin zugeschnitten war.[2]

Dabei stellt sich die Frage, ob es so etwas wie eine Formel für den Stalinmythos gibt. Ist der Personenkult, der um den Georgier getrieben wurde, eine Konsequenz der jeweiligen Persönlichkeit, seine eigene Kreation? Oder ist er vielmehr als historische Panne und Laune des Schicksals anzusehen, begünstigt vom Zeitgeist beziehungsweise vom politisch-ideologischen System? Der Romanautor Heinrich Mann meinte, die großen Männer würden von ihren Völkern geschaffen: »Gegen eine solche Gesamtentscheidung gibt es keine Berufung.«[3] Doch inwieweit verhalf dem Betreffenden der Zeitgeist, eine Lichtgestalt par excellence zu werden?

Nicht wenige unter den Bolschewiki, den Mitkämpfern Lenins und Stalins, dachten, ein Führer könnte den bisherigen sozialen und wirtschaftlichen Rahmen ersetzen und eine abermalige Revolution einleiten, die eine komplett neue Gesellschaft schafft. Dabei scheint das unzureichende Niveau der Demokratisierung der sowjetischen Gesellschaft dem Personenkult Vorschub geleistet zu haben, wie Michail Gorbatschow noch anlässlich des 70. Jahrestages der Oktoberrevolution zu begründen versuchte.[4] Aus dieser Perspektive stellt der Stalinkult primär ein Produkt der Zeitentwicklung und erst in zweiter Linie eine persönliche Leistung seines Namensträgers dar.

Seinerzeit gab es ein gewaltiges Ungleichgewicht zwischen der Landwirtschaft und der Industrie in der Sowjetunion. Es musste unbedingt etwas getan werden, wenn man die Kluft zu den modernen Staaten im Westen nicht noch größer werden lassen wollte. Für die lang notwendige Umstrukturierung bot sich ein Erlösungsglaube geradezu an, den Stalin immer wieder heraufbeschwor: der Glaube an die Möglichkeit, eine neue Gesellschaft zu schaffen.

Die russische Schriftstellerin Nadeshda Mandelstam beschrieb diese Art der Simplifizierung und das Entstehen einer Pseudoreligion, die im Handumdrehen auf den Götzen Stalin ausgerichtet wurde, sehr anschaulich: »Schon vorher hatte man sich nach dieser Einheitlichkeit gesehnt, nach der Möglichkeit, aus einer Idee alle Erklärungen für die Welt der Dinge und Menschen ableiten zu können, und alles durch eine einzige gesammelte Anstrengung in Harmonie zu vereinen. Deshalb schlossen die Menschen ihre Augen und gingen blind hinter einem Führer her, verboten sich, seine Theorie mit der Praxis zu vergleichen und die Folgen ihrer Taten abzuwägen. Daraus erklärt sich auch der zunehmende Verlust des Gefühls für die Realität, ...«[5]

Das schließt nicht aus, dass Stalin versuchte, sein eigenes Verhalten nach den Erwartungen seiner Gefolgschaft auszurichten, um diesen Hoffnungen zu entsprechen und den Personenkult zusätzlich anzuheizen. Der ehemalige Direktor des Instituts für Militärgeschichte, Dmitri Wolkogonow, meinte, dass der Kult um Stalin vom sowjetischen Führer überwiegend selbst initiiert worden sei. Sicherlich sei der Mythos durch die Trägheit, den passiven Charakter und den Hang zu einem starken Führer im sowjetischen Volk begünstigt gewesen. Doch als profunder Kenner der einschlägigen Archive wusste Wolkogonow: »Nicht selten fügte er mit Bleistift ein bis zwei Worte hinzu, welche das ›Außergewöhnliche‹, die ›Scharfsinnigkeit‹, die ›Entschlusskraft‹, den ›Mut‹ und die ›Weisheit‹ des Genossen Stalin hervorhoben.«[6] Die endlosen Rituale der Preisungen waren auch Stalins eigenes Werk. Da ihm die wichtigsten Zeitungsartikel über seine Person noch vor dem Druck vorgelegt wurden, war es nicht verwunderlich, dass diese nur so von Verherrlichungen für den »Woschd« (russisch: Führer) strotzten und ihm den Weg zur schrankenlosen Macht ebnen halfen.

Der ursprüngliche Bolschewismus war ideokratisch strukturiert, wofür die marxistisch-leninistische Doktrin die höchste Instanz darstellte. Das galt allerdings nur so lange, bis Jossif Wissarionowitsch Dschugaschwili (so lautete der georgische Geburtsname von Josef Stalin) die bolschewistische Partei in den dreißiger Jahren in eine Führerpartei verwandelte. Unter seiner »weisen Führung und Unfehlbarkeit«, wie es hieß, wurde dem ursprünglichen Gedanken einer lebendigen sozialistischen Bewegung aufs Heftigste zuwidergehandelt. Es kam zur Verschmelzung von Leninismus und Stalinismus, bis schließlich mit dem Standardwerk »Geschichte der Kommunistischen Partei der Sowjetunion (Bolschewiki). Kurzer Lehrgang« die ideologische Grundlage des Stalinkultes geschaffen wurde. Das Buch galt als Pflichtlektüre für jeden Kommunisten und sollte die grundlegenden Verdienste Stalins beim Aufbau des Sozialismus in der UdSSR darstellen. In der Tat war diese Bibel ein Ausdruck hemmungsloser stalinistischer Beweihräucherung. Darin wurde die Geschichte der bolschewistischen Partei, deren Held selbstverständlich Stalin ist, gewissermaßen neu geschrieben. Mit den Zitaten daraus konnten positive Ereignisse und Resultate so wiedergegeben werden, dass Stalin stets die Rolle der höchsten Instanz zufiel. Ein Beleg dafür, dass der Stalinkult quasi zu einer Art Staatsdoktrin der UdSSR wurde.[7]

Bei der Übertragung des Führerprinzips auf die Sowjetunion erwies sich die Justiz als stabilisierender Faktor. Sie fungierte nicht nur als Legitimationsfaktor, sondern auch als Katalysator für den Personenkult in der Diktatur, so dass Stalin eine verfassungs- und staatsrechtliche Investitur gar nicht erzwingen musste, sondern den argumentativen Rechtsrahmen regelrecht mitgeliefert bekam.

Die Moskauer Schauprozesse spielten dabei eine maßgebliche Rolle. Sie waren grausige Höhepunkte in Stalins Politik aus Lüge und Gewalt. Unter Federführung von Generalstaatsanwalt Andrej Wyschinski wurde der Öffentlichkeit vorgegaukelt, all die von Stalin propagierten Schreckensszenarien von Agenten, Volksfeinden etc.

entsprächen der Realität. Die erfolterten Geständnisse der Angeklagten hörten sich an wie ein Hymnus auf Stalins Universalkompetenz in Glaubensfragen. Schließlich schienen sie dem Großinquisitor Stalin recht zu geben und bestätigten seine Fiktion von der kapitalistischen Umzingelung (»Wir haben innere Feinde. Wir haben äußere Feinde. Das darf man nicht vergessen, [...] nicht für eine Minute.«[8])

Wie aber war der Kult um eine einzige Person in der UdSSR mit der offiziell deklarierten Diktatur des Proletariats zu vereinbaren? Bereits für Lenins Führerrolle legte man sich eine spezielle marxistische Theorie zugrunde, die dann selbstverständlich auch für Stalin galt: Nur in die Hände desjenigen Mannes, der den klaren Willen und den hellen Verstand der Massen formulieren und zum Ausdruck bringen konnte, gehörte die Führerschaft. Hinter dem Stalinkult steckte so etwas wie ein machiavellistisches Prinzip, denn der Verbleib der Partei an der Macht stand auf dem Spiel: »Dem Volk gefiel seine Größe, gefiel, dass nach Jahren der Vernichtung, des Bürgerkriegs, interner Parteikämpfe Ordnung geschaffen wurde; diese Ordnung identifizierten die Menschen mit Stalin.«[9]

Der Georgier schien ein Garant dafür zu sein, eine zentralisierte Disziplin innerhalb der Partei durchzusetzen und das bestehende System vor dem Zerfall zu schützen. Weil nach Lenins überlegener Führung ein Vakuum entstand, bedurfte die Partei einer vergleichbaren Persönlichkeit. Den Bolschewiki, die in den zwanziger Jahren die Fraktionskämpfe miterlebt hatten, war die Zerrissenheit der Partei schon lange ein Gräuel. Mithilfe des Personenkultes jedoch konnte einem möglichen Zerfall der Staatlichkeit entgegengewirkt werden. Das dürfte sehr im Interesse der bolschewistischen Kollektivführung gewesen sein. Für sie repräsentierte sich Stalin als eine Figur, die gerade in dieser Notsituation den Staat aus seiner misslichen Lage herausführen konnte. Stalin galt in den zwanziger Jahren sowohl als Stimme der Vernunft als auch als Stimme der Mäßigung, als derjenige, der die extremistischen Parteiflügel zusammenhielt. So konnte er als kultivierte Integrationsfigur aufgebaut werden: »Der Name Stalin wurde als Symbol für die moralische und politische Einheit der Sowjetgesellschaft nutzbar gemacht.«[10]

»Auch die Dürre bezwingen wir«, Stalin als fürsorglicher Planer.
Aus der Illustrierten Monatsschrift »Sowjetunion« vom April 1953.

Andererseits unterschätzten prominente Führungspersonen in der KPdSU vermutlich die Funktionen eines Generalsekretärs und betrachteten dessen Aufgaben lediglich als eine subalterne und bürokratische Tätigkeit. Tatsächlich machte es ihm diese Position möglich, zum faktischen Diktator aufzusteigen. Nicht nur in den Auseinandersetzungen um die Nachfolge Lenins besaß er somit beträchtlichen Einfluss. Er vermochte seine persönliche Hausmacht in der Partei vor allem auch deswegen konsequent auszubauen, weil einzig und allein das Parteisekretariat die aufstrebende Parteibürokratie beherrschen und kontrollieren konnte. In diesem exponierten Amt war es ihm möglich, administrative Direktiven zu erlassen, Berufungen und Entlassungen vorzuschlagen und damit den Kader in seinem Sinne auszubauen. »Man muss die Menschen sorgfältig und aufmerksam heranziehen – so wie ein Gärtner seinen liebsten Obstbaum pflegt«, meinte er einmal selbst.[11] Und diese Kaderpolitik sollte ihre Früchte tragen. Opportunistische und mit vorauseilendem Gehorsam agierende Gesinnungsgenossen vergrößerten sehr schnell die Kultgemeinde um den »Woschd« und forcierten dessen Anhimmelung.

Priesterliche Loyalitätserklärungen für sein Andenken, die Umbenennung von Petrograd in Leningrad im Jahr 1924 und die Einbalsamierung von Lenins Leiche für die Aufbewahrung im Mausoleum sind deutliche Hinweise darauf, dass der Leninkult auf einen vorgefassten Plan Stalins zurückzuführen war, dazu bestimmt, sich dessen Namen für seinen eigenen Personenkult dienstbar zu machen. Die logische Schlussfolgerung für jeden Bürger der UdSSR sollte lauten: Wenn Lenin Allah gewesen war, dann ist Stalin nun sein Prophet.

Der »Woschd« konnte getrost annehmen, dass die Führerfixierung auf Lenin weiterhin wirkte und somit eine symbolhafte Wirkung für die Bewertung der Qualitäten des potenziellen Nachfolgers ausübte. Indem er Lenin zur Superikone erhob, war es ein Leichtes für ihn, alsbald die absolute Herrschaft in seinen Händen zu vereinigen.

Aber irgendwann musste sich Stalin natürlich von Lenin emanzipieren. Deshalb ging man dazu über, ihn in zahlreichen Anspielungen zum fähigsten Parteigenossen auszurufen, dem es als einzigen in die Wiege gelegt worden sei, Lenins Werk in dessen Sinne weiterzuführen: »Er sprach. Der größte Schüler sprach vom Willen / Des größten Lehrers: dessen, der nun tot. / Er tat den Schwur, in Ehren zu erfüllen / Des teuren Toten ehernes Gebot«,[12] wie später der aus sowjetischer Emigration zurückgekehrte Journalist und Lyriker Franz Leschnitzer reimte.

Aus diesen Zeilen geht klar hervor, dass Lenin für Stalin zum mythischen Herrschaftspotenzial wurde. Als Stalin nach der Verlesung des Lenin'schen Testaments heuchlerisch seinen eigenen Rücktritt anbot, wagte es schon kein Mitglied des Zentralkomitees mehr, dem zuzustimmen. Das zeigt, wie stark der Stalinkult bei den führenden Kadern bereits zu wirken begann.

Es dauerte nicht mehr lange, bis der Georgier Lenin übertrumpfte: »Unter der Leitung des Genossen Stalin ist der Leninsche Plan der Elektrifizierung des Landes übererfüllt worden«, hieß es noch zu dessen Lebzeiten.[13] Zitate und Sonstiges, was man ursprünglich lediglich mit Lenin in Verbindung brachte, wurden anfänglich mit Bindestrich und schließlich nur noch mit dem Zusatz STALIN betitelt.

Bis 1912 signierte Jossif Dschugaschwili noch mit verschiedenen Namen, unter denen Koba (georgisch: der Unbeugsame) besonders häufig vertreten war. Vielleicht, weil er mit diesem Namen schon sein eigenes künftiges Heldentum assoziieren wollte, denn der wahre Koba ist ein georgischer Romanheld und eine mythenhafte Gestalt, die vom jungen Stalin verehrt wurde. 1913 zeichnete er seinen Artikel »Der Marxismus und die nationale Frage« bereits mit K. Stalin, eine Kombination aus Koba und Stalin.[14] Das Synonym stand für den Mann aus Stahl.

Das tat offensichtlich Wirkung. Laut sowjetischer Propaganda beflügelte der Name später die Menschen zu Höchstleistungen. Mit seinem Namen auf den Lippen schwangen sich die heroischen Flieger in den weiten Himmel, vom Volk liebevoll Stalin'sche Falken genannt. Karl Welz stimmte in »Stahlgießers Lied« Kampfesstrophen an, die aufzeigen sollten, mit welcher Härte der Kaukasier die UdSSR erbaute: »Einst ging mein Land durch Not und Qual hin, Von tausend Räubern ausgeraubt. Wir hatten ja nicht Stahl und Stalin, Drum trat uns jeder auf das Haupt. Jetzt ziehn wir eine Wand aus Stahl hin [...].«[15]

Obwohl man sich in den späteren Jahren moderner Filme bediente, die Stalins Rolle während der Oktoberrevolution und im Kampf gegen den deutschen Faschismus herausstellten, mutete der Stalinkult vielerorts sehr antiquiert an. Die technische Rückständigkeit in einigen Sowjetrepubliken bot wenig Medienspielraum. Das wurde ausgeglichen durch unzählige Gemälde, Gedichte und Theaterstücke. Porträts wurden gemalt wie zu Zeiten des Kaisers Augustus, als dessen Büsten in alle Städte des Römischen Reiches versandt worden waren.

Der regionale Unterschied in der Vermarktung lag nur teilweise am unterschiedlichen Technologisierungsgrad in der Sowjetunion. Der Bestand an neuer Medientechnik reichte nicht aus, um flächendeckend Propaganda zu betreiben. Darum wurden die traditionellen Künste wie Malerei, Grafik und Kleinplastik geradezu überstrapaziert.[16] Aber auch die jeweilige Bevölkerungsstruktur mag ein Grund für den Einsatz der unterschiedlichen Propagandamittel gewesen sein. In den vielfach archaisch strukturierten Gesellschaften des Kaukasus, des asiatischen Territoriums und in den bäuerlich bestimmten Gesellschaften des Sowjetreiches ließen sich die herkömmlichen Mittel durchaus erfolgversprechender nutzen.

Stalins ausgeprägter georgischer Akzent und seine schwerfällige Ausdrucksweise trugen nicht dazu bei, dass er als Redner akzeptiert wurde. Trotzdem war es vielleicht gerade diese Ursache, die ein Gefühl der Verbundenheit zwischen ihm und dem einfachen sowjetischen Volk weckte. Seine Argumente kamen zwar langsam, aber teilweise anekdotenweise vorgetragen und appellierten auf diese Art an den gesunden Menschenverstand von Leuten, die nicht schnell begreifen: »... seine Reden lesen sich streckenweise wie altväterische Kalendergeschichten«,[17] schrieb Lion Feuchtwanger in »Moskau 1937«. Sie wurden quasi katechetisch vorgetragen, häufig in endlosen Wiederholungen ein und derselben Redewendung in Gestalt einer Frage und nachfolgender Antwort (»Was bedeutet es, ...? Es bedeutet, ... Was bedeutet es, ...? Es bedeutet, ... «).[18]

Diese vereinfachte Logik und Dogmatik wirkte auf uniformierte Geister und einfache Leute durchaus überzeugend: »Die Menschen verstanden seine primitive Seminaristenlogik, seinen Seminaristendogmatismus, ließen sich davon imponieren. Er hatte es verstanden, das Volk von seiner Allwissenheit und Allmacht zu überzeugen.«[19] Da Stalin als Redner nicht glänzte, trat er selten in der Öffentlichkeit auf. Oksana Bulgakowa weist darauf hin, dass Stalin bewusst mit dieser »Figur der Anwesenheit – Abwesenheit« gespielt habe, denn die inszenierten Auftritte gaben seiner Gestalt eine geheimnisvolle Ausstrahlung. Wie in der islamischen Kulturtradition, wo der Prophet unsichtbar bleibt, aber trotzdem überall eine Anspielung auf seine Anwesenheit zu finden ist.[20]

In vielen Lobpreisungen wurde Stalin als omnipräsent verklärt, als das Gestirn, um das sich alles drehte. Deutsche wie russische Intellektuelle bildeten Metaphern auf Stalins Person: »Du, strahlende Sonne der Völker. Die nie versinkende Sonne unserer Zeit. Und mehr als die Sonne, denn die Sonne hat keine Weisheit.«[21] So schrieb der russische Dichter Alexej Tolstoj. Der deutsche Emigrant Erich Weinert schwelgte: »Eine neue Sonne glüht uns: Stalin, unser Freund, Eine Sonne, wie im Frühling, Die das Antlitz bräunt.«[22] Auf diese Weise wurde auch dem letzten Genossen verständlich gemacht, dass man sich nicht einmal im letzten Winkel der großen Sowjetunion vom Strahl der Sonne unbeaufsichtigt fühlen konnte.

Schwierig war es, all die Hochgesänge vom funkelnden Diamanten der Partei, vom weisen Riesen, vom großen Maschinisten

*Titelbild einer Anleitung für die Gestaltung von Feierlichkeiten zum 70. Geburtstag Stalins (1949).*

und von der Lokomotive Geschichte auf Film zu bannen. Dabei machte sich vorwiegend Stalins georgischer Landsmann Michail Tschiaureli einen Namen. Er war ein Schöpfer der historischen

Stalinfilme und bei der Überhöhung Stalins kam ihm eine wesentliche Rolle zu. Ihm gelang es, die Bruchstücke alter Legenden geschickt zusammenzuschmelzen und den Stalinkult sogar über dem Leninkult zu etablieren.[23]

Ein Paradebeispiel für das Trugbild, das die Propaganda den Menschen vorgaukelte, war die Verfassung von 1936. Sie wurde als welthistorische Errungenschaft gefeiert und daraus konnte Stalin wiederum Kapital für seine Person schlagen. Die großen Staatsdokumente des modernen Zeitalters, die Erklärung der Unabhängigkeit und die Verfassung von Philadelphia, die Erklärung der Menschenrechte und der Code Napoléon, hätten, so rühmte der deutsch-schweizerische Schriftstellers Emil Ludwig, einen Nachfolger gefunden in Stalins Moskauer Verfassung, »die seinen Namen sicherer unsterblich machen wird als Stalingrad [...]«[24]. Ähnlich täuschen ließ sich der deutsche Dichter Lion Feuchtwanger. Trotz einiger kritischer Anmerkungen in seinem Werk »Moskau 1937. Ein Reisebericht für meine Freunde« ist unverkennbar, dass er das Porträt des Diktators in einem durchaus positiven Licht zeichnete und Verständnis für den Kult um den Despoten aufbrachte.[25] Den Aufbau der Sowjetunion sah er als Werk Stalins. Bei ihm nimmt der Diktator die Rolle des gütigen Landesvaters an, der mit Nachsicht auf die zaghaft vorgetragenen Bedenken gegen den ausufernden Personenkult reagiert: Dieser sei nämlich nichts anderes als eine vorübergehende Kinderkrankheit des Sozialismus.

Ohne Stalins verfehlte Verteidigungspolitik wäre die deutsche Wehrmacht 1942, im dritten Jahr des Zweiten Weltkriegs, vermutlich kaum bis nach Stalingrad vorgedrungen. Doch es war der deutsche Überfall auf die Sowjetunion, der Stalins Ruhm bis zum Gipfel führte, denn sein Erzrivale Hitler erlebte vor Stalingrad die größten Verluste. Manès Sperber, der österreichisch-französische Romancier, der in seinem großen Roman »Wie eine Träne im Ozean« eigene Verwirrungen autobiografischer Art verarbeitete, wies zu Recht darauf hin, dass nichts den Erfolg so sehr anzieht wie ein erfolgreiches Ereignis: »Das war der Sieg. So viele Leute erwachten [...] zur Sympathie für Stalin, denn sie sagten, er hat gesiegt. Die Kanonen von Stalingrad sozusagen waren entscheidend, entscheidende Argumente sogar bei Leuten wie Sartre und anderen.«[26] So verwundert es nicht, dass noch nach sechs Jahrzehnten Stalins Stern nicht gänzlich verblasst zu sein scheint. Das vormals totalitäre Klima in der Gesellschaft wird von ehemaligen Rotarmisten noch heute als Akt einer weisen staatsmännischen Voraussicht verklärt, die am Ende über den Faschismus siegte.

Zum Halbgott wurde Stalin hauptsächlich in der hermetisch abgeschirmten Gesellschaft des Ostblocks, in der es kaum alternative Informationsquellen gab. Kompromisslos musste er überall als Prototyp sämtlicher Positiva dargestellt werden. Dieser Nimbus des Übermenschen beruhte weniger auf Stalins persönlicher Ausstrahlung, als vielmehr auf seiner Kontrolle über den bürokratischen Apparat, die Terrorinstrumente und die rücksichtslose Liquidierung all derjenigen, denen auch nur der Hauch anhaftete, sie seien Oppositionelle. In dieser pathologischen Grundstimmung gab es auch für Künstler kaum eine Nische, wohin sie sich zurückziehen oder sich wenigstens eines günstigen Urteils hätten enthalten können. Deshalb mag es für den einen oder anderen zur Überlebensstrategie geworden sein, den vermeintlichen sozialistischen Moses als monumentalen Interpreten des Marxismus-Leninismus und Inspirationsquelle für die Helden der Arbeit zu preisen, wollten sie nicht in Verdacht geraten, gegen den Allmächtigen eingestellt zu sein und als Volksfeind gebrandmarkt werden. Aus diesem Grund stellen die Verherrlichungsorgien für Stalin keinen objektiven Gradmesser für den tatsächlichen Glauben an den Diktator dar. Eher gilt die Gleichung: Personenkult = Lebensversicherung.

Stalin war die Verkörperung des Systems. Als er starb, drohte dem staatlichen Machtapparat eine gewaltige Identifikationslücke. Für die auf Stalin eingeschworenen Führungskader im gesamten Ostblock stellte es ein schwieriges Unterfangen dar, ihren Herrschaftsanspruch nicht zu verlieren. Stalin war bis dato zum Vorbild aufgebaut worden und stellte eine Motivationsfigur dar. Der Glaube an ihn hielt viele Menschen bei der Stange und half ihnen, mögliche Zweifel an der von ihnen mitgebauten neuen Ordnung zu verdrängen.

Auch der auf Stalin eingeschworene Teil der schreibende Zunft wusste nach dem 5. März 1953 zunächst nicht, wie es ohne den großen Führer weitergehen würde: »Aber die geistigen und materiellen Waffen, die er herstellte, sind da, und da ist die Lehre, neue herzustellen«, meinte Bertolt Brecht.[27] Die Ursache für die fortdauernde Lobhudelei vieler ostdeutscher Nachkriegsliteraten lässt sich auf das allgemeine politische Klima nach 1945 zurückführen. Die

DDR-Führung war bestrebt, Stalin als Galionsfigur nicht untergehen zu lassen, um in seinem Namen weiterhin den Kampf gegen die sogenannte amerikanische Kulturbarbarei fortzuführen.[28]

Am 25. Februar 1956 hielt der neue sowjetische Partei- und Staatschef Nikita Chruschtschow seine berühmte Geheimrede auf dem XX. Parteitag der Kommunistischen Partei der Sowjetunion (KPdSU). Sie gilt zwar als Initialzündung der Entstalinisierung, doch gelang es Stalins Nachfolger nicht, den tief verwurzelten Stalinkult gänzlich auszurotten. Die stalinistische Ordnung hatte über Jahre hinweg das Denken von Parteiführern, einfachen Mitgliedern und parteilosen Kommunisten geformt. Nur der große Weise im Kreml schien imstande zu sein, den Marxismus richtig auszulegen. Und nun sollte quasi über Nacht sein Denkmal vom Sockel gestoßen werden. Die Schockwirkung war groß, als die politische Führung der Sowjetunion plötzlich ein Stalinbild malte, das den Georgier an die Seite von Iwan dem Schrecklichen rückte.

Insbesondere die stalinistisch erzogene Jugend war über die Entgötterung ihres Idols zutiefst entsetzt, ihr gesamtes Weltbild stand auf dem Spiel. Von Kindesbeinen an war Stalin den Heranwachsenden als »Väterchen« angepriesen worden, der für alle Menschen sorge, und der sie sein ganzes Wissen lehren werde. Was der Georgier sagte, galt ihnen als heilig, auch wenn es den Naturgesetzen zu widersprechen schien. So erweckte der Zerstörung des Mythos vor allem in der Generation derer, die von klein auf auf den »Woschd« eingeschworen worden waren, den Anschein, als wollten die potenziellen Nachfolger Stalin lediglich als Sündenbock für die augenscheinlichen Deformationen missbrauchen.

Obwohl es in den folgenden Jahren zur sogenannten Tauwetterperiode kam, unterblieb eine umfassende Aufarbeitung des Stalinkultes. Schon kurz nach dem XX. Parteitag der KPdSU forderte die Nomenklatura um der Staatsräson willen abermals Lobpreisungen für den toten Despoten. Beunruhigt waren sie auch wegen der Aufstände in Polen und Ungarn, die im Zusammenhang mit den halbherzigen Bemühungen um eine Entstalinisierung eine politische Krise im gesamten Ostblock auslösten. Schließlich hatte der Stalinkult über Jahre hinweg den Zement für die Stabilisierung des kommunistischen Systems geliefert. Weil das poststalinistische Führerkollektiv anfangs weder über die Autorität noch über die Macht von

Josef Stalin verfügte, war zu befürchten, dass sich die neuen Herrscher im Kreml und in den Satellitenstaaten durch eine Verurteilung Stalins sich selber den Ast absägten, auf dem sie saßen.

Anders als der Hitlermythos in Deutschland erlebte der Stalinkult nicht eine Aufarbeitung von außen. So gut es ging, entnazifizierten die alliierten Mächte nach dem Krieg die Deutschen und versuchten umgehend, deren Verehrung für Adolf Hitler per Gesetz zu verbieten. Hingegen wurde die Entstalinisierung Mitte der fünfziger Jahre im Ostblock von Alt-Stalinisten betrieben. Und zwar höchst inkonsequent. Damit beendete man nur auf staatspolitischer Ebene die maßlose Götzenanbeterei. Dem zuvor gläubigen Teil der Bevölkerung konnte das Erlöschen ihrer Sonne nur bedingt plausibel gemacht werden.

Nach dem georgisch-russischen Krieg 2008 gestaltet sich insbesondere in Stalins Heimat die Entzauberung des Sohnes aus dem Kaukasus sehr schwierig. Von den Georgiern wird Stalin weniger als Vertreter eines Unterdrückungssystems gesehen, sondern eher als eine Kompensation für den nationalen Minderwertigkeitskomplex gegenüber Russland.[29] Der kleine Mann aus ihrem Volk, der aufstieg zum Alleinherrscher über das riesige Sowjetimperium. Offiziell verurteilt die Regierung in Tiflis zwar die Fortsetzung des Stalinkultes. Sie ist aber machtlos gegen diesen Stolz auf Stalin, wenn sie im selben Atemzug den Kult der georgischen Nation fördern und somit auch die antirussische Stimmung anheizen will. In Stalins Geburtsstadt Gori stößt sich kaum jemand daran, dass sich am Ende des Prachtboulevards mit dem Namen Stalin Prospekt das Stalinmuseum befindet. In diesem Palast der Nekrophilie gibt es Tassen und Schlüsselanhänger mit Stalins Bildnis und goldene Büsten in jeder Größe zu kaufen.[30]

Und auch das neue Russland ist nicht frei von Stalinnostalgie. Selbst im relativ pluralistischen Umfeld des Jahres 2013 bildet der Name Stalins in Russland noch immer einen politischen Machtbegriff. Lion Feuchtwanger hatte 1937 geschrieben: »War Lenin der Cäsar der Sowjetunion gewesen, so wurde Stalin zu ihrem Augustus, zu ihrem ›Mehrer‹ in jeder Hinsicht.«[31] So sahen viele Russen den Georgier auch noch am 5. März 2013, dem 60. Todestag Stalins.[32] Anlässlich des 70. Jahrestages der deutschen Kapitulation an der Wolga wurde eine Art historische Rückführung betrieben. Einen Tag lang trug Wolgograd den Namen Stalingrad. Das Parlament der Stadt hatte einen diesbezüglichen Antrag von Veteranen gebilligt. Kommunisten forderten sogar eine dauerhafte Rückkehr zum alten Namen. Die Mehrheit der Russen scheint dennoch dagegen zu sein: Laut einer Erhebung des Instituts LEWADA vom Herbst 2012 lehnten 60 Prozent der Befragten den Plan ab und nur 18 Prozent sprachen sich dafür aus.[33] Von einer Stalinkult-Bewegung zu sprechen wäre deshalb übertrieben.

Die Reminiszenzen an Stalin sind Ausdruck des Protests und Ventil für den Umgang mit den Widrigkeiten im heutigen Russland. Viele Russen sehen den Zerfall der Sowjetunion als die größte geopolitische Katastrophe des 20. Jahrhunderts an und fühlen sich dementsprechend im nationalen Ego gekränkt.[34] Dass der Westen 1990 seinen Sieg im Kalten Krieg genoss und selbstgerecht zusah, wie die UdSSR zugrunde ging, enttäuschte viele Russen herb. So wurden sie zugänglich für die Entwertung liberaler, westlich-demokratischer Prinzipien bei gleichzeitiger Aufwertung Stalins als effektivem Manager.[35]

Der Versuch, Stalin wieder aufleben zu lassen, ist also ein Zeichen für die Sehnsucht nach Stabilität, nach einer ordnenden Hand, nach Identität und Stärke, nach der Zeit, als man sich zwar patriarchal unterordnete, aber der Westen vor dem Sowjetimperium Angst hatte. Heutige Funktionäre der Kommunistischen Partei Russlands erklären, man müsse Stalin aufgrund der Ergebnisse und nicht anhand von Emotionen beurteilen.[36] Und in einem von Präsident Putin herausgegebenen Leitfaden für den Geschichtsunterricht wird Beschönigung betrieben. Der Despot erscheint nicht als Henker, sondern als Sieger: »Stalin verlangte das Unmögliche von den Menschen, um das Maximum zu erreichen.«[37]

Wegen des Unbehagens über den Zustand, dass Russland noch immer nur den oberen Zehntausend Glanz und Gloria bietet, mag Putin die Stalinnostalgie ganz gelegen kommen, um das angeschlagene Selbstwertgefühl in der für das gemeine Volk eher tristen Gegenwart etwas aufzupolieren. Überdies könnte eine schonungslose Abrechnung mit dem Personenkult um Stalin unangenehme Vergleiche mit Putins Autorität und dessen Monopolanspruch auf die Macht hervorrufen.

Niemals wurde Stalin einem Spruchkammerverfahren unterzogen wie posthum Adolf Hitler in Deutschland. Letztlich, so formuliert es der russische Fernsehjournalist Nikolai Swanidse, habe weder die Welt noch sein eigenes Volk ihn eindeutig verurteilt: »Weil Stalin in den Augen der Mehrheit ein Sieger ist. Und Sieger verurteilt man nicht. [...] Er hat formal eine saubere Weste.«[38]

## Anmerkungen

1 Neues Deutschland, 7. März 1953, S. 3, zit. nach Schmid, Markus Herbert: Poetae Laureati. Stalins Minnesänger, Eichstätt 2006, S. 144.
2 Vgl. Ruge, Wolfgang: Stalinismus – Versuch einer Begriffsbestimmung. S. 11–21, in: Neugebauer, Wolfgang (Hg.): Von der Utopie zum Terror, Wien 1994, S. 18.
3 Mann, Heinrich: Der Große Mann, in: Mann, Heinrich: Der Haß. Deutsche Zeitgeschichte, Berlin/Weimar 1983, S. 60–78, S. 78.
4 Vgl. Gorbatschow, Michail S.: Die Oktoberrevolution und der Prozess der Umgestaltung: Die Revolution geht weiter, in: Riese, Hans-Peter: Gorbatschows historische Rede. Zum 70. Jahrestag der Oktoberrevolution, 2. Auflage, München 1987, S. 23–122, S. 53.
5 Mandelstam, Nadeshda: Das Jahrhundert der Wölfe, Frankfurt a. M. 1971, S. 189.
6 Vgl. Wolkogonow, Dmitri: Stalin. Triumph und Tragödie, Düsseldorf/Wien 1993, S. 289.
7 Vgl. Luks, Leonid: Bolschewismus, Faschismus, Nationalsozialismus – verwandte Phänomene?, in: Forum für osteuropäische Ideen- und Zeitgeschichte, 1/1997, S. 31–49, S. 48.
8 Stalin, Josef W.: Über die Arbeiten des Vereinigten Aprilplenums des ZK und der ZKK, aus: Prawda Nr. 90 vom 18.04.1928, in: Stalin, Josef: Werke, Band 11, Berlin 1954, S. 25–57, S. 57.
9 Rybakow, Anatolij N.: Die Kinder vom Arbat. Köln 1988, S. 707.
10 Alexandrow, G. F., u. a. (Hg.): Josef Wissarionowitsch Stalin. Kurze Lebensbeschreibung, Moskau 1947, S. 255.
11 Zitiert in: Ehrenburg, Ilja: Menschen – Jahre – Leben. 1923–1941, Band 2, München 1972, S. 392.
12 Leschnitzer, Fritz: Der Leninist, in: Schmid: Poetae Laureati, S. 96–97, S. 96.
13 Vgl. Verlag für fremdsprachige Literatur (Hg.): Lenin Wladimir Iljitsch. Ein kurzer Abriß seines Lebens und Wirkens, Moskau 1947, S. 332.
14 Vgl. Wolfe, Bertram: Lenin, Trotzkij, Stalin. Drei, die eine Revolution machten, Frankfurt a. M. 1965, S. 583.
15 Welz, Karl: Stahlgiessers Lied, in: Schmid: Poetae Laureati, S. 101.
16 Vgl. Bulgakowa, Oksana: Der Mann mit der Pfeife oder Das Leben ist ein Traum, in: Loiperdinger, Martin/Herz, Rudolf/Pohlmann, Ulrich (Hg.): Führerbilder. Hitler, Mussolini, Roosevelt, Stalin in Fotografie und Film, München/Zürich 1995, S. 210–231, S. 210.
17 Feuchtwanger, Lion: Moskau 1937. Ein Reisebericht für meine Freunde, Amsterdam 1937, S. 78.
18 Stalin, Josef: Über die Ergebnisse des XIII. Parteitags der KPR(B), aus: Prawda Nr. 136 und 137 vom 19. und 20.06.1924, in: Stalin, Josef W.: Werke, Band 6, Berlin 1952, S. 210–233, S. 227.
19 Rybakow: Die Kinder vom Arbat, S. 707.
20 Vgl. Bulgakowa: Der Mann mit der Pfeife, S. 213f.
21 Zitiert in: Conquest, Robert: Stalin. Der totale Wille zur Macht, München/Leipzig 1991, S. 273.
22 Vgl. Weinert, Erich: Lied der Kolchosbäuerinnen, in: Schmid: Poetae Laureati, S. 129–130, S. 129.
23 Vgl. Bulgakowa, Oksana. Herr der Bilder – Stalin und der Film, Stalin im Film,

in: Gaßner, Hubertus; Schleier, Irmgard; Stengel, Karin (Hg.): Agitation zum Glück, Bremen 1994, S. 65–69, S. 68.
24 Ludwig, Emil: Stalin, Zürich 1945, S. 138.
25 Vgl. Feuchtwanger, Moskau 1937.
26 Sperber, Manès: Ein Moralist als Zeuge des Jahrhunderts, in: Uttitz, Friedrich, Zeugen der Revolution. Mitkämpfer Lenins und Stalins berichten, Köln 1984, S. 153–175, S. 164.
27 Vgl. Brecht, Bertolt: Stimmen der Mitglieder der Sektion Dichtkunst und Sprachpflege. Zum Tode J. W. Stalins, in: Sinn und Form 2/1953, S. 10.
28 Vgl. Franke, Konrad: Die Literatur der Deutschen Demokratischen Republik, München/Zürich 1971, S. 30.
29 Vgl. Posener, Alan: 60. Todestag. Wo Stalin noch wie ein Gott verehrt wird (DIE WELT online vom 04.03.2013), in: http://www.welt.de/kultur/article 114108099/Wo-Stalin-noch-wie-ein-Gott-verehrt-wird.html (Zugriff 09.09.2013).
30 Ebenda.
31 Feuchtwanger: Moskau 1937, S. 109.
32 Vgl. Peternel, Evelyn: Stalin-Kult in Russland. »Er ist schon fast wie Jesus Christus« (Kurier vom 05.03.2013), in: http://kurier.at/politik/ausland/zum-60-todestag-des-sowjet-herrschers-stalin-kult-in-russland-er-ist-schon-fast-jesus-christus/4.471.146 (Zugriff 09.09.2013).
33 Vgl. Umstrittene Gedenkaktion in Russland. Wolgograd soll kurzfristig wieder Stalingrad heißen (FOCUS online vom 31.01.2013), in: http://www.focus.de/politik/ausland/umstrittene-gedenkaktion-in-russland-wolgograd-soll-kurzzeitig-wieder-stalingrad-heissen_aid_910147.html (Zugriff 09.09.2013).
34 Vgl. Vosswinkel, Johannes: Russland. Putin profitiert vom Stalin-Kult (DIE ZEIT online vom 02.02.2013), in: http://www.zeit.de/politik/ausland/2013-02/russland-stalingrad-gedenken-stalin (Zugriff 09.09.2013).
35 Vgl. Kaimakow, Boris: Umstrittene Denkmalpflege: Stalinismus ist keine Kulisse (RIA Novosti vom 31.08.2009), in: http://de.rian.ru/comments_interviews/20090831/122909559.html (Zugriff 09.09.2013).
36 Vgl. fab/AFP, Russland: Neues Stalin-Denkmal in Sibirien enthüllt (SPIEGEL online vom 08.05.2013), in: http://www.spiegel.de/politik/ausland/neues-stalin-denkmal-in-sibirien-enthuellt-a-898778.html (Zugriff 11.09.2013).
37 Leonhard, Wolfgang: Der Stalin-Kult in Russland (DIE WELT online vom 29.12.2010), in: http://welt.de/11874229 (Zugriff 11.09.2013).
38 Vgl. Interview mit dem Medwedjew-Biografen Nikolai Swanidse, in: Stalin-Kult in Russland. »Sieger verurteilt man nicht« (SPIEGEL online vom 08.05.2010), in: http://www.spiegel.de/politik/ausland/stalin-kult-in-russland-sieger-verurteilt-man-nicht-a-693567.html (Zugriff 11.09.2013).

# Mao Zedong

*Das Mao-Bildnis auf dem Platz des Himmlischen Friedens*

\* 26. Dezember 1893 in Shaoshan
† 9. September 1976 in Peking

1945 (bis zum Tod): Chinesischer KP-Chef, 1949: Proklamation der Volksrepublik China;
1949–1954: Vorsitzender der Zentralen Volksregierung der Volksrepublik China;
1954 (bis zum Tod): Staatsoberhaupt der Volksrepublik China

Mao wetteiferte mit Stalin um die Vormacht im kommunistischen Weltsystem. 1954 kam es zum Zerwürfnis mit der Sowjetunion. Der Personenkult um Mao Zedong überstieg in weiten Teilen selbst den Kult, der um Stalin betrieben worden war. Der Politik Maos sollen bis zu 70 Millionen Menschen zum Opfer gefallen sein.[1]

*Mao-Zedong-Lied*

*Osten erglüht, China ist jung, rote Sonne grüßt Mao Zedong. Frühling bringt er unsrer Zeit, hat sein Herz, sein rotes Herz dem Volk geweiht.*
*Mao geht vorn, er führt ins Licht. Volk, dein Lächeln auf seinem Gesicht, zeigt den Weg uns aus der Nacht, und zum Kampf, zum Freiheitskampf sind wir erwacht.*
*Stark wie das Licht ist die Partei, wo sie leuchtet, da werden wir frei!*
*Macht des Volks bricht jeden Bann, die Partei, die Kommunisten gehen voran!*[2]

(Volkslied)

# Mao Zedong –
# Ein Toter, 22 Liter Formaldehyd
# und ein Mythos

*Thomas Awe*

Peking, 6. Mittelschule, irgendwann im Sommer 1966. Alle frühmorgens zum Unterricht versammelten Schüler tragen auf der linken Brustseite einen Sticker mit dem Bildnis des Mannes, der im öffentlichen Sprachgebrauch entweder als Großer Vorsitzender oder als Großer Steuermann tituliert wird. Die Devotionalie wird zu dieser Zeit in China millionenfach produziert. Einem der Pekinger Schüler wird die Teilhabe an dieser Ergebenheitsbekundung jedoch von seinen Klassenkameraden verwehrt: Er stamme, sagen die anderen, aus einer schlechten Familie und habe kein Recht, sich das heilige Porträt anzuheften.

Der Ausgegrenzte weiß sich zu wehren. Er öffnet die Nadel und stößt sich die Spitze in die Brust. Dorthin, wo das Herz schlägt. Der Schmerz und das Blut stören ihn nicht, für ihn gilt: »Auch ich habe ein Recht auf warme Liebe für den Vorsitzenden Mao.« Es folgt die dreimalige Verbeugung vor dem Foto des sanftmütig Lächelnden mit der markanten Warze am Kinn: Mao Zedong.

Eine Alltagsgeschichte aus China auf dem Höhepunkt des Maokults. Acht Jahre später starb der Angebetete. Die inneren Organe seien entfernt, der aufgeblähte Bauchraum mit 22 Litern in Formaldehyd getränkter Watte gefüllt, der sich bereits zersetzende Restkörper zugenäht worden, berichtet der einstige Leibarzt Li Zhisui. Höchste Eile war geboten, denn die Leiche zerfiel rasch. Das Gesicht – durch unsachgemäßes Drücken im Konservierungsprozess an den falschen Stellen grotesk entstellt – konnte halbwegs wieder zurechtmodelliert werden. In einem parallelen Arbeitsgang fertigten Spezialisten unter fachkundiger ausländischer Beratung südostasiatischer Fachkräfte einen zweiten Leichnam aus Wachs, damit zur Not ein täuschend echtes Duplikat in den gläsernen Sarkophag hätte gelegt werden können, schreibt Li Zhisui in seinen Erinnerungen.

Ein Vorgang mit Symbolgehalt. Diese experimentell laborierende, flickschusternde Herrichtung des toten Diktators entsprach durchaus der fast vierzigjährigen Machtführung des ehemals Großen Vorsitzenden, so seine offizielle Amtsbezeichnung, des von der Parteipropaganda gefeierten Erlösers Chinas.

Unübersehbar, als überlebensgroßes Bildnis, prangt Mao heute in Peking am Tienanmen-Platz über dem Tor des Himmlischen Friedens, an sehr prominenter Stelle des baulichen Wahrzeichens der chinesischen Hauptstadt. Wachsam und doch gleichzeitig seltsam entrückt überschaut der Gründer der Volksrepublik China das Treiben auf dem größten Platz der Welt.

Auch die Mao-Gedenkindustrie floriert. Es gibt den Großen Steuermann als kleine Kitsch- und Porzellanfigur, als Marktplatzstatue in Provinzstädten und auf dem Campus namhafter Universitäten sowie als Büste auf den provisorischen Verkaufsständen tibetischer ambulanter Händler. In Taxis baumelt er als glückbringender Talisman an praktischen Kettchen, in ärmlichen Privatwohnungen klebt er als Poster an den Wänden. Auch für das Kino bleibt er unverwüstlich. Viele mehr oder minder guter Mao-Darsteller bescheren ihm eine cineastische Wiederbelebung. Für nicht wenige Chinesen, insbesondere solche, die seit ihrer Jugend mit diesem Porträt vertraut sind, ist das der Stoff für die Träume von einem anderen, besseren China.

Über keinen anderen chinesischen Politiker ist mehr, ausführlicher und auch widersprüchlicher geurteilt und geschrieben worden als über den Mitbegründer der kommunistischen Bewegung in China. Doch soll es hier nicht um die steigende Flut maokritischer, ja oft ihn verdammender Traktate (»vom Mensch zum Monster«) gehen, sondern um die Ausstrahlungskraft eines weltweit einzigartigen Massenkultes und das politisierte Charisma des autodidaktischen Ideologen aus bäuerlichen Mittelstandsverhältnissen, der im Alter von 55 Jahren zu der maßgebenden Persönlichkeit Chinas aufstieg. Und selbst noch im 21. Jahrhundert als die prägende, aber auch umstrittenste Figur der Volksrepublik China gilt.

Betitelt als Große Vorsitzender oder auch Großer Steuermann, war Mao Revolutionär, Ideologe, Partei- und Staatschef, schließlich paranoider Diktator und stets auch ein kalkulierender Menschenverächter und Massenmörder – legendengerecht verklärt, hilfesuchend angefleht und in den sechziger Jahren oft wie ein Halbgott verehrt. Zugleich jedoch verhasst wegen der Brutalitäten und

Scheußlichkeiten des Projektes Chinesischer Kommunismus im Aufbau, dafür posthum als Hauptverantwortlicher unter Generalverdacht gestellt und schließlich zugeordnet dem pathologischen Größen- und Allmachtswahn eines Adolf Hitler, eines Josef Stalin und eines Pol Pot, deren Ruchlosigkeit er im Urteil seiner unzähligen Opfer sogar übertrifft.

Die politischen Rahmenbedingungen des frühen 20. Jahrhunderts begünstigten den raschen Aufstieg des Machtpolitikers Mao. Tiefe nationale Demütigungen bestimmten China seit Mitte des 19. Jahrhunderts. Die Opiumkriege (Erster Opiumkrieg 1839–1842; Zweiter Opiumkrieg 1856–1860), womit westliche Mächte die Öffnung des chinesischen Marktes erzwangen, sowie die Folgen des Zweiten Japanisch-Chinesischen Krieges (1937–1945) hatten tiefe Wunden in der nationalen Psyche des chinesischen Volkes hinterlassen, die bis heute schmerzen. Doch nicht nur Einflüsse externer Mächte prägten das politische Leben. Die Xinhai-Revolution von 1911/12 stürzte die letzte chinesische Dynastie, die fremdherrschaftliche Qing-Dynastie der Mandschu (1644–1911). Der erst fünfjährige Kaiser Puyi musste abdanken. Der Mitbegründer der nationalen Volkspartei Guomindang, Sun Yatsen, rief im Januar 1912 die Republik China aus, das »Neue China«. Um einen Bürgerkrieg zwischen kaisertreuen und republikanischen Truppen zu verhindern, verzichtete Sun zugunsten des Militärführers Yuan Shikai auf das Präsidentenamt. Sein Nachfolger starb 1916, Sun Yatsen neun Jahre später, 1925. Bis heute genießt er großes Ansehen in China. Der folgende innerchinesische Machtkampf intensivierte sich ab 1927 ein zu einem jahrzehntelang andauernden, blutigen Bürgerkrieg: auf der einen Seite die Guomindang, nun unter militärischer Führung des Generals und späteren Präsidenten Chiang Kai-shek, auf der anderen die Gefolgsleute der 1921 in Shanghai gegründeten Kommunistischen Partei.

Mao tat sich bereits Mitte der dreißiger Jahre als Führer der Kommunisten hervor. Während des sogenannten Langen Marsches eilte er der Legende nach von Sieg zu Sieg über die feindlichen Truppen und lokale Kriegsherren. Auf der Flucht vor der Guomindang-Armee Chiang Kai-sheks legten Maos Truppen mehrere tausend Kilometer zurück. Die Angaben über den tatsächlichen Streckenumfang schwanken zwischen 8000 und 12 500 Kilometern. Entgegen allen Annahmen von menschlicher Überlebenswahrscheinlichkeit, schon damals unter Inkaufnahme von größten Verlusten, trieb Mao seine Kämpfer zu einem überirdischen Durchhaltevermögen an. Mit seiner auf ein Fünftel dezimierten Truppe erreichte er das unfruchtbare Lößplateau im Nordwesten Chinas, wo er in Höhlen Quartier machte und dort plante, die Revolution vom Land in die Städte zu tragen.

Der Begriff Langer Marsch wurde zum Gründungsmythos der Kommunistischen Partei Chinas (KPCh) und damit der Volksrepublik China. Er ging nicht nur in die Alltagssprache der Chinesen ein, sondern wurde auch zu einem herdfeuerartigen Synonym für die unerschrockene Entschlossenheit, das gelobte Ziel unter allen Umständen zu erreichen, und seien die Bedingungen auch noch so widrig. Teilnehmer der Studentenrevolte im Jahr 1968 in Deutschland sprachen später vom Langen Marsch durch die Institutionen, Politiker des Ostblocks vom langen Marsch zum Sozialismus, die Kosmos-Eroberer vom langen Marsch ins Weltall.

Mao war durchs Gewitter gegangen und kam gestählt daraus hervor, denn zuletzt gelang es ihm und seiner Gefolgschaft, die feindlichen Truppen der »bei der einfachen Landbevölkerung zusehends verhassten, korrupten Einheiten der Guomindang«[3] zurückzudrängen und nach Taiwan in die Flucht zu schlagen. Seitdem wurde Mao mit politischem Idealismus, beispiellosem Opfermut und optimistischem Heroismus identifiziert.

Abbildungen des Guerillaführers Mao gab es bereits seit den dreißiger Jahren, und als er am 1. Oktober 1949 die Volksrepublik China ausrief, hing ein Porträt von ihm am Balkon der Rednertribüne. Die auffallend schlichte Darstellung sollte Idee, Botschaft und bildliche Vorstellung des Revolutionärs und Chefideologen transportieren. In der uniformen Einheitstracht jener Revolutionsjahre verzichtete der spätere Große Vorsitzende auf jegliche Machtinsignien und wurde so zu einer Identifikationsfigur für Partei und Bevölkerung. Gelegentlich erfuhr die visuelle Abbildung Maos eine erweiterte, interessante Deutung durch chinesische Soziologen: Seine Bilder, Porträts und retuschierten Fotografien zeigen ein bisexualisiertes Gesicht, teils hart, teils weich, angesiedelt zwischen Mann und Frau, zwischen paternalistischem Großvater und maternalistischer Urahnin, zwischen Vater (Mao) und Mutter (Partei).

Die visuelle Darstellungsweise Maos folgte nicht mehr einer chinesischen Tradition. Herrscherporträts hatten in China keine Tradition, sie dienten lediglich zur Darstellung der funktionalen Position, nicht einer individuellen Persönlichkeit. Porträts mit Wiedererkennungswert entstanden in China erst im 18. Jahrhundert. Ausländische Einflüsse veränderten die sinokommunistische Ikonografie. Als Mao 1950 zu Stalins Geburtstag nach Moskau reiste, begeisterte ihn der Personenkult um den sowjetischen Diktator. Er adaptierte und ließ sich ab 1952 in Gemälden und Fotografien im Stile des sogenannten sozialistischen Realismus ablichten.

In den ersten drei Jahrzehnten nach Gründung der Volksrepublik stand die Figur Mao Zedong als Symbol für erfolgreiche Revolution und neugeschaffenen Staat – das zweite Neue China, nach dem ersten der Revolution durch Sun Yatsen.

Schon vor der Gründung der Volksrepublik, als Mao 45 Jahre alt wurde, veröffentlichten seine Anhänger eine erste Sammlung von Aufsätzen, in denen Chinas kommender Führer die marxistische Dialektik grob auf die chinesischen Verhältnisse zuschnitt. Später erhielt er bei seinen ideologischen Gehversuchen Unterstützung von chinesischen Propagandisten, die in der Sowjetunion Marxismus/Leninismus studiert und dort effiziente Propaganda und Agitation erlebt hatten. Einer von ihnen, Chen Boda, wurde persönlicher Sekretär Maos und Leiter des kommunistischen Propagandabüros; er prägte die Begriffe Mao-Zedong-Gedanken und Großer Steuermann. Chen kann als Architekt des Personenkultes um Mao bezeichnet werden; denn er nutzte geschickt die traumatischen Erinnerungen an die Zeit vor Mao, verschmolz transzendentes Priesteramt und politische Tatkraft Maos zu einem Ideologiekonglomerat, einer Art Mao-Überzeugungsprogramm, und schuf so eine Gemeinde, die sich im Denkkreis von Vorstellungen bewegte, welche von der Propaganda selbst geschaffen wurden. Mao fand somit die Ursprünge seiner glorifizierten Eigenschaften im unerschütterlichen Glauben der Menschen an seine Fähigkeiten.

Die ersten stabilisierenden Wirtschaftserfolge der jungen Volksrepublik nach der Revolution gaben der kriegsgeschwächten chinesischen Gesellschaft Hoffnung. Mit einem Pro-Kopf-Einkommen von nur 54 US-Dollar galt das Land nach Kriegsende als eines der ärmsten Länder der Erde.[4] In den folgenden Jahren konnte die Inflation erfolgreich eingedämmt werden. Durch eine Bodenreform wurden chinesische Großgrundbesitzer enteignet, teilweise gewaltsam, was bei großen Teilen der armen, bäuerlichen Bevölkerung Anklang fand. Das nun praktizierte Gleichheitsideal schien besonders für die bisher marginalisierte Gruppe der Bauern sehr attraktiv. Der damalige Zuspruch für das maoistische Gesellschaftsmodell spiegelt sich mitunter im aktuellen Diskurs mit Zeitzeugen noch immer wider. Während die Einkommensschere im heutigen China enorm auseinanderdriftet, sehnen sich viele Menschen nach den früheren, vermeintlich gerechteren Zeiten unter Mao, denn damals seien zumindest alle gleich arm gewesen.[5]

Doch nicht nur der wirtschaftspolitische Fortschritt begünstigte die Dynamisierung des Personenkultes um den Großen Vorsitzenden in den ersten Jahren der jungen Volksrepublik. Hunderte Millionen Chinesen erhoben ihn über alle irdischen und moralischen Maßstäbe und schufen den quantitativ gigantischsten Führerkult in der Geschichte der Menschheit.

Doch woher rührte diese Begeisterung?

Mao war aufgewachsen in der zentralchinesischen Provinz Hunan in einer bäuerlichen Familie. Seine Herkunft aus einfachen Verhältnissen bot vielen Menschen Identifikationsfläche. Mao war der erste absolute Machthaber Chinas, der aus dem Volke stammte.

Die Kaiser der Dynastien zuvor hatten kaum direkten Kontakt zu ihren Untertanen gehabt und wurden als entrückte Mittler zwischen Himmel und Erde rituell verehrt, spielten jedoch für die tägliche Lebenspraxis und die politische Verwaltung kaum eine Rolle. Ein halbdistanzierter Status entfernte sie noch weiter von den Menschen. Im Neuen China Mao Zedongs war dies grundverschieden: Mao gab sich stets als Vertreter des einfaches Volkes »vom Land«. Somit erscheint der Kult um Mao nicht als rituelle Fortsetzung historischer Kaiserverehrung, sondern als Produkt einer außergewöhnlichen Karriere im modernen, gleichwohl ungeordnet erneuerten China. Den traditionalen Abgrund, den Mao mit abrupter Beendigung des jahrtausendealten Ahnenkultes aufgerissen hatte und der keine Zeit für Trauerarbeit und Reflexion bot, schloss er, indem er sich selbst zum alleinigen und absoluten Ahnherrn Chinas stilisieren ließ. Es gelang seinen Propagandisten, die bis auf das 16. Jahrhundert v. Chr. zurückgehende Tradition des Ahnenkults für die schrittweise Ausweitung des Mao-Kults nützlich zu machen. Und das, obwohl diese Art volksreligiöser Ehrung im familiären Umfeld sich eigentlich auf Verstorbene bezieht.

Traditionelle Kaiser- und Herrentreue und charismatische Herrschaft wechselten sich in der subjektiv empfundenen Bewertung seiner politischen Führung bestandsichernd ab. Innenpolitisch galt eher das verklärte Image eines opferbereiten und staubbedeckten Revolutionsführers in Unterständen, auf dem Langen Marsch und in kargen Höhlen. Außenpolitisch entstand später ein anderes Bild des Großen Steuermannes: der stolze Partei- und Staatschef, der für die Volksrepublik die UNO-Mitgliedschaft und den ihr lange Zeit von Taiwan okkupierten Platz im UN-Sicherheitsrat erstritt und dem schließlich sogar der USA-Präsident Richard Nixon in Peking einen Besuch abstattete.[6]

Beide Bewährungsproben echter Führungsqualitäten verschmolzen ineinander und wiesen keine klaren Trennlinien auf, sie ließen sich der übergeordneten Mission des Politikerheilands zuschreiben, der Erlösung Chinas. Mao stand für Bruch und Aufbruch zugleich, er verwarf immer wieder seine eigenen, noch kurz zuvor verlautbarten politischen Richtlinien. Mit jedem Kurswechsel versuchte er, seine Kritiker – sowohl in Parteikreisen als auch innerhalb der Gesellschaft – zu schmähen, abzusetzen und anzuklagen. Die Hundert-Blumen-Kampagne der Jahre 1956 bis 1957 lieferte ein bezeichnendes Beispiel. Der Große Steuermann forderte die Gesellschaft auf, konstruktive Kritik an politischen Missständen zu äußern. Eigentlich sollte die Einbindung der öffentlichen Meinung dem Parteistaat als Legitimationsinstrument dienen. Aber die Kampagne bewirkte genau das Gegenteil. Es wurde heftige Kritik an korrupten Kadern geübt und der allgemeine Mangel an Mitsprachemöglichkeiten für die Bevölkerung beklagt. Das unterband Mao unverzüglich. Mit einer Anti-Rechts-Kampagne im Jahr 1957 bereitete er dem offenen, kritischen Diskurs ein abruptes Ende. Andersdenkende wurden in Arbeitslager abgeschoben.

Doch die – hinsichtlich ihrer Opferzahl – weit größere Katastrophe stand dem Land erst bevor.

Da sich seine charismatische Führung nur im Zustand fließender, unvollständiger Strukturen offenbaren und beweisen konnte, war Mao wiederholt auf parteiinterne Strömungen, Richtungskonflikte und jähe gesellschaftliche Veränderungen geradezu angewiesen. So konnte er seinen Ruf als alleiniger Bereiniger und Retter

*Noch im Jahr 2009 wurde in Changsha eine 32 Meter hohe Büste des jungen Mao errichtet. Eine sehr ungewöhnliche Darstellung des »Großen Vorsitzenden«.*

vor Chaos und Not immer wieder von Neuem begründen. Wenn jedoch – in einer Phase geregelter Macht- und Herrschaftsstrukturen – das politische Leben in geordneten ruhigen Bahnen und ideologischer Unaufgeregtheit ablief, geriet der Revolutionär in Gefahr, sein selbstgeschaffenes Krisenpotenzial zu verlieren.

Gelegentlich versuchte sich Mao auf charismafremdem Gebiet, beispielsweise in der eher nüchternen, rationalen Wirtschaftsplanung. Die katastrophalen Folgen seiner größenwahnsinnigen, machtversessenen Schnellindustrialisierungsprojekte sind unvergessen. Ende der fünfziger Jahre wollte er die Modernisierung des Landes durch die Kampagne des Großen Sprungs nach vorn vorantreiben. Ziel war es, bis 1972 Großbritannien in der Pro-Kopf-Produktion von Kohle und Stahl zu überholen. Für die Versorgung der Schwerindustrie entstanden im ganzen Land kleine Industrieanlagen zur Erzeugung von Eisen, sogenannte Hinterhof-Hochöfen. Die Landwirtschaft wurde in Volkskommunen organisiert, um Großprojekte besser durchführen zu können. Mitte 1959 zeichnete sich das Scheitern des Vorhabens ab. Wirtschaftliches Chaos führte zu einer Hungersnot, der laut Berechnungen durch ausländische Experten mehr als 40 Millionen Menschen zum Opfer fielen.[7]

Die charismatische Herrschaft Maos hatte stets einen revolutionären Rettungscharakter und benötigte daher immer neue, oft auch konstruierte Gefährdungsszenarien. Der Lange Marsch, die Ausrufung der Volksrepublik China und der Große Sprung nach vorn beförderten den Nimbus Maos als ungewöhnlichen Führer, dem man in all dem politisch-kriegerischen Wirrwarr vertrauen konnte und der die auf ihn projizierten Hoffnungen zu erfüllen imstande sei.

Während der Kulturrevolution in den Jahren 1966 bis 1976, die später als die »zehn verlorenen Jahre« in die Geschichtsschreibung eingingen, erreichte die gottgleiche Verehrung des atheistischen Revolutionärs ihren Höhepunkt.

Das organisierte Chaos bekam den Namen Große Proletarische Kulturrevolution. Mao verfolgte das Ziel, durch Umgestaltung der sozialen und wirtschaftlichen Verhältnisse eine neue Kultur zu schaffen. Er sorgte sich nach den missratenen Anstrengungen in den Jahren des Großen Sprungs um die Loyalität seiner Parteikader und hatte im Pekinger Führungszirkel mit Machtverlust zu kämpfen. Die Grunderneuerung der chinesischen Gesellschaft sollte durch die Abkehr von den Vier Alten (alte Denkweise, alte Kulturen, alte Gewohnheiten, alte Sitten) erreicht werden.

In dieser Zeit kam es zu bizarren Ritualen seiner Gefolgschaft mit Morgenandachten und Abendbeichten in Form persönlicher Rechenschaftsadressen vor seinem Bildnis in fast jedem Haus, dort, wo früher der Ahnenaltar gestanden hatte. Eine symbiotische Massenhysterie allein bei Nennung seines Namens kennzeichnete Maos Gefolgschaft. Diese politische Heiligsprechung füllte ein gärendes, spirituelles Vakuum, das der staatlich verordnete Unglauben hinterlassen hatte. Tagesberichte der Kommunistischen Partei, die den Charakter religiöser Andachten und Fürbitten trugen, gehörten genauso zum Alltag wie das Studium einer der Milliarden gedruckten Mao-Bibeln[8] mit Aussprüchen des Großen Steuermanns, die es auswendig zu lernen galt und die zum Leitfaden für eine ganzen Generation werden sollten und zum totalitären Maovermächtnis entscheidend beitrugen. Man erklärte sich individuelle Lebenslagen daraus und begrüßte sich mit Zitaten des großen Denkers, der es vermeintlich verstanden hatte, revolutionäre Wahrheiten in recht einfach zu erinnernde Merksätze und kurze, griffige Formulierungen zu kleiden.

Es scheint, als ob in den Jahren der Kulturrevolution das gesamte chinesische Volk, geradezu verzaubert, dem unangreifbaren Messias und Künder kommender Morgenröte verfallen gewesen sei. Die Rufe der jubelnden Menschenmassen »Mao lebe 10 000 Jahre«, also ewig, schienen aus vollstem Herzen zu kommen: Mao Zedong als Retter, Erlöser von den Schrecken und Desastern der Zeit, nie aber als eigentlicher Urheber all der furchtbaren Katastrophen. Jede noch so absurde oder radikale Aktion Maos schien das Vertrauen des Volkes in seine übermenschlichen Fähigkeiten zu bestätigen, ja zu verstärken.

Indem er kulturrevolutionäre Allmachtsgefühle inbrünstig bekehrter Jugendlicher erzeugte und diese dynamisch als exklusiv instrumentalisierte, gelang Mao die Bindung der gegen Alter, Hierarchien und das gängige Seniorprinzip aufbegehrenden Jünger an ihn als Person, Schicksalslenker und Befreier von verkrustet empfundenen Gehorsamsgeboten. Wer das nicht nachempfand, stand außerhalb der Identität und Zugehörigkeit spendenden gesellschaftlichen Großgruppe. Die mobilisierten jugendlichen Massen sollten als Rote Garden konterrevolutionäre Elemente in der Gesellschaft ausmerzen. Sie rebellierten gegen Autoritäten, denunzierten ihre Lehrer und sogar die eigenen Eltern, alles im Dienste von Mao Zedong. Jegliche Opposition, die sich gegen Mao auflehnte, egal ob parteiintern oder innerhalb der Gesellschaft, sollte mithilfe der Roten Garden beseitigt werden. Niemand durfte Mao Zedong hinterfragen, geschweige denn kritisieren. Um dieses Ziel zu erreichen, sanktionierte Mao das anfangs noch steuerbare Chaos. Die Roten Garden konnten tun und lassen, was sie wollten.

Doch die Situation geriet außer Kontrolle. Es kam zu Gewaltexzessen, Schulen und Universitäten mussten ihren Betrieb einstellen. Als die chaotischen Zustände überhandnahmen, schickte Mao die Jugendlichen zur Umerziehung auf das Land. Dieser regressive Sog beglückender seelischer Wechselvorgänge zwischen Mao und der Jugend trug durchaus Suchtcharakter; der Entzug der nachkulturrevolutionären Zeit war dementsprechend furchtbar und ist bis heute nicht gelungen.

Bislang wenig thematisiert worden ist der Aspekt von Angst, Hass und adoleszenter Enthemmung in der kultischen Verehrung Maos im Machtklima von ständiger Ungewissheit und Psychoterror. Ab Mitte der 1960er Jahre nahm die Anbetung des Idealisierten derartige Ausmaße an, das jede Handlung oder Äußerung, die die bedingungslose Liebe zum Vorsitzenden infrage stellte, lebensbedrohliche Konsequenzen haben konnte. Jeder beobachtete jeden und denunzierte, wo er konnte oder musste. Neben einer flächendeckenden Paranoia erzeugte diese seelische Zwangsatmosphäre auch Schuldgefühle, sobald man im eigenen Vergleich mit anderen in deren Widerspiegelung von Ritual und Verehrung nicht genügend mitgemacht hatte.

Mao war ein Führungspolitiker, der im blinden Festhalten von Idee und Macht nicht vor Terror und Massenmord zurückschreckte. In Wirklichkeit ging es ihm vor allem um die Zerschlagung oppositioneller Widerstandsbewegungen, die seine diktatorische Unangefochtenheit bedrohten und ihm Unterstützung und Gefolgschaft verweigerten.

Während der Kulturrevolution spielte Mao seine Beliebtheit und sein Charisma gegen die eigene Partei aus, wieder mithilfe einer ausgeklügelten Massenpsychologie, die ihn als Messias, Retter des Sozialismus, Erlöser und Heilsbringer in quasigöttlicher Mission darstellte. Hinter den Kulissen der inszenierten Massenhysterie spielte sich einer der brutalsten Machtkämpfe ab, die eine ehemals revolutionäre Bewegung je erlebt hat. Reihenweise entledigte sich Mao missliebig gewordener ehemaliger Mitkämpfer. Nur 28 Prozent der Politbüro- und 34 Prozent der ZK-Mitglieder und nur jeder dritte Provinzsekretär konnten sich bis Ende 1966 in ihrer Position halten. Nicht wenige der Gestürzten überlebten den mit ihrer Hilfe entfachten Terror nicht.

Die sogenannte Berichtigungsbewegung, in deren Verlauf sich der parteiintern stark angeschlagene 72-jährige Vorsitzende mit über zehn Millionen rebellierenden Kindern und Jugendlichen der Rote Garden zusammentat, um genau die Organisation zu zerschlagen, die er selbst unter größten Mühen und persönlichen Opfern aufgebaut und der er seine Regentschaft zu verdanken hatte – das entsprach Maos lebenslanger Doktrin einer Permanenten Revolution, mit deren Hilfe Kurskorrekturen, Bewusstseinswechsel, klassenkämpferische Selektion und am Ende die kommunistische Gesellschaftsordnung, »gesäubert von bürgerlichen und revisionistischen schwarzen Elementen«, erreicht werden sollten – so die Theorie und Hofberichterstattung in der offiziellen chinesischen Interpretation des mörderischen Unterfangens.

Die Kulturrevolution war die zweite katastrophale Kampagne, die sich indirekt aus dem Scheitern des Großen Sprungs ergab. Aufgrund des Misserfolgs wurde Mao politisch ins Abseits gedrängt und verlor zunehmend an Einfluss. Er beklagte das Wiedererstarken feudalistischer Tendenzen und bürokratischer Wucherungen in der eigenen Partei, aus der in seinen Augen allmählich eine neue Ausbeuterklasse werden könnte.

Heute erscheinen diese Anschuldigungen nicht allzu weit hergeholt; damals dienten sie jedoch der Suche nach Schuldigen und Sündenböcken für eine grandios verfehlte Wirtschaftsplanung und deren katastrophale Folgen. Die Große Proletarische Kulturrevolution, Maos letzte ideologische Massenkampagne, wirft bis in die Gegenwart ihre quälenden Schatten auf die Volksrepublik.

Selbst unter europäischen Linken gilt Mao heute mehr oder weniger als chinesischer Stalin und sein Weg zum Sozialismus als gescheitert. Doch war dies nicht immer so. Der Westen mit seinem liberal aufgeklärten Denken und einer anderen kulturellen Verfasstheit mentaler Strukturen hat die sinomarxistische Begeisterung sicher nie in gleichem Ausmaß geteilt; gefeit dagegen war man im Dunstkreis alternativer Ordnungsmodelle aus der Volksrepublik allerdings nicht. Maos scheinbare oder tatsächliche innenpolitischen Erfolge und die legendengerechte Inszenierung revolutionärer Spannkraft zugunsten der unterdrückten Völker dieser Erde inspirierte auch internationale Anhängerschaften außerhalb des unmittelbaren chinesischen Kultverbandes.

Große Teile der Neuen Linken des Westens sahen im Maoismus eine einzigartige, zudem exotische, dynamische und zukunftsweisende revolutionäre Alternative zu hiesigen Gesellschaftsentwürfen. So auch die mit dem Maoismus sympathisierenden westlichen K-Gruppen, die, entstanden aus der Studentenrevolte der sechziger Jahre, zur größten linksradikal politisierten Jugendbewegung des vergangenen Jahrhunderts in Deutschland wurden. Ihre selektive Weltwahrnehmung sprach die Protestikone Mao in romantischer Verkennung der wahren Geschehnisse von allen Verdächtigungen frei und attestierte dem Parteichef in selten bekannt gewordenen Exzessen sogleich Schuldlosigkeit.

Der Reichweite seiner Wirkung, seiner Machtfülle und seiner Verdikte folgend, wurden geschichtliche Markierungen benannt und periodisiert. Heute noch werden die Zäsuren in Chinas Politik- und Gesellschaftsentwicklung als vor- beziehungsweise nachmaoistisch etikettiert. Mao selbst bezeichnete plötzliche organisatorische Veränderungen, ideologische Brüche, persönliche Verwerfungen und schwärende Cliquenkämpfe sowie deren gewaltsame Beendigung stets als entwicklungshistorische Notwendigkeiten, passte diese in einer irreführenden Interpretation der Vorgänge den jeweils aktuellen Gegebenheiten und der sozialpolitischen Struktur Chinas an und sicherte damit sein sprunghaft anmutendes Herrschaftssystem, in dem man nie sicher sein konnte, auf welcher Seite die richtige, in welchem Gedanken die falsche revolutionäre Überzeugung zu finden war. Durch diese Selbstcharismatisierung als letzte Instanz und als irrtumsgefeiter Deuter der komplizierten und unberechenbaren Gesellschaftsentwicklung erneuerte Mao zusätzlich seinen Nimbus als ein Mann von Weitsicht und Unfehlbarkeit.

Der Politiker Mao wird heute in China pragmatisch zu 70 Prozent als gut, zu 30 Prozent als schlecht bewertet. Diese Einschätzung stützt sich auf das 1981, fünf Jahre nach Maos Tod, publizierte Parteidokument »Resolution über einige Fragen unserer Parteigeschichte seit Gründung der Volksrepublik China«, das bis heute die offizielle, parteipolitische Vergangenheitsdeutung bestimmt. Darin wurden Maos Fehler erstmals thematisiert, gleichwohl wiegen seine Verdienste als großer proletarischer Revolutionär, Stratege und Theoretiker nach offizieller Leseart diese bei weitem auf.[9]

Gemeint sind mit den »Fehlern« besonders die per Dekret verordnete Brachialindustrialisierung im Großen Sprung nach vorn und die welthistorisch wohl verheerendste Gesellschaftsnivellierung in der zehn Jahre andauernden Großen Proletarischen Kulturrevolution, die soziale Bruchlinien, Generationenkonflikte, Vergangenheitstraumata, eine Bildungsmisere und die oft statisch anmutende Sehnsucht der Menschen nach Ruhe, Ordnung und Überschaubarkeit verursachte – Schmerzen der Gesellschaft, die bis heute spürbar sind.

Tote, Entwürdigte, Trostlose, Hoffnungslose, Zyniker, Skeptiker und Zweifler, aber auch Opportunisten und Demagogen säumten den Weg, auf dem Mao seine Neue-Mensch-Experimente und die Idee der Permanenten Revolution vorantrieb. Sie und ihre Nachkommen, die sich nur offiziell erinnern dürfen und die deshalb auch kein realistisches Bild von sich selbst gewinnen können, prägen bis heute die Narbengesellschaft des bevölkerungsreichsten Landes der Erde.

Denn was 1981 politisch in trockenen Jahreszahlen und Ereignisdaten durch eine KP-Resolution offiziell für beendet erklärt wurde, lebt im kollektiven Gedächtnis der chinesischen Bevölkerung weiter. Die elterliche, oftmals unbewusste, gleichsam verkapselte Weitergabe von Traumatisierung, Schweige- und Anpassungsgeboten, öffentlicher Verdrängung, Umsturz- und Gewalterlebnissen – kurz: die gesellschaftliche Anomalie mit ihrer latenten Tiefenangst – erfuhr einen neuerlichen Durchbruch in den Reden führender, älterer Parteikader im Vorfeld des 18. Parteitages im November 2012. Von höchster Stelle wurde vor dem »möglichen Beginn einer neuen Kulturrevolution«[10] gewarnt. Ein allzu ambitionierter Neomaoismus ist nicht erwünscht. Der Sturz des Parteirandes und einstigen Spitzenpolitikers Bo Xilai 2012, Sohn eines Veteranen aus den Zeiten des Langen Marschs, legt davon beredtes Zeugnis ab. Seit Jahren hatte er wieder rote Lieder singen lassen, in sozial verkitschter Verklärung die »guten alten Werte Mao Zedongs« beschworen und den daraus gewonnenen Einfluss dann zur eigenen Bereicherung und Machtperversion missbraucht, noch dazu in maoähnlichem Absolutismus. Das Beispiel zeigt: Der Bruch mit der maoistischen Wertewelt, der oft mit dem Beginn der Wirtschaftsreformen und außenpolitischen Öffnung des Landes ab 1978 gleichgesetzt wird, ist ein nur scheinbarer.

Mao Zedong übte totale Herrschaft über ein ganzes Volk aus, setzte brutal und ohne Rücksicht auf Menschen und die Umwelt seine desaströsen Misswirtschaftspläne durch und ging dabei über Leichen. Auf 50 bis 70 Millionen wird die Zahl der Menschen geschätzt, die im Zuge seiner charismatischen Vernichtungsfeldzüge gegen echte oder vermeintliche Gegner ihr Leben lassen mussten.

Andererseits entfachte er in seinem Volk Leidenschaft, Loyalität und quasireligiöse Anbetung in einem Maße, dass es ihm ermöglichte, das riesige und facettenreiche Land unter seiner anfänglich alleinigen Führung administrativ zu vereinigen, es seines Nationalstolzes zu vergewissern und vom ausländischen Joch halbkolonialer Inbesitznahme zu befreien.

Maos pathologische Selbstbezogenheit und narzisstische Persönlichkeit lebten von der emotionalen Bedürftigkeit und sinnsuchenden, schwärmerischen Abhängigkeit seiner Anhänger, von deren Bürgerkriegstraumata und den daraus abgeleiteten Erlösungsfantasien. Die kultische Verehrung des Gründervaters eines »Neuen China« war grenzenlos: Er wurde, nachdem er die Volksrepublik proklamiert hatte, zu ihrer Inkarnation und ist dies bis heute geblieben, im Guten wie im Bösen.

Verstaatlichte, gleichgeschaltete Rundfunkmedien und die ausgeklügelt beginnende Professionalisierung der Propaganda mithilfe aller verfügbaren Mittel perfektionierten die Massenverführung der chinesischen Mao-Anhängerschaft. Selektiv wurden Krisen geschaffen, in denen die Definition von Klassenfeindschaft unüberschaubar und für nahezu jeden lebensgefährlich werden konnte. Die Entscheidung blieb je nach Lage der Dinge und nach Aufforderung aus dem Hauptquartier der Regierung letztinstanzlich allein Mao vorbehalten. So abgegriffen der Begriff Gehirnwäsche klingen mag: Hier passt er.

Der riesige Propagandaapparat der KP war bereits in den Anfangsjahren der maoistisch gesteuerten Kampagnen besonders ausgeprägt. Sämtliche zur Verfügung stehenden Kommunikationsmittel wurden zu Indoktrination, Massenmobilisierung und Agitation herangezogen. Der Rundfunk vor allem, aber auch die Printmedien, ein landesweites Lautsprechersystem, das man nicht abschalten konnte, und sogar Theateraufführungen und Musikkompositionen waren von der Mao huldigenden Propaganda durchdrungen. Das gelang umso leichter wegen der technischen Rückständigkeit im damaligen Alltag. Kaum ein Chinese besaß Geräte, die es ihm ermöglicht hätten, Fernseh- oder Radiosendungen aus dem Ausland zu empfangen.

So blieb immer genügend Zeit, das Bild des Herrscherpriesters Mao Zedong nahezu beliebig den politisch gesellschaftlichen Erfordernissen anzupassen. Sein Image erstrahlte stets aufs Neue in einem präparierten Glanz, der weltliche Abstammung und gottähnliches Amt überzeugend, vor allem zeitgeistnah, zu verbinden schien. Von Stalin kopierter Führermythos und Konsens stiftende

Massenbegeisterung ergänzten sich im Kult um Mao Zedong äußerst effektiv.

Der Mythos hielt auch nach Maos Tod 1976 an, ebbte nach dem Beginn der Wirtschaftsreformen Deng Xiaopings zunächst ab, erlebt aber eine spürbare Renaissance, seit sich das urbane Gesellschaftssystem Chinas in rasantem Tempo von den Ideen, Idealen und Doktrinen ihres Gründervaters, aber auch vom Geist harmonisch-konfuzianisch geregelter Beziehungsmuster entfernt.

Indem er zerstörte, was durch ihn aufgebaut worden war, avancierte Mao zum Bewahrer des sozialistischen Paradieses. Ein dialektisches Meisterstück politischer Verführungskunst. Mitten durch Familien, Ehen und Freund- und Nachbarschaften hindurch gingen unüberbrückbare Risse.

Die Massenhysterie ungeheurer Großgruppen entsprach tranceähnlichen Zuständen, die im Allgemeinen weniger mit der Person Mao Zedong zu tun hatten, als vielmehr mit dem unbezwingbaren Sog- und Ansteckungscharakter von Gemeinschaftserlebnissen. Dennoch steckte mehr hinter dieser fast libidinösen Idealisierung eines Einzelnen: Massenekstase, totale Identifikation mit den Gedanken und antizipierten Wünschen Maos, die allmähliche Metamorphose des Menschen Mao zu einem gottähnlichen Zwischenwesen, vom weltlichen Revolutionsführer zur Erlöserfigur mit transzendenter Strahlkraft, der bedingungslos zu folgen sei.

Gleichzeitig gingen seine Anhänger emotional immer stärker in ihm auf, verloren den Rest ihrer eigensinnigen Entscheidungs- und Urteilskraft und verwandelten sich mit ihren Gedanken, Ton und Habitus zu Schräubchen im allgegenwärtigen sozialistischen System, deren zwanghaft gleichheitliche, uniforme und damit willenlose Verfügungsmasse der Machtabsicherung Maos diente. Erhaltung kam vor Entfaltung; kollektive Werte standen über persönlichem Schicksal; gruppenekstatische Loyalität brach jedwede individuelle Autonomie.

Heutige Chinesen erleben massiv die entfremdenden Schattenseiten der eigenen Modernisierung, eine immense Landflucht, Vereinzelung, Konkurrenzkampf und Neid, kulturelle und sozialpsychische Brüche. Urbane Entwicklung bedeutet auch die Zerstörung angestammter Beziehungen und des Zusammenhaltes im Freundes- und Familienkreis.

Diese Erlebnisse von Diskrepanz lassen nach ideellen Gegenströmungen und innerer Heimatverwurzelung suchen. Mao, die »alte Zeit« und das überschaubare Entwicklungstempo jener Epoche, die trotz der Torturen und Daseinshärten frei scheint von den korrupten Begleiterscheinungen der gegenwärtigen, nicht selten als ausbeuterisch beurteilten Partei- und Staatsführung, bieten sich an.

In diesem Zusammenhang erscheint die Opferpersönlichkeit Maos erneut in kultischem Licht. Er hatte – anders als die heutigen Führungseliten – zumindest keine Verwandten, die in Harvard-Deals unter ungeklärten Umständen studierten, die Millionen scheffelten oder veruntreuten und ihre Frauen und das Vermögen ins Ausland brachten. Im Gegenteil: Maos erste Frau starb auf dem Langen Marsch, sein ältester Sohn Anying fiel 1950 als Dolmetscher im Koreakrieg.

Maos Leben wirkt aus diesem Blickwinkel als der Partei, seinem Land und dem Volk gewidmet, ja geradezu geopfert. Nostalgie und die Verehrung Maos kommen der Kommunistischen Partei Chinas zugute und bieten dieser Regierungslegitimation und Gründungsmythos. Er lebe ewig!

Mao bleibt der Lordsiegelbewahrer des »neuen China« und heiliger Bewacher des KP-Tafelsilbers. In der politischen Prosa seines Landes gilt er als großer, transzendenter Erzähler aus der chinesischen Gründerzeit. Gravierende Reformen überstand er ohne einschneidende persönliche Schäden. Mao schwebte über allem und überstand alles.

In einer Art weichem Nachleben erregt Mao mitunter nostalgische Sehnsüchte, die einladen zum Träumen oder Erinnern an eine bessere Zeit. Das Konterfei Maos kann auch als Gegendarstellung zum modernen Geldkult, Turbokapitalismus und ausufernden Individualismus gesehen und verehrt werden.

In den letzten Jahren hat sich der Trend verstärkt, zu Maos Lebens- und Wirkungsstationen zu pilgern. Maos Heimatort Shaoshan, Provinz Hunan erlebt einen roten Tourismus. 2012 besuchten acht Millionen Menschen die dortige Weihestätte. Im modernen Peking entstanden Nostalgierestaurants, wo Maos Lieblingsspeisen angeboten werden, serviert von rotgardistisch verkleideten Kellnern. Die Wände sind mit Propaganda- und Kampagnenpostern der revolutionären Etappen aus dem Leben des Sozialutopisten dekoriert.

Der Große Vorsitzende wird vor allem als Gesellschaftskitt gebraucht und auch in Zukunft hier und da kultisch verehrt werden und an anderen Orten vehement verdammt. Es gebe für jeden etwas in der Persönlichkeit des Vorsitzenden zu entdecken, schrieb dessen amerikanischer Biograf, der Journalist Edgar Snow, bereits 1960. Man nehme niemandem seinen Mao weg!

Mao konnte sich trotz allen Gegenwindes seiner Anhängerschaft sicher sein. Das gilt für die KP heute nicht mehr. Millionen von Menschen hatten sich zeit seines Lebens mit ihm und seinen Zielen total identifiziert. Sie waren Fleisch von seinem Fleisch und empfanden umgekehrt genauso; er war, wenn auch gesandt, einer der ihren. Die ideelle Entthronung dieses Vorbildes hätte tiefste Löcher in den ohnehin porösen Gesellschaftskörper gesprengt, denn in den Augen der Bevölkerung sind Verdienste Mao Zedongs untrennbar mit jenen der KP verknüpft. Wie später allerdings auch die Fehler.

Diese Schicksalsgemeinschaft hält das Mao-Bild am Leben und lässt es nicht verbleichen. Auch Redlichkeit – angesichts der Verbrechen ein großes Wort – und der Ruhmesglanz der Parteiideologie hingen und hängen vom Maoimage ab, ebenso wie der staatseinigende Patriotismus. Mao wurde zur staatsphilosophischen Integrationsklammer.

Als Person und als Parteiideologe, der es genial verstand, marxistisch-leninistische Ideologie mit der sozialen Situation Chinas zu verbinden und einfach darzulegen, der dennoch gerade im Privaten schillernd blieb, daneben als Künstler, Literat und Philosoph bewundert wurde, trifft Mao wohl den Geist jeder Zeit. War er für die einen im Westen Popstar, so galt er für die anderen im China der nachkriegerischen Wirren als revolutionäre Ikone und als politischer Führer im gesellschaftsalternativen Befreiungskampf. Heute noch erscheint er vielen, auch jungen Chinesen als Sinnbild einer erahnt und angeblich egalitären Vergangenheit ihres Landes, einer Zeit, als alle gemeinsam wenig hatten.

Die radikale Entmaoisierung Chinas wäre eine geradezu selbstzerstörerische Herkulesaufgabe und wird es vermutlich nicht geben. Ein dauerhafter Abschied vom Begründer der Volksrepublik könnte das gesellschaftliche Gerüst zum Einsturz bringen. Als ewiger Mythos und dauerhaftes Emblem seines Landes wird Mao weiterleben mit 22 Litern Formaldehyd im Bauchraum.

Ein trennscharfer und gleichzeitig angemessen würdigender Umgang mit dem Großen Vorsitzenden, dem Menschen und Politiker Mao Zedong, so vielfältig und kontrovers die Auseinandersetzungen auch geführt wurden, bleibt fast 40 Jahre nach dessen Tod die am schlechtesten heilende Wunde in der sensiblen Vergangenheit Chinas.

### Anmerkungen

1 Vgl. Chang, Jung; Halliday, Jon: Mao. Das Leben eines Mannes. Das Schicksal eines Volkes, 4. Auflage, München 2007.
2 Volkslied aus Nord-Schensie, China, deutsche Nachdichtung: Wiens, Paul: Liederbuch des Friedens »Reicht euch die Hände«, hg. v. d. Staatlichen Kommission für Kunstangelegenheiten in der Deutschen Demokratischen Republik aus Anlass der 3. Weltfestspiele der Jugend und Studenten für den Frieden, Berlin 1951, http://www.youtube.com/watch?v=avuiK5FWBTI (Zugriff 17.06.2013).
3 Delvaux de Fenffe, Gregor: »Mythos Mao«, http://www.bpb.de/internationales/asien/china/44259/mythos-mao (Zugriff 03.07.2013).
4 Ebenda.
5 Vgl. Xinran, Xue: China Witness. Voices from a Silent Generation, London 2008.
6 Richard Nixon war der erste US-amerikanische Präsident, der die Volksrepublik China besuchte. Der China-Aufenthalt Nixons vom 21.–27. Februar 1972 trug zur Verbesserung der angespannten politischen sino-amerikanischen Beziehungen bei.
7 Dikötter, Frank: Mao's Great Famine: The History of China's most devastating catastrophe 1958–62, London 2010.
8 Das »kleine rote Buch«, wie die »Mao-Bibel« auch genannt wird, ist mit Zitaten und Sprüchen Mao Zedongs gefüllt und erschien erstmals 1965. Besonders während der Kulturrevolution (1966–1976) trugen die meisten Menschen es stets mit sich, viele konnten ganze Passagen auswendig. Während der Kulturrevolution war es üblich, sich mit Zitaten aus dem Buch zu begrüßen. Noch heute kann man die »Worte des Vorsitzenden Mao Zedongs« in dem handlichen, kleinen Büchlein auf chinesischen Straßenmärkten erwerben.
9 »Comrade Mao Zedong was a great Marxist and a great proletarian revolutionary, strategist and theorist. It is true that he made gross mistakes during the ›cultural revolution‹, but, if we judge his activities as a whole, his contributions to the Chinese revolution far outweigh his mistakes. His merits are primary and his errors secondary.« In: »Resolution on certain questions in the history of our party since the founding of the People's Republic of China, Adopted by the Sixth Plenary Session of the Eleventh Central Committee of the Communist Party of China on June 27, 1981«. Zitiert nach: http://www.marxists.org/subject/china/documents/cpc/history/01.htm (Zugriff 03.07.2013).
10 Zitiert nach: http://news.xinhuanet.com/english/china/2012-03/14/c_131466552.htm (Zugriff 09.09.2013).

# Nicolae Ceaușescu

*Neujahrsansprache Ceaușescus, 1. Januar 1978.*

\* 26. Januar 1918 in Scornicești
† 25. Dezember 1989 in Târgoviște (hingerichtet)

1965 (bis zum Tod): Generalsekretär der Rumänischen Kommunistischen Partei;
1974 (bis zum Tod): Präsident der Sozialistischen Republik Rumänien

Nach seinem Machtantritt näherte Ceaușescu das sozialistische Rumänien dem Westen an und leitete eine liberale Periode ein. Seit Mitte der siebziger Jahre entwickelte sich Rumänien jedoch zu einer neostalinistischen Hochburg und zu einem der repressivsten Regime des Ostblocks. In den achtziger Jahren kam es wirtschaftlich de facto zum Kollaps des Landes. Ceaușescu umgab ein Personenkult, der sich an den Vorbildern Stalin, Mao und Kim Il Sung orientierte. Nach der Revolution des Jahres 1989 wurde Ceaușescu als einziger der Ostblock-Führer von einem Militärgericht zum Tode verurteilt und hingerichtet.

*Der Heldenmensch*

*Er, neuer Mensch, Hingabe für das Land*
*Er, Ceaușescu, Heros*
*Er, eisenfest durch Arbeit, Liebe und Kampf*
*Held und Legende für das Land.*[1]

*(Marcu Emilian)*

# Nicolae Ceauşescu –
# »Er ist der Honig der Welt!«[2]

*Thomas Kunze*

»Vielgeliebter und geschätzter Genosse Nicolae Ceauşescu! Im Namen der Millionen von Pionieren und Falken[3] unseres Vaterlandes sowie aller Kinder Rumäniens möchten wir, die Teilnehmer der Nationalversammlung der Pioniere, Ihnen mit besonderem Respekt und tiefer Bewunderung die erlesensten Gefühle der innigen Liebe und übergreifenden Anerkennung aus tiefstem Herzen entgegenbringen, welche die jungen Nachkommen unseres Vaterlandes Ihnen, liebster Genosse Nicolae Ceauşescu – geliebter und geschätzter Führer unserer Nation, Held unter den Helden unseres Volkes, einsichtsvoller Lenker des neuen Schicksals Rumäniens – bezeugen. Wir danken für die wundervollen Lebensbedingungen, für Arbeit und Unterricht, die uns gesichert sind, für die Aufmerksamkeit und väterliche Sorge, mit der Sie ständig über unserem mannigfaltigen Wachstum und Fortschritt wachen, um als Mensch den Anforderungen vom wahren revolutionären Kommunisten gerecht zu werden.«[4]

Man schrieb das Jahr 1987, als die Jugendorganisation des sozialistischen Rumäniens ihrem Staats- und KP-Chef Nicolae Ceauşescu (1918 – 1989) diesen Huldigungsbrief übermittelte. Rumänien gehörte gemeinsam mit Albanien zu den Armenhäusern Europas. Ceauşescu, seit 1965 an der Macht, hatte das Land restlos heruntergewirtschaftet. Der Personenkult um ihn hatte Ausmaße angenommen, die selbst für kommunistische Diktaturen einzigartig waren.

Nicolae Ceauşescus Beispiel zeigt, wie zufällig in der Geschichte ein Aufstieg zu höchsten Staatsämtern sein kann und wie wenig ein solcher Aufstieg mit Bildung und Ausbildung in Zusammenhang stehen muss. Doch besaß er eine außerordentliche Befähigung als Herrscher. Einmal im Besitz der Macht, trat der Makel seiner fehlenden Bildung immer mehr in den Hintergrund. Ceauşescu erwies sich in Machtkämpfen als Naturtalent und beherrschte das Arsenal totalitärer Spielregeln.

Das wichtigste dabei war für ihn die Aufrechterhaltung einer die Realität überlagernden zentralen ideologischen Fiktion. Wie alle kommunistischen Führer benutzte er den Marxismus in willkürlicher Auslegung dazu, das absolute Machtmonopol mit einer vorgegaukelten Wissenschaftlichkeit zu untermauern. Sozialistische Demokratie und Diktatur des Proletariats hießen die Schlagworte. Die Bedeutung dieser strikten Ideologiebindung hatte er von seinem Mentor Gheorghiu-Dej gelernt. Wie in allen totalitären Staaten wurde dieser Prozess auch in Rumänien durch demagogische Massenpropaganda, psychischen und physischen Terror, die Anwendung des Führerprinzips, die Gleichschaltung aller gesellschaftlichen Bereiche und die fortgesetzte Stärkung der Geheimpolizei begleitet. Einer eigenen Gesetzmäßigkeit folgend, scharten sich Lakaien und Profiteure um ihn. Ein solches Verhalten findet man in allen gesellschaftlichen Systemen. In totalitären Staaten jedoch wird es besonders offenkundig.

Der 1918 in einem Dorf in der Walachei geborene Nicolae Ceauşescu wuchs auf in armen Verhältnissen. Das Schafhüten war die einzige Beschäftigung, die er in seiner Freizeit kannte. Er besuchte lediglich vier Jahre lang eine Dorfschule. Das empfand er zeitlebens als Makel. Später, im sozialistischen Rumänien, ließ er Legenden verbreiten. »Er war wie der frische Tau«,[5] lobhudelte ein Bauer aus Scorniceşti, dem Heimatdorf der Ceauşescus, über das Kind Nicolae. Die Lehrer erinnerten sich nun an einen »strahlenden Mathematiker« und »forschenden Geist« und besserten nachträglich die Zeugnisse des Knaben auf, der inzwischen die Allmacht im Lande beanspruchte und sich als der größte Rumäne aller Zeiten porträtieren ließ.

Die Ruhmsucht erschien als Produkt einer düsteren Kindheit: Charakterlich galt der kleine Junge als ein zum Jähzorn neigender Einzelgänger. Sein Onkel schilderte ihn als extrem nervös, aufbrausend und unberechenbar: »Niemand mochte diesen Jungen – und auch er mochte niemanden, suchte zu keinem die Nähe.«[6] Nicolae stotterte. Möglicherweise war dieser Sprachfehler Ursache dafür, dass er kaum Freunde im Dorf hatte.

Es mag mit Ceauşescus Minderwertigkeitsgefühlen zusammenhängen, dass er ab 1968 in Rumänien jedes seiner öffentlich kundgetanen Worte in Prachtbänden verewigen ließ, die bald meterlang die Bücherregale der Bibliotheken füllen sollten. Seine Redenschreiber waren eifrig. Bis 1989 erschien das Sammelwerk »Ceauşescu« in 33 Bänden.

Nach dem vierjährigen Schulbesuch musste der Dorfjunge bei einem Schuhmacher arbeiten. Sein Lehrmeister stand der illegalen kommunistischen Bewegung nahe. Er setzte seinen Lehrburschen zu konspirativen Botengängen ein – in seinem Einzelgängerleben plötzlich etwas ungeheuer Spannendes. Für den heranwachsenden Ceauşescu hatte der Kontakt mit der kommunistischen Bewegung sogar etwas Begeisterndes. Nicht etwa, weil er sich für die Ideen interessierte – mit seinen zwölf Jahren war das ausgeschlossen –, wohl aber, weil er das erste Mal in seinem Leben das Gefühl hatte, wichtige Aufgaben erledigen zu dürfen. 1936, als Achtzehnjährigen, sperrte man ihn für zwei Jahre in das berüchtigte Gefängnis Doftana. Dort lernte er seinen politischen Ziehvater kennen: Gheorghe Gheorghiu-Dej, den späteren ersten Staatschef des kommunistischen Rumäniens. Dieser, eine stattliche, selbstsichere Erscheinung, nahm sich des kleingewachsenen, orientierungsbedürftigen, ehrgeizigen Jungen vom Dorfe an und förderte seine politische Karriere. Als 1939 der Zweite Weltkrieg begann, war Gheorghiu-Dejs Zögling schon Sekretär des Bukarester Stadtkomitees des Kommunistischen Jugendverbandes. Rumänien schlug sich auf die Seite Hitlerdeutschlands. Wie viele andere Kommunisten wurde auch Ceauşescu mehrmals verhaftet und einmal, 1943, längere Zeit im Konzentrationslager Tárgu Jiu festgehalten. Die Wende für ihn kam, als 1944 sowjetische Truppen rumänisches Territorium erreichten und die Eiserne Garde des Militärdiktators Ion Antonescu in die Flucht geschlagen wurde, während die Armeegeneräle unverzüglich die Waffen gegen den früheren Bündnispartner kehrten.

Der oltenische Bauersohn und gelernte Schuhmacher, inzwischen 26 Jahre alt, erlebte nun seine ersten größeren Machtgefühle in der Legalität als Generalsekretär des Kommunistischen Jugendverbandes. Die Stalin-Ära prägte seinen intellektuellen Horizont. Es war die Zeit, da vorrangig diejenigen Funktionäre in der rumänischen Kommunistischen Partei das Sagen hatten, die aus sowjetischer Emigration zurückkehrten. Der Jugendfunktionär wurde mit Gheorghiu-Dejs Protektion ins Zentralkomitee gewählt, bekam bald den einen oder anderen stellvertretenden Ministerposten und legte sich schließlich, in den frühen fünfziger Jahren, als stellvertretender Verteidigungsminister, den ersten schmückenden Titel zu: Generalleutnant der Infanterie.

Eines lernte der junge Ceaușescu in dieser für ihn sicher berauschenden Zeit nicht: die Regeln der Demokratie. Untergebene von damals schildern ihn als grob, überheblich und jeder Kritik abhold. Widerspruchslosen Gehorsam hielt er seither für die Grundlage aller Machtausübung.

Im Jahr 1955 rückte Ceaușescu in die eigentliche Machtzentrale der Partei auf, in das Politbüro. Als Sekretär für Organisationsfragen gewann er direkten Zugriff auf Personalentscheidungen. Aus dieser Schlüsselstellung heraus gelang ihm zehn Jahre später, 1965, der Sprung an die Spitze der Partei. Gheorgiu-Dej war gestorben. Und die alte Garde, uneins über den Nachfolger, hielt den 47-jährigen treuen Gefolgsmann des Verblichenen für einen geeigneten schwachen Kompromisskandidaten.

Sie täuschten sich. Zunächst sorgte der neue Generalsekretär dafür, dass er in das RKP-Parteibuch die Mitgliedsnummer 1 eingetragen bekam. Nach und nach verschaffte er sich nach stalinistischem Muster die gesamte Ämterfülle: 1967 ließ er sich zum Staatsratsvorsitzenden wählen, 1969 übernahm er den Oberbefehl über die Armee und den Vorsitz des Verteidigungsrates, 1973 schuf er den Obersten Rat für wirtschaftliche und soziale Entwicklung Rumäniens, den zu führen er sich selbst für kompetent hielt, und 1974 griff er nach der Krone. Die Große Nationalversammlung, das zum Scheinparlament verkommene oberste Gesetzgebungsorgan Rumäniens, wählte am 28. März 1974 »einstimmig Genossen Nicolae Ceaușescu, Generalsekretär der Rumänischen Kommunistischen Partei – den herausragenden Führer von Partei und Staat, den bewährten Revolutionär und Patrioten, eine Persönlichkeit einzigartiger Größe im internationalen politischen Leben – in die Funktion des Präsidenten der Sozialistischen Republik Rumäniens«[7]. In Anlehnung an Ion Antonescu, den profaschistischen Ministerpräsidenten der vierziger Jahre, ließ er sich auch Conducător nennen, der Führer. Als so Gehuldigter zeigte sich fortan bei offiziellen Anlässen mit einer Schärpe in den Landesfarben und einem goldenen Zepter – ein kommunistischer Führer mit den Insignien feudaler Macht. Ceaușescus Wahl zum Staatspräsidenten machte den Weg endgültig frei für den Personenkult, der rasch eine Eigendynamik entwickelte und während der achtziger Jahre in erzwungenen schizophrenen Verhaltensweisen eines ganzen Volkes mündete.

In den Jahren zuvor war dieses hemmungslose Autoritätsstreben Ceaușescus noch nicht ganz so deutlich zu erkennen gewesen. Als er 1965 zum Generalsekretär der Rumänischen Kommunistischen Partei aufgestiegen war, erweckte er zunächst den Eindruck, eine Liberalisierung des Sozialismus anzustreben. Da galt er sogar außerhalb der Partei als Hoffnungsträger. Denn es gab Anzeichen, dass der neue Mann an der Spitze, wie schon sein Vorgänger Gheorgiu-Dej, für Rumänien mehr Ellenbogenfreiheit gegenüber der sowjetischen Bevormundung erwerben und einen Sonderweg zum real existierenden Sozialismus einschlagen werde. 1967 sorgte er dafür, dass Rumänien als erstes Land des Ostblocks diplomatische Beziehungen zur Bundesrepublik Deutschland aufnahm und brüskierte damit Moskau ebenso wie die DDR. Im August 1968 verweigerte er die Teilnahme am Einmarsch der Truppen des Warschauer Pakts in der Tschechoslowakei – eine Ungeheuerlichkeit, die alle anderen Führer der Satellitenstaaten Moskaus nicht einmal zu denken gewagt hätten. Schließlich gelang ihm auch noch ein geschicktes Balancespiel im sowjetisch-chinesischen Konflikt, der 1969 offen ausbrach.

Der Westen spendete damals reichlich Beifall. US-Präsident Nixon reiste nach Bukarest, ließ sich von den herbeibeorderten Massen gemeinsam mit dem neuen Schicksalslenker Rumäniens feiern und lud ihn zu einem Gegenbesuch in den USA, den der Geschmeichelte noch im gleichen Jahr antrat. Auch Nixons Nachfolger Gerald Ford und Jimmy Carter versäumten es nicht, dem Häretiker in Bukarest ihre Aufwartung zu machen. Die britische Premierministerin Margaret Thatcher äußerte große Bewunderung für die rumänische Unabhängigkeitspolitik und die beeindruckende Persönlichkeit an der Staatsspitze. Die Bundesrepublik Deutschland hatte für den Conducâtor noch 1979 die Sonderstufe des Großkreuzes, die höchste deutsche Auszeichnung für Staatsoberhäupter, zur Hand. Erst in den achtziger Jahren wandte sich der Westen von ihm ab. Die brutalen Methoden seiner Herrschaftsausübung ließen keinen Raum mehr für eine bis dahin praktizierte Außenpolitik, in der Rumänien den willkommenen Spielball zur Destabilisierung des Ostblocks abgab.

Auf weltwirtschaftlichem Gebiet erwarb Ceaușescu in seinen frühen Herrschaftsjahren Privilegien für das Land, die kein anderer Ostblockstaat teilte: die Aufnahme in den Weltwährungsfonds und in die Weltbank. Das förderte ungemein seine Träume, als der Schöpfer eines modernen industrialisierten Rumänien in die Geschichte einzugehen. Bedenkenlos verplante er einen großen Teil der Kredite für seine Jahrhundertprojekte, den Donau-Staudamm am Eisernen Tor und den Donau-Schwarzmeer-Kanal. In der irrigen Annahme, Rumänien könne seine Lebensmittelprobleme mit einer Industrialisierung der Landwirtschaft lösen, verfügte er die sogenannte Systematisierung der Dörfer. Anstelle der alten Siedlungsstruktur sollten gesichtslose Agrarzentren entstehen. Im Klartext hieß das: Vernichtung von 7000 Dörfern.

Ceaușescus vermeintlicher liberaler Ansatz der späten sechziger Jahre entpuppte sich als nationalistisch geprägter Neostalinismus. Unterschwellig schürte er die uralte rumänische Angst vor einer slawischen Bedrohung. Dabei spielte er mit dem Stolz des rumänischen Volkes auf seine dakischen Wurzeln und auf den Kulturgewinn in der Zeit der römischen Besatzung zu Beginn des 2. Jahrhunderts n. Chr., als sich auch die rumänische Sprache herausbildete, die einzige vom Latein geprägte Sprache in Osteuropa. Dem Generalsekretär des Zentralkomitees der Rumänischen Kommunistischen Partei gefiel es zunehmend, sich mit Lichtgestalten der dakischen und rumänischen Geschichte vergleichen zu lassen: mit Decebal, dem letzten König der Daker, mit Stefan dem Großen (1434–1502), der den Osmanen widerstand, und mit Michael dem Tapferen (1558–1601), der zum ersten Mal die Rumänen einigte, wenn auch nur für kurze Zeit. Fleißige Redigierer schrieben die Geschichte so weit um, dass Nicolae Ceaușescu und kein anderer als deren Erbverwalter und legitimer Nachfolger erschien. Devote RKP-Aufsteiger ergänzten: »Cäsar, Napoleon, Alexander der Große, Perikles, Peter der Große – alle Großen dieser Welt zusammengenommen sind genauso viel wert wie unser Ceaușescu, der [...] unser Hirte ist«,[8] schmeichelte Dumitru Popescu, ein Mitglied des Politischen Exekutivkomitees der RKP.

Geistige Anleihen nahm Ceaușescu jedoch nicht nur in der Landesgeschichte, sondern auch bei zeitgenössischen Herrschern in Fernost. Ein Besuch in Mao Zedongs China im Jahr 1971 hinterließ bei dem Erneuerer Rumäniens einen bleibenden Eindruck. Er interessierte sich vornehmlich für die Ergebnisse der 1969 beendeten Kulturrevolution, mit der Mao ein kollektives Massenbewusstsein hatte schaffen wollen. Die Konsequenz, mit welcher der chinesische Staats- und Parteichef heimliche Rivalen beseitigte und das Führerprinzip behauptete, beeindruckte den Rumänen genauso wie Maos Ideologie, einer Mixtur aus Marxismus, Chauvinismus und Nationalismus. Nach dem Chinabesuch reiste die rumänische Delegation weiter nach Nordkorea. In Pjöngjang wurde der Conducător vom Großen Führer Kim Il Sung empfangen. Der barocke Kult um den Koreaner beeindruckte ihn zutiefst.

Gerüstet mit solchen Eindrücken, kehrte Ceaușescu nach Bukarest zurück und straffte nun auch in Rumänien spürbar die Zügel. 1971 ließ er seine Kleine Kulturrevolution einläuten. Das bedeutete die Ersetzung des Kultur- und Kunstbetriebes durch eine Art Laienkunstbewegung. Völlige Entprofessionalisierung war die logische Folge. Das Staatliche Komitee für Kunst und Kultur wurde dem Zentralkomitee der Partei direkt unterstellt, die politisch-ideologische Arbeit auf allen Ebenen ausgebaut – vom Kindergarten angefangen. Der rumänische Schriftsteller und spätere Dissident Mircea Dinescu beschreibt die Situation der Intellektuellen nach Ceaușescus Kulturrevolution als deprimierend. Nachdem ein Freiheitswind der 1960er Jahre vielen Künstlern die Chance gegeben habe, den Müll der Mittelmäßigkeit zu begraben, zeigten sie nun für Ceaușescus Chinaimport der Kulturrevolution keinen Enthusiasmus. »Die Autorenfotos wurden von den Buchdeckeln ihrer eigenen Bücher verbannt, damit es – um Gottes willen – nicht zum Personenkult kommen könne.«[9] Niemand außer Ceaușescu sollte sich in diesem Land noch profilieren können. Personenkult kam allenfalls noch für seine Frau Elena infrage. Es dauerte nur kurze Zeit, da gehörten Huldigungen wie Sohn der Sonne, Stolzeste Tanne Rumäniens oder Tribun der Würde zum normalen Sprachgebrauch. Historische Wahrheiten blieben dabei vollends auf der Strecke. Die Geschichte wurde in einer Art und Weise verfälscht, wie es selbst in anderen sozialistischen Ländern selten vorkam.

Ceaușescu war kein charismatischer Führer. Was seine Auftritte als Redner charakterisierte, kennzeichnet die meisten totalitären Herrscher. Aus vorgefundenen Ideologien suchen sie sich die Elemente heraus, die sich für die Etablierung einer fiktiven Welt eignen. Die Kunst besteht darin, in der erlebbaren Realität geeignete

Elemente für die Fiktion herauszufinden, sie zu isolieren, zu verallgemeinern und zu überhöhen und sie so der Urteilskraft des gesunden Menschenverstandes zu entziehen. In einer für totalitäre Systeme typischen hölzernen Ausdrucksweise – die Rumänen nannten das »limb de lemn« (Holzsprache) – predigte Ceaușescu unter dem Deckmantel vorgegaukelter Wissenschaftlichkeit weltanschauliche Prinzipien, die das Volk nicht überzeugten, aber organisieren sollten – der eigentliche Zweck totalitärer Propaganda.

Seit Mitte der siebziger Jahre gab es in Rumänien kein Halten mehr: SEINEN Namen und die IHM geltenden Pronomen schrieben seine Hofdichter nur noch in Großbuchstaben, Prachtbände mit Huldigungsgedichten auf den geliebten Conducâtor erschienen. Maler verewigten den weisen Navigator und seine Frau allegorisch im Stile von Heiligenbildnissen, Kulturfunktionäre erfanden immer absonderlichere Formen der Huldigung und Proletkultdichter bastelten voller Elan mit schlechter Grammatik revolutionäre Lyrik. Die Höflinge im Parteiapparat erfanden immer neue Ehrungen für den kostbarsten Spross des Volkes. An einem einzigen Tag empfing Ceaușescu den eigens für ihn geschaffenen Titel Held der Sozialistischen Republik Rumänien und den Orden Sieg des Sozialismus. Pünktlich zu jedem seiner Geburtstage erschien ein »Omagiu« – ein mehrere Kilogramm schweres Buch mit Liedern und Gesängen auf den Großen Kommandanten. Darin ließ er sich feiern als Titan der Titanen, als geliebter Führer und Wegweiser wirksamen Schaffens, als des Vaterlandes erster Diener, als Erbauer von allem, was gut und gerecht ist, als gloriose Eiche aus Scornicești, als Garant des Reichtums Rumäniens, als Schöpfer einer Epoche von nie geahnter Erneuerung. Die Politpoeten hielten ihn für den süßesten Kuss der Heimaterde und den Honig der Welt, für die Quelle des lebendigen Wassers und den Berg, der über dem Lande wächst. Sie gaben ihrer Freude Ausdruck, vom leuchtenden Vorbild des Volkes geführt zu werden, er selbst sei die Straße in die Zukunft und des Volkes wertvollstes Wappen. Manchmal griff einer dieser Euphoriker völlig daneben und so konnte es vorkommen, dass Ceaușescu sich als breitblättriger Nussbaum wiederfand, in dessen Schutze ein unschuldiges Maiglöckchen blühte.[10] Andere nahmen schlicht Anleihen bei der Religion auf. Der Kommunist Ceaușescu als der Auserwählte, als unser irdischer Gott.

Für Intellektuelle lohnte es sich, auf der richtigen Seite zu stehen. »Mit einem einzigen lyrischen ›Hauruck‹ wechselten Luxusvillen oder ganze Vermögen ihre Besitzer. So betraten die ersten Parteimillionäre aus den Reihen der Schriftsteller die Arena«, berichtet der regimekritische Mircea Dinescu, einer der wenigen rumänischen Schriftsteller, der die Kulturszene des Landes als das bezeichnete, was sie war: »real existierender Kafkaismus«.[11] Obwohl sich die deutsche wie auch die ungarische Minderheit in Rumänien in Bezug auf den Ceaușescukult im Großen und Ganzen eher zurückhaltend verhielt, fühlten sie sich genötigt, zu Geburtstagen oder an staatlichen Feiertagen ihre Beiträge zur Ehrung des Jupiters der Karpaten abliefern zu müssen. Dem rumänisch-deutschen Dichter Franz Johannes Bulhardt sprengte es beim Gedanken an den Staatspräsidenten »vor Freude die Brust, weil ER, der dem Denken und Sinnen einen Sinn und der Feder den Schwung eines Pfeiles gab, ihm den Weg zu den Höhen und zum Licht gezeigt hat«. Aus den Herzen der Deutschen dringe »Dank, wie der glutrote Stahl aus den Hochöfen und gleich dem Vogel, der jubelnd den Frühling begrüßt«.[12]

Die Nummer eins unter den Hofpoeten hieß Adrian Păunescu. Sein Meisterwerk, ein aus 27 Strophen bestehendes Poem, hieß »Der Mensch des Landes«. Die schwülstigen Reime, in denen Ceaușescu gottgleich gepriesen wurde, füllten mehrere Seiten in dem anlässlich des 60. Geburtstages des Staats- und Parteichefs herausgegebenen Ehrenalbum. Păunescu war ein Vielschreiber und bewies schier unendliche Inspiration auf dem Gebiet der Beweihräucherung: »Ich wage es nicht, seinen Namen zu nennen. Aus Angst, seine Größe zu schmälern, wenn ich von ihm spreche. Doch die Geschichte verlangt es von mir. Wir alle sollten ihn lieben: Ihn, der den Sieg in der Schlacht für die Menschen verkörpert.«[13]

Es waren jedoch keine Ruhmesgesänge für die Ewigkeit. Als der Schlachtensieger von allen Denkmälern gestürzt war, änderten nicht wenige dieser politischen Minnesänger ihre Blickrichtung. Adrian Păunescu ist das prominenteste Beispiel. Nach der Revolution von 1989 sah er im Fernsehen, wie der Titan, dessen Namen in den Mund zu nehmen er nicht gewagt hatte, erschossen an der Hinrichtungsmauer im Dreck lag, und höhnte nun: »Schaut ihn euch an, dieses unmenschliche Gesicht mit seinem altsteinzeitli-

*Nicolae Ceaușescu beim Bogenschießen (1976).*

chen Kiefer. Diesen Analphabeten, der uns alles lehren will wie eine lispelnde Schlange.«[14]

Seit Mitte der siebziger Jahre begann Nicolae Ceaușescu, aus Angst vor Attentaten in seinem täglichen Leben sonderbare Verhaltensweisen zu zeigen. Wegen seiner Furcht vor Krankheiten mussten Kinder, die er zu küssen gedachte, zuvor medizinisch untersucht werden. Bekam der Staatschef Blumen überreicht, wurden diese zuvor desinfiziert. Immer, wenn Ceaușescu Hände geschüttelt hatte, ließ er sich von seinem ersten Leibwächter mit neunzigprozentigem Alkohol in die Handflächen schütten, um eventuelle Krankheitskeime zu vernichten. Auf Auslandsreisen nahm er immer seinen Leibkoch mit, der nur Lebensmittel aus Bukarest verwandte, in versiegelten Behältern verpackt, und der dann auch noch vorkosten musste, ehe der Titan der Karpaten sich an das Menü wagte. Wo er schlief, zogen Diener die Bettwäsche ab und ersetzen diese durch mitgebrachte. Aus Angst vor Erkältungen trug Ceaușescu in der Öffentlichkeit oft Rollkragenpullover. Typisch für sein Outfit waren Jacken im Mao-Look und Leninmützen.

Er kreierte so seinen persönlichen Stil, mit dem er, aus der Ferne betrachtet, den Typ des umgänglichen, bescheidenen Arbeiterführers verkörperte.

Jeden Monat einmal unternahm der Erleuchtete des Volkes einen Arbeitsbesuch in einem Bezirk. Zu Beginn seiner Amtszeit kam das bei den einfachen Leuten gut an und trug entscheidend bei zu seiner Beliebtheit. Doch bald waren seine Besuche nur noch gefürchtet, zumal keine Stippvisite verging, ohne dass Ceauşescus Worte, von den örtlichen Parteibonzen anschließend als »indicaţii preţioase«, als wertvolle Hinweise, interpretiert wurden, und waren sie auch noch so unwesentlich oder so unsinnig. Alle investierten ihren Ehrgeiz, um sich ihrerseits wichtig zu machen durch Umsetzung der Ideen Ceauşescus oder das, was sie meinten davon verstanden zu haben.

Seine Arbeitsbesuche verband der Staatschef gern mit Jagdausflügen. Die Forstwege zu den einzelnen Jagdrevieren gehörten zu den wenigen Straßen des Landes, die regelmäßig repariert wurden. Schon Tage vor den Jagdausflügen lebten die Parteifunktionäre des jeweiligen Bezirks in Angst, dass die Anzahl der Abschüsse den Conducâtor nicht zufriedenstellen könnte. Man traf groteske Vorkehrungen, um das zu verhindern. Wenn eine Fasanenjagd geplant war, wurden vorher massenhaft Vögel aus speziellen Züchtereien in das entsprechende Revier transportiert. Forstbeamte beschnitten Büsche und Bäume so, dass die Baumkronenlinie eine aufsteigende Form erhielt – eine Art Sprungschanze für die Fasane. Sollten die Vögel trotzdem keine Lust zum Aufsteigen haben, griff Plan zwei. Aus Körben mit je fünf Fasanen, die man nahe Ceauşescus Standort platziert hatte, warfen Förster das Geflügel wie Tontauben in die Luft.

Schwieriger erwies sich eine solche Organisation bei Bärenjagden. Die Revierjäger montierten an den Futterplätzen Gestelle mit einer Rolle, über die ein Kabel verlief. Daran war als Köder ein Tierkadaver angebracht. Am anderen Ende lauerte der Förster, bis sich ein Bär näherte. War es ein kleines Exemplar, zog er am Seil, und es gab kein Futter. Nur große Tiere, wie der Jäger sie liebte, wurden an die Futterplätze gewöhnt – und später dort abgeschossen.

Doch nicht nur beim Weidwerk bauten heuchelnde Funktionäre Potemkin'sche Dörfer. Der vorauseilende Gehorsam kannte keine Grenzen. Wenn der Conducâtor über Land fuhr, sollte er keine ma-

*Die Bevölkerung in Reşiţa wartet auf Nicolae und Elena Ceauşescu (1986).*

geren Rinder sehen. Ein Vorauskommando postierte wohlgenährte Kühe auf den Weiden. In Cluj-Napoca (Klausenburg) verschönte man einen Platz mit Tannen. Da die Bäume vergilbt waren, besprühte man sie mit grüner Farbe. Auf einer Obstplantage in Siebenbürgen, die den Besuch des Staatschefs erwartete, ließen lokale Parteifunktionäre zusätzliche Äpfel mit Draht an den Bäumen befestigen.

Die Führervergötzung nahm im Laufe der Jahre immer bizarrere Züge an. Die Presse-, Rundfunk- und Fernsehberichterstattung verkam zu einem Einheitsbrei aus Kult, Demagogie, Halbwahrheiten und Lügen. Jeglicher Realitätsbezug verschwand. Die als »diamantene Epoche« der rumänischen Geschichte gepriesene Ceauşescu-Ära entartete immer mehr zur Parodie, in der das rumänische Volk die Rolle eines traurigen Statisten innehatte. Ein Redakteur des österreichischen Fernsehens berichtete, dass selbst Ceauşescus Hund namens Corbu höchste Ehrerbietung entgegengebracht werden musste. Wenn der Tierfreund den Dobermann zu sehen wünschte, sei dieser in einer schwarzen Limousine von der Privatresidenz zum ZK-Gebäude gebracht worden. Die Straßen wurden abgesperrt. Polizeifahrzeuge mit Blaulicht und Sirenen sicherten den Konvoi wie beim Besuch eines hohen Staatsgastes. Im Scherz verlangte Ceauşescu von seinem Stab manchmal, dass sie den Hund mit »Genosse Corbu« anzusprechen hätten.

Ceauşescu übte seine Macht mithilfe eines immer kleiner werdenden Kreises von Funktionären aus. Wer zu diesem Nukleus dazugehören wollte, musste entweder bedingungslos loyal sein oder über familiäre Bindungen zum Ceauşescu-Clan verfügen. Der von Nicolae Ceauşescu installierte Neostalinismus besaß einen dynastischen Charakter. Ehefrau Elena, die nicht einmal über vier Klassen Schulbildung verfügte, war wie besessen davon, als große Wissenschaftlerin zu gelten. Als Gattin des Staatslenkers war es ihr ein Leichtes, sich pro forma ein Chemiediplom zu verschaffen. Titel sammelte sie wie Briefmarken. Von der Presse ließ sie sich als Akademiemitglied, Doktor Ingenieur und hervorragendste Vertreterin der Wissenschaften und der Kultur titulieren. Tatsächlich stand sie bald dem Nationalrat für Wissenschaft und Technologie vor – mit verheerenden Folgen in diesem Bereich. Im Jahr 1980 avancierte sie zur stellvertretenden Ministerpräsidentin. Als Chefin der Kaderkommission beaufsichtigte sie die gesamte Elite der Partei und zuletzt saß sie auch auf dem zweiten Platz im Politbüro – als zweitmächtigste Person Rumäniens. Für den Botschafter der DDR in Rumänien galt sie »mit ihrem Geltungsdrang als der böse Geist. Sie glich der Figur des Rasputin und spielte eine verhängnisvolle Rolle.«[15]

Für eine angemessene Positionierung der Familienmitglieder wurde auch gesorgt. Bruder Ilie, stellvertretender Verteidigungsminister, gab acht, was die Armee trieb. Bruder Florea setzte als Chefredakteur des Zentralorgans *Scinteia* die jeweils neuesten Huldigungen in Umlauf. Bruder Ion saß auf dem Stuhl des Vizechefs im Planungskomitee, Bruder Nicolae Andruta hielt die Polizei und den Geheimdienst Securitate fest im Griff, Schwester Maria hatte den Außenminister Corneliu Manescu geheiratet, den der Conducător aber nicht sehr schätzte und absetzen ließ, Schwager Vasile Barbulescu drangsalierte als Landwirtschaftsminister die Bauern. Nicu, der jüngste Sohn, sollte dereinst die dynastische Erbfolge antreten und bekam erst einmal den Bezirk Braşov als Lehen. Eine ähnliche Clanwirtschaft gab es in keinem anderen sozialistischen Staat.

In den achtziger Jahren erhielt der rumänische Staatschef kaum noch Einladungen zu Auslandsreisen in die westliche Welt. So wandte er sich verstärkt Ländern zu, in denen er eher mit Zustimmung rechnen konnte. Vor allem die Lebens- und Herrschaftsstile des libyschen Revolutionsführers Muammar al Gaddafi und des Großen Führers Nordkoreas, Kim Il Sung, entsprachen seinem Politikverständnis.

Wirtschaftlich richtete Ceauşescu Rumänien in den achtziger Jahren zugrunde. Hochmütig wollte er die westlichen Industrienationen von der Überlegenheit rumänischer Politik überzeugen, weshalb er ab 1982 die beschleunigte Rückzahlung der Auslandsschulden verfügte. Als würde nicht schon die Schuldenrückzahlung einschließlich der Tilgung von Zins und Zinseszins eine ungeheure Kraftanstrengung darstellen, trieb der Conducător das Projekt für ein gigantisches Haus des Volkes in Bukarest voran. Die Ceauşescus wollten die rumänische Metropole nach ihrem ganz eigenen Geschmack umgestalten. Ihre Ästhetik war zutiefst von stalinistischem Pomp geprägt. Der Seherblick des Conducâtors schweifte weit ins 21. Jahrhundert. Zu Lebzeiten schon wollte er sich ein Denkmal setzen, wie es einst die Pharaonen mit ihren Pyramiden hielten: einen Monsterbau auf einer Grundfläche von 250 × 200 Quadratmetern, ausgestattet mit dem Teuersten, was das Land zu bieten hatte. Große Teile des historischen Zentrums von Bukarest, darunter 17 Kirchen, fielen unter dem Ansturm der Bulldozer in Trümmer. 20 000 Arbeiter stampften innerhalb von fünf Jahren einen Bau aus dem Boden, der in seiner Sinnlosigkeit wohl einmalig in der Welt ist. Der Palast mit seinen 7000 Räumen verschlang schätzungsweise zwei Milliarden US-Dollar. In den riesigen Sälen wirkt der Mensch zwergenhaft klein. Die Rumänen sprachen hinter vorgehaltener Hand von einer »Casa victoriei asupra poporului« – dem Haus des Sieges über das Volk.

Die Großprojekte führten in den achtziger Jahren zum Kollaps der Volkswirtschaft, zum faktischen Ausverkauf des Landes und zur Verelendung weiter Teile des rumänischen Volkes. 1981 wurde die 1954 abgeschaffte Lebensmittelrationierung wieder eingeführt. Der chronische Mangel an Nahrungsmitteln ging einher mit einer sich seit 1984 verschärfenden Energiekrise. Betriebe schlossen wegen Material- und Energiemangels, Lohnfortzahlungen gab es nicht. Bald hungerten die Rumänen nicht nur, sie froren auch.

Strom- und Gassperren gehörten zur Tagesordnung. Die Straßenbeleuchtung wurde nachts nicht mehr eingeschaltet, von einigen Ausnahmen in Bukarest abgesehen.

Seit 1986 durfte im Winter die Temperatur in den rumänischen Plattenbauten zwölf Grad Celsius nicht überschreiten. Auch Stromabschaltungen gehörten zur Regel. Ein ganzes Volk ging in Mänteln und Mützen zu Bett. Benzin zählte bald zu den rarsten Gütern. Da Ceaușescu aber immer noch der Meinung war, die Schraube weiter anziehen zu können, führte er 1986 den sogenannten Globalakkord ein. Der bisher garantierte Mindestlohn wurde zugunsten eines leistungsbezogenen Gehaltes abgeschafft. In der Praxis brachte diese Neuerung für die Arbeitnehmer enorme Lohneinbußen mit sich. Die Planvorgaben konnten infolge des chronischen Mangels an Energie und Rohstoffen kaum erreicht werden.[16] Laut Michail Gorbatschow, dem 1985 an die Macht gekommenen KPdSU-Generalsekretär, glich die rumänische Wirtschaft »einem abgehetzten, von einem grausamen Reiter angetriebenen Gaul«.[17] Das Bruttosozialprodukt pro Einwohner gehörte zu den niedrigsten in Europa.

Das produzierte Unmut, dem mit Ideologie allein nicht beizukommen war. Ceaușescu hatte darauf eine von Stalin entlehnte Antwort: Nicht mehr die Partei galt ihm als wichtigstes Herrschaftsinstrument, sondern der Sicherheitsapparat. Die Überwachung des Volkes wurde nach dem aus dem faschistischen Deutschland bekannten Blockwartsystem organisiert, mit dem Unterschied, dass sich in Rumänien die Zuträger offen durch rote Armbinden zu erkennen gaben und somit schon von vornherein einschüchternd wirkten. Niemand durfte ohne Genehmigung Verbindung zu irgendwem im Ausland unterhalten, jeder Kontaktversuch von Fremden galt als meldepflichtig. Selbst der Besitz einer Schreibmaschine brachte Gefahr. Die benutzte Schrifttype musste registriert sein. Bei Intellektuellen sammelte die Polizei sogar Handschriftproben, um ihren Postverkehr besser kontrollieren zu können.

Noch mehr gefürchtet als die Schnüffler wurde die spezielle Eingreiftruppe der Securitate, moderner bewaffnet als die Armee und eher den südamerikanischen Todesschwadronen vergleichbar. Sie schwor ihren Eid auf den Conducâtor, der Sold lag höher als die Gehälter von Professoren, sie bekamen Sonderzuteilungen und lebten in gut geheizten Unterkünften. Hartnäckig hielt sich das

*Nicolae Ceaușescu in der Menge.*

Gerücht, die meisten dieser Securitateleute seien als Waisenkinder zur Ausbildung geholt und speziell manipuliert worden, ähnlich den einst gefürchteten Janitscharen der osmanischen Armee, die aus geraubten europäischen Knaben rekrutiert worden waren. Es hieß, die Truppe lebe nur unterirdisch und stärke sich mit dem Blut von Säuglingen. Der allgegenwärtige Sicherheitsapparat trat solchen Angstfantasien nicht entgegen: Wenn die Leute vor Entsetzen erstarrten, fanden sie keine Kraft zum Widerstand

Der Personenkult steigerte sich in den achtziger Jahren zu einer kaum noch zu überbietenden Absurdität und drohte die rumänische Gesellschaft zu ersticken. Im Schriftstellerverband gab es für die Heuchler angesichts des nahenden 65. Führer-Geburtstages kein Halten mehr. Man verfasste erneut ein dickes Omagiu. In dieser »Anthologie des Kriechertums«[18] sind auf über 400 Seiten 151 pathetische Poeme zu Ehren von Nicolae Ceaușescu zusammengetragen worden. Jede Bezirksgruppe des Schriftstellerverbandes gab noch einmal ein eigenes Ehrenalbum heraus. Für den Schriftsteller Constantin Cubleșan hatte fortan die Geschichte nur noch einen Namen: »Ceaușescu«.[19]

Nirgends jedoch kam die Führerverehrung abstruser zum Ausdruck als im Fernsehen, das wegen der permanenten Energiekrise in den letzten Jahren des Regimes täglich nur noch zwei Stunden, zwischen 20 und 22 Uhr, sendete. Die Nachrichten von Televiziunea Română berichteten minutiös über Arbeitsbesuche des »ersten Mannes am Schreibtisch des Vaterlandes« in verschiedenen Bezirken. Danach besangen patriotische Chöre das Wirken des Präsidenten und seiner Frau, Kinder verlasen rühmende Gedichte, Schriftsteller priesen Ceaușescu wie einen Gott und ein Ballett umtanzte ein Gemälde, das »Ihn« abbildete. Ein typischer Sendeverlauf sah so aus: 20 Uhr: Nachrichten; 20.20 Uhr: »Wir rühmen den Führer des Landes« (Gedichte, eine ehrende Anthologie, in Farbe); 20.40 Uhr: »Der strahlende Theoretiker und Stifter des Kommunismus« (Dokumentarfilm, gewidmet dem theoretischen Wirken des Genossen Nicolae Ceaușescu, in Farbe); 21 Uhr: »Ehre dem Oberkommandierenden« (Fernsehspiel, realisiert mithilfe der künstlerischen Ensembles der Armee); 21.30 Uhr: Nachrichten; danach: Sendeschluss.[20]

Korruption und Luxusentfaltung im inneren Machtkreis nahmen in dieser Zeit Formen an, die man bislang nur von einigen afrikanischen Potentaten kannte. Der engste Kreis der Eingeweihten betrachtete den Personenkult nach organisatorischen Gesichtspunkten. Die Führerverehrung diente als eine Art magischer Schutzwall, hinter dem man seinen eigenen Geschäften nachgehen konnte. So verwundert es nicht, dass gerade in der Periode des wirtschaftlichen Niederganges die Ceaușescu entgegengebrachten Huldigungen ins Extreme gesteigert wurden.

Ceaușescus Traum war es, vom Balkon des fertiggestellten Palastes des Volkes zu seinen Untertanen zu sprechen. Doch die Revolution von 1989 verhinderte die Vollendung des Prunkbaus. Die Leidensfähigkeit des rumänischen Volkes war erschöpft. Als sich in den anderen osteuropäischen Ländern friedliche Revolutionen vollzogen, entlud sich der rumänische Volksunwille vergleichsweise brutal. Es war ein abgrundtiefer und ein schneller Sturz, der Ceaușescu im Dezember 1989 heimsuchte. Verzweifelt und blind für die Realitäten, versuchte er am 22. Dezember 1989, die aufgebrachten Menschenmassen auf der Piața Palatului in Bukarest vor dem Gebäude des Zentralkomitees zu beruhigen. Eigentlich wollte er mit der von ihm selbst angeordneten Kundgebung demonstrieren, dass er als einer der letzten verbliebenen kommunistischen Fürsten des Ostblocks noch die Zügel des Handelns in der Hand hatte. Wie üblich waren die Arbeiter der Bukarester Großbetriebe in zwangsorganisierten Kolonnen ins Stadtzentrum gekarrt worden, um für den Auftritt Ceauşescus die gewohnte Kulisse Beifall klatschender Menschen abzugeben. Doch das Geschehen verselbstständigte sich. Menschenmassen kamen eigenständig ins Zentrum. Um 11.30 Uhr trat Nicolae Ceauşescu mit seiner Frau und einigen Mitarbeitern auf den Balkon. Als er das Wort ergriff, mischten sich zunächst leise, dann immer lauter und intensiver werdende Buhrufe und Pfiffe in den organisierten Applaus. Verunsichert unterbrach Ceauşescu seine Rede. Die Kameras schwenkten für einige Minuten auf die Nachbargebäude, es war nur noch zu hören, wie Ceauşescu sagte: »Das ist eine Provokation.« Er klopfte an das Mikrophon und rief »Hallo, hallo, hallo! Genossen! Genossen! Verhalten Sie sich ruhig!« Aus dem Hintergrund rief Elena immer wieder: »Ruhe! Ruhe! Ruhe!« Einstudierte Sprechchöre »Ceauşescu România!« verschafften ihm nach einigen Minuten noch einmal die Chance zu sprechen. Die Kameraobjektive richteten sich wieder auf ihn. Er versprach Erhöhung der Mindestlöhne, des Kindergeldes und der Renten. Doch die Unruhe der Massen nahm zu. Die Fernsehübertragung brach ab. Diejenigen, die die Kundgebung vor den Fernsehern verfolgten, sahen als letztes Bild das vor ungläubiger Verblüffung verzerrte Gesicht des Generalsekretärs. Die tonlose Szene hatte Signalwirkung. Sie zeigte, dass der Conducâtor und seine Frau die Lage nicht mehr beherrschten.

Unverzüglich flüchteten Ceauşescu und seine Frau auf das Dach in den Präsidentenhubschrauber. Unten drangen bereits die Protestierenden in das ZK-Gebäude ein. Um 12.08 Uhr, am 22. Dezember 1989, mit dem Abheben des Hubschraubers vom Dach des Zentralkomitees der Partei, endete die »Goldene Epoche Ceauşescu«.

Drei Tage später, am 25. Dezember 1989, starben der einst geliebteste Sohnes des Volkes und seine Frau Elena Ceauşescu im Kugelhagel eines Hinrichtungskommandos des rumänischen Militärs, das wieder einmal – wie schon 1944, als die Antonesco-Diktatur zusammengebrochen war – rechtzeitig die Fronten gewechselt hatte.

## Anmerkungen

1 Marcu, Emilian: Omul-Erou, in: Eroul, Bukarest 1989. Übersetzung aus dem Rumänischen: Thomas Kunze.
2 Vgl. Zitat und Text: Kunze, Thomas: Nicolae Ceaușescu. Eine Biografie, 3. Auflage, Berlin 2010 und Kunze, Thomas: Die »gloriose Eiche aus Scornicești« und deren Fall, in: Rau, Milo (Hg.): Die letzten Tage der Ceaușescus, Berlin 2009, S. 48 ff.
3 Die »Falken« war eine sogenannte Jungpionier-Organisation im sozialistischen Rumänien. »Falken des Vaterlandes« (șoimii patriei).
4 Zit. nach Der Spiegel, 32/1987, URL: http://www.spiegel.de/spiegel/print/d-13523622.html (Zugriff 10.05.2013).
5 Zit. nach Portile luminii: Omagiu președinteluițăii, Craiova 1983, S. 13.
6 Zit. nach Siegerist, Joachim: Ceaușescu. Der rote Vampir, Hamburg 1990, S. 97.
7 Mișcarea muncitorească socialistă democratică Activitatea Partidului Comunist Român și apărarea patriei la Români. Repere cronologice. Bukarest 1983, S. 1027.
8 Zit. nach Betea, Lavinia: Bârlădeanu: Maurer și lumea de ieri. Mărturii despre stalinizarea României, Arad 1995, S. 216.
9 Mircea Dinescu in: Frankfurter Allgemeine Zeitung vom 13.12.1989, S. 33.
10 Omagiu Președintelui Nicolae Ceaușescu, Bukarest 1978, S. 489.
11 Mircea Dinescu in: Frankfurter Allgemeine Zeitung vom 13.12.1989, S. 33.
12 Omagiu Președintelui Nicolae Ceaușescu, Bukarest 1978, S. 467.
13 Zit. nach Olschewski, Malte: Der Conducător Nicolae Ceaușescu. Phänomen der Macht, Wien 1990, S. 87.
14 Ebenda.
15 Interview des Autors mit Siegfried Bock, 20.08.1999.
16 Vgl. Gabanyi, Anneli Ute: Systemwechsel in Rumänien. Von der Revolution zur Transformation, München 1998, S. 113.
17 Gorbatschow, Michael: Erinnerungen, Berlin 1996, S. 915.
18 Olschewski: Der Conducător, S. 88.
19 Vgl. Asociația scriitorilor din Cluj (Hg.): Omagiu, Cluj 1983.
20 Programm des Rumänischen Fernsehens TVR am 27.01.1987.

## Kim Il Sung

\* 15. April 1912 in Mankeidei (damals Japan)
† 8. Juli 1994 im Chalet Hyangsan, offizieller Sterbeort: Pjöngjang

## Kim Jong Il

\* 16. Februar 1941 in Wjatskoje, offizielles Geburtsdatum:
16. Februar 1942, auf dem Berg Paektusan, Provinz Chōsen
(damals Japan)
† 17. Dezember 2011 in Nordkorea

## Kim Jong Un

\* 8. Januar 1983 oder 1984 in Nordkorea

Nach der Kapitulation Japans im Zweiten Weltkrieg wurde die bis dato von Japan kolonialisierte Provinz Chōsen (Korea) in zwei Besatzungszonen geteilt. US-amerikanische Truppen besetzten Südkorea, Nordkorea gelangte in den sowjetischen Einflussbereich. In Nordkorea entstand die einzige kommunistische Dynastie der Welt. Sie hat bis heute Bestand. Ihr 1994 verstorbener erster Präsident, Kim Il Sung, gilt als »Ewiger Präsident«. Seine Nachfolger, Sohn Kim Jong Il und Enkel Kim Jong Un, tragen offiziell lediglich die Titel »Führer« bzw. »Marschall«.[1] Der Personenkult, der um Kim Jong Il und seine beiden Nachfolger betrieben wird, ist für das 20. und 21. Jahrhundert ohne Beispiel.

*Lied vom General Kim Il Sung*[2]

*Sag, wilder Sturm, sag Mandschurei, sag Schnee und sag Eis,
sag, du undurchdringlicher Wald, sag wem gibst du den Preis?
Wer ist der Partisanen allergrößter Held?
Wer hat der Heimat stolzes Banner aufgestellt?
Heiß ersehnt der General, weltbekannt das Wort alt und jung,
heute kündet überall seinen Ruhm dies Lied: Kim Il Sung!*

*(Text: Ri Chan)*

# Die Kim-Dynastie –
## »Mehr Mutter als alle Mütter der Welt«

*Vera Lengsfeld*

Nordkorea gibt der Welt seit dem Fall des Eisernen Vorhangs Rätsel auf. Vierzig Jahre galt es als normales, wenn auch ärmstes Land innerhalb des kommunistischen Blocks. Nach dem Zusammenbruch der Sowjetunion und der anderen osteuropäischen Staaten waren politische Beobachter der Meinung, das Ende Nordkoreas werde nur noch eine Frage der Zeit sein. Diese Hoffnung erwies sich als irrig. Trotz der schweren Hungersnot, die in der zweiten Hälfte der neunziger Jahre das Land heimsuchte und die zu tiefgreifenden Veränderungen der nordkoreanischen Gesellschaft führte, scheint das Regime bis auf den heutigen Tag unzerstörbar.

Das ist ein Erfolg seiner Propagandamaschine, die als einzige staatliche Institution auch in den Hungerjahren ohne Aussetzer funktionierte. Wie aber kann eine Propaganda, die von vielen westlichen Beobachtern als so lächerlich empfunden wird, dass es sich nicht lohne, sich ernsthaft mit ihr auseinanderzusetzen, solche Erfolge erzielen? Was ist der Kitt, der die nordkoreanische Gesellschaft zusammenhält, auch nach dem Zusammenbruch des Informationskordons, der mehr als vierzig Jahre das Land fast vollständig von unabhängigen Informationen über die restliche Welt abgeschnitten hat?

Über die durchlässig gewordene chinesische Grenze kamen ab Ende der neunziger Jahre, als der schlimmste Hunger vorbei war, CDs und DVDs mit westlicher Musik und Filmen ins Land, die große Verbreitung fanden und Nachrichten über ein Leben in Freiheit und Wohlstand brachten. Selbst das vergleichsweise bescheidene Lebensniveau der chinesischen Provinznachbarn erscheint den Nordkoreanern paradiesisch.

Aber die Anziehungskraft, die ein Leben in Wohlstand auf die Osteuropäer hatte, scheint es bei den Nordkoreanern nicht zu geben. Es gibt keinen mit der DDR vergleichbaren Massenexodus. Viele, die nach China gehen, tun das, um dort Geld zu verdienen

*Kim Il Sung, der lächelnde Diktator als Propagandabild.*

und zurückzukehren. Das ist mit Staatsterror nicht zu erklären, denn man hat gute Aussichten, ihm zu entkommen, sobald man sich in China befindet. Ohnehin ist die Präsenz des Militärs oder der Polizei im Lande offenbar gering.

Es stimmt, dass China immer wieder Nordkoreaner abschiebt, aber eine ungleich höhere Anzahl kehrt freiwillig zurück. Selbst diejenigen, die nicht zurückkehren, bleiben häufig Bewunderer der nordkoreanischen Führer. Es gibt bislang keinen nordkoreanischen Václav Havel, keinen Lech Wałęsa. Auch die Annahme, es könnte eine größere heimliche christliche Bewegung geben, ist eher mit Vorsicht zu bewerten. Außer Gerüchten gibt es keine handfesten Belege. Im August 2013 aber hat Kim Jong Un nach einem südkoreanischen Zeitungsbericht eine Reihe von in Nordkorea bekannten Künstlern exekutieren lassen. Unter anderem, weil einige von ihnen im Besitze einer Bibel gewesen sein sollen.[3] Nach dem Weltverfolgungsindex des christlichen Hilfswerks Open Doors werden Christen in Nordkorea mit besonderer Härte verfolgt und unterdrückt.[4]

Neuerdings macht sich noch mehr Unsicherheit breit. Ist Nordkorea überhaupt ein sozialistischer Staat? Auf den ersten Blick lautet die Antwort: Ja. Die verstorbenen Führer Kim Il Sung und Kim Jong Il redeten und Kim Jong Un redet vom Sozialismus. Auf die untergegangene Sowjetunion wird als Verräternation verächtlich herabgeblickt, vor allem, weil sie sich ohne einen Schuss auflöste.

Kim Il Sung, der Staatsgründer, der sich der Große Führer nennen ließ, propagierte den marxistisch-leninistischen Juche (ausgesprochen: Dschutsche), scheinbar eine nordkoreanische Spielart der herrschenden Philosophie des kommunistischen Blocks. Die Juche stellt die Interessen der eigenen Nation höher als die Interessen der kommunistischen Gemeinschaft. Ein Arbeiterführer, nicht eine Klasse, sei berufen, die Gesellschaft zu transformieren. Zudem wird Korea eine besondere Rolle zugeschrieben, da es der Mittelpunkt der Welt sei.

Sieht man genauer hin, fallen noch mehr gravierende Unterschiede auf. Alle kommunistischen Führer, Lenin und Stalin an der Spitze, waren oder gelten als Autoren fundamentaler philosophischer Werke zur Verbreitung und Weiterentwicklung des Marxismus-Leninismus. Selbst die Geringsten unter ihnen, wie Walter Ulbricht und Erich Honecker, produzierten wenigstens »Reden und Aufsätze« zum Thema. Nicht so Kim Il Sung, der als der am wenigsten gebildete Führer galt, den die Sowjets in ihrem Machtbereich je eingesetzt hatten. Ausgerechnet dieser etablierte das haltbarste Regime. »Er scheint niemals ein ernsthaftes Buch gelesen zu haben«, argwöhnte eine Ostberliner Funktionärsfrau anlässlich eines Besuches von Kim in der DDR. Fest steht, dass keine Schrift von Kim Il Sung das geringste Verständnis des Marxismus offenbart. Das scheint auf die Mehrzahl seiner Gefolgsleute zuzutreffen, abgesehen von wenigen Kadern, die in der Sowjetunion ausgebildet worden sind.

Entgegen allen Mythen, die linke Bewunderer Nordkoreas wie die Schriftstellerin Luise Rinser verbreitet haben, waren nicht die Sowjets, sondern die Japaner die intellektuellen Vorbilder der nordkoreanischen politischen Elite. Das lag daran, dass fast alle linken Intellektuellen, die nach der Gründung der Demokratischen Volksrepublik Korea zur neuen Hauptstadt nach Pjöngjang strömten, mit den Japanern während der Besatzung kollaboriert hatten. Pjöngjang nahm diese Kollaborateure mit offenen Armen auf. Sie kamen in einflussreiche Positionen in Kultur und Bildung. Sie bestimmten die Lehrpläne in den Schulen und die Geschichtsschreibung. Dabei nutzten sie die japanische Ideologie der »reinsten Rasse der Welt« und übertrugen sie auf Korea.

Maßgeblich war es die Legende des koreanischen Vorfahren Tan'gun, des mythologischen Gründers des ersten koreanischen Königreichs, die zur historischen Wahrheit erklärt wurde. Der Mount Paektu, der höchste Berg Koreas, bekam eine Fujiyama-Heiligkeit zugesprochen, als er zum Geburtsplatz des Urvaters aller Koreaner, nämlich Tan'gun, erklärt wurde. Die Geschichte Koreas wurde zur Leidensgeschichte umgeschrieben, so überzeugend, dass der britische Journalist Simon Winchester, der das Land Ende der achtziger Jahre zu Fuß durchquerte, diese historischen Leiden als festen Bestandteil der koreanischen Befindlichkeit beschrieb. Darin unterscheiden sich beide Teile Koreas übrigens kaum.

Im Norden ist das Gefühl jedoch stärker ausgeprägt. Die Koreaner empfinden sich als ein reines, kindliches Volk, das immer wieder durch erwachsene, unreine Völker unterdrückt und misshandelt wurde. Selbst die Grausamkeiten, die Koreaner während des Pazifischen Krieges und des Koreakrieges verübten, wurden diesem Zwang zugeschrieben und als unkoreanisch schnell aus dem nationalen Gedächtnis getilgt.

Das neue Selbstbild manifestierte sich im Norden in den späten vierziger Jahren, als Geschichten über die koreanisch-sowjetische Freundschaft verbreitet wurden. Darin trägt eine kräftige sowjetische Krankenschwester oder Ärztin einen verwundeten koreanischen Soldaten auf ihrem Rücken zum Lazarett. Das Bild einer Mutter, die ihr Kind beschützt, assoziiert, die Koreaner seien so fragil, dass sie ohne Hilfe nicht überleben können.

Dabei werden den Sowjets aber keinerlei höhere moralische Qualitäten zugebilligt, auch wenn die sowjetische Kultur zeitweise als die höherstehende angesehen wurde. Die Nordkoreaner sahen darin keinen Widerspruch. Ein Kind erkennt die Überlegenheit des Erwachsenen an, auch wenn es ihn nicht immer versteht. Kim Il Sungs Schwierigkeiten mit dem Marxismus-Leninismus wurden weginterpretiert mit der Behauptung, dass der Führer ihn mit dem Herzen, nicht mit dem Verstand begriffen habe. Seine Ideen kämen ihm im Schlaf.

Nach dem Koreakrieg, der mit dem Überfall des Nordens auf den Süden begonnen hatte und den der Norden nur mithilfe der Sowjetunion und dank des Einsatzes chinesischer Truppen, getarnt als Freiwilligenverbände, überstand, erreichte die koreanisch-sowjetische Freundschaft ihren Höhepunkt mit dem Satz: »Die Sowjetunion lieben heißt Korea lieben.« Gleichzeitig hatte der Konflikt für ein neues Feindbild gesorgt: den Yankee, von der Propaganda als ein Vertreter einer minderwertigen, moralisch verkommenen Rasse porträtiert. Seine kaukasischen Gesichtszüge, so hieß es, widerspiegelten einen inneren Idiotismus. Als 1953 ein Waffenstillstand mit Amerika geschlossen wurde, hat die Propaganda das als Niederlage der Amerikaner dargestellt.

Um den Personenkult begründen zu können, wurde Kims Lebenslauf umgeschrieben. Er hatte nun nicht mehr in der Roten Armee in der Etappe den Pazifischen Krieg überstanden, sondern als Partisanenführer auf dem Mount Paektu gegen die japanischen Invasoren Heldentaten vollbracht. Während dieser Partisanentätigkeit nahm der unter dem Namen Kim Song-chu zur Welt Gekommene den Kampfnamen Kim Il Sung an, was den Grundstein für den späteren Personenkult legte. Um diesem Kult Substanz zu geben, musste eben die Geschichte umgeschrieben werden.

Nach dem Tode Stalins im Jahr 1953 änderte sich die Haltung zur Sowjetunion. Die angeblich höhere Kultur wurde jetzt so gering geschätzt, dass selbst sowjetische Theaterstücke auf den Index kamen. Von der sowjetischen Hilfe bei der Staatsgründung war nicht mehr die Rede. Es war allein Kim Il Sung, der seinem Volk einen Staat verschaffte. Nordkoreaner, die sowjetische Frauen geheiratet hatten, bezichtige man des Verrats an der eigenen Rasse. Die in der Sowjetunion ausgebildeten Kader wurden 1956 aus der Partei entfernt. Schulbücher, die von der Rolle der Sowjetunion bei der Gründung Nordkoreas berichteten, wurden eingesammelt und vernichtet.

Nunmehr war China das große Vorbild. In Kopie des chinesischen Großen Sprungs wurde das Land radikal industrialisiert und kollektiviert. Dabei wurde nicht behauptet, dass diese Maßnahmen einer besseren Versorgung der Bevölkerung dienten. Sie hätten allein das Ziel, die Sicherheit des Landes zu verbessern. Schon Kim Il Sung scheint nicht viel von der Erhöhung des Lebensstandards seiner Bevölkerung gehalten zu haben. Bei einem Treffen mit Erich Honecker 1977 äußerte er: »Je höher der Lebensstandard, desto ideologisch fauler und unvorsichtiger werden die Leute.«[5]

Mit dem Beginn der Kulturrevolution in China im Jahr 1966 verschlechterten sich die koreanisch-chinesischen Beziehungen. Es gab sogar militärische Provokationen an der chinesischen Grenze. Als Antwort darauf verstärkte Kim die Maßnahmen für die innere Sicherheit. Nach einer Volkszählung wurde die Gesellschaft in drei Klassen aufgeteilt: die Kernklasse der Kader und ihrer Familien, die Schwankende Klasse der einfachen Bürger und die Feindliche Klasse der ehemaligen Landbesitzer oder sonstigen politisch Missliebigen. Die ersten beiden Klassen wurden pausenlos mit ideologischer Weiterbildung und sozialen Aktivitäten beschäftigt. Die Letztere verschwand in den Lagern. Wer als Gegner eingestuft wurde, dem drohten drastische Maßnahmen, wie der Entzug von Essensrationen oder die Deportation ins Lager. Dort verwandelte er sich in eine Unperson. Die Betroffenen wurden nicht einmal der Propaganda für wert befunden. Nach einem Bericht von Shin Dong-hyuk, einer der wenigen Häftlinge, die aus einem Quarantänelager fliehen konnten, wo er als Kind von »Volksfeinden« geboren worden war, war den Kindern nicht einmal der Name des Großen Führers bekannt, geschweige denn die Juche-Ideologie.

Jedoch baute das Regime keine sichtbare Polizeipräsenz auf. Es gelang stattdessen, den traditionellen Konformismus der Koreaner zu nutzen. Der Personenkult leistete dabei Unterstützung. Dieser basiert auf der vagen Anwendung des Begriffs Subjekt, eben »Juche«. Das Subjekt ist die Koreanische Revolution. Revolution und Aufbau sind Unternehmungen zum Wohle der Massen, die von ihnen selbst ausgeführt werden müssen. Natur und Gesellschaft müssen dabei neu geformt werden. Das ist etwa der Kern der Ideologie, die absichtlich langweilig und mit häufigen, ermüdenden Wiederholungen ausgeführt wird, um den Leser abzustumpfen.

Kang Chol-hwan, der als Funktionärskind in den siebziger Jahren in Pjöngjang aufwuchs und dann mit seiner Familie ins Lager Yodok verbracht wurde, beschreibt in seinem Buch »Aquariums of Pyongyang«[6] die vierzehntägigen Sitzungen zu Ehren des Großen Führers, die überall im Land gleich abliefen. In einem speziellen Raum, ausgestattet mit einem großen Bild von Kim Il Sung, mussten sich die Schüler versammeln. Im Lager, wo Fußbekleidung Mangelware war, bekamen sie Socken, die sie nicht im täglichen Leben benutzen durften. In Gruppen bereitete man sich vor. Jede Gruppe hatte die Aufgabe, die schlimmste Verfehlung eines jeden Mitglieds herauszufinden, die dann als Selbstkritik vor dem Bild von Kim vorgetragen werden musste. Danach wurde die Bestrafung festgelegt. Jede Gruppe musste ihre Verfehlungen vortragen, danach durften und mussten andere kritisiert werden. Während in Pjöngjang solche Sitzungen formal abliefen und die Strafen meist nur in ebenso formalen Ermahnungen bestanden, bedeuteten sie im Lager, dass zusätzliche Arbeitsleistungen zu erfüllen waren. Hier wie dort war das reine Routine. Die Wachen im Lager, die gern nach Hause wollten, ordneten oftmals an, dass alle Gruppen gemeinsam vortrugen und die Strafe summarisch festgelegt wurde.

Das Juche-Prinzip ersetzte 1977 den Marxismus-Leninismus auch in der Verfassung, zum Beweis, dass Kim Il Sung ein großer Denker war. Vor allem scheint es eine Tarnfunktion zu haben. Westler, die sich einen Reim auf das Juche-Prinzip machen wollen und immer wieder im Unverständnis enden, kommen so zu dem Schluss, dass es einen verborgenen Kern haben muss, der Nichtkoreanern verborgen bleibt. Sie halten am Ende Nordkorea für einen langweiligen, nationalistischen Staat, der einen unglücklichen Hang zur Autonomie und falscher Selbstsicherheit hat.

Dabei erwies sich die Entscheidung, niemals ein Standardwerk Kim Il Sungs zur Juche-Ideologie zu veröffentlichen, als ein Geniestreich. So wird die Annahme befördert, dass die entscheidenden Teile der Ideologie, der ein mächtiges Monument in Pjöngjang gewidmet wurde, irgendwo im Verborgenen liegen.

Im Jahre 1972, als Kim Il Sung sechzig wurde, nahm der Personenkult groteske Züge an. Ihm wurde die Rolle des Gestalters nicht nur Nordkoreas, sondern der ganzen Welt zugewiesen. Durch eine breit angelegte Kampagne, begleitet von großzügiger Verteilung von Lehrmaterial, wurden zuerst in Japan, später vor allem in Südamerika und Afrika, aber auch in Europa, Gruppen oder Gesellschaften zum Studium der Juche-Ideologie gegründet. In Deutschland orientierte sich besonders der 2008 aufgelöste neonazistische Kampfbund Deutscher Sozialisten an der Juche.

In Pjöngjang wurden eine monumentale Statue von Kim errichtet und ein überdimensionaler Triumphbogen als Erinnerung an seine angeblich heldenhaften Kämpfe gegen die Japaner. Später folgte ein Monument der zum Nationalsymbol erklärten Begonie *Kimjonglia*, als Verkörperung der Juche. Drei Jahre nach Kims Tod wurde in Nordkorea der Juche-Kalender eingeführt, der das Geburtsjahr Kims, 1912, zum Jahr eins der Juche erklärte.

*Parade zum 30. Jahrestag der Gründung der Demokratischen Volksrepublik Korea (Nordkorea), Pjöngjang 1978. Auf dem Festwagen eine Statue Kim Il Sungs.*

Diese Symbolik verleitete westliche Beobachter dazu, Nordkorea als konfuzianische Familie missizuverstehen. Kim als Vater, die Partei als Mutter, das Volk als Kind. Diese Deutung übersieht, dass Kim Il Sung keine klassische Vaterfigur ist, sondern eher als androgyne Elternfigur erscheint. Er selbst hat einmal gesagt, dass die Partei eine Mutterpartei sei, weil sie seinen Führungsstil übernommen hätte. Mütterliche Autorität widerspricht aber dem konfuzianischen Modell. Im Konfuzianismus muss eine Frau nicht nur ihrem Vater und ihrem Mann, sondern auch dem Sohn gehorchen.

Noch deutlicher wird der Hang zur Androgynie beim Geliebten Führer Kim Jong Il, der 1982 die politische Bühne betrat. Der in der Sowjetunion geborene einzige Sohn von Kim Il Sung begann sofort erfolgreich seinen eigenen Personenkult aufzubauen. Er verlegte seinen Geburtsort auf den Mount Paektu, den angeblichen Kampfort seines Vaters.

Kim Jong Il pflegte erfolgreich sein Image als Liebhaber des Films und der Künste. Er ließ sich immer wieder als Förderer junger Künstler und Schriftsteller porträtieren. In Zeitungsberichten wurde beschrieben, dass der Geliebte Führer immer wieder selbst zur Feder griff, sogar seinen Nachtschlaf opferte, um Gedichte umzuschreiben, die einem Nachwuchspoeten misslungen waren, oder Artikel zu verfassen, mit denen junge Journalisten nicht zu Rande kamen. Seine mütterliche Fürsorge ging sogar so weit, dass er mit einem Schirm zu einem Journalisten eilte, damit der nicht im Regen seine Notizen machen musste.

Mithilfe solcher Episoden erschien er viel weiblicher, als jemals seinem Vater möglich gewesen ist. Ein Schriftsteller ließ sich zu dem Satz hinreißen, er sei »Mehr Mutter als alle Mütter der Welt«, so berichtet Song-nyong. Seine auseinanderfließenden Körperformen unterstrichen das.

Kim Jong Il scheint geglaubt zu haben, die Isolation und die Sicherheit des Landes seien am besten gewährleistet, wenn nicht die Ökonomie, sondern die Abhängigkeit des Landes von Hilfe gestärkt wird. Es ist einer der eindrucksvollsten Propagandaerfolge des Landes, dass die Welt Nordkorea als Selbstversorger ansieht, obwohl es existenziell auf äußere Hilfen angewiesen ist. Als die Hilfe der Sowjetunion ausfiel, wurde das Regime hart getroffen. Wie sein Vater schien Kim Jong Il zu glauben, dass ein hungriges Volk leichter zu regieren sei als ein sattes. Tatsächlich berichten Flüchtlinge immer wieder, dass die Nordkoreaner zu beschäftigt sind mit Existenzsicherung, als noch viel Energie für andere Fragen aufbringen zu können.

Die glücklichste Fügung für das Regime scheint es gewesen zu sein, dass Kim Il Sung, der Große Führer und Ahnherr der Sippe, im Juli 1994 starb. Wenn er länger gelebt hätte, wäre der ökonomische Kollaps, der zwei Jahre später folgte, schädlich für sein Image gewesen. So bleiben die mageren Jahre der Herrschaft Kim Il Sungs als die Goldenen in Erinnerung, in denen niemand hungern musste.

Der Staats- und Wirtschaftslenker Kim Jong Il reagierte auf die Hungerkrise, in die sein Land bald nach seiner Machtübernahme geriet, mit einem Ausweichmanöver. Während die Propaganda den Mühsamen Marsch ausrief und verkündete: »Zwei Mahlzeiten am Tag sind gesund!«, etablierte Kim Jong Il eine Militär-zuerst-Regierung, um der angeblichen Kriegsgefahr, die von den Amerikanern drohe, zu begegnen. Er besuchte pausenlos Militärstützpunkte und erhielt seine Popularität aufrecht, indem er verkünden ließ, dass er niemals etwas anderes esse, als die Soldaten, die er besuche. Dass er nicht wesentlich abnahm, fiel wohl nicht auf, weil die meisten Nordkoreaner zu beschäftigt waren, dem Hungertod zu entgehen.

Während in Pjöngjang die Hungersnot nicht bemerkt wurde, brachen außerhalb der Hauptstadt die sozialen Strukturen zusammen. Die Menschen gingen nicht mehr zur Arbeit, oder nur, um ihre Fabriken zu plündern. Teile der Armee marodierten durch die Provinzen und lieferten sich Feuergefechte mit der Polizei, die sie am Plündern hindern wollte. Leichen lagen auf den Straßen und den Bahnstationen herum. Flüchtlinge berichteten von weit verbreitetem Kannibalismus. Man schätzt, dass zwischen 1995 und 1997 etwa jeder zwanzigste Nordkoreaner verhungert ist, also fünf Prozent der Bevölkerung.

Dass die Katastrophe nicht noch schlimmer wurde, lag an der Entscheidung, die Grenze nach China durchlässig zu machen. Shin Dong-hyuk berichtet, dass man mit einer Schüssel Grütze den Grenzpolizisten bewegen konnte, den illegalen Übertritt nicht zu bemerken.

Das Regime hat die Verantwortung für die Hungersnot natürlich niemals anerkannt, sondern sprach lediglich von Schwierigkeiten aufgrund schlechten Wetters, von Yankee-Sanktionen und bürokratischem Versagen. In Wahrheit leisteten die USA zu dieser Zeit die meiste Hilfe. Die Propaganda war aus Pjöngjang jedoch so erfolgreich, dass es, wie Flüchtlinge berichten, während der Hungersnot ein weitverbreitetes Verlangen nach einem Krieg gegen Amerika gegeben habe.

Als das Regime diese schlimme Krise überstanden hatte, schoss das Selbstbewusstsein in den Himmel. Die Propaganda erfand nun den Slogan: »Ein großes Land, stark und blühend«. Es begannen die sogenannten Sonnenscheinjahre, in denen sich Kim Jong Il mehrmals mit südkoreanischen Regierungschefs traf, um Gespräche über eine mögliche Vereinigung zu führen. Die Propaganda räumte zwar ein, dass der Lebendstandard in Südkorea sehr viel höher sei, aber das mache die Menschen nicht glücklich, denn ihnen fehle die moralische Überlegenheit der Nordkoreaner. Schließlich sei dank der klugen Militär-zuerst-Politik des Geliebten Führers, die 2009 sogar in der Verfassung verankert wurde, ein Krieg mit den Yankees verhindert worden. Nach Schätzungen von Experten sollen mindestens zehn Prozent der Südkoreaner aus eben diesem Grund Unterstützer Nordkoreas sein.

Die Gespräche mit Südkorea zahlten sich für die Nordkoreaner aus. Es flossen jede Menge materielle Hilfen ins Land. Die Sonder-

*Statue Kim Il Sungs. Pilgerort für Jungvermählte.*

wirtschaftszone Kaesong wurde etabliert. Unter anderem hatte das zur Folge, dass 55 000 nordkoreanische Arbeiter erstmals Bekanntschaft mit heißen Duschen machten und mit richtigem Kaffee, den es sonst nur in Pjöngjang gibt, wo im Café Sacher eine Tasse so viel kostet, dass ein Übersetzer, der ausländischen Journalisten an die Seite gestellt wird, ein Drittel des Monatslohns dafür ausgeben müsste.

Der Geliebte Führer starb im Dezember 2011, und das Regime nutzte die Gelegenheit wie schon beim Tod des Großen Führers zu pharaonenhaftem Pomp mit Militärparade und hysterisch weinenden Massen. Die Familiendynastie hatte vorgesorgt. Schon ein Jahr zuvor, als sich der Gesundheitszustand von Kim Jong Il bedenklich verschlechterte, war der Sohn Kim Jong Un ins Rampenlicht gehoben worden. Die Propaganda verwies auf seine vermeintliche Ähnlichkeit mit dem Großvater und zeigte immer häufiger im Fernsehen, wie der noch nicht einmal Dreißigjährige die Huldigungen der meist sehr viel älteren Parteikader und Militärs entgegen nahm.

Forschen Schritts betrat Kim Jong Un, dem nachgesagt wird, dass er in der Schweiz, getarnt als Botschaftskind, unter falschem

*Gruppenbild vor dem »Großen Führer« und dem »Geliebten Führer«.*

Namen seine Schulausbildung genossen habe, die politische Bühne und begann, sich das Juche zurechtzubasteln, wie es seiner Person angemessen erschien. Der Außenwelt präsentierte er sich als Muskelmann. Er drohte mit neuen Atombombentests und Raketenversuchen und kündigte das seit 1953 gültige Waffenstillstandsabkommen mit Südkorea. Nach innen signalisierte er entschiedene Bereitschaft, die Isolationspolitik fortzusetzen, und ließ erst einmal die Sonderwirtschaftszone Kaesong schließen. Das freilich hielt er wirtschaftlich nur zwei Monate durch. Seit in Kaesong wieder das Joint Venture mit Südkorea läuft, gibt es auch andere Anzeichen zaghafter Versuche zur Öffnung des Landes.

Die Einflüsse des Westens durch Musik und Filme nehmen zu, trotz der Bemühungen des Regimes, diese Kultur als vom CIA gestreut zu verurteilen. Die Musik wird nicht nur gehört, sondern nachgespielt. Die Kinder der nordkoreanischen Kaderelite in Pjöngjang sprechen mit südkoreanischem Akzent. Statt einer Einheitsfrisur für bestimmte Jahrgänge, wie sie noch unter Kim Il Sung verordnet war, ließ Kim Jong Un 16 Frisuren für Frauen und zehn für Männer zu. Es gibt nicht mehr nur die Einheitskleidung der früheren Jahre, sondern Frauen ist es gestattet, farbige Kleider zu tragen.

Um seine Schwierigkeiten zu meistern, scheint der junge Herrscher jedoch die Militär-zuerst-Politik seines Vaters fortsetzen zu wollen. In Nordkorea sind bereits Losungen zu sehen: »Wir sind gesegnet mit einem Marshall, einem Führer und einem General.« Die in der dritten Generation politisch herrschende Dynastie von Kim Il Sung über Kim Jong Il bis zu Kim Jong Un wird zugleich dargestellt als eine Erbfolge von Heerführern. In Wahrheit hat Letzterer nie eine militärische Ausbildung durchlaufen und muss vor seinem Volke auch verbergen, dass er die dafür infrage kommende Jugendzeit offenbar auf Internaten bei Eidgenossen ganz anderer Art in der Schweiz verbracht hat. Sein Bemühen, sich modern zu geben und der Welt zu imponieren, verleitet den Attrappengeneral unterdessen zu peinlichen Missverständnissen. Als ein amerikanisches Satiremagazin ihn zum »Sexiest man alive« kürte, nahm er das wörtlich und ließ sich geschmeichelt gratulieren.

Der Machterbe lässt sich gern in Achterbahnen, auf Eislaufplätzen und bei anderen Vergnügungen fotografieren, ohne zu bedenken, dass diese Bilder schlecht in die wiederum dramatischer werdende Versorgungslage passen. Er scheint aber zu erkennen, dass er Konzessionen an neu erwachte Bedürfnisse in der Bevölkerung seines Landes machen muss. Im Augenblick deutet noch nichts auf eine Destabilisierung des Systems hin, wie sie in Osteuropa in den achtziger Jahren zu erleben war.

Die Frage, ob und warum die Nordkoreaner an ihre Führer und die Juche glauben, ist eine rhetorische. Generationen wurden mit dem Glauben an den Großen Führer indoktriniert. In ihrem Land herrschen seit nunmehr Menschengedenken Gewalt und Propaganda. Wer Widerspruch anmeldet oder gar Widerstand leistet, landet im Quarantänelager. Ihr ganzes Leben lang mussten diese Menschen regelmäßig die ideologischen Selbstkritiksitzungen absolvieren. Wem die Lebenserfahrung sagt, dass einer, der Gewalt anwendet, prügelt, foltert, mordet, spitzelt, in diesem totalitären System aufsteigt, den prägt das natürlich. Staatliche Gewalt handelt immer asozial. Die Grausamkeit wird alltäglich. Erst wenn die staatliche Gewalt bröckelt, gibt es eine Chance auf Wiederkehr der Moral.

In Nordkorea bröckelt das Machtsystem seit der Hungersnot der neunziger Jahre. Die Nordkoreaner müssen sich zunehmend über den Schwarzmarkt versorgen. Dort herrschen basiskapitalistische Verhältnisse, die andere Verhaltensweisen erfordern als diejenigen, die im staatlichen Verteilungssystem erfolgreich waren. Nur wer zuverlässig und vertrauenswürdig ist, setzt sich auf dem Markt auf die Dauer durch: als Händler und als Kunde. Die Schwarzmärkte tragen auf diese Weise zur Rezivilisierung der Bevölkerung bei.

Kang Chol-hwan beschreibt das sehr eindrücklich in seinem Buch. Nach seiner Entlassung aus dem Lager war er noch längere Zeit gewaltbereit. Erst als Händler lernte er zivile Umgangsformen. Kang berichtet auch, wie sehr die heutige nordkoreanische Gesellschaft von Korruption bestimmt wird. Sogar Lagerwachen lassen sich inzwischen bestechen, auch die Sicherheitspolizei. Als ehemaligem Gefangenen war es ihm verboten, Pjöngjang jemals wieder zu betreten. Aber dank der Seiko-Uhren, die ihm seine Verwandten aus Japan schickten, konnte er problemlos die Hauptstadt besuchen. Er konnte sich auch einen anderen als den ihm ursprünglich zugewiesenen Ort als Daueraufenthalt wählen. Das heißt: Die Kontrolle nach innen ist längst nicht mehr lückenlos möglich.

Um die Machtposition zu halten, ist das Regime gezwungen, Zugeständnisse zu machen. Während der Hungersnot begannen die Bauern, von den Kollektiven aufgegebene Ländereien privat zu bearbeiten. Diese Praxis musste das Regime legitimieren. Seit Herbst 2012 dürfen die Bauern nun offiziell die Hälfte ihrer Erträge frei verkaufen. Seit Frühjahr 2013 dürfen Betriebe, die Gewinn machen sollten, einen Teil davon behalten. Diese Maßnahmen erinnern an Walter Ulbrichts Sozialistische Marktwirtschaft.

Der freie Austausch wird den Zivilisierungsprozess beschleunigen und das Regime weiter unter Druck setzen. Es könnte zum sogenannten Tocqueville-Effekt kommen, benannt nach dem französischen Historiker Alexis de Tocqueville (1805–1859), der sagt, dass Revolutionen nicht dann ausbrechen, wenn die Repression am stärksten ist, sondern wenn das Regime bereits angeschlagen ist und Zugeständnisse machen muss.

Kim Jong Un wird unterdessen den Kult um seine Person weiterhin pflegen lassen und als Machtinstrument handhaben. Für die

Reinheit der nationalen nordkoreanischen Heilslehre vom Juche zu sorgen, fühlt er sich seinem Großvater zutiefst verpflichtet. Selbst Resterinnerungen an einstige revolutionäre Vorbilder gehören nicht mehr in sein Weltbild. Seinen Tugendwächtern erteilte er den Auftrag, auch die letzten noch verbliebenen Bezüge auf Marx und Lenin aus dem Stadtbild von Pjöngjang zu tilgen.

## Anmerkungen

1 Vgl. Offizielle Webseite der Demokratischen Volksrepublik Korea, http://naenara.com.kp/de/great/leader.php?3 (Zugriff 03.08.2013).
2 Übersetzung: Offizielle Webseite der Demokratischen Volksrepublik Korea, http://www.naenara.com.kp/de/art/music/hymn.php (Zugriff 20.08.2013).
3 Vgl. http://www.spiegel.de/panorama/justiz/nordkorea-kim-jong-uns-ex-freundin-soll-hingerichtet-worden-sein-a-919310.html (Zugriff 10.09.2013).
4 Vgl. http://www.opendoors.de/verfolgung/laenderprofile/nordkorea/ (Zugriff 10.09.2013).
5 Schäfer, Berndt: Weathering the Sino-Soviet Conflict. The GDR and North Korea, 1949–1989, CWIHP Bulletin 14/15, S. 25–85, S. 33.
6 Chol-hwan. Kang; Rigoulot, Pierre: Aquariums of Pyongyang. Ten Years in the North Korean Gulag, New York 2001. Deutsche Teilübersetzung: Die heiß begehrten Kaninchen. Im Arbeitslager, in: Moeskes, Christoph (Hg.): Nordkorea. Einblicke in ein rätselhaftes Land, Berlin 2004, S. 149–156.

# Enver Hodscha

*Enver Hodscha auf dem Cover der Zeitschrift »New Albania« (1982).*

\* 16. Oktober 1908 in Gjirokastra (Albanien, damals Osmanisches Reich)
† 11. April 1985 in Tirana

1946–1954: Vorsitzender des Ministerrates der Volksrepublik Albanien;
1943 (bis zum Tod): Erster Sekretär der Kommunistischen Partei Albaniens (seit 1945 trug sie die Bezeichnung »Partei der Arbeit Albaniens«)

Enver Hodscha, der Albanien mit harter Hand und stalinistischen Methoden regierte, spielte im Ostblock eine Sonderrolle. Seit den sechziger Jahren unterhielt er kaum Kontakte zur UdSSR sowie zu den meisten kommunistischen Regimes Osteuropas. Bis 1978 verbanden ihn enge Beziehungen mit den chinesischen Kommunisten. Bis Ende der 1980er Jahre zählte Albanien zu den isoliertesten und am meisten abgeschotteten Staaten der Welt. Um sich ließ der Diktator Enver Hodscha einen allgegenwärtigen Personenkult inszenieren.

*Onkel Enver, Onkel Enver,
Du hast Zucker im Mund.
Zucker und die Süße der Datteln.
Partei, sei glücklich, dass Du existierst!*[1]

# Enver Hodscha –
# »Knie an Knie mit dem Volk«

*Thomas Schrapel*

»Enver Hoxha ist tot, es lebt aber sein Werk. Das albanische Volk wird mit Sicherheit weiter auf dem von Ihm aufgezeigten Weg gehen, auf dem es zu heutigem Wohlstand gelangte.«[2] So stand es in einem Kondolenzschreiben der Deutsch-Albanischen Freundschaftsgesellschaft (DAFG) zum Ableben des Mannes, der Albanien vier Jahrzehnte lang diktatorisch regiert hatte. Dem folgte die Beschreibung eines vergessenen Paradieses in Europa: »Es gibt viele Gründe dafür, dass die Menschen in unserem Land (gemeint ist die Bundesrepublik Deutschland des Jahres 1985 – T. S.) Ihr kleines Land bewundern: Sie betonen doch stets vor allem: Albanien ist unabhängig von den Militär- und Wirtschaftsblöcken des Ostens und des Westens, es hat keine Auslandsschulden, kennt keine Arbeitslosigkeit, Steuern, Preissteigerungen, Wirtschaftskrisen; es entwickelt sich aus eigener Kraft.«[3]

Die Mitglieder der DAFG gehörten in den siebziger und achtziger Jahren zu den wenigen Ausländern, die mehr oder weniger regelmäßig Albanien bereisen konnten. Damit wurden sie zu Zeitzeugen des Hodscha-Regimes. Wenn das Diktum, wonach der natürliche Feind des Historikers der Zeitzeuge sei, zutrifft, dann ganz bestimmt hier.

Albanien gehört auch heute noch zu den Ländern, über die außerhalb seiner Grenzen relativ wenig bekannt ist. Die jüngere und jüngste Geschichte Albaniens ist fast noch schlechter dokumentiert als die Vorzeiten. Ob Albanien in der Zeit zwischen 1944 und 1991 eher unter dem Blickwinkel eines kommunistischen Landes mit mehr oder weniger stark ausgeprägten nationalistischen Zügen zu sehen ist oder vielmehr als Phase des albanischen Nationalismus, der mit einem »nur oberflächlichen marxistisch-leninistischem Firnis« versehen war, darüber lässt sich wissenschaftsgeschichtlich streiten.[4] Der Personenkult um den Mann, der das Land de facto vier Jahrzehnte lang diktatorisch regierte, kann nicht ohne einen

Blick auf den Sonderweg Albaniens betrachtet werden. Mit guten Argumenten wird das durch Enver Hodscha in Albanien etablierte System als konsequente Durchsetzung der Ideen der sogenannten Rilindja gesehen. *Rilindja* bedeutet »Wiedergeburt«. Darunter ist die nationalstaatliche Programmatik zu verstehen, die um die Mitte des 19. Jahrhunderts entstanden ist.

Der Ansicht des Albanienexperten Bernhard Tönnes zufolge drehte Enver Hodscha das Lenin'sche Postulat von nationaler Form und sozialistischem Inhalt einfach um. Demnach sei der Nationalismus zum Inhalt, der Sozialismus zur Form geworden. Für den Münchener Südosteuropaforscher Peter Bartl war Hodscha ein albanischer Nationalist, der seinen Nationalismus mittels eines marxistischen Firnisses nur schlecht zu tarnen vermochte. Bekannt ist, dass Hodscha ein glühender Anhänger Stalins und Maos war. Die Bewunderung für die beiden kommunistischen Staatslenker hielt in Albanien über Hodschas Tod hinaus an.[5] Die Kritik an Stalin durch den sowjetischen Partei- und Staatschef Nikita Chruschtschow im Jahr 1956 auf dem 20. Parteitag der KPdSU und ebenso die Abwendung vom Kurs Mao Zedongs durch dessen Nachfolger Deng Xiaoping Ende der siebziger Jahre waren für Hodscha die entscheidenden Anlässe für den nahezu vollständigen Bruch mit diesen beiden wichtigsten Ländern des Weltkommunismus.[6] Die regionale Isolation auf dem Balkan hatte er schon 1948 durch den Bruch mit Tito vollzogen. Die Beziehungen zu den anderen Ländern des Ostblocks wurden 1968 endgültig gekappt, als Albanien einseitig seine RGW-Mitgliedschaft aufkündigte. Spätestens seit 1978, dem Zeitpunkt des offiziellen Bruchs mit dem letzten Verbündeten China, befand sich Albanien in Hodschas Vorstellungswelt allein auf dem richtigen Weg zum Weltkommunismus.

Der nationalistisch-kommunistische Diktator wollte den Sozialismus in seinem Land aufbauen, das kleiner als Belgien war und dessen Bevölkerungsmehrheit in ländlichen Strukturen lebte. Dieser Aufbau des Sozialismus sollte gänzlich ohne ausländische Wirtschaftshilfe oder Kredite erfolgen. Zugleich steckte Hodscha exorbitante Ausgaben in die Landesverteidigung. Die Spuren sind noch heute in Albanien zu erkennen. Zwischen 1978 und 1983 wurden mehr als 720 000 Bunker im Land gebaut – für nicht einmal 2,5 Millionen Menschen. Dabei handelte es sich nicht um Attrappen, sondern um massive, unterirdische Stahlbetonkonstruktionen, deren heute noch vorhandene Zugänge aussehen wie überdimensionale, halbrunde Pilzkappen. Man findet sie an den Stränden des Adriatischen und Ionischen Meeres, in den Ebenen Mittelalbaniens, an den Berghängen des südalbanischen Hinterlandes, im Großraum und inmitten von Tirana ebenso wie in den schwer zugänglichen Gebirgsregionen des Nordens. Nicht ganz eindeutig zu beantworten ist die Frage, ob diesem Bunkerbau ein tatsächlich vorhandenes, reales Angstgefühl vor ausländischen Angriffen zugrunde lag oder ob der bewusst geschürten Angst mittels sinnlich wahrnehmbarer Gegenmaßnahmen eine materielle Basis zur Seite gestellt werden sollte.[7] Klar und deutlich zeigt sich darin aber die geradezu paranoide Selbstisolation.

Der albanische Exzentriker hatte im lebenden und aktiven Personal des Weltkommunismus keinen persönlichen Verbündeten mehr. Deshalb sollte sich das albanische Volk ausschließlich nur noch von Feinden umzingelt wähnen. Die Sowjetunion und die USA, China und Großbritannien galten in dieser Staatsdoktrin gleichermaßen als Feinde der Albaner. Wer an den wahnwitzigen Verteidigungsmaßnahmen zweifelte, konnte nur ein Volksverräter sein. Während die Bunker nur zu regelmäßigen Übungen für den fiktiven Ernstfall genutzt wurden, aber niemals als reale Verteidigungsmittel zum Einsatz kamen, wurden sie Tausenden Albanern zum Verhängnis. Wer sich kritische oder sarkastische Bemerkungen darüber erlaubte, wurde verurteilt und kam in den albanischen Gulag.

In der Phase der absoluten Isolation des Landes seit Ende der siebziger Jahre nahmen innenpolitische und wirtschaftspolitische Maßnahmen immer paradoxere Züge an. Und das zu einer Zeit, als in den meisten anderen kommunistischen Ländern Europas die Führungen Lockerungen in der Wirtschaftspolitik einführten und wieder selbstständige Handwerksbetriebe oder auch einen größeren privaten Sektor in der Landwirtschaft zuließen – freilich ohne nachhaltige Erfolge damit zu erzielen. In Anbetracht der immer schlechter werdenden Versorgungslage der Bevölkerung kamen Albaniens Kommunisten hingegen noch 1981 auf die Idee, die vorhandenen landwirtschaftlichen Kleinstbetriebe zu kollektivieren. Kein Albaner besaß danach noch eigenes Vieh. Die Bauern reagierten auf ihre Weise: Um ihre verbliebenen Rinder, Schweine, Schafe und Hühner dem staatlichen Zugriff zu entziehen, schlachteten sie so viel wie möglich, was die Versorgungslage weiter verschlechterte.

Zur Isolation des Volkes passte der vergleichsweise enge Bewegungsradius des Diktators selbst. Im Gegensatz zu den Albanienreisenden der DAFG war er kein großer Reisefreund. Die letzte offizielle Auslandsreise in seiner Funktion als Chef der Partei der Arbeit Albaniens führte ihn im November 1960 in die Sowjetunion zum Treffen der Vertreter von 81 kommunistischen Parteien aus aller Welt. Zu dieser Zeit schwelte schon der sowjetisch-chinesische Konflikt. Hodscha schlug sich erkennbar auf die Seite Pekings, kritisierte die sowjetischen diplomatischen Bemühungen und eine Entspannung des Verhältnisses zu den USA und verlangte eine härtere Gangart im Umgang mit dem in Moskau seit Mitte der fünfziger Jahre nur noch halbherzig als Revisionisten betrachteten Nachbarn Albaniens, dem jugoslawischen Präsidenten Tito. In der Sicht der albanischen Kommunisten wurde dieses Treffen legendär, weil der Führer des kleinsten kommunistischen Landes der Welt dort ungewohnt offen, ja geradezu spektakulär die Konfrontation mit der Supermacht Sowjetunion gesucht und rhetorisch auch ausgetragen hatte. Danach allerdings verschwand der »Häretiker« aus dem Gesichtskreis der Sowjetführung und der meisten anderen Führer des Weltkommunismus.

Hodschas Anspruch, der einzig verbliebene Vertreter der »wahren« Weltrevolution zu sein, stand in umgekehrt proportionalem Verhältnis zu seinem provinziellen Bewegungsradius. Der Mann, dessen Stirn – wie es in einem Gedicht Anfang der siebziger Jahre heißt – »mit ausgestreckten Armen von den Bergen geküsst« werde und der emporragte, »mit dem gegebenen Wort des Kommunisten, das stärkste Wort, das die Welt je gekannt« habe, dieser Adler des Balkans hatte in seiner Zeit als kommunistischer Diktator nicht sehr viel gesehen von der Welt. Selbst Ausflüge auf dem Balkan gab es keine.

In der zweiten Hälfte von Hodschas Herrschaftszeit verengte sich sein physischer Bewegungsradius auf einen denkbar kleinen Raum. Von der heimischen Villa bis zu seinem Arbeitsplatz in der Parteizentrale waren es keine hundert Meter, die er tagtäglich zu Fuß zurücklegte. Es wird erzählt, dass der Tacho seiner Dienstlimousine nach mehr als 30-jähriger Nutzung nicht einmal 20 000 Kilometer angezeigt habe.

Der Personenkult um Enver Hodscha erschöpft sich nicht in starren und monolithisch wirkenden Formen über den gesamten Zeitraum seiner Herrschaft von 1944 bis 1985, was durchaus auch bei den Kulten in anderen kommunistischen Ländern zu beobachten ist. Die Ausformungen des Personenkults sind immer im Kontext der innenpolitischen Machtkämpfe zu sehen.

Eine Besonderheit der Genesis des albanischen Kommunismus besteht darin, dass sich während des Partisanenkampfes im Wesentlichen zwei Gruppen mit Herrschaftsansprüchen etabliert hatten. Anders gesagt: zwei Machtzentren. Die eine, die Demokratische Front, hatte ihren Ursprung in der Frontorganisation des Zweiten Weltkriegs. Die andere war die Kommunistische Partei, an deren Spitze seit 1943 Hodscha stand. Vertreter der ersten Gruppe besetzten nach Ausrufung der Demokratischen Volksrepublik Albanien im Jahr 1946 die meisten Posten und Ämter in der Exekutive.[8] In einer ersten großen Säuberungswelle innerhalb der albanischen Staats- und Parteiführung konnte Hodscha viele Vertreter der Demokratischen Front ausschalten und den Einfluss der Partei in der Exekutive stabilisieren und festigen.

Ein expliziter Personenkult mit deutlicher Fokussierung auf die Person Hodschas konnte sich erst etablieren, als er sicher im Sattel saß. Eine solche Phasenverschiebung, bei der der Kult erst Jahre nach der Machtsicherung einsetzt, war schon aus Stalins Sowjetunion bekannt. Das wenige Bildmaterial aus den fünfziger Jahren zeigt ein immer wiederkehrendes Motiv. Eine albanische Familie sitzt um ein Radio herum – Letzteres als Zeichen des Fortschritts, der auch bei den einfachen Menschen Einzug gehalten hat – und darauf stehen in der Regel Bilder von Familienangehörigen. Dazu gehört immer auch ein Brustporträt von Enver Hodscha, vorzugsweise in Partisanenuniform, so als wäre der Kommandant selbstverständliches Familienmitglied. Gleichwohl drängt sich hier noch kein exzessiver Personenkult auf, sondern dieser ist der »Ikonographie des Fortschritts noch untergeordnet«.[9]

Anlässlich des zehnjährigen Jubiläums der Kommunistischen Partei Albaniens im Jahre 1951[10] dominierte in der Propaganda ein Motiv, das in seiner Ikonografie stark an die stalinistische Sowjetunion der dreißiger Jahre erinnert. Zu sehen sind die Konterfeis von Stalin und Hodscha an einer Lokomotive – des Fortschrittssymbols schlechthin. Die personelle Propaganda erfüllt hier keinen Selbstzweck. Eine stringente Fokussierung auf den einzigen Führer war erst im Laufe der späten sechziger Jahre möglich, nachdem Hodscha seine wichtigsten tatsächlichen oder vermeintlichen Gegner innerhalb des Staatsapparates ausgeschaltet hatte.

Ein weiteres Element dieser Frühphase der Entstehung des Hodschakultes besteht in der Reaktion auf den exzessiven Kult um seinen Intimfeind Josip Broz Tito.

Schon Anfang der fünfziger Jahre legte sich der jugoslawische Partei- und Staatsführer Beinamen wie »der Große« zu. Für den Albaner gab das in der Binnenpropaganda innerhalb der Partei immer wieder Grund, um gegen den verhassten Lenker der Geschicke im Nachbarland zu polemisieren. Andererseits war Hodscha dadurch auch gezwungen, sich in der äußerlichen Ausformung des Herrscherkultes selbst zurückzunehmen oder andere Formen als Tito zu finden.

Die Vollendung der albanischen Kulturrevolution 1968 ging einher mit einer nachhaltigen Zäsur in der Ausformung des Personenkultes, der nun eine neue Qualität erfuhr. Hodscha hatte sich nach den neuerlichen Säuberungen innerhalb des Partei- und Regierungsapparates, insbesondere infolge der Loslösung von der Sowjetunion, endgültig in allen Belangen durchgesetzt.[11] Seit Ende der sechziger Jahre fokussierte die Ikonografie und Bildkomposition bekannter und staatsoffizieller Bilder nun immer mehr auf die Führerpersönlichkeit Enver Hodscha, aber nie als Darstellung eines von den Menschen losgelösten, gleichsam überirdischen Führers. Stattdessen: Enver Hodscha inmitten einer Gesprächsrunde mit einfachen Albanern in direktem Kontakt, mitten unter dem Volk und mit diesem buchstäblich »Knie an Knie«, wie die albanische Bezeichnung dieses Bildtypus heißt.[12] Derlei Fotos finden sich in Bildbänden zu einschlägigen Jahrestagen. Entsprechende Bilder entstanden hundertfach als staatliche Auftragskunst für albanische Maler. Die Serien hießen »Inmitten der Genossen« oder »Inmitten des Volkes«. Kaum ein Detail lässt auf die tatsächliche, herausgehobene Stellung des Diktators innerhalb der albanischen Gesellschaft schließen. Lediglich sein Kleidungsstil – in der Regel Anzug oder moderner Mantel, gelegentlich mit einem Hut – unterscheidet ihn von seinen Gesprächspartnern. Diese tragen meist die Plisi, die traditionelle weiße Filzkappe der albanischen Männer.

*Enver-Hodscha-Gemälde des albanischen Malers Zef Shoshi.*

Seit Ende der sechziger Jahre erschien Hodscha in der Öffentlichkeit vor allem als der intellektuelle Theoretiker des Weltkommunismus, was mit einer exorbitanten Publikationstätigkeit einherging. Schon zu Beginn der fünfziger Jahre bekleidete er nur noch das Amt des Parteivorsitzenden. In die Exekutive war er formell nicht eingebunden. Stets auf Augenhöhe mit den Plisi tragenden Albanern gerierte sich der Diktator lieber als Primus inter Pares – als erster unter Gleichen. Solche Bildmotive prägen die gesamte Phase bis zu seinem Tod.

Hodscha war zwar unumschränkter Herrscher der Partei und damit auch des Staates. Und er blieb ein glühender Anhänger Stalins. Aber er ließ es nicht zu, selbst als entrückte, völlig von allen Kontexten losgelöste Kultperson zu erscheinen. Geschickt übernahm er kulturelle Traditionen in seinen Personenkult. Die sich stets wiederholende Bildkomposition – Hodscha im Gespräch auf Augenhöhe oder eben »Knie an Knie« mit einem mutmaßlichen Clanchef – war natürlich auch eine Reminiszenz an die Sozialstruktur der Albaner. Zu Lebzeiten Enver Hodschas platzierte man wenige Kopien einer Büste in der Regel in Kongresszentren – für kommunistische Verhältnisse fast schon zurückhaltend. Ein Außendenkmal von Enver Hodscha wurde erst post mortem aufgestellt.

In der Mitte des zentralen Platzes der albanischen Hauptstadt stand seit den fünfziger Jahren eine Bronzestatue Stalins. Auf Geheiß Hodschas wurde diese 1968 buchstäblich beiseitegerückt, und zwar auf einen in unmittelbarer Nähe gelegenen Platz im Jugendpark von Tirana.[13] Dieser kleine Denkmalssturm war aber keine nachgeholte Entstalinisierung. Eine solche fand in Albanien bis zum Ende der kommunistischen Zeit nicht statt. Gleichwohl zeigte dieser Vorgang im Hinblick auf den Personenkult eine bemerkenswerte Wendung des Stalin-Verehrers Enver Hodscha. An der freigewordenen Stelle ließ er das monumentale Reiterstandbild des albanischen Nationalhelden Georg Kastriota – genannt Skanderbeg – errichten. Anlass war dessen 500. Todestag, der 1968 pompös gefeiert wurde.

Fest steht, dass Skanderbeg spätestens seit der Rilindja-Bewegung des 19. Jahrhunderts als Widerstandskämpfer gegen die Osmanen einen zentralen Platz in der historischen Mythologie der Albaner einnahm. Eine exzessive Ausformung des Mythos fand in der Zeit von Ahmet Zogu statt, der von 1925 bis 1928 Staatspräsident war und dann bis 1939 als Zogu I. »König der Albaner«. Auf der Basis des sogenannten Albanismus – einer Art Ersatzreligion, die das Albanertum als einigendes Band über alle vorhandenen Konfessionen stellte – wurde versucht, die drei vorherrschenden Religionen in ihren Einflussgebieten zurückzudrängen oder gar zu nivellieren. »Religion teilt – Patriotismus eint« hieß es und in der Konsequenz schließlich auch: »Unsere Religion ist der Albanismus«. Beamte und Lehrer mussten als Apostel oder Missionare angesprochen werden.[14]

An diese Traditionen konnten die albanischen Kommunisten 1944 nahtlos anknüpfen. Das Albanertum erschien Hodscha gleichsam als fahrender Zug, auf den es aufzuspringen galt und dem er dann ein unglaubliches Tempo verordnete. Ideologisch begründete er die brutale Unterdrückung der Religionen und die offizielle Ausrufung des ersten atheistischen Staates der Welt zwar mit Verweis auf Marx, Lenin und Stalin, aber das ging einher mit dem überwältigenden Bekenntnis zum Albanertum. Ausdruck dieser Ausrichtung auf die Pflege und Ausbeutung des Nationalgefühls war die Aufrichtung des Skanderbeg-Denkmals, was in eben-

*Das 1968 erstellte Reiterstandbild Skanderbegs in der albanischen Hauptstadt Tirana.*

jenem Jahr 1968 geschah, als die Ära der Religionen für beendet erklärt wurde. Es ist fürwahr ein außerordentlich bemerkenswerter Vorgang, dass dem ersten atheistischen Volk der Welt ein Herrscherkult verordnet wurde, in dessen Zentrum der als »Retter der Christenheit« bekannte spätmittelalterliche Ritter Skanderbeg stand.

Diese Art Ausdeutung des Albanertums durch die Kommunisten mag man auch als Hodschaismus bezeichnen. Die internationale Propagierung seiner neuen Heilslehre lag Hodscha besonders am Herzen. Zuständig dafür war in erster Linie Radio Tirana, das täglich in mehr als 20 Sprachen, darunter allen wichtigen europäischen, vom Anbruch der neuen Zeit im Land der Skipetaren berichtete.

Im Albanischen Nationalarchiv befindet sich eine Sammlung von Geschenken, die Hodscha im Laufe der Zeit empfing. Dazu gehört ein Bild aus dem Jahr 1968, dessen personelle Komposition einen Gedanken umsetzte, den man so nicht offen aussprach. Inszeniert wird Hodscha dort als direkter und legitimer Nachfolger Skanderbegs und damit als Vollender des Albanertums. In der Bildmitte steht rechts Skanderbeg im mittelalterlichen Ornat, links daneben Hodscha in Partisanenuniform. Der Nationalheld übergibt Hodscha sein Schwert.[15] Am rechten Bildrand beobachten zwei weitere Akteure der albanischen Unabhängigkeitsbewegung, nämlich Ismail Qemali und Fan Noli, zufrieden die Szene.[16] Die Inschrift am rechten Bildrand lautet:»Das Wort und der Wunsch von Skanderbeg von 1443:»Den Frieden habe ich 1468 hier gefunden. Kämpft weiter, der Frieden wartet auf Euch ... 1944.«[17]

Der Sieg der Partisanen unter der Führung Enver Hodschas 1944 wird interpretiert als die Vollendung dieses Kampfes. Auch wenn es expressis verbis nie gesagt wurde, war es doch genau so gemeint.

Der Mythos um den mittelalterlichen Nationalhelden Skanderbeg wurde 1968 zum zentralen Bestandteil des kommunistischen Hodschakultes. Dieser entfaltet nunmehr eine noch viel größere Überzeugungskraft – mehr noch, als jede direkte und wörtliche Aussage. Der letzte Wille Skanderbegs[18] war demnach die Übernahme der Macht durch Enver Hodscha, der somit als legitimer Nachfolger und mithin als kraftvoller Führer des Albanertums in die Geschichtsbücher eingehen konnte. Das war der eigentliche Kern des Personenkults um Enver Hodscha.

So ist es kein Zufall, dass das Schwert als Symbol der Herrschaftsausübung auch in den Volksliedern dieser Zeit eine immer größere Rolle gewinnt, wenn es um Hodscha geht. Der kämpfende Kommandant Enver als Retter der Welt:

> *Enver Hodscha hat das Schwert geschärft*
> *Noch einmal für den Kampf*
> *Es ist das Schwert, das über dem Kopf*
> *Aller Feinde dieser Welt liegt.*[19]

Die Kinder lernten die Verse in der Schule. Welche Assoziationen mögen sie gehabt haben in Anbetracht des monumentalen Reiterdenkmals für Skanderbeg? Wie interpretiert man – derart konditioniert – die Texte in der Ausstellung auf der Burg von Kruja, dem Geburtsort des Nationalhelden, wo eine Gedenkstätte eingerichtet wurde und wo man gleich im Eingangstext lesen kann, dass weder die Römer noch die Slawen es geschafft hätten, die Albaner zu besiegen?

Stalin und Mao waren nicht nur im affirmativen Sinne die Vorbilder. Hodschas Herrschaftssystem lehnte sich ganz praktisch an das Josef Stalins an. Von ihm übernahm er das System, Basisorganisationen zu gründen, die bis hinein in jede Familie den Einfluss und die Zugriffsmöglichkeiten der Partei garantieren sollten. Zwischen 1944 und 1985 – in der Herrschaftszeit Hodschas – wurde die innenpolitische Geschichte Albaniens geprägt von immer wiederkehrenden Säuberungen des Partei- und Regierungsapparates.[20] Daraus wurde auch nie ein Hehl gemacht. Im Gegenteil: Die Säuberungen fanden Eingang ins Volksliedgut der Albaner als Heldentaten. Zuerst, unmittelbar nach dem Bruch mit Jugoslawien, hießen die Opfer Titoisten, in der Folgezeit traf es die vermeintlichen Anhänger der Sowjetunion. So erschien es nur logisch, dass der von Hodscha konstruierte Vorwurf sich schließlich auch gegen seinen einstigen Bluthund Mehmet Shehu[21] richtete: Der Ministerpräsident sei Agent mehrerer östlicher und westlicher Geheimdienste.

In ideologischer Hinsicht sah sich Hodscha nicht nur als Exeget der wichtigsten Vertreter des Weltkommunismus, Stalin und Mao, sondern in gewisser Weise auch als Nachfolger und intellektueller Vollender von deren Lehren. Und es besteht kein Zweifel, dass er über den Personenkult um diese beiden reflektiert hat.[22]

Eine direkte Anknüpfung an Mao zeigte sich bei der Propagierung einer albanischen Kulturrevolution. China wurde zum strategischen Vorbild der kulturellen Umwälzungen in Albanien. Dies kulminierte 1968 in der Ausrufung des ersten atheistischen Staates der Welt. Im nordalbanischen Shkodra, dem einstigen Zentrum und Bollwerk des Katholizismus, ließ Hodscha ein »Museum für Atheismus« einrichten, das zur staatlich verordneten Pilgerstätte für alle Schüler und Studenten entwickelt wurde. Des Weiteren nutzte er die Phase der Kulturrevolution, um den Machtanspruch der Partei und damit seinen eigenen vor allem in den Massenorganisationen der Jugend und den Gewerkschaften zu festigen.

Im Sinne einer generellen Fokussierung der gesamten Ideologie auf eine Person ist der Hodschakult vielleicht am besten mit dem um den rumänischen Diktator Nicolae Ceauşescu zu vergleichen, der ihm in kultureller Hinsicht näherstand als Stalin. Aber es gibt gravierende Unterschiede. In der albanischen Regie erschien nie ein »Übervater« oder gar ein gottähnlicher Führer. Auf Gruppenbildern wird er nicht überhöht oder abgehoben dargestellt, wie man das in der Ikonografie des Ceauşescu-, Mao- oder Stalinkultes beobachten kann. In Bezug auf Mao muss auch bedacht werden, dass ein realer kultureller Einfluss Chinas sich nicht automatisch daraus herleiten lässt, dass China bis Ende der siebziger Jahre der wichtigste Partner Albaniens war. Allein schon die Sprachbarrieren dürften einem größeren Kulturtransfer entgegengestanden haben.

Der Hodschakult gehört zweifellos zu den besonders exzessiven Formen innerhalb der ehemaligen kommunistischen Länder. Das hat viel mit der langen Herrschaftszeit des Albaners zu tun und der bevorzugten Transmission des Kultes in Form von relativ einfach im Alltag zu platzierenden Mitteln. Der Diktator war allgegenwärtig, aber nicht durch Denkmäler oder überdimensionale Bilder, sondern, viel effizienter, in Gesängen. Gleichwohl gab es auch die großen Aufmärsche, die sehr an sowjetische Vorbilder erinnern. Erhalten gebliebene Filmsequenzen[23] lassen endlos erscheinende Marschkolonnen erkennen, die sich an Feiertagen vor der Tribüne – unter wohlwollender Miene des Diktators – zu einem von einer Masse von Menschen geformten ENVER aufreihten.

Die Regie des Hodschakultes berücksichtigte die besondere Sozialstruktur der albanischen Gesellschaft, einer auf Interessensgruppen ausgerichteten Clanstruktur. Der Personenkult um den albanischen Stalinisten wurde nicht einfach stalinistisch umgesetzt als bloßes, gewaltsames Kopieren. Der Respekt der albanischen Gesellschaft vor dem Ältesten und den am meisten angesehenen Personen innerhalb des Clans blieb auch im Kommunismus durchaus weiter verinnerlicht. Die albanische Kulturrevolution war nicht in erster Linie eine soziale Umwälzung. Mit einem Enver Hodscha, der mit Schärpe und Zepter daherkommt, wie Ceaușescu auf dem Ölgemälde von Dorin Rotaru, hätten sich albanische Clanchefs kaum unterhalten. Somit wäre ein solches Motiv auch als Bildkomposition absurd gewesen. Eine solche Form des Kultes hätte in Albanien nicht funktioniert.

Die subtilen Formen des Personenkultes um Hodscha können aber nicht darüber hinwegtäuschen, dass dies auch in Albanien nur einem Zweck diente: der absoluten Machtsicherung des Diktators, für den die Devise galt: »Gewalt ist die Voraussetzung für die Machtausübung«. Gezielt wurden Berichte über Foltermethoden in albanischen Gefängnissen unters Volk gestreut oder angedeutet, um die Atmosphäre allgemeiner Angst am Leben zu halten. Enver Hodscha beherrschte die gesamte Klaviatur zwischen subtilem Verständnis für Traditionen und Werte bis zu offen ausgetragenem Terror.

Dabei spielte die Rückbesinnung auf die Vergangenheit, auf den heldenhaften Kampf gegen die alle Albanien umgebenden Feinde, eine besonders subtile Rolle. Es ging auch ganz bewusst um das Schüren fremdenfeindlicher, insbesondere slawenfeindlicher Affekte. Dies wiederum eignete sich als Begründung für den Isolationismus und für die Propagierung einer ethnischen Reinheit bis hin zur sprachlichen Uniformität.[24]

Enver Hodscha starb im April 1985. Der Leichnam wurde zunächst auf dem Friedhof der Märtyrer beigesetzt. Drei Jahre später, anlässlich von Hodschas 80. Geburtstag, ließ dessen Nachfolger Ramiz Alia ein monumentales Mausoleum im Zentrum Tiranas erbauen und eine Hodscha-Statue aufstellen. Dieser Versuch einer kommunistischen Apotheose durch seinen Nachfolger dauerte nur wenige Jahre. Die Statue wurde 1991 entfernt – wie die sterblichen Überreste Hodschas aus dem Mausoleum. Wie ein architektonisches Schandmal steht es heute inmitten der Stadt und harrt einer anderen Verwendung.

Skanderbeg aber sitzt auf seinem Denkmal fest im Sattel. Als im November 2012 aus Anlass des 100. Nationalfeiertages Albaniens sein angebliches Schwert aus Wien nach Tirana ausgeliehen wurde, standen die Albaner tagelang Schlange, um es zu bewundern.

## Anmerkungen

1 Dieses Gedicht gehörte zum Pflichtprogramm der albanischen Schulkinder in den sechziger Jahren.
2 Zitiert nach dem Abdruck des Schreibens in der Zeitschrift »Neues Albanien«, 2/1985, S. 16.
3 Ebenda.
4 Letzteren Ansatz verfolgten schon Lange, Klaus: Grundzüge der albanischen Politik, München 1973 und Tönnes, Bernhard: Sonderfall Albanien. Enver Hodschas »eigener« Weg und die historischen Ursprünge seiner Ideologie, München 1980. Siehe dazu auch Schmidt-Neke, Michael: Zwischen Kaltem Krieg und Teleologie: Das kommunistische Albanien als Objekt der Zeitgeschichtsforschung, in: Schmitt, Oliver Jens; Frantz, Eva Anne (Hg.): Albanische Geschichte. Stand und Perspektiven der Forschung, München 2009 (Südosteuropäische Arbeiten 140), insbes. S. 145.
5 Erst im Dezember 1990 (!) beschloss der Ministerrat Albaniens, den Namen Stalins von allen öffentlichen Institutionen und Plätzen zu tilgen. Stalin-Denkmäler im ganzen Land wurden beseitigt.
6 Dem gingen jeweils andere Vorgänge noch voraus. Chruschtschows erneute Versuche der Annäherung an Tito in den fünfziger Jahren konnten von Hodscha natürlich nicht akzeptiert werden, weil dadurch die Gefahr bestand, die Angliederung Albaniens an Jugoslawien wieder auf die Tagesordnung zu setzen.
7 Um ein anderes Beispiel zu nennen: Im Albanischen Nationalarchiv werden heute noch Tausende Archivkästchen aufbewahrt, die nicht aus dem sonst üblichen Pappmaterial sind, sondern aus feuer- und schlagfestem Metall. Offenkundig wurden diese für viel Geld überwiegend in Schweden angefertigt. Darin sollten die wichtigsten Dokumente des »Parteiarchivs« sicher aufbewahrt werden. Die Kästchen wurden in Räumen gelagert, um sie den hochrangigen Kadern der »Albanischen Partei der Arbeit« vorzuführen, gleichsam als Beweis für weitere »Verteidigungsmaßnahmen«. Benutzt wurden sie nie.
8 Vgl. Ursprung, Daniel: Personenkult im Bild: Stalin, Enver Hoxha und Nicolae Ceausescu im Vergleich, in: Ennker, Benno; Hein-Kircher, Heidi (Hg.): Der Führer im Europa des 20. Jahrhunderts, Marburg 2010, S. 62, mit weiterführender Literatur insbesondere Fischer, Bernd J.: Albania at War, 1939–1945, West Lafayette 1999.
9 Ursprung, Personenkult, S. 61.
10 Die Kommunistische Partei Albaniens wurde am 8. November 1941 gegründet und wählte erst 1943 formal ihren Vorsitzenden – Enver Hodscha, der dies bis zu seinem Tod 1985 blieb. Die Umbenennung in »Partei der Arbeit Albaniens« (PAA bzw. die Transkription aus dem albanischen Akronym: PPSh) erfolgte 1948.
11 Die PAA war eine Kaderpartei, keine Massenpartei, so wie beispielsweise die SED. Deshalb spielten die Massenorganisationen für Jugend, Frauen, Gewerkschaften etc. für Hodscha eine außerordentlich große Rolle bei der eigenen Machtsicherung. Sie wurden von ihm immer wieder für entsprechende Kampagnen mobilisiert.
12 »Gju më gju me popullin« war die Bezeichnung für eine ganze Serie solcher Bilder.
13 Das Stalin-Monument blieb somit weiter im »Herzen« Tiranas, es wurde erst 22. Dezember 1990 (!) endgültig beseitigt.
14 Schwandner-Sievers, Stephanie: Religion und Nation in Albanien, in: Ost-West. Europäische Perspektiven 4/2010, S. 276–285, hier insbesondere S. 282.
15 Das Schwert des Skanderbeg sehen die Albaner als eines »ihrer« Nationalheiligtümer an, obwohl es sich im Besitz der Republik Österreich befindet. Aus Anlass der Feiern zum 100. Jahrestag der Unabhängigkeit Albaniens im November 2012 wurde das Schwert zusammen mit dem angeblichen

Skanderbeg-Helm im Nationalmuseum Tirana als Leihgabe ausgestellt, was eine kleine Völkerwanderung zum Museum auslöste. Unabhängig davon, wie groß die Zweifel an der Echtheit der Devotionalien sind, ist deren ideelle Bedeutung unbestritten.

16 Ismail Qemali gilt als Vollender der Unabhängigkeitsbewegung. 1912 hat er diese ausgerufen. Fan Noli war 1924 kurzzeitig Ministerpräsident. Er pflegte während des Zweiten Weltkrieges Kontakte mit Hodschas Partisanenbewegung und sorgte von seinem amerikanischen Exil aus dafür, dass die Kommunisten von den Amerikanern und Briten als legitime Kämpfer gegen die Deutsche Wehrmacht anerkannt und unterstützt wurden.

17 Im albanischen Original: FJALA DHE DËSHIRA E SKENDERBEUT 1443 LIRINË E GJETA KËTU 1468. LUFTONI SE LIRIA JU PRET ... 1944. (Übersetzung: Astrit Ibro, Thomas Schrapel)

18 So der Titel des beschriebenen Bildes des Malers Jefs Dhora.

19 »Enver Hodscha Tungjatjeta ...«. Übersetzung und Redaktion des Liedtextes: A. Ibro.

20 Von 1944 bis 1948 waren mehrere hundert sowjetische Geheimdienstler direkt in Albanien tätig.

21 Mehmet Shehu war seit Ende der vierziger Jahre als Innenminister insbesondere mit der Verfolgung der Katholiken im Norden beauftragt, was er auf besonders brutale und grausame Weise auch erledigte. Danach war er Ministerpräsident bis zu seinem angeblichen Selbstmord 1981.

22 Stretenovic, Stanislav; Puto, Artan: Leader Cults in the Western Balkans (1945–90): Josip Broz Tito and Enver Hodscha, in: Apor, Balázs; Behrends, Jan C.; Jones, Polly; Rees, Arfon (Hg.): The Leader Cult in Communist Dictatorships. Stalin and the Eastern Bloc, Basingstoke 2005 (Palgrave Macmillan), S. 208 ff.

23 Beispielsweise über YouTube abzurufen.

24 Stretenovic; Puto: Leader Cults, S. 220. Als eine Art Nationales Heiligtum gilt in Albanien das Museum auf der Burg Kruja, nördlich von Tirana. Dieser »Stammsitz« der Familie von Skanderbeg wurde in der Hodscha-Zeit aufwendig zur Gedenkstätte ausgebaut. Wesentlich daran beteiligt waren die Tochter des Diktators und dessen Schwiegersohn. An der Grundkonzeption der Ausstellung hat sich bis heute nichts geändert.

*Marschall Tito.*

## Josip Broz Tito

\* 7. Mai 1892 in Kumrovec
(damals Österreich-Ungarn)
† 4. Mai 1980 in Ljubljana

1945–1953: Ministerpräsident
der Föderativen Volksrepublik
Jugoslawien;
1953 bis zum Tod: Staatspräsident
der Föderativen Volksrepublik
Jugoslawien (1963 umbenannt in
Sozialistische Föderative Volksrepublik Jugoslawien)

Als Präsident eines sozialistischen Landes initiierte Tito 1956 gemeinsam mit dem indischen Ministerpräsidenten Jawaharlal Nehru (1889–1964) und dem ägyptischen Präsidenten Gamal Abdel Nasser (1918–1970) die Gründung der Bewegung der Blockfreien Staaten und ging damit auf Distanz zur Sowjetunion und zum Ostblock. Der sogenannte Titoismus sah einen selbstständigen Weg zum Sozialismus vor. Dennoch regierte Tito autoritär und mit Insignien des Personenkults. 1974 wurde er zum Präsidenten auf Lebenszeit ernannt.

*Genosse Tito, wir schwören Dir*

*Genosse Tito,*
*Erdbeere aus dem Morgentau,*
*Du bist der Stolz*
*unserer Völker.*[1]

*(Der »Eid« wurde seit 1948 bis zu Titos Tod gesungen.)*

## Josip Broz Tito –
## Der Sonnenkönig an der Adria

*Veronika Wengert*

Kaum ein anderer Staatsmann balancierte während des Kalten Krieges so kokett auf dem angespannten Hochseil zwischen Ost- und Westmächten wie Josip Broz, genannt Marschall Tito. Der charismatische Staatspräsident, dessen Markenzeichen weiße Anzüge und Uniformen waren, brach früh mit der Sowjetunion und näherte sich dem Westen und den Blockfreien Staaten an – ohne seinen eigenen Weg aus den Augen zu verlieren. Sein Begräbnis war einzigartig in der politischen Geschichte seiner Zeit. Das Gruppenbild der offiziellen politischen Trauergäste, die nach Belgrad angereist waren, erinnert an die Vollversammlung der Vereinten Nationen: Delegationen aus 127 Ländern, Politiker aus Ost und West und aus den Blockfreien Staaten gleichermaßen, standen nur wenige Meter voneinander entfernt. Dabei kam es auch zu historischen Begegnungen: Der Bundeskanzler Helmut Schmidt und der Partei- und Staatschef aus der DDR, Erich Honecker, begegneten sich an Titos Grab, aber auch der sowjetische Parteiführer Leonid Breschnew, die britische Premierministerin Margaret Thatcher, der Palästinenserführer Jassir Arafat und der irakische Präsident Saddam Hussein – freiwillig oder unfreiwillig. Zur Beerdigung waren 700 000 Menschen gekommen. Ein ähnlich spektakuläres Begräbnis gab es im vergangenen Jahrhundert wohl nicht.

Tito ließ sich gern von der Jugend feiern. Alljährlich im Mai eilte ein kunstvoll geformtes Staffelholz wochenlang durch ganz Jugoslawien: Ein Läufer übergab es dem nächsten, Bergsteiger trugen es über hohe Gipfel, Fallschirmspringer umklammerten es beim Absprung und Taucher durchschwammen damit die schäumende Adria. Am 25. Mai, dem offiziellen Tag der Jugend, war es dann so weit. Der letzte Läufer in der Kette – in der Regel ein herausragender Pionier, Schüler, Sportler oder junger Arbeiter, der jeweils aus einer anderen jugoslawischen Teilrepublik stammte – bog in die Zielgerade ein. Diese befand sich im Belgrader Stadion der Jugoslawischen Volksarmee, direkt unter der Ehrenloge. Dort wartete er bereits: Marschall Tito. Im hohlen Bauch des Staffelholzes befanden sich handschriftliche Geburtstagswünsche, die dem Präsidenten vorgetragen wurden, der den Vielvölkerstaat seit 1945 im Namen der Brüderlichkeit und Einheit fest zusammenhielt.

Traditionell lud sich Tito junge Menschen, mit denen er sich gern umgab, aus allen Landesteilen nach Belgrad ein. Tausende junger Pioniere formten synchrone Figuren wie Sonnen, Sterne oder auch ein großes, lebendes T in grandioser Choreografie auf dem Stadionrasen. Dazu wurden patriotische Verse gesungen wie »Tito ist unser Sonnenschein« oder die klassische Treueparole »Genosse Tito, wir schwören dir, nie von deinem Weg abzuweichen!«.

Am Tag der Jugend wurden zudem die neuen Pioniere, in der Regel nach ihrem siebten Geburtstag, feierlich in die kommunistische Nachwuchsorganisation aufgenommen. Zur Uniform mit dem rotem Halstuch bekamen sie eine blaue, bootsförmige Mütze mit einem roten, fünfzackigen Partisanenstern, die nach dem Führer benannt war: eine Titovka.

Fast ein halbes Jahrhundert, zwischen 1945 und 1987, wurde der Staffellauf der Jugend mit viel Pomp zelebriert. Er galt als einer der Höhepunkte des Personenkults, der um Tito gepflegt wurde.

Im Jahr 1979 nahm Tito die Štafeta, wie das Staffelholz auf Serbokroatisch heißt, das letzte Mal entgegen. Ein junges Mädchen, die Kosovo-Albanerin Sanije Hyseni, gratulierte ihm dabei zum 87. Geburtstag. Welch glückliches Volk, sagte Tito dabei, das solch eine Jugend habe.[2] Ein Jahr später starb er.

Nach seinem Tod hielt man noch einige Jahre an dem sportlichen Ritual fest. Das Motto wurde entsprechend angepasst: »I poslije Tita Tito« – Auch nach Tito Tito. Doch die Aura des Staffellaufes verblasste allmählich. Für fast zwei Jahrzehnte verschwand er aus der Öffentlichkeit.

Heute finden wieder vereinzelte, eher kleine Feiern statt. Der Startschuss für den Staffellauf fällt etwa in der Kafe-Bar *Tito*, im kroatischen Umag.[3] Die Initiatoren sind nicht nur Partisanenverbände, Antifaschisten, Kommunisten, Titos alte Weggefährten und Genossen, sondern auch Studenten und junge Leute, die Jugoslawien nur aus den Geschichtsbüchern kennen. Der Endspurt findet klassisch am 25. Mai statt.

Tito feierte seinen Geburtstag immer an diesem Tag, tatsächlich kam er aber am 7. Mai 1892 zur Welt, als Kind armer Kleinbauern im nordkroatischen Dörfchen Kumrovec. Das Feierdatum wurde wohl ausgewählt, weil Tito, seinerzeit Anführer der Partisanenbewegung, mitsamt seinem Stab am 25. Mai 1944 nur knapp deutschen Fallschirmjägern entkommen konnte. Entsprechend galt das Datum auch als Tag des Sieges der Partisanen, deren Mythos unter Titos Herrschaft überaus hoch gehalten wurde.

Wie hoch, das zeigt die Zahl der Partisanenfilme: Mehr als 200 Streifen dieses Genres wurden im sozialistischen Jugoslawien gedreht. Zu den bekanntesten zählt die für den Oscar nominierte, spektakuläre Verfilmung »Die Schlacht an der Neretva«, die mit internationalen Filmstars wie Yul Brynner, Orson Welles, Curd Jürgens und Hardy Krüger besetzt war. Es sollte der teuerste Film werden, der im sozialistischen Jugoslawien jemals gedreht wurde. Tito war überzeugt, dass damit die Glaubwürdigkeit seines Regimes auf nationaler und internationaler Ebene steigen würde.

Eher ungewöhnlich für osteuropäische Produktionen war, dass hochkarätige westliche Schauspieler engagiert wurden. Das galt auch für Richard Burton 1973 in »Die Fünfte Offensive«, dem Film, der die Kesselschlacht an der Sutjeska im Zweiten Weltkrieg nachstellte. Burton spielte darin Tito selbst – der bei den Dreharbeiten vorbeischaute.

Während andere Helden des Zweiten Weltkriegs erst nach ihrem Tod als Namenspaten galten, wurden bereits zu Titos Lebzeiten auffällig viele Schulen, Kasernen oder gar acht Städte wie etwa Titograd (von 1946–1992, heute Podgorica) nach ihm benannt. Lebensgroß, in Schrittposition, stand Titos Statue landesweit auf vielen Sockeln. Sein Abbild beggnete den jugoslawischen Bürgern auf Geldscheinen, Briefmarken, in Amtsstuben und Privatwohnungen gleichermaßen. Bei Großveranstaltungen dominierte sein Porträt in entsprechender Dimension.

Gern ließ sich Tito als ein Kämpfer beschreiben, der sich nicht nur für die jugoslawische, gemäßigte Form des Kommunismus einsetzte, sondern auch für die Arbeiterbewegung. Er legte allerdings reichlich Schwächen an den Tag, die nicht so recht in dieses offizielle Heldenbild passen wollten. Dazu gehörte seine Leidenschaft für hübsche Frauen, was – so gut es eben ging – geschönt wurde. Gemunkelt wird, dass aus Titos ehelichen und außerehelichen Beziehungen insgesamt 16 Kinder hervorgegangen seien. Anerkannt hat er jedoch nur die beiden Söhne Žarko und Aleksandar-Miša.[4] Ab 1952 war die 35 Jahre jüngere Serbin Jovanka Budisavljević die offizielle Frau an seiner Seite. Diese Rolle spielte sie bis zu seinem Tod, obwohl die beiden sich einige Jahre zuvor bereits getrennt hatten. Heute fristet die Witwe ein Leben in bitterer Armut.

Wie die Frauen, so liebte Tito auch den Luxus. Er bevorzugte eine eigene, nur für ihn hergestellte Zigarrensorte. Weiße Anzüge wurden zu seinem Markenzeichen. An seinen Uniformen prangten Schlösser, die aus reinem Gold geschmiedet waren. Er reiste gerne in die Welt, besuchte andere Staatschefs, warb für sein Jugoslawien und lud sich viele internationale Gäste ein. Die hohen Kosten seines aufwendigen Lebensstils wurden von offizieller Seite gerne ein wenig uminterpretiert: Tito zeige eben Eleganz. Über die finanzielle Seite schwieg man sich lieber aus. Sein Gehalt war hingegen eher gering, Unterschiede zwischen Privat- und Staatsausgaben wurden eigentlich nicht gemacht.[5] Geschickt wurde immer wieder in den Mittelpunkt gerückt, dass Tito selbst aus ärmlichen Verhältnissen stammte, sich als Metallarbeiter durchboxte und dennoch in die Weltpolitik aufstieg. Dies, so hoffte man, sollte die nachfolgenden Generationen ebenfalls zu Höchstleistungen motivieren.

Für seine häufigen Reisen nutzte der Staatschef den luxuriös ausgestatteten Blauen Zug, der heute von den Serbischen Eisenbahnen an Hochzeitsgesellschaften sowie als rollendes Hotel vermietet wird. Auf seine legendäre Jacht *Galeb* (Möwe) lud sich Tito Stars und Freunde aus dem Showbusiness ein wie Elizabeth Taylor und Richard Burton, aber auch Politiker wie Nikita Chruschtschow oder Winston Churchill, die seiner Einladung gerne folgten. Seit mehreren Jahren ankert die *Galeb* im Hafen von Rijeka und wartet auf den Umbau in ein Museum. Die kroatische Hafenstadt hatte das Schiff von einem griechischen Reeder ersteigert, der es zuvor von der montenegrinischen Regierung gekauft hatte.

Dass Tito den angenehmen Seiten des Lebens beständig zugetan war, zeigt auch die Wahl seiner bevorzugten Sommerresidenz: eine luxuriöse Villa auf dem klimatisch begünstigten Brijuni-Archipel, einer versprenkelten Inselwelt westlich der kroatischen Halbinsel Istrien, die er bis zu sechs Monate im Jahr bewohnte. Abgeschirmt von der Öffentlichkeit – die Inseln waren Sperrgebiet – empfing Tito auch dort Staatsgäste aus aller Welt. Gönnerhaft lud er zu Banketten und aufwendigen Feiern. Zeitweilig war es üblich, Tito ein

Tier als Staatsgeschenk mitzubringen. Die ehemalige indische Premierministerin Indira Gandhi schenkte ihm zwei Indische Elefanten: Einer von beiden lebt noch im Safaripark auf der Hauptinsel Veli Brijun – neben somalischen Schafen, Zebras und heiligen indischen Kühen. Der Gelbhaubenkakadu Koki, den Tito seiner Enkelin Saša Broz zum neunten Geburtstag schenkte, unterhält heute die Touristen. Noch drei Jahrzehnte nach der Ära Tito ist er der heimliche Star der Insel, da er Titos Lachen und Husten imitieren kann.

Heute gelten die Brijuni-Inseln als eine der letzten Bastionen des Titokults im modernen Kroatien: Das dortige Museum dokumentiert geschichtliche Augenblicke. Dazu gehört das legendäre Foto, das Tito mit dem indischen Ministerpräsidenten Jawaharlal Nehru und dem ägyptischen Präsidenten Gamal Abdel Nasser im Juli 1956 zeigt, als sie auf den Brijuni-Inseln die Gründung der Bewegung der Blockfreien verabreden. Mit Stalin hatte sich Tito bereits 1948 überworfen. Im Gegensatz zu manchen anderen Politikern in den osteuropäischen Ländern, die sich gegen die Sowjetmacht aufbäumten, überlebte er diesen Schritt und wählte seinen eigenen sozialistischen Weg für Jugoslawien, auch Titoismus genannt. Dass Tito trotz des Kalten Kriegs elegant zwischen Ost und West balancierte, zeigt auch der blankpolierte Cadillac vor dem Inselmuseum – seinerzeit ein Geschenk von US-Präsident Kennedy. Heute kann das edle Gefährt von Touristen für Spritztouren auf Veli Brijun angemietet werden.

Doch nicht überall in Kroatien ist man heute dem Kroaten Tito gegenüber so freundlich eingestellt. Der einstige Partisanenkämpfer wird unter anderem für das Massaker von Bleiburg verantwortlich gemacht – wobei mit der Zahl der offiziellen Todesopfer bis heute jongliert wird. Einheiten der Jugoslawischen Befreiungsarme hatten an diesem Ort in Kärnten nach dem Zweiten Weltkrieg bewaffnete Kollaborateure der deutschen und italienischen Truppen, aber auch Kriegsgefangene und Zivilisten erschossen.

Im kroatischen Teil der Adria liegt zudem die Schreckensinsel Goli otok (Kahle Insel), wo zur Zeit der Herrschaft Titos politisch Andersdenkende weggesperrt wurden. Heute wird dort Touristen vor traumhafter Kulisse das Schicksal dieser Häftlinge erzählt.

In der kroatischen Hauptstadt Zagreb gibt es noch den Tito-

Platz. Die Beibehaltung des Namens ist umstritten. Gelegentlich finden Demonstrationen statt. Die Stadtverwaltung hat die Umbenennung des Platzes bislang jedoch immer wieder abgelehnt. Ihre Begründung: Dies sei im Hinblick auf Titos Leistungen im Kampf gegen den Faschismus nicht angemessen. Neben dem Antifaschismus habe er immerhin mit einer korrigierten Staatsverfassung von 1974 den Grundstein für die Gründung eines kroatischen Nationalstaates gelegt. Eine Umfrage des Internetportals Zagrebancija.com und des TV-Senders Jabuka ergab, dass sich knapp sechs von zehn Bürgern den nach Tito benannten Platz in Zagreb auch weiterhin wünschen. Zwar stuften sieben von zehn Befragten Tito als Verbrecher ein, aber mehr als die Hälfte gaben ihm den Status »Wichtige Persönlichkeit der Geschichte«.[6]

Auch im modernen Slowenien spaltet der Titokult die Gemüter. Eine Schule in der Kleinstadt Ptuj plante 2012, anlässlich des Tags der Jugend, einen Staffellauf und erntete dafür harsche Kritik. Nachdem die meisten Straßen, Plätze und Ortschaften seit Anfang der neunziger Jahre umbenannt worden waren, geschah 2009 in der slowenischen Hauptstadt Ljubljana das Umgekehrte: Dort wurde eine Einfallstraße nach Tito benannt. Die konservative Partei Neues Slowenien legte Verfassungsbeschwerde ein und bekam recht: Künftig soll eine Neubenennung nach Tito nicht mehr möglich sein, da es sich um die Verherrlichung eines totalitären Regimes handle, so das spätere Gerichtsurteil.[7]

Doch nicht überall in Slowenien ist man so streng. In Titos ehemaliger Sommervilla am See von Bled, inmitten der slowenischen Alpen, übernachten heute gut betuchte Touristen. In den montenegrinischen Badeorten werden Kaffeetassen und Schlüsselanhänger mit Titos Abbild, auch mit der jugoslawischen Flagge, angeboten.

Tito als Held? Kein seltenes Phänomen, vor allem in der Musik nicht. Schon seit einigen Jahren werden alte Partisanenlieder mit Hip-Hop oder Popmusik gemischt, reihen oftmals sozialistische Parolen stumpf aneinander oder verklären die Vergangenheit. Währenddessen lächeln langbeinige Sängerinnen mit Pioniermützen kokett ins Publikum und besingen IHN. Die Mazedonierin Tijana Dapčević landete mit ihrer Tito-Parodie in Mazedonien, Serbien, Montenegro und anderswo einen großen Discohit: »Alles ist beim Alten geblieben, nur er ist nicht mehr da.« Die slowenische Band Rock Partyzani reitet seit Jahren in Pionier- oder Partisanenuniform auf der Jugo-Kultwelle. Leicht und unbefangen kreisen dabei viele Texte um Tito.[8]

Eher still geworden ist es dagegen im Haus der Blumen im Belgrader Stadtteil Dedinje, Titos letzter Ruhestätte. An seinem schlichten Grab, das von einer Marmorplatte mit Namen, Geburts- und Todesjahr bedeckt wird, stoppten früher zahlreiche Reisebusse, um Pensionäre, Gewerkschaftler und Arbeiterkollektive in lange Warteschlangen zu entlassen. Heute kommen zumeist einzelne Touristen, viele aus Bosnien-Herzegowina oder Slowenien, aber auch aus dem übrigen Ausland. Nur wenige Schritte entfernt, im Museum, erinnern Geschenke, die Tito erhalten hat, an seine einstige Beliebtheit im Volk: Tischdecken, die von Hausfrauen mit Hammer und Sichel bestickt wurden, Goldmedaillen und die legendären Staffelhölzer, die Tito zum Geburtstag überreicht bekam.

In einer seiner Reden sagte Tito: »Wir haben ein Meer von Blut für die Brüderlichkeit und Einheit unserer Völker vergossen. Wir werden niemandem erlauben, das zu wiederholen. Auch werden wir nicht zulassen, dass jemand diese Brüderlichkeit und Einheit von innen zerstört.«[9] Damit behielt er allerdings nicht recht. Nur ein Jahrzehnt nach seinem Tod, Anfang der neunziger Jahre, zersplitterte Jugoslawien in teils winzige Nationalstaaten. Ein neues, unter Tito schwach ausgeprägtes Nationalbewusstsein kristallisierte sich heraus, das vielerorts in Flucht, Vertreibung und Tod mündete. Das multiethnische Bosnien-Herzegowina, auf das Tito immer so stolz gewesen war, zerbrach in neu konstruierte Verwaltungszonen, in denen muslimische Bosnjaken, Serben und Kroaten seither oftmals in Parallelwelten leben. Das Serbokroatische, die Lingua Franca Jugoslawiens, verschwand. Bei der Volkszählung von 1991 deklarierten sich nur noch fünf Prozent der Bewohner als Jugoslawen. Ohnehin ist fraglich, ob es ein jugoslawisches Nationalbewusstsein jemals gab – oder ob der Staat einzig von Tito zusammengehalten wurde.

Tito starb am 4. Mai 1980. Die Nachricht von seinem Tod ereilte die Jugoslawen an einem Sonntagabend, als sich die beiden stärksten Fußballklubs des Landes ein Match lieferten – Hajduk Split gegen Roter Stern Belgrad. Als der Schiedsrichter in Split das Spiel kurz vor Ende der ersten Halbzeit abpfiff, warfen sich die Spieler auf den Rasen, weinten oder fielen sich schluchzend um den Hals.

Die Menge im Stadion, rund 50000 Zuschauer, war wie gelähmt. Sie erhob sich langsam und gelobte Tito kollektiv singend ihre Treue: »Druže Tito, mi ti se kunemo ...«[10] Sogar der Nachrichtensprecher im staatlichen Fernsehen schaffte es nicht, die traurige Mitteilung neutral zu überbringen: »Genosse Tito ist tot«, presste er hervor, nachdem er sich die Tränen aus den Augen gewischt hatte.[11]

Die Trauer und Anteilnahme im Land war tief und aufrichtig. Viele, vor allem die Unter-Fünfzigjährigen, kannten gar keinen anderen Führer als ihn, den »Übervater« der jugoslawischen Völker. »Was wird nun aus Jugoslawien ohne ihn?«, so die bange Frage an eine ungewisse Zukunft.[12] Fest stand zu dem Zeitpunkt nur, dass den charismatischen Führer so bald niemand ersetzen würde. Titos Begräbnis war somit in gewisser Weise zugleich das Begräbnis Jugoslawiens – auch wenn es damals niemand sagte.

Einen Tag danach wurde der Leichnam von Ljubljana nach Belgrad überführt. Als der legendäre Blaue Zug in der kroatischen Hauptstadt Zagreb eintraf, wurde er von 300000 trauernden Menschen empfangen. Buchstäblich die halbe Stadtbevölkerung hatte sich auf den Weg gemacht, um Tito die letzte Ehre zu erweisen. Hunderttausende Menschen säumten die Bahngleise entlang der Trasse bis nach Belgrad und streuten rote Nelken. Der Sarg wurde in der Vorhalle des jugoslawischen Parlaments aufgebahrt, wo die Bürger kondolieren und Abschied von Tito nehmen konnten. In Arbeiterbrigaden kollektiv organisiert, standen die Menschen dort Schlange – teils bis zu 15 Stunden lang.[13]

Jugoslawien hatte sich bereits einige Monate zuvor auf Titos mögliches Ableben vorbereitet. Wegen Diabetes hatte sich der 87-jährige Politiker in die Klinik von Ljubljana einweisen lassen. Als sich sein Gesundheitszustand verschlimmerte, musste ihm ein Bein amputiert werden. Körbeweise erreichten ihn Briefe mit Genesungswünschen aus der Bevölkerung, aber auch aus dem Ausland.[14] Als Titos Herz stehenblieb, war das Staffelholz gerade irgendwo in Kroatien unterwegs, auf dem Weg nach Belgrad. Erstmals in der Geschichte wurde der legendäre Staffellauf abgebrochen, da das Geburtstagskind gestorben war – nur wenige Tage vor den Feierlichkeiten, dem Tag der Jugend.

Der Persönlichkeitskult um Tito keimt heute eher zögerlich, die Kritik an ihm jedoch reißt nicht ab. Für viele war er der Übervater Jugoslawiens, für andere nur ein Tyrann und Diktator.

## Anmerkungen

1 Saračević, Sead u. a.: Bilo je časno živjeti s Titom. [Dt.: Es war ehrenvoll, mit Tito zu leben], Zagreb 1980, S. 44. Übersetzung aus dem Serbokratischen: Veronika Wengert.
2 Vgl. Sendung auf RTS bei YouTube: http://www.youtube.com/watch?v=ig6fuo DL_Lw (Zugriff 29.05.2013).
3 S. S./B92: Revival Dana mladosti. Hrvatsko-slovenska štafeta stiže u Beograd [Dt.: Wiedergeburt des Tages der Jugend. Der kroatisch-slowenische Staffellauf kommt in Belgrad an], 25. Mai 2011: tportal.hr, http://www.tportal.hr/vijesti/svijet/129805/ Hrvatsko-slovenska-stafeta-stize-u-Beograd.html (Zugriff 29.05.2013).
4 Vgl. Marković, Moni: Životna priča– Josip Broz Tito: Moćni državnik i razvratni ljubavnik [Dt.: Die Lebensgeschichte des Josip Broz Tito: Mächtiger Staatsmann und ausschweifender Liebhaber], Story, 30. Mai 2010: http://www.story.rs/vesti/ svet-poznatih/9128-životna-prica---josip-broz-tito:-mocni-državnik-i-razvratni-ljub.html (Zugriff 29.05.2013).
5 Vgl. Djilas, Milovan: Der Rote Monarch, in: Der Spiegel vom 21. Juni 1980, http://www.spiegel.de/spiegel/print/d-14315887.html (Zugriff 29.05.2013).
6 Vgl. Španović, Sanjin: Više od 57 posto grad ana želi Titov trg u Zagrebu [Dt.: Mehr als 57 Prozent der Bürger sprechen sich für den Tito-Platz in Zagreb aus], Zagrebancija.com, 17. Oktober 2011: http://www.zagrebancija.com/hr-aktualnosti/ vise-od-57-posto-gradjana-zeli-titov-trg-u-zagrebu_314004 (Zugriff 29.05.2013).
7 Vgl. Romac, Denis: Slovenski ustavni sud ukinuo Titovu cestu [Dt.: Das slowenische Verfassungsgericht verbietet eine Tito-Straße], Novi List, 4. Oktober 2011: http:// www.novilist.hr/Vijesti/Svijet/Slovenski-Ustavni-sud-ukinuo-Titovu-cestu (Zugriff 29.05.2013).
8 Vgl. http://rockpartyzani.com/Novice.htm (Zugriff 29.05.2013).
9 Vgl. Rede Titos, Videoclip auf YouTube: http://www.youtube.com/watch?v= ugNa8_rU7tI (Zugriff 29.05.2013).
10 Phillips, John: Jugoslovenska priča [Dt.: Die jugoslawische Geschichte], Belgrad 1980, S. 12 ff.
11 Vgl. RTS 2, Nachrichtensendung vom 4. Mai 1980, Videoclip auf YouTube: http://www.youtube.com/watch?v=IgdqsZfi9BY (Zugriff 29.05.2013).
12 Phillips: Jugoslovenska priča, S. 13.
13 Ebenda, S. 12 ff.
14 Saračević: Titom, S. 14 ff.

## Wilhelm Pieck

\* 3. Januar 1976 in Guben
† 7. September 1960 in Berlin

1946 (bis zum Tod): Vorsitzender der SED (gemeinsam mit Otto
Grotewohl); 1949 (bis zum Tod): Präsident der DDR

## Walter Ulbricht

\* 30. Juni 1893 in Leipzig
† 1. August 1973 in Groß Dölln

1950–1971: Generalsekretär (bis 1953) bzw. Erster Sekretär der ZK der SED;
1971 (bis zum Tod): Ehrenvorsitzender der SED;
1960–1971: Vorsitzender des Nationalen Verteidigungsrates der DDR;
1960 (bis zum Tod): Vorsitzender des Staatsrates der DDR

## Erich Honecker

\* 25. August 1912 in Neunkirchen/Saar
† 29. Mai 1994 in Santiago de Chile

1971–1989: Erster Sekretär (seit 1976: Generalsekretär) des ZK der SED;
1971–1989: Vorsitzender des Nationalen Verteidigungsrates der DDR;
1976–1989: Vorsitzender des Staatsrates der DDR

Im Ostteil Deutschlands spielte der Legitimitätskult um die DDR eine
besondere Rolle. Personenkult wurde in der DDR zwar um Wilhelm Pieck,
Walter Ulbricht sowie selektiv um Erich Honecker betrieben. Er erreichte
aber in der Intensität nicht den Kult, den es um viele andere Ostblock-
Führer gab.

> *Frauen und Mütter! Der Sozialismus dient dem Glück*
> *Eurer Familien! Legt in die Herzen Eurer Kinder die Liebe*
> *zur sozialistischen Heimat!*[1]

> *»Und wenn der RIAS noch so hetzt, unsere DDR, die fetzt!«*[2]

# Arbeiter-Präsident Wilhelm Pieck, Sozialismus-Baumeister Walter Ulbricht, Freizeit-Jäger Erich Honecker – Personenkult in der DDR

Thomas Grimm und Thomas Kunze

»Es lebe der Bannerträger des Friedens. Der beste Freund des deutschen Volkes J. W. Stalin«, stand auf einem DDR-Plakat vom Dezember 1953.[3] Stalin war seit neun Monaten tot, doch die DDR-Machthaber huldigten vorerst weiter ihrem Idol. Stalin-Friedenspreisträger Johannes R. Becher reimte:

> Und kein Gebirge setzt ihm eine Schranke,
> Kein Feind ist stark genug, zu widerstehen
> Dem Mann, der Stalin heißt, denn sein Gedanke
> Wird Tat, und Stalins Wille wird geschehen.[4]

Als Walter Ulbricht, Wilhelm Pieck und weitere Führungskräfte der KPD 1945 aus dem Moskauer Exil zurückkehrten, um im zerstörten Nachkriegs-Deutschland als verlängerter Arm der sowjetischen Besatzungsmacht tätig zu werden, stand Josef Stalin auf dem Gipfel seiner Macht.

In der Sowjetischen Besatzungszone, aus der 1949 die DDR hervorging, breitete sich ein maßloser Kult um den Sowjetführer aus. Stalindenkmäler wurden in Ostberlin (in der Stalinallee), in Dresden, Freital und anderen Städten aufgestellt. Auch in Stalinstadt, dem späteren Eisenhüttenstadt, thronte eine Zeitlang der Diktator auf einem Sockel. Offizielle Lobpreisungen auf Stalin lauteten im DDR-Deutsch: Genialer Führer und Lehrer der Partei, Großer Stratege der sozialistischen Revolution und Heerführer und Freund aller Menschen.

Der Kult um »Väterchen« Stalin trug religiöse Züge. Spitzenfunktionäre wie Walter Ulbricht und Wilhelm Pieck, die in ihrer Karriere die harte Schule der Komintern durch- und überlebt hatten, konnten und wollten sich diesem Kult nicht entziehen. Einerseits war er Teil ihres Verständnisses von unbeschränkter Machtausübung, andererseits schuf er die Illusion, das Volk stehe uneingeschränkt hinter dem jeweiligen Führer und der Sache des Sozialismus.

Als Stalin im März 1953 starb, wurde an den DDR-Bildungseinrichtungen eine Stimmung erzeugt, als sei die Sonne erloschen. Manche jungen Leute dachten in der Tat, die Welt gehe nun unter, und wollten ebenfalls sterben.[5] Der Schriftsteller und Augenzeuge Erich Loest erinnert sich an die Zeit unmittelbar nach Stalins Tod so: »In diesen Tagen hospitierte ich bei der Arbeiter-und-Bauern-Fakultät zu Leipzig [...] Auf einem Treppenabsatz hinter dem Haupteingang war eine Stalinbüste aufgestellt, neben ihr wachten Studentin und Student mit dem Luftgewehr. Ich nahm die Mütze ab und verneigte mich. Dozenten drückten mir stammelnd die Hand, als kondolierten sie mir, als sprächen wir alle uns gegenseitig maßloses Beileid aus. In einer Feierstunde wurde die Stellungnahme des Zentralkomitees der SED verlesen, dem Direktor und einem Studenten versagten die Stimmen. Überall in der DDR wie in den östlichen Bruderstaaten wurde getrauert wie nie zuvor. Büsten, Blumen, Flore, Vorbeimärsche, Ansprachen, Gedichte.«[6]

Für den Parteidichter Becher ging mit dem Tode Stalins »ein Riss durch die Erde«[7], und der Vorsitzende des DDR-Schriftstellerverbandes, Kurth Barthel (Pseudonym: KuBa), der bereits eine 13-seitige Kantate auf den »Vater der Völker« geschaffen hatte, trauerte:

*Gesiegt! Und alles, alles ist vollbracht.*
*Er ruht. Die Millionen sind die Seinen.*
*Sein Lächeln leuchtet uns auch diese Nacht.*
*Er hat uns arme Leute reich gemacht.*
*Wir aber weinen.*[8]

Eine Minute lang stand die DDR still. Alle Autofahrer schalteten die Motoren ab, die Drucker hielten die Maschinen an und die Zugführer hielten auf offener Strecke, um dem Generalissimus die letzte Ehre zu erweisen. Bei vielen Menschen war die Teilnahme an diesen Akten gespielt, bei anderen wirkte die Stalinpropaganda nach und erzeugte ein beklemmendes Bauchgefühl. Eine Ära war zu Ende gegangen, der Religionsführer war tot. Aber was wird aus der praktizierten Religion werden?

Es war der DDR-Propaganda gelungen, eine Massenhysterie zu schüren, die sich in dieser Form später nicht mehr wiederholt hat.

*Präsident Wilhelm Pieck mit seiner Tochter und persönlichen Referentin Elly Winter in seinem Amtssitz Schloss Niederschönhausen, Dezember 1950.*

Nach der Geheimrede von Nikita Chruschtschow auf dem XX. Parteitag der KPdSU im Jahre 1956 setzte in der DDR eine langsame Abkehr vom Stalinkult ein. 1961 wurden die Stalindenkmäler heimlich demontiert, und Städte, Plätze und Straßen, die seinen Namen trugen, wurden umbenannt.

Ein Ende des Personenkults war damit aber nicht in Sicht. Längst hatte man in der DDR einen eigenen Heldenkult installiert. Da gab es zunächst die Helden des antifaschistischen Widerstands, wie den 1944 im KZ Buchenwald ermordeten einstigen KPD-Vorsitzenden Ernst Thälmann. Er wurde sakralisiert und seine Rolle überhöht. Dann betraten Adolf Hennecke und Frida Hockauf die Bühne. Bei ihnen handelte es sich um zwei in den Dienst der DDR-Propaganda gestellte Arbeiter, die die Arbeitsnormen übererfüllt hatten. Sie wurden als Helden des Aufbaus und der Arbeit vorgeführt und zu Vorreitern der Aktivistenbewegung stilisiert.[9]

Und schließlich hatte man Wilhelm Pieck. Der altgediente Kommunist hatte 1946 auf Geheiß Stalins in der Sowjetischen Besatzungszone im Bunde mit dem Sozialdemokraten Otto Grotewohl die KPD mit der SPD zur SED vereinigt. Er und Grotewohl übernahmen den gemeinsamen Vorsitz. Für die SED-Geschichtsschreibung galt Pieck fortan als der Schmied der Einheit der Arbeiterklasse. 1949 wählten ihn die Volkskammer und die Länderkammer[10] zum ersten Präsidenten der DDR.

Wilhelm Pieck war für die SED-Propaganda der frühen DDR-Jahre ein Glücksgriff. Er verfügte über das Charisma eines gütig wirkenden Landesvaters. Durch sein gutmütiges Aussehen und seine schlohweißen Haare stellte er den Typus eines sorgenden Politikers dar und ließ sich hervorragend popularisieren. Für die im Nationalsozialismus traumatisierte Jugend wirkte Pieck wie ein Antipode zu Hitler. Der Kult um ihn wurde, so schien es bisweilen, von unten mitgetragen.

Über den 11. Oktober 1949, den Tag der Wahl Wilhelm Piecks zum Präsidenten der DDR, berichtete die Ostberliner Presse: »In den Nachmittagsstunden zeigte sich in den Straßen Berlins eine fieberhafte Spannung. Die Zugänge zum Stadtkern waren bald von anströmenden Demonstranten überfüllt. [...] Stürmischer Jubel brauste auf, als der neue Staatspräsident, der alte, verdiente Arbeiterführer, an dem mit Feldblumen geschmückten Rednerpult erschien und den hunderttausendstimmigen Chor ›Es lebe der Präsident unserer demokratischen Republik!‹ mit einem glücklichen Schwenken der Hand beantwortete.«[11]

Piecks Lebenslauf glich einer kommunistischen Musterkarriere. Der Sohn eines Droschkenkutschers stammte aus einem katholischen Elternhaus, schloss sich aber in den neunziger Jahren des 19. Jahrhunderts der Gewerkschaftsbewegung und später der SPD an. 1915 wurde er zum Kriegsdienst einberufen, aber bald wegen sozialistischer Agitation vor ein Kriegsgericht gestellt. Nach dem Ersten Weltkrieg gehörte Pieck zu den Gründungsmitgliedern der KPD. Die Jahre des Nationalsozialismus überlebte er in Moskau.

Als DDR-Präsident residierte Wilhelm Pieck im Schloss Niederschönhausen in Berlin-Pankow und als SED-Vorsitzender im SED-Parteihaus an der Ost-Berliner Torstraße/Ecke Prenzlauer Allee. Dort lag sein Arbeitszimmer mit dem Grotewohls, des Vorsitzenden des Ministerrates der DDR, Wand an Wand. Der Kommunist Wilhelm Pieck und der frühere SPD-Reichstagsabgeordnete Otto Grotewohl, Präsident und Ministerpräsident der DDR auf einem Flur: Die DDR wollte im Gleichklang der beiden linken Strömungen eine neue Gesellschaft schaffen. Pieck und Grotewohl waren dabei noch vom Einheitsgedanken für Deutschland getragen.

Mit der Hinwendung zum Volk, zur arbeitenden Klasse, wie das in der Propaganda hieß, hatten beide keine Probleme. Sie waren in den politischen Kämpfen vor 1933 erprobt. Ihre vorgezeigte Volkstauglichkeit verbreitete in der frühen DDR noch Hoffnung und Zuversicht für »Deutschland einig Vaterland«. Ein Grund dafür, dass Pieck, aber auch Grotewohl, stets Bodenhaftung hielten, lag darin, dass sie noch mitten unter dem Volk wohnten. Sie brauchten aus ihren Häusern in Pankow nur über die Straße gehen, um einfache Menschen zu treffen. Die offene Grenze nach Westberlin befand sich vor der Haustür. Erst der Umzug der DDR Führung nach Wandlitz in den Jahren 1960/61 hob diese Nähe zum Alltag der Menschen auf.[12]

Wilhelm Pieck wurde Arbeiterpräsident und Papa Pieck genannt. Die SED nutzte sein Großvaterimage und seine Beliebtheit zur Festigung ihrer Macht. Über seinen 80. Geburtstag am 3. Januar 1956 ist aus einem Kindergarten in Halle (Saale) ein Bericht überliefert. Die Kindergärtnerin erzählt vom Leben Piecks und davon, dass er mit allen Arbeitern für ein besseres Leben kämpfte, »und deshalb wählten Eure Eltern und alle fleißigen Arbeiter und Bauern ihn zum Präsidenten unserer DDR«. Ein Mädchen weiß, »dass unser Präsident jetzt auf einem großen Schloss wohnt und arbeitet«. Ein kleiner Junge sagte: »Wenn man so fleißig ist wie mein neuer Vati, dann darf man ihn sogar besuchen.«[13]

Propagandabilder zeigten Pieck immer wieder im Kreise von Kindern. Diese Inszenierung schien am ehesten dem Wesen des alt gewordenen Parteiführers zu entsprechen. Pieck repräsentierte in den fünfziger Jahren den Geborgenheitsaspekt des Staates. Er bot sich, bis zu Stalins Tod im Jahre 1953, gemeinsam mit dem Sowjet-Diktator »auch insofern als religiöse Ersatzfigur an, dass beider Geburtstage in der Nähe von Weihnachten lagen – Stalin wurde am 21. Dezember, Pieck am 3. Januar geboren – und von daher das christliche Fest günstig einrahmten, bzw. ihm eine neue religiöse Bedeutung geben konnten«.[14]

Pieck starb im September 1960, der Kult um ihn dauerte über seinen Tod hinaus an. Seiner Geburtsstadt Guben wurde 1962 der Beinamen Wilhelm-Pieck-Stadt verliehen.[15] Das einzige Segelschulschiff der DDR führte den Namen genauso wie eine Kaserne, die Rostocker Universität und viele Straßen und Plätze in der DDR. In Guben wurde Pieck zu Ehren ein Denkmal errichtet.

Obwohl Wilhelm Pieck bis zu seinem Tod im Jahre 1960 nicht nur Staatsoberhaupt der DDR, sondern auch Vorsitzender der Staatspartei SED war, lag die eigentliche Macht nicht bei ihm, sondern bei Walter Ulbricht, dem Generalsekretär (Bezeichnung seit 1953: Erster Sekretär) des Zentralkomitees der SED und stellvertretenden Ministerpräsidenten der DDR. Pieck war 1945 in Ulbrichts Windschatten aus Moskau nach Ostberlin zurückgekehrt. Ulbricht jedoch, der nicht die Beliebtheit Piecks hatte, wollte nicht nur im Machtgefüge der SED und der DDR die Nummer eins sein, sondern das auch protokollarisch werden. Er war 16 Jahre jünger als Pieck, und er konnte warten.

Dennoch bereitete Ulbricht der Kult um Papa Pieck zunehmend Bauchschmerzen. Neid spielte dabei eine nicht geringe Rolle. Ernst Wollweber, Minister für Staatssicherheit in den Jahren 1953 bis 1957, berichtete: »Pieck war alt, gesundheitlich durch einen Schlaganfall sehr angeschlagen, arbeitsunfähig, aber er war noch da. Solange Wilhelm Pieck noch die Möglichkeit hatte, in irgendeiner Form einzugreifen, wirkte das wie eine Bremse an (Ulbrichts) Wagen. (Ulbricht) selber wusste das auch sehr genau und beklagte sich bei mir über den Personenkult um Wilhelm Pieck.«[16]

Nach Piecks Tod im Jahr 1960 hatte Walter Ulbricht freie Bahn. Einen neuen DDR-Präsidenten sollte es nicht mehr geben. Ulbricht schuf stattdessen einen Staatsrat, übernahm den Vorsitz und wurde so nun auch DDR-Staatsoberhaupt. Noch zu seinen Lebzeiten wurden Betriebe, Einrichtungen und Sportstätten nach ihm benannt. Die Leuna-Werke, das Synthesewerk Schwarzheide, die Deutsche Akademie für Staats- und Rechtswissenschaft und das spätere Stadion der Weltjugend in Ostberlin erhielten den Beinamen Walter Ulbricht. Der Schriftsteller und Büroleiter Ulbrichts, Otto Gotsche, reimte: »Unser Ruf den Feinden entgegenhalle: Walter Ulbricht, das sind wir alle!«[17]

Ulbricht zeigte Interesse für Wissenschaft und Architektur. An sein Haus ließ er eine Bibliothek anbauen. Als Baumeister des Sozialismus wollte er bei Wissenschaftlern und Architekten mitreden können. Auf die Planung und Ausführung von Prestigebauten, die von der Kraft des Sozialismus künden sollten, nahm Ulbricht direkten Einfluss. Er interessierte sich dabei mehr als sein Nachfolger Erich Honecker für die Meinungen von Spezialisten. Zu Ulbrichts Ruhme gestalteten sich dann auch die Richtfeste und feierlichen Eröffnungen. Zum 20-jährigen Gründungstag der DDR im Jahr 1969 wurde der Berliner Fernsehturm eingeweiht – mit 368 Metern Höhe der zweithöchste Fernsehturm der Welt. Die Architektur erinnert an den kugelförmigen ersten künstlichen Erdsatelliten, russisch: Sputnik. Die Bilder der DDR-Wochenschau von der Eröffnung des Turmes zeigen einen gelösten, stolzen Walter Ulbricht mit Frau Lotte und weiteren Politbüromitgliedern, darunter Erich Honecker. Ulbricht führte den jungen Parteikadern vor, wie man seinen Sozialismus weithin sichtbar machen kann. Es war ein propagandistischer Schachzug gegenüber den eigenen Leuten und zugleich gegenüber dem Westen, der von nun an täglich auf den Teleturm schauen musste. Heute ist der unter Ulbricht erbaute Fernsehturm das höchste Wahrzeichen der wiedervereinigten Stadt und prägt ihre Mitte nachhaltig.

Bereits Ende der fünfziger Jahre lässt Ulbricht seine Sportbegeisterung fotografieren und filmen. Meistens zeigt er sich dabei gemeinsam mit seiner Frau Lotte. Man sieht sie beim Tischtennisspiel, beim Skifahren in Oberhof und beim gemeinsamen Rudern auf dem Liepnitzsee. In der Pionierrepublik am Werbellinsee, dem Zentralen Ferienlager der Kinderorganisation Junge Pioniere, spielte Ulbricht in Anzugshose und Hosenträgern Volleyball mit jungen Leuten. Seine Sportbegeisterung wurde auch in die Propaganda des Systems eingefügt. Der Spruch »Jedermann an jedem Ort, einmal in der Woche Sport« ist eine jener Wortschöpfungen, die in der DDR jeder kannte. Mit der Einrichtung der Deutschen Hochschule für Körperkultur und Sport (DHfK) und dem Bau des Leipziger Zentralstadions für 100 000 Zuschauer schaffte Ulbricht Voraussetzungen für international erfolgreiche DDR-Sportler. Sein Antrieb war, dass bis 1964 gesamtdeutsche Mannschaften an den Olympischen Spielen teilnahmen. Als gleichberechtigter Teil dieser Delegationen sollten möglichst viele Medaillengewinner aus der DDR kommen. Der Skispringer Helmut Recknagel, erster deutscher Olympiasieger in einer nordischen Disziplin, und der Radfahrer Täve Schur wurden zu DDR-Sportikonen, deren Ruhm auch auf Ulbricht abfärbte.

Als Erbauer des Sozialismus, wie sich Ulbricht verstand, war er auch der Baumeister der Unterdrückungssystems der DDR und wandelte sich vom Propagandisten der Losung »Deutsche an einen Tisch« zum Nachbesserer der deutschen Spaltung. 1961 entstand

*Demonstrationszug während der III. Weltfestspiele der Jugend und Studenten auf der Friedrichstraße mit Transparenten von Walter Ulbricht, Friedrich Engels und Karl Marx (1951).*

die Mauer. 1964 ließ Ulbricht in die Staatsfahne das Wappen mit Hammer und Sichel einsticken, und 1968 verabschiedete die DDR eine neue Verfassung, in der das Ziel der Wiedervereinigung nicht mehr enthalten war.

Wirtschaftlich ging es den DDR-Deutschen in diesen Jahren jedoch so gut wie lange nicht. Wohl deshalb arrangierten sich viele von ihnen mit Walter Ulbrichts Politik. Auch an ihn selbst hatte man sich gewöhnt. Trotz seines gehemmten Charismas mit einer hohen Fistelstimme galt er als volksverbunden. Selbst Witze, die man über den »Spitzbart« machte, waren ihm im Grunde nicht abträglich. Doch anders als bei Pieck schlug der Personenkult um

Ulbricht in der Bevölkerung nicht in eine populäre Stimmung um. Es gelang ihm nie, nach dem Tod des beliebten Staatspräsidenten Wilhelm Pieck dessen Rolle eines verständnisvollen Landesvaters zu übernehmen.[18]

Am 3. Mai 1971 musste Walter Ulbricht von der SED-Spitze zurücktreten. Er wurde mit dem Einverständnis des Kreml durch Erich Honecker gestürzt. Ulbricht hatte versucht, sich vom sowjetischen Wirtschaftsmodell zu entpflichten, und die These von der Allgemeingültigkeit der Erfahrungen der Sowjetunion verworfen. Hinzu kamen Alleingänge Ulbrichts in der Deutschlandpolitik, die 1970 in dem Besuch von Bundeskanzler Willy Brandt in der DDR und in einem Gegenbesuch von Ministerpräsident Willi Stoph in Kassel gipfelten.

Ulbrichts Nachfolger wurde Erich Honecker. Der demütigte seinen gestürzten Vorgänger, wo er nur konnte. Zwar durfte Ulbricht noch bis zu seinem Tod Vorsitzender des DDR-Staatsrates bleiben, doch diese zwei Jahre gerieten für ihn zu einer wiederholt zelebrierten öffentlichen politischen Entmündigung. Am 30. Juni 1971, dem 78. Geburtstag Ulbrichts, zeigte das DDR-Fernsehen den Jubilar bei der Entgegennahme von Glückwünschen des Politbüros erschöpft im Lehnstuhl sitzend, angetan mit Hausmantel und in Pantoffeln. Ab Juli 1973 wurde die DDR-Bevölkerung durch zahllose ärztliche Bulletins auf das Ableben von Walter Ulbricht eingestimmt. Er starb politisch völlig vereinsamt am 1. August 1973.

Da zu diesem Zeitpunkt die Weltfestspiele der Jugend und Studenten, eine Mammutveranstaltung in Ostberlin, stattfanden, durfte erst fünf Tage später offiziell getrauert werden. Honecker, gerade einmal 50 Jahre alt, wollte nicht gestört werden. Die Weltfestspiele waren für ihn eine Art Krönungsmesse. Die DDR-Medien hatten fortan bei protokollarischen Mitteilungen seinen Namen stets mit der vollen Titelfülle zu versehen: Generalsekretär des Zentralkomitees der Sozialistischen Einheitspartei Deutschlands, Vorsitzender des Staatsrates und Vorsitzender des Nationalen Verteidigungsrates der Deutschen Demokratischen Republik, Erich Honecker.

Kaum an der Macht, räumte Erich Honecker mit dem Personenkult um seinen Vorgänger auf. Straßen, Betriebe und Institutionen wurden zurückbenannt. Die Ulbricht-Briefmarkenserie verschwand nach und nach aus dem Postverkehr. Die Tilgung des Namens sollte dokumentieren, dass Fehler und Probleme beim Aufbau des Sozialismus im Land nicht im gesellschaftlichen System und im Machtanspruch der SED zu suchen waren, sondern dass Personen wie Walter Ulbricht und seine Parteigänger an den jeweiligen Missständen Schuld trugen.

In Honeckers Biografie gab es mehrere Elemente, die für das politische Selbstverständnis der DDR standen: die zur politischen Macht gelangte Arbeiterklasse, Honeckers Sozialisation innerhalb der Kommunistischen Partei, der Widerstand gegen den Nationalsozialismus und die Bindungen an die Sowjetunion. Mit ihm veränderte sich das Auftreten der Führungskader deutlich. Die Politiker der unmittelbaren Nachkriegszeit waren gegenüber der Bevölkerung so aufgetreten, als bemühten sie sich zumindest, diese zu verstehen. Honecker wirkte eher wie ein berechnender Machtpolitiker. Er verfügte nicht über das Charisma, um einen von den Bürgern getragenen Kult für sich zu etablieren. Zwar konnte er bei offiziellen Veranstaltungen die Rolle des Mittelpunkts annehmen und spielen. Auf den wiederkehrenden Parteitagen drehte sich alles um ihn, seine Reden wurden stundenlang im DDR-Fernsehen übertragen. Im Korsett dieser rituellen Veranstaltungen bewegte er sich ohne Schwierigkeiten und schwang auf dem Abschlussempfang auch gern das Tanzbein. Aber seine Unsicherheit war gleichsam mit Händen greifbar. Und im Alltag inszenierte er sich weit weniger als sein Vorgänger.

Das hatte möglicherweise mehrere Gründe. Honecker wurde als Saarländer im deutschen Osten nie richtig heimisch. Wahrscheinlich hatte sich bei ihm in der langen Haftzeit während des Nationalsozialismus eine gewisse Menschenscheu gebildet. Unter das Volk zu gehen, entsprach nicht seinem Führungsstil. Obwohl er als ehemaliger Turner eine sportliche Figur behalten hatte, wäre es ihm im Traum nicht eingefallen, wie Ulbricht an einem Massenlauf teilzunehmen oder mit Skiurlaubern in Oberhof die Loipen zu befahren. Er setzte lieber auf die Popularität seiner Ausweichhelden, in deren Glanz er sich gern sonnte. Zu diesen gehörte Siegmund Jähn, der erste deutsche Raumfahrer, ebenso wie die Eiskunstläuferin Katarina Witt, um die ein wahrer Personenkult getrieben wurde.

Honecker sehnte sich durchaus nach Anerkennung. Der Titel »Held der DDR«, den er sich gleich zweimal verleihen ließ, half dabei nicht. Auch sein Versuch, als der beliebteste deutsche Sozialpolitiker in die Geschichtsbücher einzugehen, als derjenige, der für Preisstabilität, niedrige Mieten und ein großes Wohnungsbaubauprogramm sorgte, blieb letztlich vergeblich. Bei der Einweihung der millionsten Neubauwohnung in Berlin-Marzahn ließ er sich von einer Familie einladen. Er gab sich als einer von ihnen und erzählte von seinen früheren Wohnverhältnissen. Das war Personenkult nach seinem Geschmack. Doch die Realitäten in der Mangelwirtschaft und Unfreiheit der DDR verdarben ihm den Traum. Honecker verstand das nie und konnte bis Ende seines Lebens nicht einsehen, warum man ihm für die von ihm so gepriesenen sozialistischen Errungenschaften keine Dankbarkeit entgegenbrachte.

Nirgends kam Honeckers Wunsch nach Beifall deutlicher zum Ausdruck als bei seinem Hobby, der Jagd. Im Mai 1962 etablierte er die von Wandlitz aus gut zu erreichende Schorfheide als Staatsjagdgebiet. Vor allem mit den Politbüromitgliedern Willi Stoph und Günter Mittag ging er gern auf die sorgfältig vorbereitete und abgesicherte Pirsch. Das Jagdschloss Hubertusstock, ursprünglich erbaut unter dem Preußenkönig Friedrich Wilhelm IV. in der Mitte des 19. Jahrhunderts, war weit entfernt von sozialistischer Architektur und von den Machtbüros der DDR. Honecker nutzte die Insignien des preußischen Adels für seine Reputation. Wo früher preußische Hof- und Jagdgesellschaften abgehalten wurden, leistete sich auch der erste Mann des Arbeiter-und-Bauern-Staates ein wenig feudales Gepränge. Dass die Jagd eine hervorragende Möglichkeit bietet, in einer jahrhundertealten Tradition Politik zu betreiben, war dem Jäger Honecker bewusst.

Wenn es um Honecker einen Personenkult gab, den er aktiv förderte, dann ist dieser mit der Jagd verbunden. In diesem Punkt entwickelte er durchaus kultische Handlungen. Die Fotos von Hunderten erlegten Hasen, zum Kreis aufgereiht, sind den DDR-Zeitungslesern im Gedächtnis haften geblieben.

Honecker wollte als Jäger in Anlehnung an historische Vorbilder Statur gewinnen und Gäste beeindrucken. Bei der Jagd konnte er Hobby und symbolische Akte verbinden. Von Zeit zu Zeit wurden die in der DDR akkreditierten Diplomaten zur Hasenjagd eingeladen. Meistens fand dieses Festschießen in der Gegend um Magdeburg statt. Honecker genoss es, das Diplomatische Korps vor sich aufgereiht zu sehen. In militärischer Haltung, mit russischer Zobelfellmütze und geschultertem Gewehr trat er ans Mikrophon, und es erschallte sein Ruf: »Die Diplomatenjagd ist eröffnet!« Als 1984 Krupp-Konzernchef Berthold Beitz die DDR besuchte, wurde er auf Schloss Hubertusstock mit Jagdsymbolik und Jagdhornbläsern empfangen und in Honeckers persönlichem Jeep zur Jagd fahren.

Die Jagd bedeutete für Honecker nicht nur eine Pose der Macht, sie war auch eine Flucht vor der Auseinandersetzung mit dem Alltag des realen Sozialismus. Es hatte für ihn wohl etwas entspannend Unideologisches, mit Staatsgästen oder Wirtschaftsbossen durch den Wald zu streifen und anschließend ein Essen zu geben. Auch als Helmut Schmidt im Dezember 1981 die DDR besuchte, stand Hubertusstock auf dem Programm. In der Fernseh-Berichterstattung sah man Honecker auf dem Flugplatz Schönefeld bei eisiger Kälte schon mit Pelzmütze auf den Gast warten. Das diplomatische Parkett war für Honecker eher eine Eisbahn, aber in der Umgebung des Waldes lebte er auf. Dort brillierte er mit seinem Weidmannwissen und nutzte es für diplomatische Zwecke. Helmut Schmidt hörte sich das wohl an, ein gemeinsames Jagdvergnügen gönnte er ihm aber nicht.

Nachdem die DDR im Jahre 1973 in die Vereinten Nationen aufgenommen worden war, wuchs Honeckers Wunsch nach internationaler Anerkennung. Der große Moment, auf den er viele Jahre lang gewartet hatte, kam im September 1987. Auf der Tagesordnung stand der offizielle Besuch in der Bundesrepublik Deutschland, worüber bereits seit 1983 diskutiert wurde. Moskau hatte ihn immer wieder verhindert. Offiziell wurde das Ganze als Arbeitsbesuch deklariert. Darauf bestand die Bundesregierung. Die DDR war für sie niemals Ausland, sie gehörte zu Deutschland.

Erstmals seit Gründung der DDR, nach 38 Jahren, betrat ein Staatsratsvorsitzender und Generalsekretär der SED westdeutschen Boden. Wenn es ein offensichtliches Ereignis von Personenkult in Honeckers DDR gab, dann war es die Inszenierung dieses Besuches. Endlich konnte er Helmut Kohl diplomatisch auf Augenhöhe begegnen. Der Auftritt in Bonn wurde vom DDR-Fernsehen mit einer Live-Übertragung in die Wohnstuben der DDR-Bürger gebracht. Die Kamera folgte dem Staatsratsvorsitzenden auf Schritt und Tritt. Stundenlang.

*Erich Honecker bei seinem offiziellen Besuch in Bonn mit Bundeskanzler Helmut Kohl (7. September 1987).*

Die Fernsehbilder vom Empfang in Bonn hatten auch etwas Symbolisches. Sie zeigten, wie Honecker mit staatsmännisch versteinerter Miene und durchgedrücktem Rückgrat Kohl entgegentrat. Jedoch: Die unterschiedliche Statur und Größe der beiden Männer ließen Assoziationen aufkommen, die der DDR-Propaganda nicht angenehm waren. Das galt es zu übertünchen. Hohe Töne schlugen die DDR-Fernsehmoderatoren an, wenn Honecker zu Empfängen geladen wurde. Sein Jagdgefährte Berthold Beitz lieferte dazu geeignete Bilder. Er bat ihn in der Villa Hügel der Kruppstiftung zu Tisch: der Kommunist Honecker gemeinsam speisend mit den Bossen der bundesdeutschen Wirtschaft.

Zu einer geradezu euphorischen Huldigung geriet der Besuch bei Franz Josef Strauß in München. Als der bayrische Ministerpräsident den Gast am Flughafen verabschiedete, konnte man in den Gesichtern der beiden mit so krass gegensätzlichen Temperamenten ausgestatteten Männer deutliche Zeichen der Rührung erkennen.

Erich Honecker hielt sich spätestens seit seinem Besuch in der Bundesrepublik für einen Staatsmann von internationalem Format. In der Rückschau ist das nicht ganz von der Hand zu weisen, er erwarb tatsächlich eine gewisse außenpolitische Reputation. Seine Auslandsreisen wurden im DDR-Fernsehen und in den gesteuerten Presseorganen des Landes ausführlich dargestellt. Nicht selten glitten diese Berichte ab in eine höfische Art des Personenkultes, denn die Fernseh- und Zeitungsmacher wussten, dass sich Honecker nach seiner Rückkehr genau über die Darstellung informierte. Da wollte er sein Ego bestätigt sehen: der Weltmann Honecker, der sein kleines ostdeutsches Land zu wahrer Größe führt.

Doch es folgten bald Begegnungen, die weniger angenehm waren für Honecker, etwa das Treffen mit Michail Gorbatschow Anfang Oktober 1989 im Schloss Niederschönhausen in Berlin. Es sollte eine große Show für die Öffentlichkeit werden. Doch in der DDR brodelte es. Eigentlich liebte der DDR-Staats- und Parteichef die Autofahrten entlang der Protokollstrecke und bezog das Winken der herbeizitierten Menschen gern mehr auf sich als auf den Staatsgast. Nicht so bei diesem Besuch des sowjetischen Partei- und Staatschefs, der zu Hause Glasnost und Perestroika, also Offenheit und Umbau predigte. In Berlin riefen nicht wenige der bestellten Jubler »Gorbi, Gorbi!«. Vorbei waren die Zeiten, als der Bruderkuss die höchste Form kommunistischer Begrüßungsrituale war. Die Differenzen zwischen Gorbatschow und Honecker führten fast zu einem Eklat. Von Gorbatschow musste sich Honecker den berühmt gewordenen Satz anhören: »Wer zu spät kommt, den bestraft das Leben.«

Nach der friedlichen Revolution in der DDR war Honecker für viele Menschen nur noch eine negativ besetzte Projektionsfläche für alle Ungerechtigkeiten, die in 40 Jahren Arbeiter-und-Bauern-Staat begangen worden waren. Der einstige Staatsmann flüchtete vor seinen eigenen Genossen in ein Pfarrhaus und dann vor der gesamtdeutschen Justiz nach Moskau. Zurückverbracht nach Berlin, kam er vor Gericht und hatte sich für die Toten an der Berliner Mauer zu verantworten. Von einer schweren Krebserkrankung gezeichnet, durfte er schließlich ins Exil nach Chile fliegen, wo er 1994 ruhmlos und einsam starb.[19]

Schon fünf Jahre vor ihm hatte der von ihm gepredigte sozialistische Staat auf deutschem Boden ein Ende gefunden. Die anfangs stalinistischen, später eher peinlichen Versuche, einen Kult um die Führer dieses Landes zu etablieren, erscheinen heute nur noch als ein Kuriosum der deutschen Geschichte.

## Anmerkungen

1 Losung des ZK der SED zum 1. Mai 1965, in Neues Deutschland vom 14.04.1965, zit. nach: http://www.linguistik.hu-berlin.de/kooperationen/ddr-corpus/texte/texte/losungen65.html (Zugriff 11.08.2012).
2 Werbespruch des DDR-Jugendradiosenders »DT 64« in den achtziger Jahren. »RIAS«: Rundfunk im amerikanischen Sektor«.
3 Plakat zum 53. Geburtstag Stalins (21. Dezember 1953), in: Schmid, Markus Herbert, Poetae Laureati – Stalins Minnesänger, Eichstätt 2006, S. 133.
4 Becher, Johannes R.: Danksagung, in »Sinn und Form« 2/1953, S. 9 (zit. nach Schmid, Poetae Laureati, S. 28.
5 Vgl. http://www.ddr-wissen.de/wiki/ddr.pl?Stalinkult (Zugriff 21.06.2013).
6 Loest, Erich: »Und durch die Erde ein Riss«: http://www.berliner-zeitung.de/archiv/heute-vor-50-jahren--am-tag--als-joseph-stalin-starb--versagten-in-der-ddr-die-stimmen-und-durch-die-erde-ein-riss,10810590,10069648.html (Zugriff 12.06.2013).
7 Becher dichtete anlässlich des Todestages Stalins im Jahre 1953: »Und wieder ein Schrei, ein schriller,/und Sonnenfinsternis,/Er war unser Leben Erfüller,/und wieder Stille,/noch stiller,/Und durch die Erde geht ein Riss.«
8 KuBa: 5. März 1953, 21.50 Uhr, in Neue Deutsche Literatur 4/1953, S. 14 (zit. nach: Schöne, Albrecht: Vom Betreten des Rasens. Siebzehn Reden über Literatur, München 2005, S. 276.
9 Vgl. Gries, Rainer: Die Heldenbühne der DDR, in: Satjukow, Silke; Gries, Rainer: Sozialistische Helden. Eine Kulturgeschichte von Propagandafiguren in Osteuropa und der DDR, Berlin, 2002, S. 84 ff.
10 Die DDR-Länderkammer setzte sich aus Abgeordneten der fünf Landtage der DDR zusammen und bestand bis 1958.
11 Tägliche Rundschau (Ostberlin) vom 12.10.1949.
12 In privaten Filmaufnahmen von Otto Grotewohl, der ein begeisterter Hobbyfilmer war, erkennt man die erschreckende Vereinsamung in Wandlitz. Er posiert mit seiner neuen, jungen Frau vor einem Wartburg-Sport oder spielt mit ihr seelenallein Tennis. Im Vergleich dazu zeugen die Aufnahmen aus dem Pankower Städtchen noch von Geselligkeit und bürgerliche Atmosphäre.
13 Bundesarchiv Potsdam (BAP), R-2, Bd. 3448, Bl. 103 f., zit. nach Wierling, Dorothee: Geboren im Jahr Eins. Der Jahrgang 1949 in der DDR. Versuch einer Kollektivbiographie, Berlin 2002, S. 106.
14 Vgl. Materialsammlung für die Arbeit der Zirkel, Gruppen und Freundschaften der Jungen Pioniere im Winter, Jugend-Archiv im Institut für Zeitgeschichtliche Jugendforschung (JA-IZJ), B(roschüren) 3305, Einleitung ohne Seitenzahl. Zit. nach Wierling: Geboren im Jahr Eins, S. 107.
15 Der Beiname wurde 1990 wieder gestrichen.
16 Vgl. Wollweber, Ernst: Aus Erinnerungen. Ein Porträt Walter Ulbrichts, dokumentiert von Otto, Wilfriede, in: Beiträge zur Geschichte der Arbeiterbewegung 32/1990, S. 360, zit. nach Amos, Heike: Politik und Organisation der SED-Zentrale 1949–1963. Struktur und Arbeitsweise von Politbüro, Sekretariat, Zentralkomitee und ZK-Apparat, Münster/Hamburg/London 2003, S. 344.
17 Gotsche, Otto: Unser Genosse Vorsitzender, zit. nach Gries: Die Heldenbühne der DDR, S. 84.
18 Vgl. ebenda.
19 Vgl. Kunze, Thomas: Staatschef a.D. Die letzten Jahre von Erich Honecker, 2. Auflage, Berlin 2013, S. 49.

# Mustafa Kemal Atatürk (bis 1934: Mustafa Kemal Pascha)

\* 19. Mai 1881 in Saloniki (heute: Thessaloniki, Griechenland)
† 10. November 1938 in Istanbul

1920: Vorsitzender des Parlaments; 1923 (bis zum Tod): Staatspräsident der Republik Türkei

Mustafa Kemal brach radikal mit der osmanischen Vergangenheit und modernisierte die Türkei grundlegend. Das Land wurde dabei u. a. durch die verordnete Trennung von Staat und islamischer Religion massiv verändert. Mustafa Kemals Modernisierungsprogramm ist untrennbar mit seinem Namen verbunden, es ging als »Kemalismus« in die Geschichte ein. 1934 verlieh die Große Nationalversammlung Mustafa Kemal den Beinamen »Atatürk« (»Vater der Türken«). Der Personenkult um Atatürk erreichte seinen Höhepunkt jedoch erst nach seinem Ableben.

*Mustafa Kemal (1924).*

*Glücklich, wer sich Türke nennt*

*O großer Atatürk! Ich schwöre, dass ich unaufhaltsam auf dem von dir eröffneten Weg zu dem von dir gezeigten Ziel streben werde. Mein Dasein soll der türkischen Existenz ein Geschenk sein. Wie glücklich derjenige, der sagt: Ich bin Türke!*[1]

*(Eidesformel, unter anderem für Schüler an türkischen Schulen)*

# Kemal Atatürk –
# Der »Vater der Türken«

*René Sternberg*

Kemal, der Vollkommene, Atatürk, Vater der Türken. Am Anfang der politischen Karriere dieses Namensträgers stand ein patriotischer Verrat, am Ende ein auf den Trümmern des Osmanischen Reiches errichteter, stabiler türkischer Staat. Man schrieb das Jahr 1919, der Erste Weltkrieg war schon seit einem Jahr vorbei. Am Bosporus wurden die Karten neu gemischt. Das mit Deutschland und Österreich verbündet gewesene Osmanische Reich hatte sich den Bedingungen der siegreichen Alliierten zu fügen, und der Sultan trug dem Oberbefehlshaber der Kaukasusfront auf, seine in der Schwarzmeerstadt Samsun verbliebenen Truppen vertragsgemäß zu entwaffnen. Doch der General Mustafa Kemal hielt sich nicht an den Befehl. Stattdessen wandte er sich mit der Restarmee gegen die mittlerweile unter alliierter Kontrolle stehenden Truppen des Sultans und gegen die griechischen Invasoren. Um gegen die Fremdherrschaft vorzugehen, verstieß er gegen seinen Eid. Am Fluss Sakayra errang er einen Sieg gegen die Griechen. Der Unabhängigkeitskrieg, den er mitauslöste, führte 1923 zur Gründung der Türkischen Republik mit ihm als Staatspräsident an der Spitze.

Der Personenkult um den Staatsgründer in seiner umfassenden Form entstand erst nach Atatürks Tod. Ulu önder (erhabener Führer), Ebedi Sef (Ewiger Führer), Gazi (Glaubenskämpfer) und Ebedi ata (Ewiger Vater) – das sind weitere Bezeichnungen für Mustafa Kemal, welche die Türken bis heute für ihn verwenden. Von Istanbul bis Iskenderun ist sein Abbild genauso häufig zu sehen wie in sehr katholischen Regionen Europas das Kruzifix. Atatürk ist omnipräsent: auf Bildern in Amtsstuben, Schulen oder Universitäten, als Statue und Büste auf öffentlichen Plätzen, auf jedem Geldschein und jeder Münze.

Die Bedeutung Atatürks für die Türkei scheint ungebrochen. Jedes Jahr am 10. November, seinem Todestag, werden überall in der Türkei riesige Stoffbahnen mit seinem Abbild und der türkischen

Flagge aufgehängt. Viele Menschen pilgern zum Mausoleum nach Ankara. In dem von Licht durchfluteten Tempel ist der Sarkophag aus weißem Marmor aufgebahrt, worin Atatürks sterbliche Überreste ruhen. Über den Vorplatz schallen Aufnahmen seiner Reden mit seiner Stimme. Genau um 09:05 Uhr, dem Zeitpunkt seines Todes, heulen Sirenen, und dann steht das ganze Land in einer Schweigeminute still. Radio- und Fernsehsender unterbrechen ihre Sendungen, Schüler versammeln sich zum Gedenken an den ersten türkischen Präsidenten auf den Schulhöfen. Der Verkehr ruht.

Mustafa Kemal wurde 1881 in Saloniki geboren. Er stammte aus kleinen Verhältnissen und verlor früh seinen Vater. Mit 15 Jahren trat er dem Militär bei, was ihm eine Karriere im Osmanischen Reich ermöglichte. Der junge Mann war ehrgeizig und stieg rasch auf. Im Jahr 1915, mit 34 Jahren, avancierte er zum Helden von Gallipoli. Unter seiner Führung schlugen die osmanischen Truppen an dieser Halbinsel am Ausgang der Dardanellen einen Landungsversuch der britischen Seestreitkräfte zurück. Die Briten scheiterten, obwohl sie zahlenmäßig und technisch überlegen waren. Das galt als eine der größten Niederlagen des britischen Empire im Ersten Weltkrieg, konnte aber nicht verhindern, dass die Alliierten 1918 Istanbul und die Meerenge besetzten.

Damals war Mustafa Kemal noch Oberstleutnant. Für seine Leistungen als Oberkommandierender im Krieg gegen die Griechen wurde er später vom Parlament zum Marschall ernannt. Als am Ende des Unabhängigkeitskrieges im Friedensvertrag von Lausanne der Türkei Unabhängigkeit und Souveränität zuerkannt worden waren, proklamierte er im Oktober 1923 die Republik und wurde erster türkischer Staatspräsident. Den Ehrennamen Atatürk verlieh ihm das Parlament elf Jahre später, im Februar 1934.

Personenkult entsteht meist schon zu Lebzeiten des Gehuldigten. Atatürk bildete in vielerlei Hinsicht eine Ausnahme. Er selbst befeuerte den Kult kaum. Auf einem Geschichtskongress im Jahr 1930 wies ein Teilnehmer Atatürk darauf hin, dass er in vielen europäischen Büchern und Artikeln als Diktator bezeichnet werde. Seine Entgegnung: »Ich bin kein Diktator und hatte auch nie eine Neigung dahingehend [...] Wenn ich einer wäre, hätten Sie dann diese Frage stellen können?«[2]

Atatürk trat nach außen hin eher bescheiden auf. Beim zehnjährigen Staatsjubiläum der Türkei, am 29. Oktober 1933, verbat er sich jegliche Erbauungslyrik.[3] Massenmedien, die den Kult hätten transportieren können, waren in der damaligen Zeit ohnehin Mangelware. 1936 gab es in der Türkei gerade einmal 42 Tageszeitungen, keine mit einer Auflage von mehr als 20 000 Exemplaren. Sie waren primär nur in den Großstädten erhältlich und relativ teuer. In ländlichen Gebieten blieben Zeitungen eine Seltenheit.[4] Radio und Filmproduktion waren ebenfalls nur rudimentär vorhanden.

Atatürk begegnete dem Volk als Lehrer.[5] Der Kult, soweit er sich damals ohne großes Zutun des Verursachers ausbreitete, stabilisierte die junge Republik. Er bezog sich nicht auf Atatürk selbst, sondern auf dessen Ideologie, den Kemalismus, auch bezeichnet als Atatürkismus. Dieser basiert auf einem von ihm im Jahre 1931 verfassten politischen Manifest und beschreibt die Grundfesten der modernen Türkei. Das Grundsatzdokument beinhaltet sechs Staatsprinzipien, die 1935 zur Staatsdoktrin erhoben und 1937 in die türkische Verfassung aufgenommen wurden. Republikanismus, Reformismus, Etatismus, Populismus (Gleichheit aller Bürger), Laizismus, Nationalismus (Einheit von Staatsgebiet und Staatsvolk). Diese Prinzipien haben bis heute eine herausragende Bedeutung in der politischen Landschaft der Türkei. Die von Atatürk 1923 gegründete Republikanische Volkspartei (CHP) führt bis heute in ihrem Parteiemblem die Prinzipien in Gestalt von sechs Pfeilen. Der Begriff des Kemalismus wurde zum Sammelbegriff aller Reformen.

Während seiner Amtszeit veränderte Atatürk die Türkei grundlegend. Im Zentrum der Reformen standen die Säkularisierung, die Übernahme einer modernen Staatsordnung und der Aufbau eines modernen Bildungswesens. Die Hauptstadt der Türkei wurde von Istanbul nach Ankara verlegt. An die Stelle des osmanischen Vielvölkerstaates trat ein moderner Nationalstaat, der sich an europäischen Vorbildern orientierte, etwa an europäischen Rechtsnormen. Die westliche Ausrichtung der neuen Türkei zeigte sich außerdem in der Einführung der lateinischen Schrift und einer umfassenden Sprachreform. Die Alphabetisierungsrate der Bevölkerung stieg deutlich an.

Nach dem Erlöschen des Kalifats im Jahre 1924 verwandelte sich die Türkei nach und nach in einen säkularen Staat. Die osmanische Herrscherfamilie musste das Land verlassen. Äußeres Zeichen der

Säkularisierung und Westorientierung waren die Hutreform des Jahres 1925,[6] die Einführung von Familiennamen, das Verbot religiöser Kleidung wie Pluderhosen und Turban für Nichtgeistliche und die Ersetzung des islamischen Kalenders durch den gregorianischen. Religiöse Titel verschwanden. Außerdem untersagte Atatürk den arabischen Gebetsruf. Die Gläubigen wurden von nun an in türkischer Sprache in die Moscheen gerufen. 1928 wurden der Islam als Staatsreligion und der Verweis auf die Scharia, das islamische Gesetzbuch, aus der Verfassung gestrichen.

Die tiefgreifenden Reformen lassen nicht darauf schließen, dass Atatürk ein unbestrittener und unantastbarer Herrscher gewesen sei. Im Gegensatz zu anderen Alleinherrschern war Widerspruch bei ihm möglich. »Seine Autorität galt unter den Männern an der Spitze der türkischen Nation nicht unumschränkt und unwidersprochen. Opposition war nicht selten, auch unter den Offizieren«,[7] schreibt der Historiker Stefan Plaggenborg.

Zu Lebzeiten des Staatsgründers nutzte das Regime das Mittel der personenkultischen Führerinszenierung maßvoll. Es existieren keine Fotos, die Atatürk in Massen der Bevölkerung zeigen.[8] Doch die türkische Gesellschaft war aus dem Osmanischen Reich über Jahrhunderte starke Führungspersönlichkeiten gewöhnt. Starke Führer waren traditionelle Normalität, und im Volk sehnte man sich während des Unabhängigkeitskampfes nach einen neuen starken Mann an der Spitze des Staates. Aus dieser Zustimmung zog Atatürk die Legitimation für sein Handeln. Er errichtete eine Erziehungsdiktatur. Die sechs sogenannten kemalistischen Prinzipien entstanden schon vor Atatürks Präsidentschaft. Atatürk glaubte, nur mit der Verwirklichung der sechs Prinzipien kann das türkische Volk demokratiefähig werden. Undemokratisch – zum Beispiel: die brutale Niederschlagung des kurdischen Aufstands 1925[9] – verhielt er sich offenbar nur so lange, bis seine Prinzipien verwirklicht wurden. Die neue Ordnung begründete er mit dem Verweis auf Europa, welches in seinen Augen deutlich fortschrittlicher und dynamischer war als das Osmanische Reich. Die europäische Ordnung sollte deshalb in Teilen kopiert werden. Je erfolgreicher die Reformen umgesetzt wurden, desto liberaler und offener gestaltete sich Atatürks Führung und die seiner Partei.

Der von Atatürk begründete Kemalismus formte entscheidend die moderne Türkei. Ein wesentlicher Schritt war die Stärkung der

*Atatürk-Statue in Kadıköy. Sie erinnert an Atatürks Reform des Türkischen durch die Einführung der lateinischen Schrift.*

Demokratie und das damit verbundene neue Wahlrecht von 1946. Vier Jahre später verlor Atatürks Partei CHP den Wahlkampf gegen die Demokratische Partei).[10] Der politische Wechsel bedeutete jedoch nicht das Ende des Kemalismus, da die DP die Grundprinzipien des Kemalismus nicht anrührte. Sie gelten bis heute.

Die Armee, in der Atatürk verankert gewesen war und welche die Staatsgründung der modernen Türkei ermöglichte, spielt eine wesentliche Rolle bei der Bewahrung des Kemalismus. Sie versteht sich als der Hüter der kemalistischen Republik und damit der sechs Staatsprinzipien. Insgesamt dreimal (1960, 1971, 1980) sah sich das Militär veranlasst, gegen die Regierung zu putschen, um das kemalistische Erbe zu bewahren. Ein 2007 gescheiterter Versuch des Militärs, die Wahl Abdullah Güls zum Präsidenten zu verhindern und die seit 2007 laufenden Strafverfahren im Fall Ergenekon gegen mutmaßliche Verschwörer sind Indikatoren dafür, dass die Macht des Militärs in den letzten Jahren schwindet.

Auch die Hohe Justiz sieht sich als Bewahrerin des Kemalismus. Bis heute sind nach geltender Rechtslage in der Türkei Anklagen möglich, wenn jemand das Ansehen Atatürks herabsetzt. Kultsymbole halten dieses Andenken in der Öffentlichkeit wach. Atatürks Abbild wird auf die Rückseite jeder Münze geprägt. Auf den Banknoten ist es auf jeder Vorderseite zu sehen. Schon 1927, auf der ersten Serie, befand sich ein Porträt Atatürks auf der Vorderseite.

Überall in der Türkei begegnet man Atatürkstatuen. Zu seinen Lebzeiten gab es davon nur wenige. Zwischen 1926 und 1930 wurden lediglich acht und bis 1935 weitere 16 Denkmäler errichtet.[11] Für das Mausoleum in Ankara war 1942 ein internationaler Architekturwettbewerb ausgeschrieben worden. Eingeweiht wurde es im Jahre 1955.

Die herrschenden türkischen Eliten haben ein anhaltendes Interesse daran, ihre Stellung durch die kultische Verehrung des Staatsgründers zu festigen. Ob Konservative, Liberale oder Linke – alle beanspruchen, für den wahren Kemalismus zu stehen, auch wenn sich ihre Positionen teilweise radikal unterscheiden. Doch in der heutigen Türkei wandelt sich das Verhältnis der Gesellschaft zu ihrem Vater. Zu Lebzeiten Atatürks waren die Kemalisten westlich ausgerichtet. Sie schafften es, in einem muslimischen Land Staat und Religion zu trennen. Ihre Enkel jedoch stecken ideologisch teilweise noch immer in den dreißiger Jahren, weshalb sie heute mehrheitlich Gegner einer Westintegration der Türkei sind. Die Enkel der Traditionalisten aber, die zu Zeiten Atatürks gegen die Reformen opponierten, sind nun Befürworter der Westintegration, wenn auch primär aus wirtschaftlichen Erwägungen.

Die heutige Türkei ist damit politisch gespalten. Auf der einen Seite stehen die konservativ-islamischen Kräfte, die sich in der regierenden Partei für Gerechtigkeit und Aufschwung (AKP) sammeln. Auf der anderen befinden sich die Kemalisten, vor allem im Militär und der parlamentarischen Oppositionskraft CHP. Die AKP, die seit 2002 ununterbrochen an der Macht ist, verabschiedete sich nach und nach von kemalistischen Tabus und wurde dabei von der Europäischen Union unterstützt, die im Zuge eines möglichen Beitrittsverfahrens für die Türkei auf Reformen drängt. Dazu zählten eine Zurückdrängung des politischen und gesellschaftlichen Einflusses des Militärs, die gesetzliche verankerte Anerkennung anderer Religionsgemeinschaften, die Reform des Justizwesens, die Ausweitung der Meinungs- und Organisationsfreiheit sowie die Stärkung der Bürgergesellschaft. Die islamisch geprägte

Partei AKP unter Ministerpräsident Erdoğan festigte mit der Hilfe des Westens ihre Machtposition. Indessen sind an ihrem Laizismus- und Demokratieverständnis erhebliche Zweifel erlaubt. Der Personenkult um Atatürk nahm in den letzten Jahren langsam ab. Dennoch genießt das Militär in der Bevölkerung einen hohen Stellenwert. Die sechs kemalistischen Staatsprinzipien blieben weitestgehend unangetastet. Gewiss ist: Atatürk ist ein wesentliches Identitätsmerkmal der türkischen Nation, weshalb anzunehmen ist, dass der Personenkult weiterhin bestehen bleibt.

### Anmerkungen

1 Ne mutlu Türküm diyene (Dt.: Glücklich, wer sich Türke nennt), vgl. Übersetzung http://de.wikipedia.org/wiki/Ne_mutlu_T%C3%BCrk%C3%BCm_diyene (Zugriff 09.09.2013).
2 Zitiert nach Tröndle, Dirk: Mustafa Kemal Atatürk – Mythos und Mensch, Zürich 2012, S. 216.
3 Ebenda, S. 190.
4 Vgl. Plaggenborg, Stefan: Ordnung und Gewalt – Kemalismus – Faschismus – Sozialismus, München 2012, S. 191.
5 Ebenda, S. 202.
6 Dieses Gesetz regelt das Tragen von Hüten für die männliche Bevölkerung. Hüte waren für Atatürk ein Symbol für einen zivilisierten und internationalen Kleidungsstil.
7 Plaggenborg: Ordnung und Gewalt, S. 181.
8 Vgl. Ebenda.
9 Im Zuge der Säkularisierungspolitik der türkischen Republik kam es 1925 zu einem Aufstand kurdischer Stämme. Die Eroberung mehrerer Städte durch die Kurden beantwortete Atatürk nicht politisch, sondern militärisch. Durch eine Luft- und Bodenoffensive der Armee wurde der Aufstand niedergeschlagen.
10 Die DP wurde 1946 von gemäßigten Rechten gegründet und war weniger säkularisiert als die CHP.
11 Plaggenborg: Ordnung und Gewalt, S. 188f.

# Eva Perón

\* 7. Mai 1919 in Los Toldos
† 26. Juli 1952 in Buenos Aires

Eva (Evita) Perón war die zweite Frau Juan Peróns (1885–1974). Perón war von 1946 bis 1955 und von 1973 bis 1974 Staatspräsident Argentiniens. Seine Politik suchte den »dritten Weg« zwischen Kommunismus und Kapitalismus. Perón war Nationalist, Populist und Sozialpolitiker zugleich. Evita, die aus ärmlichen Verhältnissen stammte und vor der Heirat mit Perón als Model, Radiosprecherin und Schauspielerin gearbeitet hatte, erreichte in Argentinien und darüber hinaus eine unglaubliche Popularität und Beliebtheit. Ihr Einfluss auf ihren Mann und die Politik war enorm. Die Einführung des Frauenwahlrechts in Argentinien (1947) wird ihr zugesprochen. 1947 führte sie eine Reise nach Europa, wo sie wie ein Popstar bejubelt wurde. Sie war weltweite Kultfigur der frühen Regenbogenpresse des 20. Jahrhunderts. Ihre Lebensgeschichte erzählt das Musical »Evita« von Andrew Lloyd Webber und Tim Rice (1974).

*Evita mit Juan Domingo Perón (1950).*

> *Wein' nicht um mich, Argentinien*
> *Ich habe dich nie verlassen*
> *In schweren Zeiten*
> *Trotz Leid und Schmerzen*
> *Lass einen Platz mir*
> *In deinem Herzen*[1]
>
> *(aus dem Musical »Evita«)*

# Evita Perón –
# Die Heilige, die nicht sterben darf

*Christoph Wesemann*

Schulen, Krankenhäuser, Straßen, Plätze und Fußballstadien tragen ihren Namen. Eine Stadt heißt auch nach ihr: Ciudad Evita, gelegen in der Nähe des Hauptstadtflughafens von Buenos Aires. Zum 50. Todestag, dem 26. Juli 2002, schenkte man ihr ein Museum. Sechzig Jahre nach dem 26. Juli 1952, auf den Tag genau, stellt Argentiniens Präsidentin einen neuen 100-Peso-Schein vor. »Es ist das erste Mal, dass eine Frau auf einer Banknote zu sehen ist«, sagt Cristina Kirchner. »Wer wäre besser geeignet als Eva Perón, das weibliche Geschlecht zu ehren?«[2] Doch geliebt wird diese Evita vom Volk nicht. Händler akzeptieren den Hunderter nur widerwillig, seit der Notendruck zwischendurch gestoppt wurde: Ganz fälschungssicher ist der Schein mit dem Porträt einer Heiligen nämlich nicht.

Eine Panne mit Symbolcharakter: Fälschungsanfällig war schon die leibhaftige Evita. Als Radiosprecherin fast so bekannt wie die Telenovela-Schauspielerinnen, die in fünfziger Jahren das lateinamerikanische Fernsehen eroberten, stieg sie auf zu »einer Art politischer Popstar«[3]. Bis heute wird sie geliebt und gehasst. Und was der eine Argentinier an ihr bewundert – dass sie aus dem Elend herausgefunden und es doch nie ganz verlassen hat –, nimmt ihr der andere übel. Ihr Einsatz für die Armen ist unvergessen und wird seit Generationen weitererzählt. Ausgestattet mit einer Vita wie aus einer Telenovela, entwickelte sich Evita zu einer Figur, die über ihre Bilder Massen verführte. Doch ihre Wohltaten halfen der autoritären Herrschaft ihres Mannes, des argentinischen Präsidenten Juan Domingo Perón (1895–1974), und waren stets inszeniert. Dank Evita gedieh die mächtigste politische Bewegung, die Argentinien je hervorgebracht hat, umso besser: der Peronismus, das riesige Fangnetz, das nach allen Wählerstimmen fischte. Wenn der Peronismus eine Ideologie hat, dann diese: Wir Peronisten sind alle Politik, von ganz links bis ganz rechts.

»Alles, was wir heute über Eva Perón wissen, ist eine vom staatlichen Kommunikationsapparat konstruierte Erzählung«, sagt Silvia Mercado, die ein aufsehenerregendes Buch über den »Erfinder des Peronismus«[4] veröffentlicht hat. Erfunden worden seien die Bewegung und Evita von dem heute fast unbekannten Raúl Alejandro Juan Apold, der den Präsidenten Perón von 1946 bis 1955 als Sekretär für Medien durch die ersten beiden Amtszeiten begleitete. Mercado nennt ihn »das am besten gehütete Geheimnis des Peronismus«.[5]

Apold wurde bisweilen geschmäht als »El Goebbels de Perón.«[6] Der Journalist bewunderte den nationalsozialistischen deutschen Propagandaminister als Volkes Stimmungsaufheller und Herrscher über die gleichgeschalteten Medien. Von dem Antisemiten Goebbels hielt er sich fern.

Die Geschichte des Peronismus beginnt in der Zeit des Zweiten Weltkriegs. Der Latifundistensohn Juan Domingo Perón, der es beim Militär zum Oberst gebracht hat, wächst Anfang der vierziger Jahre zu einer mächtigen politischen Figur im Land heran. Nach dem Militärputsch gegen die bürgerliche Regierung Ramón Castillo wird er Ende 1943 Sekretär (= Minister) für Arbeit und Wohlfahrt und später Vizepräsident. Doch seine Nähe zur Arbeiterschaft missfällt den Linken genauso wie dem Offizierskorps und der Oberschicht – und so wird er am 9. Oktober 1945 entlassen.

Am 17. Oktober 1945 versammelt sich eine riesige Menschenmenge auf der Plaza de Mayo in Buenos Aires und fordert seine Rückkehr. Perón winkt noch am selben Abend vom Balkon der Casa Rosada, dem rosafarbenen Regierungspalast. Vier Tage später heiratet er Eva Duarte. Sie soll es gewesen sein, die das Volk herbeigerufen hat. Der 17. Oktober 1945 wird – nachträglich – zur Geburtsstunde des Peronismus und einer seiner ersten Mythen.

In Wahrheit sind auf der Plaza de Mayo nur ein paar Tausend Anhänger des Vertriebenen aufmarschiert – dafür schiebt man in Argentinien nicht einmal die Gardine zur Seite. Jedoch: »Alle Argentinier glauben heute, der Platz sei voll gewesen«, sagt die Journalistin Mercado. »Und warum? Alle Fotos, die wir vom 17. Oktober haben, sind in Wirklichkeit von 1949 oder später.«[7]

Nachdem Perón im Frühjahr 1946, inzwischen General, als Kandidat der Arbeiterpartei (Partido Laborista) mit 52 Prozent die Präsidentschaftswahl gewonnen hat, kauft die Regierung die wirtschaftlich kranken Zeitungen und zwingt die gesunden Blätter über die Zuteilung des Papiers zur Selbstzensur. So werden die Journalisten eingespannt in die Kampagnen um die beiden Peróns.

Bis 1955 bleibt Juan Perón Präsident, dann wird er zum Rückzug gedrängt. Wie so oft in der argentinischen Geschichte des 20. Jahrhunderts ist es das Militär, das Politik macht und rebelliert. Perón wird im September 1955 durch einen Putsch gestürzt. Er geht ins Exil, lebt in Paraguay, Panama, Venezuela, der Dominikanischen Republik und in Spanien und kehrt erst nach 18 Jahren in die Heimat zurück, um sich ein drittes Mal zum Präsidenten wählen zu lassen. Da sind es nur noch wenige Monate bis zu seinem Tod.

Auch Peróns Märchenerzähler Raúl Apold taucht 1955 unter. In seinem Büro hinterlässt er die spanischsprachige Ausgabe von Goebbels' »Kampf um Berlin«. Evita ist da schon drei Jahre tot, gestorben mit nur 33 Jahren an Gebärmutterhalskrebs – früh genug, um für die aufziehende Krise des Peronismus nicht verantwortlich gemacht zu werden.

General Viamonte ist ein kleiner Ort, 300 Kilometer von der Hauptstadt entfernt. Strom haben dort nur die wenigsten der 3000 Einwohner, bei den meisten sorgt die Kerosinlampe für Licht, als dort am 7. Mai 1919 María Eva Ibarguren geboren wird. Andere Quellen sprechen vom 26. April, und die Geburtsurkunde setzt noch einen Zweifel drauf: 7. Mai 1922 in Junín, also ein anderes Jahr und ein anderer Ort. Eva trägt da den Nachnamen des Vaters. Das Dokument ist freilich eine späte Fälschung. Es sollte vor der Hochzeit mit Perón die uneheliche Geburt verheimlichen.

Juan Duarte, Evas leiblicher Vater, ist Großgrundbesitzer und anderweitig verheiratet, die Mutter Näherin. Von ihr und dem Rest der Familie hält sich der Liebhaber fern. Eva wächst – so besagt es der argentinische Mythos – in Armut auf. Überprüfen lässt sich das nicht. Als aus Eva längst Evita geworden ist, weil Argentinier gern den Namen verniedlichen, wenn sie jemanden mögen, wird sie sich auf das Kindheitsgefühl von sozialer Ungerechtigkeit und Ausgrenzung berufen, um ihren Einsatz für den Peronismus zu beglaubigen.

Mitte der dreißiger Jahre verlässt Eva ihre Heimat – es ist der Kleine-Mädchen-Traum, der sie nach Buenos Aires lockt: Sie will zum Film, sie modelt, hat Affären und landet beim Radio. Die große Rolle ist nicht dabei. »Danke, dass es Sie gibt, Herr Oberst«, sagt Eva angeblich zu Perón, als sie im Januar 1944 bei einer Wohltätigkeitsveranstaltung für die Erdbebenopfer in der Provinz San Juan einander kennenlernen. Der Satz ist der 25-Jährigen, die bis dahin noch keine Kennerin der Politik ist, offenbar nachträglich zugesprochen worden, um zusammenzudichten, was sich zwar gefunden hat, aber selbst auf den zweiten Blick nicht passen will: der hoch dekorierte Offizier und die 26 Jahre jüngere Frau, unehelich geboren und ohne überragende Talente, eine, die von vielen Landsleuten und in mehrfacher Hinsicht als leichtes Mädchen eingestuft wird. Perón wird später ihre Vorsehung rühmen, die sie zu ihm geführt habe. Vermutlich hat sie in ihm tatsächlich jemanden gesehen, der außer dem Land auch sie selbst voranbringt.

Der Peronismus kann bis heute nicht schlüssig erklären, warum Evita kaum etwas anderes im Sinn hatte, als die Vergangenheit abzuschütteln und berühmt zu werden – um dann, als sie es endlich ist, plötzlich die Armen zu entdecken.

Wie ein Schauspieldirektor habe Peróns Propagandachef Apold der neuen Frau an der Seite des Generals die passende Rolle besorgt, sagt die Journalistin Mercado. Evita gibt die mitfühlende Mutter der Nation, er den steifen Offizier. Und sie geht auf in dieser Rolle. Sie reist durch ein Land, das achtmal so groß ist wie Deutschland, und erschließt es gewissermaßen bis in die schmutzigste Ecke. Zum ersten Mal überhaupt kümmert sich in Argentinien jemand mit politischem Einfluss um die Millionen Elenden. Eva Perón ist aufgestiegen, wie einige vor ihr. Und sie steigt wieder hinab, wie keine vor ihr. Man wird ihr das nie vergessen, auch deshalb hat ihr Mythos tiefe Wurzeln.

Und klein macht sie sich auch, wo es seine Wirkung tut, zumindest auf den ersten Blick. »Ich wünschte, dass mein Name – wenn auch nur mit einer kleinen Bemerkung – am Ende eines glanzvollen Kapitels erscheint, das die Geschichte Juan Perón widmen wird«, heißt es in ihrer Autobiografie »Der Sinn meines Lebens«. »Vielleicht ungefähr so: ›An der Seite Perons gab es eine Frau [...] Von dieser Frau wissen wir nur, dass das Volk sie zärtlich Evita nannte.‹«[8]

Das Buch ist bis heute eine wichtige Quelle der Legendenbildung. Evita hat es nicht selbst verfasst. Man solle es einerseits mit Vorsicht lesen, empfahl die Historikerin Navarro 1994, andererseits sei es »die beste Erklärung des Mythos«, den »Evita von sich selbst kreieren wollte«.[9]

Denn in Wahrheit macht sie sich auch groß. Sie behängt sich mit Schmuck, trägt edle Kleider und kennt als politische Figur keine Bescheidenheit. Sie zeigt sich oft an der Seite ihres Mannes, begleitet ihn auf Reisen und sitzt bei Gesprächen mit am Tisch. Diese Form der Präsenz und Einmischung widerspricht nicht nur den Regeln jener Zeit, sondern wirkt wegen der ihr fehlenden Bildung auch anmaßend, was die einen beeindruckt und die anderen abstößt. »Wenige Figuren in der Geschichte Argentiniens haben so viel Hass und zugleich so viel Verehrung hervorgerufen wie Eva Perón«, schreibt Navarro.[10]

Neben dieser strahlenden Figur ist nur noch Platz für den einen, ihren Mann, der jetzt regiert, wie umgekehrt neben ihm nur Platz ist für sie. Die Personen der zweiten Reihe, Minister und Gouverneure genauso wie die Unterstützer der Eva-Perón-Stiftung und ihrer Frauenpartei, sind vergessen. Die Journalistin Mercado spricht von einer »Ruhmeshalle des Peronismus«, dessen Baumeister Apold war und in die nur wenige Helden hineinpassen, zweieinhalb, um genau zu sein: Perón, Eva und – mit großem Abstand – das namenlose Volk. »Apold benutzte Eva, um andere Figuren verblassen zu lassen, die Perón zur Macht verholfen hatten«, sagt Mercado.[11]

Evita nennt die Armen Descamisados, Hemdlose, und das ist noch milde ausgedrückt. Denn ihnen fehlt viel mehr. Sie hausen seit Jahrzehnten ohne Würde und ohne Perspektiven vor sich hin. Evita verschenkt Betten und Kleider, Tretautos, Dreiräder und Trommeln, eröffnet Schulen und Krankenhäuser, besorgt Gebisse und gibt allein 1951 die Trauzeugin für 1608 Paare. Und wenn die Zeit nichts anderes zulässt, habe sie Geldscheine aus dem Zugfenster geworfen, wird erzählt. Das Mädchen vom Lande will nicht bloß Not lindern, sondern Leben ändern. Das unterscheidet sie von anderen Präsidentenfrauen vor ihr, die auch karitativ unterwegs gewesen sind.

Die Historikerin Navarro erklärt die Bewunderung, die Evita erlebt, auch mit den Zeitumständen. In den vierziger und fünfziger Jahren beginnt die globale Kommunikation. Auslandskorrespondenten berichten über die Reichen und Schönen dieser Welt, über Mode und Klatsch. Schauspielerinnen wie Rita Hayworth und

*Kundgebung für das Frauenwahlrecht mit zahlreichen Evita-Plakaten, Buenos Aires (1948).*

Grace Kelly, Frauen aus dem Volk, die es zu Hollywood-Legenden brachten, heiraten Prinzen oder Fürsten. »In dieser Welt war Evita eine der ersten Berühmtheiten und für viele Jahre die einzige Südamerikanerin in diesem Kreis.«[12]

Doch es ist nicht alles Inszenierung. Die Peróns krempeln das Land tatsächlich um – mehr als jemand vor und nach ihnen. Endlich bekommen die Arbeiter Rechte: den Acht-Stunden-Tag, die Fünf-Tage-Woche, den bezahlten Urlaub. Ihren Kindern gelingt der Aufstieg. »Mi hijo es licenciado«, wird zum Vaterausspruch dieser Jahre. »Mein Sohn ist Akademiker.« Die Gewerkschaften werden so lange umarmt, bis sie kaum noch atmen.

Evita denkt an die Frauen und erkämpft ihnen 1947 das Wahlrecht. Vier Jahre später werden es die Argentinierinnen sein, denen Perón seine Wiederwahl maßgeblich verdankt.

Manches, das bis heute dem Paar zugeschrieben wird, ist als Idee schon früher gereift, aber nie umgesetzt worden. Perón kopiert, aber er hält auch, was er verspricht. Er gibt den Anpacker, eine Figur, die als Caudillo – einst ein Ehrentitel für den Heerführer – tiefe kulturelle Wurzeln hat in Argentinien. Seine Frau überzeugt die Herzen. »Perón cumple, Evita dignifica«, heißt die berühmte, natürlich von Propagandachef Apold erfundene Parole. »Perón schafft es, Evita verleiht Würde.«

Die Frau des Präsidenten erscheint dem Volk als Heilsbringerin, und das Volk ist dieser neuen Form von politischer Religion erlegen. Als »Orwell'sche Periode« beschreibt Mercado die Jahre von 1946 bis 1955. »Alles war perfekt konstruiert.« Wer Evita trifft oder von ihrer Stiftung ein Geschenk bekommt, fühlt sich »vom Zauberstab einer Heiligen berührt«.[13] Es ist tatsächlich eine romantische Beziehung, die zwischen dem Volk und Evita entsteht. »Evita liebt dich«, schreiben viele argentinische Kinder noch heute ins Schulheft, wenn sie die ersten Buchstaben lernen.

Eva hat von Perón profitiert, dem sie ihren sozialen Aufstieg verdankt. Als sie Evita ist, profitiert er von ihr. Sie rekrutiert Millionen von Wählerstimmen. Juan Domingo Perón gewinnt zweimal, 1946 und 1951, in freien Wahlen – und ein drittes Mal, 1973, nach seiner Rückkehr aus dem Exil.

»Er bewunderte an ihr das Visionäre, ihre Rednergabe, ihr konsequentes Eintreten für die sozial Schwachen, kurzum ihr Charisma, das sie in noch viel stärkerem Maße als er selbst besaß«, schreibt Bernd Wulffen, einst deutscher Diplomat in Argentinien. »Wenn Evita auf dem Balkon der Casa Rosada erschien, dann jubelten die Massen ihr zu, ihre bloße Erscheinung begeisterte die Menschen. Fast mit Gewalt zerrte Perón die Schwerkranke auf die Balustrade, weil die Massen nicht nach ihm, sondern nach ihr verlangten und er sie befriedigen wollte.«[14]

Regenbogentour heißt 1947 ihre fast dreimonatige Europareise, die eigentlich Perón hätte machen sollen. Evita trifft Spaniens Diktator Francisco Franco und lässt sich in Madrid von Menschenmassen feiern. In Rom wird sie von Papst Pius XII. zur Privataudienz empfangen – für 20 Minuten, so lange, wie es das Protokoll sonst nur für Königinnen vorsieht. Und sie schafft es auf den Titel des *New Yorker Times Magazine*.

Der Stolz, den man zu Hause empfindet, hat seine Quelle auch im Minderwertigkeitskomplex der einstigen spanischen Kolonie. Argentinien ist – nach den Vereinigten Staaten von Amerika – das wichtigste Einwanderungsland des späten 19. und des frühen 20. Jahrhunderts. Zwischen 1857 und 1924 nimmt es 5,5 Millionen Menschen auf, ein »migrationsgeschichtlicher Extremfall«[15]: Nirgends, auch nicht in den USA, hatten Einwanderer am Ende des 19. Jahrhunderts einen ähnlich hohen Anteil an der Bevölkerung des Landes.

Denken und Empfinden wandern in Argentinien oft zurück in die alte Heimat, die Länder der Vorfahren. Das Urteil Europas ist wichtig. Dass dort eine Argentinierin gefeiert wird, ist ein Triumph. Die Frau des Präsidenten ist längst auch in den europäischen Hauptstädten eine Stilikone, deren Kleider in den Modezeitschriften der Zeit besprochen werden. »Sie verhielt sich dabei teilweise wie ein Star, der von seiner eigenen Ausstrahlung überzeugt ist«,[16] schreibt die argentinische Historikerin Sandra Carreras. Ihre Gastgeber wollen sie instrumentalisieren – und werden stattdessen von ihr instrumentalisiert. Dass sie sich auch in der Fremde nicht verführen lässt, sondern ihrer Mission treu bleibt, den Armen Beachtung zu schenken, spricht sich natürlich bis nach Argentinien herum. Dafür sorgt schon die peronistische Presse.

Dass die Barmherzige auch eine unbarmherzige Seite hat, wird nur im Flüsterton erzählt. Man erzählt sich, wie Evita in eine Schuhfabrik kam und 200 Paar für Barfüßige im Land bestellte. Und da der Besitzer darauf beharrte, dass die Primera Dama dafür zahlte, wurde ihm selbst eine umso teurere Rechnung präsentiert: die Geschäftsaufgabe.

Vor der Wahl 1951 wird Evita sogar als Vizepräsidentin gehandelt – sie soll den schwerkranken Hortensio Quijano ersetzen, der Perón seit frühen Tagen begleitet. Die mächtige Einheitsgewerkschaft CGT bittet die Heldin im Namen des argentinischen Volkes um die Kandidatur. Es ist eine der großen peronistischen Erzählungen – und wie bei jeder großen Erzählung, die allzu perfekt klingt, ist Misstrauen angebracht. »Diese Geschichte ist eine komplette Lüge«, sagt etwa die Autorin Silvia Mercado. »Aber nicht Eva war die Lügnerin, der Lügner heißt Perón.«

Die Wahrheit ist wohl: Perón suchte einen Vizepräsidenten, der ihm nicht gefährlich werden konnte, und fand eine Vizepräsidentin. »Er hielt Evita für ahnungslos und sagte ihr, was er wollte«, meint Mercado. »Und Evita tat es dann.«[17] Am Ende verhindert das Militär die Kandidatur – und Quijano bleibt Vizepräsident, bis er ein paar Monate nach Peróns Wiederwahl stirbt. Das Staatsoberhaupt kommt die nächsten zwei Jahre ohne Stellvertreter aus.

Evita stirbt am 26. Juli 1952 um 20.23 Uhr – und lebt in der Kultpropaganda noch zwei Minuten länger. Apold verschiebt ihr Ableben auf 20.25 Uhr, damit sich Argentinien die Zeit leichter merken kann. Schließlich ist sie die »Geistige Führerin der Nation«, die nun die Unsterblichkeit erreicht hat. Den Titel hat ihr das Parlament zum 33. Geburtstag geschenkt, als die Hoffnung schwand, dass sie den Gebärmutterhalskrebs überleben werde.

*Büste Evita Peróns (La Plata).*

Die Trauernden, die an ihrem einbalsamierten Leichnam vorbeiziehen, bilden kilometerlange Schlangen. Im Radio darf 15 Tage lang nur Kirchenmusik gespielt werden. Das Volk soll Evita nicht vergessen – sehr wohl aber die wirtschaftlichen Probleme, die Inflation, die Proteste der Gewerkschaften für höhere Löhne. Die Tote verschafft ihrem Mann somit Zeit, seine Macht noch einmal zu festigen.

Nach dem Sturz Peróns 1955 bricht sie zu ihrer längsten Reise auf. Ihr Leichnam, der jahrelang gut bewacht in einem Raum der Gewerkschaftszentrale gelegen hat, muss verschwinden. Die Militärs, die jetzt das Sagen haben, wollen keinen Wallfahrtsort für Peronisten. Der Sarg wird monatelang durch Buenos Aires gefahren oder von Offizieren zu Hause versteckt. Angeblich erschießt einer ihrer Bewacher seine schwangere Frau, weil er einen Schatten sieht, der sich Evita nähert. Erst 1957 wird ihr Sarg nach Italien gebracht und in Mailand heimlich beigesetzt – unter dem Namen María Maggi de Magistris. Dort verbleibt Evita für fast zwei Jahrzehnte. Pietät zeigt 1976 die dritte Frau Peróns, die überforderte Kurzzeitpräsidentin Isabel. Sie lässt den Sarg auf Druck der linken Peronisten heimholen. Denn für die Montoneros, eine peronistische Guerilla, die ein sozialistisches Argentinien errichten will und scheitert, ist die Tote ein Vorbild. »Wenn Evita noch lebte«, lautet einer der Sprüche, »wäre sie Guerillera.« Ihre letzte Bleibe – bis auf weiteres jedenfalls – wird die Familiengruft der Duarte auf dem Friedhof Recoleta, heute noch ein Wallfahrtsort für ihre Verehrer.

Eine der großen Fragen in Argentinien ist die nach dem Anteil Evitas am Erfolg der Peronisten. Es gibt darauf keine endgültige Antwort. Evita war weder wichtig für Peróns Machtaufstieg noch beeinflusste sie sehr, wie er regierte. Aber sie lieferte symbolische Bilder und starke Emotionen. Ihr Mythos schöpft seine Haltbarkeit nicht aus rationalen Quellen.

Vor allem der Peronismus braucht Evita und lässt ihr keine Ruhe. Alle Nachfolger Juan Domingo Peróns haben das Volk irgendwann enttäuscht, und jedem Aufschwung folgt seit Jahrzehnten verlässlich der Absturz. Und so muss Santa Evita, die Volksheilige, ihre Rolle weiterspielen. Dass es ihr gelingt, mehr als sechs Jahrzehnte nach ihrem Tod, zeigt ihre wahre Größe.

Ob sie wirklich eine Heilige war? Im Evita-Museum in der argentinischen Hauptstadt wird dieser Mythos gepflegt. Der Besucher geht durch 33 Jahre Heldentum, vorbei an Schwarzweißfilmen, in denen Evita erst bejubelt und dann beweint wird, vorbei an Kleidern französischer Schneider, an Hüten und Handtaschen, an Parfumflaschen und Zitaten (»Mein wunderbarster Tag war der, an dem sich mein Leben mit dem Leben Peróns verband«). Im Museumscafé gibt es das Evita-Rinderschnitzel mit goldenen Kartoffeln und gemischtem Salat.

## Anmerkungen

1 Deutsche Übersetzung vgl. http://www.i-songtexte.com/63355/titel/index.html (Zugriff 01.08.2013).
2 Evita Peron ersetzt auf der Banknote Julio Argentino Roca (1843–1914), den zweimaligen Präsidenten, der inzwischen als Eroberer der Wüste jedoch umstritten ist. Um den Einwanderern aus Europa Land zu besorgen, hatte der General zwischen 1878 und 1880 die Armee auf einen blutigen Feldzug gegen die indigenen Völker geschickt.
3 Werz, Nikolaus: Argentinien, Schwalbach/Ts. 2012, S. 30.
4 Mercado, Silvia D.: El inventor del peronismo. Raúl Apold, el cerebro oculto que cambío la política argentina, Buenos Aires 2013.
5 Ebenda, S. 11.
6 Ebenda, S. 23.
7 Interview des Autors mit Silvia D. Mercado.
8 Zitiert nach: Der Spiegel 31/1952, S. 3.
9 Navarro, Marysa: Evita, Buenos Aires 1994, S. 15.
10 Ebenda, S. 16.
11 Interview des Autors mit Silvia Mercado.
12 Navarro: Evita, S. 20.
13 Interview des Autos mit Silvia D. Mercado.
14 Wulffen, Bernd: Deutsche Spuren in Argentinien, Berlin 2012, S. 152.
15 Osterhammel, Jürgen: Die Verwandlung der Welt. Eine Geschichte des 19. Jahrhunderts, München 2009, S. 238.
16 Carreras, Sandra: Eva Perón, in: Werz, Nikolaus (Hg.): Populisten, Revolutionäre, Staatsmänner. Politiker in Lateinamerika, Frankfurt a. M. 2009, S. 203.
17 Interview des Autors mit Silvia D. Mercado.

# Fidel Castro

* 13. August 1926 in Birán

1961–2011: Erster Sekretär des Zentralkomitees der Kommunistischen Partei Kubas;
1959–2008 Vorsitzender des Ministerrates;
1976–2008: Vorsitzender des Staatsrates Kubas

# Hugo Chávez

* 28. Juli 1954 in Sabaneta
† 5. März 2013 in Caracas

2007–2013: Vorsitzender der Sozialistischen Einheitspartei Venezuelas;
1999–2013: Präsident Venezuelas

Der Kubaner Fidel Castro und der Venezolaner Hugo Chávez sind Vertreter eines lateinamerikanischen Sozialismus, der seine Wurzeln in der Gegnerschaft zu den Vereinigten Staaten von Amerika hat. Castro vertrieb 1959 gemeinsam mit Che Guevara (1928–1967) und anderen Revolutionären den von den USA unterstützten Diktator Fulgencio Batista (1901–1973) aus dem Land. Hugo Chávez gelangte 1999 in Venezuela nach freien Wahlen an die Macht. Antiamerikanischen Parolen hatten ihn populär gemacht. In Kuba und Venezuela nahm der Kult um die Führer beinahe religiöse Züge an. Castro lässt sich »Máximo Líder« nennen. Chávez ließ sich als »Comandante Presidente« bezeichnen.

> *Ihr wollt wissen,*
> *wer Hugo Chavez war?*
> *Dann schaut euch nur an, wer seinen Tod feiert,*
> *und wer um ihn weint!*[1]
>
> *(Fidel Castro zum Tode von Hugo Chavez, 2013)*

# Fidel Castro und Hugo Chávez –
# Der ewige Revolutionär und sein Schüler

*Nikolaus Werz*

Kuba ist eine Insel, Venezuela ist ein Ölland. Diese Merkmale zu beachten ist wichtig, um die Geschichte der beiden Länder im 20. Jahrhundert zu verstehen. Gemeinsam sind ihnen Turbulenzen in den politischen Beziehungen zu den USA. Über eine lange geschichtliche Zeit waren diese Beziehungen gekennzeichnet durch die Dominanz der kontinentalen Vormacht auf der einen und die Abhängigkeit der lateinamerikanischen Länder auf der anderen Seite. Dann aber – begleitet von dem Wunsch nach Unabhängigkeit und von einer wachsenden antiimperialistischen Grundstimmung – wurden diese Verhältnisse durch die Revolution in Kuba und einen Umbruch in Venezuela erschüttert.

Im Laufe dieser Geschehnisse haben Revolution und Personenkult in den beiden Gesellschaften spezifische Züge gewonnen. Zeitversetzt weisen die Biografien der beiden Staatslenker Fidel Castro und Hugo Chávez jedoch gewisse Parallelen auf. Ihre personalistische Herrschaft und ihr Personenkult resultieren aus den Mythen von der Befreiung und der Unabhängigkeit ihrer Länder, die zu den wohlhabendsten der Karibik gehörten.[2]

Die Kubanische Revolution von 1959 wird zu den großen der Weltgeschichte gezählt. Obwohl es sich um eine örtlich begrenzte Revolution handelte, entfaltete sie eine enorme weltpolitische Wirkung, die eigentlich in keinem Verhältnis zur Größe dieses Landes mit seinen etwas mehr als elf Millionen Einwohnern steht. Entgegen vielen Prognosen überstand das revolutionäre und personalistische Regime der Brüder Fidel und Raúl Castro das Ende des Kalten Krieges und hat bis heute Bestand.

Politiker und Künstler hätten keine Pensionsgrenze, soll Fidel, der Ältere, geäußert haben, dennoch erfolgte 2008 ein Personalwechsel an der Spitze: Raúl Castro ist seither Präsident des Staats- und des Ministerrats und seit 2011 auch Erster Sekretär des Zen-

*Plakate von Hugo Chávez und Fidel Castro auf einer Kundgebung in Havanna, 1. Mai 2013.*

tralkomitees der Kommunistischen Partei Kubas. Der greise Fidel Castro spielt aus dem Hintergrund aber nach wie vor eine Rolle.

Die Kubanische Revolution war 43 Jahre alt, als der venezolanische Oberstleutnant Hugo Chávez am 4. Februar 1992 durch einen gescheiterten Staatsstreich auf der politischen Bühne Venezuelas auftauchte. Im Unterschied zu Kuba war Venezuela seit 1958 eine Wahldemokratie, die allerdings seit den späten achtziger Jahren in eine Krise geriet. Chávez sprach zwar ständig von Revolution, übernahm jedoch auf demokratischem Wege die Macht. Freie Wahlen im Jahr 1998 ebneten ihm den Weg ins Präsidentenamt. In der Folgezeit konnte er in zahlreichen Wahlgängen seine Position festigen und mit teilweise problematischen Mitteln ausbauen.

Dass der ehemalige Guerillero Fidel Castro sein Vorbild war, bekannte der ehemalige Fallschirmjäger und Oberstleutnant Hugo Chávez bereits 1994 bei einem ersten Besuch in Havanna. In Lateinamerika galt er, was seine revolutionäre Ausstrahlung betrifft, bald als möglicher Nachfolger des in die Jahre geratenen Comandante. Am Ende hat seine Krebserkrankung das verhindert. Chávez starb am 5. März 2013 in Caracas, nachdem er vorher lange in Kuba behandelt worden war.

Der Mythos um Fidel Castro beginnt bereits bei der Frage nach seinem Geburtsjahr. War es 1927 oder 1926? Wurde das von den Schreibern politischer Legenden um ein Jahr zurückdatiert, um dem kubanischen Kult mit der Zahl 26 Vorschub zu leisten? Oder war es ein Verschleierungstrick des Vaters, eines Großgrundbesitzers im Osten Kubas, der seinen Sohn ein Jahr früher aufs Gymnasium schicken wollte?

Wie dem auch sei: Der 26. Juli 1953 gilt als Beginn der Revolution. Fidel Castros gewagter Versuch einer Erstürmung der Moncada-Kaserne in Santiago de Cuba scheiterte und etwa 70 seiner Kampfgefährten wurden erschossen. Die Überlebenden wurden angeklagt und ihr Anführer, von Beruf Rechtsanwalt, nutzte den Prozess als Chance, um den Regierungschef Fulgencio Batista als »schlimmsten Diktator Lateinamerikas« anzuprangern. Seine Rede beendet Castro mit dem legendär gewordenen Satz: »Verurteilt mich, es ist mir egal, die Geschichte wird mich freisprechen!«

Verurteilt wurde Castro zu 15 Jahren Gefängnis, von denen er jedoch nur zwei auf der Pinieninsel (Isla de Pinos) absitzen musste, die heute Insel der Jugend (Isla de la Juventud) heißt. Ende 1955 verließ Fidel Castro Kuba, um im Ausland den Widerstand gegen die Diktatur zu organisieren und mit dem persönlichen Ziel, die führende Kraft der Anti-Batista-Gruppen zu werden. Er ging nach Mexiko. Dort übten revolutionär gesinnte junge Kubaner mit einigen anderen Lateinamerikanern für eine bewaffnete Rückkehr auf die Insel. Engster nichtkubanischer Kampfgenosse Fidel Castros wurde der Medizinstudent Ernesto Che Guevara aus Argentinien.

Auf einer altersschwachen und viel zu kleinen Jacht namens *Granma* stachen 82 Männer vom mexikanischen Tuxpán Ende November 1956 aus in die raue See. Sie landeten in einer unwirtlichen Sumpfküste der Provinz Oriente, und wurden von Regierungstruppen sofort attackiert. Die genaue Zahl der Überlebenden ist umstritten, offiziell wurde sie später in Anspielung auf die Apostelgeschichte mit zwölf angegeben.

Schon vor der Überfahrt hatte Castro ganz im Stile des Nationalhelden José Martí erklärt: »1956 werden wir entweder frei oder Märtyrer sein.« Nachdem sich die überlebenden Rebellen in der später legendär gewordenen Sierra Maestra wiedergefunden hatten, verkündete er siegesgewiss: »Die Tage der Tyrannei sind gezählt!« Als ihn ein Korrespondent der *New York Times* in den Bergen aufsuchte, ließ er die wenigen Guerilleros, über die er in der Anfangszeit gebot, wechselnd uniformiert mehrmals an dem Lagerplatz vorbeiziehen, wo das Gespräch stattfand. So entstand der Mythos von einer zahlenmäßig starken Guerilla in den Bergen, wozu auch Fotos und Filmberichte einen Beitrag leisteten.

Die Guerilleros hatten beschlossen, sich bis zum Tag des Sieges nicht zu rasieren. Deshalb wurden sie und generell später die tatsächlichen und vermeintlichen Anhänger Castros auch als *Barbudos*, die Bärtigen, bezeichnet. Langes Haar und Bärte avancierten zum internationalen Protestsymbol.

Als das Regime Batistas zerbrach und der Diktator in der Silvesternacht von 1958 ins Ausland floh, entschloss sich Fidel Castro zu einem Coup: Nicht in der Hauptstadt, wo die ersten Rebellengruppen schon eingetroffen waren und die Macht mit den Händen zu greifen war, sondern in Santiago, wo der erste große Angriff scheiterte und wo er vor Gericht seine berühmte Verteidigungsrede hielt, verkündete er den Anbruch einer neuen Ära in Kuba. Und dann nahm er sich acht Tage Zeit für eine beispiellose Triumphtour quer über die Insel, in einer Zeit, als das Fernsehen gerade aufgekommen und die Barbudo-Legende plötzlich live zu besichtigen war. In der Bevölkerung Havannas baute sich eine ungeheure Erwartungshaltung auf, und als Fidel Castro mit seinen Leuten am 8. Januar, bärtig, bewaffnet und im offenen Jeep, endlich einzog, entlud sich das in einem ebenso beispiellosen Jubelfest. Zehntausende an seinem Weg über die Uferstraße Malecón skandierten »Gracias, Fidel!« und »Libertad«. Während seiner ersten großen Rede setzte sich eine dressierte weiße Tauben auf seine Schulter, was seinen Mythos für manchen begeisterten Kubaner beinahe ins Transzendente hob.

Nach diesem Tag lag die Macht de facto in den Händen des damals 32-Jährigen. Castro sprach von einer humanistischen Revolution und wurde schnell auch im Ausland populär. Anfangs genoss er in den USA ein Ansehen wie einst Lawrence von Arabien in England.[3]

Mitunter ist die kubanische Revolution als eine »charismatische Minderheitenrevolution«[4] bezeichnet worden, zumal sich in den Anfängen des Castro-Regimes und erneut nach dem Ende des real existierenden Sozialismus Elemente des lateinamerikanischen Nationalismus, Populismus und Caudillismus zeigten.

*Castro-Plakat, »Kämpfe gegen das Unmögliche und gewinne« (2006).*

Nie seit dem Sieg der Revolution stand in Zweifel, wer in Kuba der Máximo Líder, der große Führer sei. Castros charismatische Ausstrahlung tat dazu das Ihrige, seine stundenlangen Reden betrachtete er als Unterhaltung mit dem Publikum. Oft dienten sie zur Akklamation der von ihm getroffenen Entscheidungen. Zur anfänglichen Popularität im Lande trat die Verehrung, die ihm und Che Guevara in der sogenannten Dritten Welt sowie von Seiten der Linksintellektuellen und der antiautoritären Jugend in den Industriestaaten, entgegengebracht wurde. In einigen Büchern gelten Che und Raúl als die eigentlichen Marxisten, während Fidel Castros politische Ausrichtung im Ungewissen verbleibt.

Der Wechsel hin zur sozialistischen Revolution ging von der Spitze aus. Castro erklärte 1961, er werde sein ganzes Leben lang Marxist-Leninist bleiben. Damals meinte »Der Spiegel«: »Der Personenkult um Fidel Castro stellt alle östlichen Vorbilder in den Schatten. Doch er rührt nur zum Teil von der völligen Gleichschaltung der Presse und der Kontrolle über Radio und Fernsehen her (vier von den sechs Fernsehsendern Havannas und 128 der 149 kubanischen Rundfunkstationen sind der Regierung unterstellt). Die fanatische Liebe der Kubaner zu Fidel Castro trägt durchaus religiöse Züge.«[5]

Castro blieb fast fünf Jahrzehnte der Kern des kubanischen Machtsystems. Weltweit regierte kein Politiker länger als er. Im kubanischen Personenkult nehmen aber Ernesto Che Guevara und auch der 1959 auf einem Flug verschollene Mitkämpfer aus der Sierra Maestra, Camilo Cienfuegos, eine wichtige Rolle ein. Als Che Guevara 1967 beim Guerillakampf in Bolivien scheiterte und ermordet wurde, stieg er zum weltweiten Mythos auf, und Castro erschien als Fortsetzer, als Erbe des revolutionären Elans des Argentiniers, obwohl er zuvor Differenzen mit den berühmten Toten gehabt hatte.

Eines der ersten Gesetze galt dennoch dem Verbot des Personenkultes. Eine Marmorbüste Castros, die in der Nacht nach seinem Einzug in Havanna aufgestellt worden war, ließ Fidel am nächsten Tag entfernen. Mittlerweile ist sein Geburtshaus jedoch ein Revolutionsdenkmal, in seiner ehemaligen Schule in Santiago ebenso wie im Gebäude des Jesuiteninternats, wo er als Schüler gelebt hat, befinden sich Museen.

Die Personifizierung des politischen Systems in der Gestalt Fidel Castro nahm in den postsozialistischen neunziger Jahren zu, da er als Garant der nationalen Einheit wirken soll.[6] Aber: »Nie hat er die Pappmaché-Parolen kommunistischer Scholastik nachgebetet oder den ritualisierten Jargon des Systems benutzt,« meint der Schriftsteller Gabriel García Márquez und sieht in Fidel Castro den »Antidogmatiker par excellence, seine kreative Imagination kreist ständig über den Abgründen der Häresie«.[7]

Bei Castro lässt sich ein rebellisches Verhalten und ein Streben nach Gerechtigkeit in vielen Momenten seines Lebens finden. Das geht einher mit einer hohen Selbsteinschätzung und einem rücksichtslosen Umsetzen politischer Interessen; Allianzen dienten zumeist eigenen Machtambitionen. Zu einer bis in die Gegenwart angewandten Ressource gehören seine intellektuelle und sportliche Bildung, sein hoher Arbeitseinsatz und die Neigung zur Geheimhaltung, was ihn auch veranlasste, sein Privatleben konsequent nach außen hin abzuschirmen. Das enzyklopädische und zuweilen etwas pedantisch wirkende Interesse sowohl für internationale als auch für nationale Fragen wurde während seiner Ausbildung von bürgerlichen Lehrern gelegt. Am Colegio Belén der Jesuiten in Havanna galt er als guter Schüler und noch besserer Athlet. 1944 erhielt er den Preis als vielseitigster Schulsportler Kubas.

*Zigarettenbilder wurden im Nationalsozialismus zu Propagandazwecken genutzt. Das Sammelalbum »Adolf Hitler« (1934) setzte auf den »Führer« und war damit Teil des Personenkults, der um Hitler betrieben wurde.*

»Stalin führt uns zum Sieg«. Der Sowjetführer als zweiter Napoleon, Plakat von Iraklii Toidze (1943).

*Plakat: »Folgt für immer der ewigen Revolution des Vorsitzenden Mao«.*

*Schon die Kinder huldigten ihm. Bilder des rumänischen Präsidenten Ceauşescu hingen in allen öffentlichen Gebäuden (Aufnahme von 1987).*

*Im Foyer eines nordkoreanischen Hotels: Kim Il Sung und Kim Jong Il.*

Massenparade zum 30. Jahrestag der Gründung der Demokratischen Volksrepublik Korea (Nordkorea), Pjöngjang 1978.

*Der albanische Diktator Enver Hodscha badet in der Menge.*

*Der Personenkult um den jugoslawischen Präsidenten Josip Broz Tito hat dessen Tod bis heute überlebt.*

*Der sowjetische Kosmonaut German Stepanowitsch Titow erhält von Walter Ulbricht den Karl-Marx-Orden, Erstausgabetag der Briefmarke: 11. Dezember 1961.*

*Erich Honecker auf dem X. Parteitag der SED im Palast der Republik, April 1981.*

*Istanbul am Atatürk-Tag, 19. Mai 2004.*

*»Somos Chávez« – »Wir sind Chávez«. Kundgebung in Venezuela.*

*Nelson-Mandela-Statue auf dem Nelson-Mandela-Platz in Johannisburg.*

*Evita-Porträt an der Fassade des argentinischen Gesundheitsministeriums in Buenos Aires.*

*Wandgemälde Ayatollah Khomeinis neben der Kirche Saint Sarkis in Teheran (2011).*

*Titelblatt eines Comics über Muammar al-Gaddafi (1980).*

*Ein Porträt des tunesischen Präsidenten Ben Ali an einer zur Parade geschmückten tunesischen Straße (2001).*

*Goldene Statue des 2006 verstorbenen turkmenischen Präsidenten Saparmurat Nijasow auf dem sogenannten »Neutralitätsbogen« in der turkmenischen Hauptstadt Ashgabat. Die Statue dreht sich in 24 Stunden einmal um die eigene Achse, immer der Sonne zugewandt. Aufnahme von 2008. 2010 wurde das Denkmal allerdings durch Nijasows Nachfolger vom Zentrum an den südlichen Rand der Stadt verlegt.*

*Parade in der turkmenischen Hauptstadt Aschgabat unter den Augen und zu Ehren des Präsidenten Gurbanguli Berdimuchamedow.*

Castro war in seinen frühen und mittleren Jahren ein mitreißender Redner, der ausdauernd und ohne Manuskript sprechen konnte. Doch in mancherlei Hinsicht sei er kein echter Kubaner, meinen einzelne Beobachter, denn er möge keine Musik und keinen Alkohol.[8] Das Rauchen hat er in den achtziger Jahren eingestellt. Seine Position zu vielen Daseinsfragen blieb moralisch-konservativ: »Irgendwie ist das Land immer noch eine große Jesuitenschule – und Castro ihr Direktor.«[9] Dennoch oder gerade deswegen kümmerte er sich nicht um protokollarische Vorschriften und um traditionelle Diplomatie. Erst in den neunziger Jahren trat er wieder häufiger im dunklen Anzug und ohne die früher verwendeten Stiefel auf.

Möglicherweise lag es an der weiten Entfernung von den sozialistischen Partnerländern und dem karibischen Umfeld, dass Kuba kein bloßer sowjetischer Satellit wurde, sondern ein oft unbequemer Alliierter der UdSSR. Mit dem Versuch einer Verbreitung der Revolution in den sechziger Jahren in Lateinamerika, dem späteren Einsatz kubanischer Expeditionstruppen in Afrika und einem widersprüchlichen Kurs innerhalb der Bewegung der Blockfreien war Castro für das sozialistische Lager schwer einzuschätzen.

Gegenüber anderen Revolutionen weist die kubanische manche Besonderheiten auf. Es fehlte in der Umbruchsphase eine revolutionäre Partei. Bis in die siebziger Jahre erfolgte nur in geringem Grad eine Institutionalisierung und Formalisierung politischer Herrschaft. Auch nach der Gründung der Kommunistischen Partei 1965 dauerte es noch zehn Jahre, bis der erste Parteikongress stattfand. Erst 1976 wurde eine sozialistische Verfassung verabschiedet.

Anfangs reichten die Euphorie über den Wechsel, eine gezielte Repression und das Charisma Castros offensichtlich aus, um die Herrschaft der Revolutionäre zu sichern. Nationalisierungen und zunächst eingeleitete Umverteilungen zugunsten der Unterprivilegierten taten ein Übriges. Höhere Positionen wurden mit Leuten aus der Kampfzeit besetzt, die gemäßigten Mitglieder der Bewegung sahen sich zunehmend an den Rand gedrängt. In den sechziger Jahren stiegen die Komitees zur Verteidigung der Revolution (CDR) zur wichtigsten Organisation auf. Sie sollten der Abwehr einer Intervention aus den USA dienen, tatsächlich übernahmen sie zunehmend eine Überwachungs- und Kontrollfunktion im Lande und kümmerten sich zugleich um die soziale Betreuung der Schwächeren in der Gesellschaft.

Zur Stabilisierung der Revolution trug das Feindbild USA bei. Sabotageakte, Bombenabwürfe durch Flugzeuge, die in Florida starteten und schließlich der von US-Präsident Kennedy gebilligte und vom Geheimdienst CIA gedeckte Landeversuch von mehr als 1500 bewaffneten Exilkubanern in der Schweinebucht im April 1961 gaben lange Zeit den Stoff ab für eine zuweilen übertrieben dargestellte Invasionsgefahr. Nicht weniger integrativ – mit einem negativen Vorzeichen – wirkten die zahlreichen von der CIA im Bunde mit Castrogegnern aus dem Exil organisierten Mordversuche gegen den Máximo Líder.

Ohnehin litten die Kubaner, vor allem in den Unter- und Mittelschichten, seit langem unter Geringschätzung und schlechter Behandlung durch die USA. Mit dem 1960 verkündeten Wirtschaftsboykott trug Washington seinerseits zum Machterhalt des Regimes bei.

Von einem organisierten Personenkult wie einst in einigen sozialistischen Ländern Europas und Asiens kann in Kuba keine Rede sein. Castro hat die Überhöhung in der Anfangszeit durch die eigene Bevölkerung und durch europäische Intellektuelle wie Jean-Paul Sartre, später durch nordamerikanische Filmemacher wie Oliver Stone, gewiss genossen, aber immer auch Wert gelegt auf eine vergleichsweise bescheidene Lebensführung.[10] Seine jüngsten Auftritte, die ihn als leicht gebückt gehenden Greis im Trainingsanzug im Wahllokal und gestützt von einem Leibwächter beim Gespräch mit Kubanern zeigen, sind möglicherweise darauf angelegt, das Bild vom allmächtigen Herrscher am Ende seines Lebens zu korrigieren.

Und wer war Hugo Chávez? Der Mann, der lange Zeit den Zuspruch oder wenigstens die Tolerierung bei fast 60 Prozent der Venezolaner, einem Teil der ärmeren Bevölkerung Lateinamerikas sowie internationalen Globalisierungsgegnern fand und in dem einige den möglichen Nachfolger Castros auf lateinamerikanischer Ebene zu erkennen glaubten?

Dem Aufstieg des Berufsmilitärs zum demokratisch gewählten Präsidenten in Venezuela ging eine Agonie des Parteienstaates voraus. Nach 1958 wechselten sich zwei Parteien an der Regierung ab, die sozialdemokratisch ausgerichtete Partei der Demokratischen Aktion und die christlich-soziale COPEI. Kritikern galt Venezuela als Schönwetterdemokratie. 1974, wegen der von der Organisation erdölexportierender Länder OPEC durch Produktionsdrosselung ausgelösten weltweiten Ölkrise, stiegen die Preise auf das Vierfache. Das erlaubte in Venezuela eine klientelistische Proporzdemokratie, von der viele Interessengruppen einen Vorteil hatten, die jedoch das Problem der Ungleichheit nicht lösen konnte.

Anfang 1989 kam es nach der Durchsetzung eines neoliberalen Anpassungsprogramms zu einem Volksaufruhr in Caracas und anderen Städten. Mehr als 800 Menschen sollen vom Militär erschossen worden sein. Chávez hatte seinen ersten Auftritt auf der politischen Bühne im Februar 1992 nach einem gescheiterten Militärputsch. In einer 72 Sekunden langen Fernsehansprache, die er als Bedingung für die Kapitulation seiner Anhänger gestellt hatte, erklärte er, dass sie »fürs Erste« gescheitert seien, und ließ erkennen, dass er nach neuen Möglichkeiten suchen werde. Damit begann sein Aufstieg als venezolanischer Hoffnungsträger.

Zwei Jahre verbrachte er in Haft, schon dort begann er, eine stabile Anhängerschaft aufzubauen. 1998 kandidiert er bei den Präsidentschaftswahlen und errang 56 Prozent der Stimmen. Nach seiner Regierungsübernahme 1999 versuchte er, eine Form von plebiszitärer Demokratie zu begründen, von ihm bezeichnet als partizipative Demokratie. Regieren wollte er bis 2021, wenn sich die Schlacht von Carabobo zum 200sten Male jährt. Dort hatte der Nationalheld Simón Bolívar mit seinen Truppen ein spanisches Expeditionsheer entscheidend geschlagen und den Weg für die formale Unabhängigkeit von Venezuela frei gemacht.

Hugo Chávez sah sich in dieser Tradition. Im Unterschied zu Fidel Castro stammte er aus ärmeren Verhältnissen, seine Eltern waren Realschullehrer. Chávez wuchs als zweiter von sechs Söhnen unter der Obhut seiner Großmutter auf. Als familiäres Vorbild sah er seinen Urgroßvater Maisanta (1875–1924) an, der als Caudillo gegen den einstigen Diktator Juan Vicente Gómez kämpfte. Dessen Geschichte und insgesamt die Venezuelas sei von der Oligarchie verfälscht worden, meinte Chávez und gab im Jahr 2004 dem Wahlkampfkommando zur Abwehr eines von der Opposition gegen ihn einberufenen Referendums den Namen Maisanta.

Wie Castro hatte Chávez als Heranwachsender enge Berührung

*Hugo Chávez in Porto Alegre, Brasilien, 26. Januar 2003.*

mit dem Katholizismus. Er war Messdiener und ein guter Schüler und Sportler. Als Berufswunsch gab er einmal an, Pitcher (Werfer) bei einem professionellen Baseballclub werden zu wollen – auch das wie sein kubanisches Vorbild. Schon während seiner Schulzeit beschäftigte er sich mit den Schriften von Simón Bolívar und anderen Gestalten der nationalen Geschichte. Dazu gehörten der sozialrevolutionäre Ezequiel Zamora und Simón Rodríguez, der Lehrer von Bolívar. Die 1982 anlässlich des 200. Geburtstages von Simón Bolívar innerhalb des Militärs gegründete Bolivarianische Revolutionsbewegung EBR-200 nimmt auch auf die drei oben genannten historischen Personen Bezug.

Innerhalb des Militärs fiel Chávez durch sein soziales Interesse, seine Sportbegeisterung auf. Erstaunlich lange unbemerkt blieb seine Neigung zu Gruppen- und Logenbildung. Zu seinen lateinamerikanischen Vorbildern gehörten der panamaische linke Militärpräsident Omar Torrijos, gegen den die CIA mehrere Mordpläne schmiedete und der 1981 bei einem Flugzeugabsturz unter nicht ganz geklärten Umständen starb, sowie der Chef der nationalreformerischen peruanischen Militärjunta, Juan Velasco, der in Lima von 1968 bis 1975 regierte. Mit anderen venezolanischen Offizieren besuchte Chávez Peru und schrieb später als Student der Politikwissenschaft an der Privatuniversität Simón Bolívar eine Hausarbeit über den Militärreformismus.

Chávez hatte u. a. Marx, Clausewitz, Haushofer und Nietzsche gelesen und war in der Lage, diese gegensätzlichen Autoren auch im Vortrag zu verbinden, wie er es etwa während seines offiziellen Besuchs in Deutschland bei einem Abendessen im Schloss Bellevue 1999 in seiner Tischrede tat. Diese Ansprache war mit fast 30 Minuten für den Anlass ziemlich lang, gemessen an seinen anderen Reden aber außerordentlich kurz. Er soll eine Zeitlang im Guinnessbuch der Rekorde für die längste je gehaltene Rede geführt worden sein und damit sogar Castro übertroffen haben.

Die Ausrichtung auf die Medien erfolgte bei Chávez in modernerer Weise als bei Fidel Castro. Manche Beobachter bezeichneten ihn als virtuellen Politiker.[11] Seine Ansichten und Lesefrüchte präsentierte er unter anderem in seiner sonntäglichen Fernsehsendung »Aló Presidente«. Sie wurde zwar angeblich nur von fünf bis zehn Prozent der Venezolaner gesehen, wirkte jedoch im Sinne des Agenda Setting, des Setzens von Themenschwerpunkten für die Kommentierung in den Tageszeitungen am Montag oder Dienstag weiter. Manchmal nahm das gesamte Kabinett an der bis zu sechs Stunden langen Livesendung teil. Auch Castro war gern dabei, wenn er in Venezuela weilte. Nicht selten gab der Staatschef im Fernsehen direkt politische Entscheidungen bekannt. Einmal sprach er nach einem mehrmonatigen Streik von Mitarbeitern des staatlichen Ölkonzerns PDVSA über das Fernsehen die Entlassung von Führungspersonen aus – in Schiedsrichterpose jeweils mit einer Trillerpfeife untermalt –, was er später bedauerte. Während die Mehrheit der privaten Fernsehkanäle seit 2000 gegen Chávez agierte, gelang es ihm mit Erfolg, den Staatskanal für seine politischen Ziele und seine Omnipräsenz zu nutzen. Überdies förderte er Tageszeitungen und Nachbarschaftsmedien, die seine Linie vertraten.

Welche Merkmale seines Herrschaftsstils liegen möglicherweise im persönlichen Bereich? Hier fällt das Bild noch komplizierter und zwiespältiger aus als bei Castro. Ein über Chavez veröffentlichtes Dossier trägt den Titel »Der Narziss von Caracas«.[12] Ausgegangen wird von einer narzisstischen Persönlichkeit, die sich in der ständigen Suche nach Bestätigung sowie im Verlust für Proportionen und Regeln im zwischenmenschlichen Umgang zeigt. Den volksnahen Umgangston der breiten Bevölkerungsschichten übertrug der reisefreudige Chávez, der in frühen Amtsjahren rund ein Viertel der Zeit im Ausland verbrachte, auf die Weltpolitik. Beim

Besuch in Russland überraschte er Präsident Putin mit einem Karatesprung, die spanische Königin Sophia versuchte er zu küssen, den japanischen Kaiser Akahito und den Papst zu umarmen. Mit seinen unvorhersehbaren Aktionen gelangte er immer wieder in die Weltpresse: Präsident Bush bezeichnete er vor der UN-Vollversammlung als nach Schwefel riechenden Teufel, dem neu gewählten Präsidenten Obama überreichte er publikumswirksam eine englischsprachige Ausgabe des Buches »Die offenen Adern Lateinamerikas« des uruguayischen Schriftstellers und Journalisten Eduardo Galeano. Den spanischen König Juan Carlos provozierte er 2007 bei einer Tagung mit Kritik an der Politik der spanischen Regierung, bis der Monarch ihm zurief, er solle die Klappe halten, worauf Chávez entgegnete, er lasse sich den Mund nicht verbieten, die Venezolaner seien keine spanischen Untertanen mehr wie im 19. Jahrhundert. Eine Szene, die dann wochenlang durch die Medien ging und sogar einen Rap Song hervorbrachte.

Eine bizarre Figur auf der politischen Bühne war der Mann allemal. Der aus dem Nachbarland Kolumbien stammende Literaturnobelpreisträger García Márquez gewann bei einer Flugreise mit Chávez den Eindruck, in einer Person zwei unterschiedlichen Menschen begegnet zu sein: »Dem einen hatte das unerbittliche Schicksal die Möglichkeit gegeben, sein Land zu retten, und der andere ist ein Träumer, der in die Geschichte einfach als ein weiterer Despot eingehen könnte.«[13]

In einem vor den Wahlen von 1998 erschienenen langen Interview mit dem Träumer und Alleinherrscher sind wichtige Merkmale seiner politischen Vorstellungen enthalten:[14] Chávez sieht sich demnach als Revolutionär. Das Kollektiv steht für ihn über dem Individuum, ein nationales Projekt und die nationale Identität seien zu fördern. Folgerichtig manifestiere sich das historische Bewusstsein der Venezolaner in den Helden der Unabhängigkeitsbewegung und in verschiedenen Caudillos, die er als genuinen Ausdruck eigener Geschichte betrachtet. Die liberale und repräsentative Demokratie habe abgewirtschaftet. Über eine Verfassungsgebende Versammlung müsse der Weg zum Wiederaufbau des Landes begonnen werden Den Militärs komme dabei eine wichtige Rolle zu. Als Gegner werden der Neoliberalismus und die USA ausgemacht, der Weg zur Veränderung könne auch gewaltsam beschritten werden.

In den Jahren 1999 bis 2013 setzte der Präsident einen Teil dieser Vorstellungen durch. Zunächst stand die Vorstellung von einem neuen Bolivarianismus sowie der Einheit zwischen Caudillo und Volk im Vordergrund.[15] »Ich bin das Volk«, diesen Satz des 1948 erschossenen kolumbianischen Populisten Eliécer Gaitán verwendete Chávez häufig. Insofern hätte er auf den Vorwurf des Personenkultes geantwortet, er sei die Inkarnation des Volkes. »Ich bin Chávez«, lautete der Slogan seiner vielen Anhänger in den Monaten seiner Agonie und »Viva la vida – Es lebe das Leben«.

Monatelange Proteste und Streiks der Bewohner der besseren Wohnviertel und der Gewerkschaften sowie ein militärischer Putschversuch der plutokratischsten Gruppen der Opposition 2002 konnten Chávez nicht erschüttern. Aus dem zumindest mit wohlwollender Duldung der USA erfolgten Coup ging er nach zwei Tagen gestärkt hervor. Wie Jesus Christus sei er wieder auferstanden, erklärte er den Journalisten und seinen Anhängern, die auf der Straße für seine Rückkehr demonstriert hatten.

Neben seinem Charisma blieb der hohe Ölpreis seine wichtigste Ressource. Damit konnte er die Sozialprogramme, genannt Missionen, finanzieren. Sie gingen einher mit der Vergabe von Stipendien, die klientelistische Merkmale aufwiesen. Chávez strebte eine Form der plebiszitären Demokratie an, die er in Übereinstimmung mit einer idealisierten Geschichte sah und mit einem in die Zukunft schauenden Anführer verband. Dabei identifizierte sich der Hauptakteur mit dem idealen Ich (Bolívar, der Befreier) und denen, für die er kämpft (das »Volk«). Anders gesagt: Er selbst ist das Volk, und das Volk ist der Befreier, sein eigener Befreier.[16] Ab 2005 sprach Chávez von der Notwendigkeit, den Sozialismus des 21. Jahrhunderts aufzubauen. Dabei und bei dem Aufbau der Missionen sollen die Ratschläge von Castro eine Rolle gespielt haben.

Castro und Chávez weisen Parallelen und Unterschiede auf. Beide Staatslenker kamen aus der Provinz. Sie verfassten keine theoretischen Beiträge und besaßen zu den Intellektuellen aus dem eigenen Land ein gespanntes Verhältnis. Die Akzeptanz durch eine linke internationale Solidaritätsbewegung war bei dem Revolutionär Castro höher als bei dem Exmilitär Chávez; sie nahm jedoch nach dem Bekenntnis des Venezolaners zu einem nicht präzisierten Sozialismus des 21. Jahrhunderts vorübergehend zu.

Sowohl Castro als auch Chávez knüpften an historische Figuren der nationalen und kontinentalen Geschichte an und stellten sich in eine idealistische Traditionslinie von José Martí und Simon Bolívar. Sie konstruierten daraus eine historische Mission und handelten quasi im Auftrag großer Persönlichkeiten. Ihr Personenkult schloss die historischen Vorläufer ein und sollte sie selbst in den Rang von Staatsgründern versetzen.

Mindestens ebenso wichtig wie die positiven Interpretationen des 19. Jahrhunderts sind die negative Abgrenzung und damit die Bildung einer negativen Identität. Das zeigte sich in der kubanischen Innenpolitik durch die Abgrenzung gegenüber der Batista-Diktatur und dem Gangstertum der vorrevolutionären Zeit, in Venezuela in der Verdammung der alten Parteienherrschaft und der sogenannten IV. Republik (1958–1998), die durch eine neue V. Republik ersetzt werden sollte. Außenpolitisch waren Präsident Bush und der Neoliberalismus die Gegner. Den nordamerikanischen Präsidenten und der CIA wurde vorgeworfen, sowohl Castro als auch Chávez ermorden zu wollen und für Armut und wirtschaftliche Rückständigkeit verantwortlich zu sein.

Beide berufen sich auf das Volk. Die Gegner sind das Anti-Volk. In Kuba sind diese relativ leicht zu diagnostizieren, weil eine Mehrheit der Gegner in Miami sitzt, womit die Ineinssetzung mit ausländischen Interessen leichter fällt. In Venezuela verblieb ein wichtiger Teil der Opposition im Lande, Chávez musste sich an das demokratische Prozedere halten. Beide vertrauten auf die Rede und standen in einer spanischen Tradition, genannt Oratoria. Die lange und einseitige Kommunikation mit der Bevölkerung diente ihnen als Ausweis für eine plebiszitäre Demokratie. Beiden war ein volksnahes Auftreten gemeinsam, wobei allerdings die Direktheit und der Hang zu derben Witzen bei Präsident Chávez ausgeprägter waren als bei Castro, der seine Herkunft aus dem Jesuitenkolleg und seine intellektuellen Fähigkeiten nicht verbergen konnte und wollte.

Auch wenn Venezuela nach wie vor mit Einschränkungen als demokratisches System gilt, spielt das Militär wie in Kuba eine zentrale Rolle. Der Geheimdienst wird ausgebaut; die Aufstellung von Milizen zur Abwehr eines vermeintlichen US-Angriffes und der Kauf von russischen Waffen deuten ebenfalls in diese Richtung.

Castro und Chávez beriefen sich gleichermaßen auf einen Lateinamerikanismus und den Internationalismus. Kubanische Revolutionäre kämpften und starben in Afrika, Asien und Lateinamerika; die chavistische sogenannte Außenpolitik der Völker förderte Partner und Verbündete mit Ölgeldern.

Der Sport spielte im Leben der beiden eine große Rolle. Dies galt für den eigenen Aufstieg, aber auch für die Inszenierung von Politik und eine aktualisierte Form des Personenkultes. Gemeinsame sportliche Auftritte – etwa beim Baseball – wurden mit politischen Äußerungen verknüpft. Castro kam durch eine echte Revolution an die Macht, Chávez nach freien Wahlen und als populistischer Hoffnungsträger, der sich dann selbst zum Revolutionär ernannte.[17] Viele, die Chávez gewählt haben, wollten wahrscheinlich keine Entwicklung nach kubanischem Vorbild. Castros Aufstieg erfolgte im Kalten Krieg, Chávez' Amtszeiten gehörten in die Zeit des Übergangs zu einer multipolaren Welt. Die USA entwickelten für den Umgang mit Venezuela die sogenannte Maisto-Doktrin, benannt nach dem ehemaligen US-Botschafter in Caracas, John Maisto, der empfohlen hatte, man solle Chávez mehr nach dem beurteilen, was er tue, als nach dem, was er sage.

Venezuela bleibt trotz plebiszitärer und autoritärer Tendenzen unter Chávez und seines 2013 mit sehr knapper Mehrheit gewählten Wunschnachfolgers Nicolás Maduro eine Präsidialdemokratie. Kuba dagegen ist formal ein autoritärer sozialistischer Einparteienstaat mit deutlichen Verletzungen der Menschenrechte. Die Medien in Kuba stehen unter staatlicher Kontrolle, in Venezuela besteht beim privaten Fernsehen eine zumindest kommerzielle Vielfalt und in den Tageszeitungen gibt es erhebliche Kritik am Präsidenten. Sowohl der Unternehmerverband als auch die Gewerkschaften standen gegen Chávez, der allerdings in vielen Bereichen Parallelstrukturen aufbaute.

Castro ist, was den persönlichen Faktor betrifft, wahrscheinlich als der bessere Akademiker und Sportler anzusehen und als ein echter Revolutionär. Das kubanische Herrschaftssystem funktioniert auch mit einem Fidel Castro im Ruhestand, dagegen zeigte der knappe Wahlausgang in Venezuela 2013, dass sich das Charisma trotz des Slogans »Chávez para siempre – Maduro Presidente!« und eines posthumen Personenkultes auf den Nachfolger nicht vererben lässt.

Bei Fidel Castro ergibt sich der Personenkult aus seiner historischen Führungsrolle in der Revolution und seiner langen Herrschaftszeit. Seine Reden, seine Kommentare in der Parteizeitung

*Granma* und seine Buchpublikationen zeigen, dass er eher traditionelle Formen des Personenkultes fortsetzte. Fernsehauftritte und neue Medien interessierten ihn weniger. Im diktatorischen System Kubas geben Wahlen keine Auskunft über die tatsächliche Popularität der Regierenden.

Hugo Chávez wurde über die Medien bekannt und setzte sie souverän für seinen Aufstieg ein und später für den Erhalt seiner Popularität bei einem Teil der Bevölkerung. Seine sonntägliche Sendung »Aló Presidente« war allerdings ganz auf seine Person zugeschnitten. Das Format kann nicht von einem anderen Präsidenten ausgefüllt werden. Chávez war bei Twitter aktiv. Er versuchte – wie Castro – lateinamerikanische und internationale Größen um sich zu scharen und konnte eine Serie von freien Wahlen zum Teil klar für sich entscheiden. In der Schlussphase seines Lebens nahm der Kult fast religiöse Züge an, da er seine Anhängerschaft an seinem Kampf für das Leben und seine Gesundheit teilhaben ließ.

Castro und Chávez gingen eine Allianz ein. Der ewige Revolutionär und der populistische Exmilitär profitierten beide davon. Kuba gelang es, seine daniederliegende Wirtschaft durch venezolanische Öl-Dollars etwas zu entlasten und eine für kubanische Verhältnisse gute Entlohnung seiner Internationalisten in Venezuela zu erzielen. Die bolivarianische Regierung konnte dank der kubanischen Ärzte in den Armutsvierteln Erfolge präsentieren, gleichzeitig dienten kubanische Helfer beim Aufbau des Sicherheitsdienstes. Angesichts der in Venezuela seit 2012 deutlicher werdenden Krise dürften die Zuwendungen an Kuba und andere lateinamerikanische Länder in Zukunft zu Kontroversen führen.

»Fidel Castro ist ein Gigant des 20. Jahrhunderts, der zu unserem Glück noch ins 21. Jahrhundert hineinragt«, sagte Chávez,[18] der sein Idol genau studierte. Kuba war für ihn ein Orientierungs- und Sehnsuchtsort. Nach seiner Gefängnishaft reiste er 1994 als junger und drahtiger Exoffizier nach Havanna und wurde von Castro schon am Flughafen begrüßt. 19 Jahre später schloss sich der Kreis, als er schwerkrank und angeschlagen nach Kuba flog, wo ihm am Ende nicht mehr geholfen werden konnte, so dass er im Februar 2013 als Sterbender nach Caracas zurückkehrte.

Chávez' »Opfertod für sein Volk« beflügelte seinen Mythos. Ob sich das auf seine Nachfolger übertragen lässt, erscheint nach dem knappen Wahlausgang im April 2013 ungewiss. Seine zurückgebliebenen Anhänger betrieben Wahlkampf mit einem Toten. Der Chávez-Vertraute Maduro vermeldete sogar eine Chávez-Erscheinung in Gestalt eines kleinen Vögelchens, das sich nach dem Tod des Präsidenten auf dessen Geburtshaus niederließ, eine Geschichte, die sich einpasst in manche religiösen Bezüge, die Chávez bei seinen Auftritten auch selbst setzte.

In der lateinamerikanischen Geschichte mit ihrer auch im 21. Jahrhundert anhaltenden Personalisierung und im antiimperialistischen Denken werden Castro und Chávez einen festen Platz behalten.

### Anmerkungen

1 Vgl.http://www.frasesimagenes.net/view/6458/frases-sobre-chavez-de-fidel-castro.html (03.08.2013). Übersetzung aus dem Spanischen: Markus Rosenberger.
2 Zum Vergleich der beiden Politiker zuerst Masó, Fausto: Los amantes del tango, Caracas 2004. In der Folgezeit wiesen vor allem kubanische Autoren auf Gemeinsamkeiten hin: Elizalde, Rosa Miriam; Luis Báez: Chávez nuestro, Havanna 2004; Dies.: El encuentro, Havanna 2005.
3 So Thomas, Hugh: Cuba or The Pursuit of Freedom, New York 1971, in seinem Standardwerk zur kubanischen Geschichte, S. 1037.
4 Goldenberg, Boris: Lateinamerika und die kubanische Revolution, Köln 1963.
5 Kubas Castro (Titelgeschichte), in: Der Spiegel 27/1960.
6 Erazo Heufelder, Jeanette: Fidel. Ein privater Blick auf den Máximo Líder, Frankfurt a. M. 2004, S. 325 f. Der Personenkult spielt in den vielen Biografien eine vergleichsweise geringe Rolle. Vgl. Skierka, Volker: Fidel Castro. Eine Biographie, Berlin 2001.
7 García Márquez, Gabriel: Mein Freund Castro, in: Zeit-Magazin vom 25.07.1997.
8 Bourne, Peter G.: Fidel Castro. »Maximo Lider« der kubanischen Revolution, München 1990, S. 224.
9 Ebenda, S. 562.
10 Dies wird in vielen Biografien hervorgehoben, besonders in: Fidel Castro. Mein Leben (Fidel Castro mit Ignacio Ramonet), Berlin 2008.
11 Vgl. The Hugo Chavez Show, Frontline 2008: http://video.pbs.org/video/1082085620/ (Zugriff 05.09.2013).
12 So der Titel eines Artikels von Reiner Luyken in: DIE ZEIT 43/2002, http://www.zeit.de/2002/43/Der_Narziss_von_Caracas (Zugriff 05.09.2013).
13 García Márquez, Gabriel: Wundersame Wendungen. Hugo Chávez, der neue Präsident von Venezuela, in: FAZ vom 20.02.1999.
14 Blanco Muñóz, Augustin: Habla el comandante, Caracas 1998.
15 Diese Vorstellungen gingen u. a. auf Ideen des verstorbenen argentinischen Linksperonisten und Antisemiten Norberto Ceresole zurück.
16 Welsch, Friedrich: Hugo Chávez Frías, in: Nikolaus Werz (Hg.): Populisten, Revolutionäre, Staatsmänner. Politiker in Lateinamerika, Frankfurt a. M. 2010, S. 546–570.
17 Burghardt, Peter: Ein Mann will Rot sehen, in: Süddeutschen Zeitung vom 12.02.2009.
18 Zitiert in: Widmann, Carlos: Das letzte Buch über Fidel Castro, München 2012, S. 9.

# Nelson Mandela

*Nelson Mandela (1994).*

\* 18. Juli 1918 in Mvezo

1994 – 1999: Präsident Südafrikas

In Südafrika wurde 1948 die Rassentrennung (Apartheid) eingeführt. Sie war juristisch definiert und blieb bis 1994 bestehen. Das Wahlrecht bestand ausschließlich für Weiße, Eheschließungen zwischen Angehörigen der verschiedenen ethnischen Gruppen waren verboten. Im südafrikanischen Alltag gab es separate Abteile in Verkehrsmitteln, getrennte Wohnsiedlungen, getrennte Krankenbehandlungen und selbst getrennte Toiletten. Mandela, seit seiner Studienzeit Aktivist der schwarzen Protestbewegung ANC (Afrikanischer Nationalkongress) und u. a. auch in deren militärischem Flügel tätig, wurde 1962 verhaftet. Bis 1990 saß er überwiegend auf der Gefängnisinsel Robben Island ein. Staatspräsident Frederik de Klerk verfügte 1990 die Aufhebung des Verbots des ANC und Mandelas Freilassung. 1993 erhielten de Klerk und Mandela gemeinsam den Friedensnobelpreis. Seit 1994 ist die Rassentrennung in Südafrika offiziell abgeschafft. Während Mandelas Präsidentschaft wurde der ANC zur wichtigsten politischen Kraft in Südafrika, doch hat das Land mit gewaltigen sozialen und Sicherheitsproblemen zu kämpfen. Dennoch gilt Mandela bis heute weltweit als Kultfigur, ein Kult, der nicht nur von seiner Familie, sondern auch von einer Vielzahl von Organisationen gefördert wird.

*Mach aus jedem Tag einen Mandelatag!*[1]

*(seit 2008 organisiert ein Komitee alljährlich zu Mandelas Geburtstag den »Internationalen Nelson-Mandela-Tag«)*

# Nelson Mandela –
# Der »Speer der Nation«

*Carsten Scharffetter*

Am 11. Februar 1990 wird in Paarl, nahe Kapstadt, ein 71-jähriger Mann in die Freiheit entlassen. 27 Jahre verbrachte er ununterbrochen im Gefängnis, die meiste Zeit auf der berüchtigten Felseninsel Robben Island. Jahrzehntelang durfte in Südafrika kein Bild von ihm veröffentlicht werden. Es war nicht einmal bekannt, wie dieser Mann, auf den man so lange gewartet hatte, im Rentenalter nun aussehen mochte.

Trotzdem kennt ihn fast jedes Kind auf der Erde dem Namen nach. Alle Welt schaut an diesem Tag nach Südafrika und wird Zeuge, wie Nelson Mandela an der Hand seiner damaligen Ehefrau Winnie das Gefängnis verlässt. Eine jubelnde Menschenmenge begrüßt den unbeugsamen Widerstandskämpfer, der sich so erfolgreich gegen das regierende Apartheidregime gestellt hat. Die Bilder werden vom Fernsehen live in alle Welt übertragen.[2] Auf dem Weg nach Kapstadt muss der von einer Polizeieskorte begleitete Konvoi die Route wechseln, an der ursprünglich vorgesehenen Strecke stehen zu viele Menschen. Am Ziel warten wieder Menschenmassen, zu denen der Freigelassene am frühen Abend vom Rathausbalkon aus spricht. Zwei Tage später jubeln ihm im Stadion von Soweto 120 000 Menschen zu.[3] Der amerikanische Präsident George H. W. Bush ruft persönlich an, um Mandela zu gratulieren.

Es ist ein tiefer Einschnitt in der Geschichte Südafrikas. Fast ein Jahrhundert lang galt dort Rassentrennung per Gesetz – die Apartheid, die selbsterklärte autoritäre Vorherrschaft der europäischstämmigen Bevölkerungsgruppe zur Absonderung der alteingesessenen schwarzafrikanischen Mehrheit, begleitet von schwerwiegenden Gewaltexzessen und sozialer Ausgrenzung.

In diese Welt der Apartheid wurde Mandela 1918 hineingeboren. Er stammt väterlicherseits von dem Thembu-König Ngubengcuka ab. Sein Vater war zeitweise Häuptling von Mandelas Geburtsort, und starb, als der Junge erst neun Jahre alt war. Fortan wurde Mandela von dem Thembu-König aufgezogen. Die daraus resultierende eigene Sonderrolle vermisste er später, als er in ein Internat wechselte und dort keine Privilegien mehr genoss, sondern wie alle anderen Schüler behandelt wurde. In seiner Autobiografie nannte er das eine »wichtige Lektion«.[4]

Mandela lernt an einer Methodistenschule, geht früh nach Johannesburg, schlägt sich als Wachmann eines Goldbergwerks und als Schwergewichtsboxer durch, macht im Fernstudium den Bachelor of Arts und studiert später auch Jura. Da ist er längst schon Mitglied der Widerstandsorganisation African National Congress (ANC). Mit Oliver Tambo, einem Mitkämpfer, wird er in den fünfziger Jahren Inhaber der ersten von Schwarzen geführten Rechtsanwaltskanzlei in Johannesburg. Er vertritt schwarze Mitbürger, die ungerecht behandelt werden. Häufig muss er sich morgens im Bürogebäude seinen Weg durch die Wartenden geradezu mit körperlichem Einsatz bahnen.

Anfangs setzt Mandela noch auf gewaltlosen Widerstand, nach dem Vorbild des Inders Mahatma Gandhi, der lange Zeit ebenfalls in Südafrika eine Rechtsanwaltspraxis unterhielt. Doch die Brutalität des Apartheidregimes bewirkt einen Sinneswandel. 1961 gründet er die militante Widerstandsbewegung *Umkhonto we Sizwe* (Speer der Nation) und wird deren Anführer. Steigende Popularität in der schwarzen Bevölkerung Südafrikas gewinnt er, als er wegen seiner politischen Aktivitäten von der Regierung wiederholt mit einem Bann belegt wird und seine örtliche Umgebung nicht mehr verlassen darf. Als 1962 ein Prozess gegen ihn beginnt, schreibt der ANC die Parole »Free Mandela« auf die Mauern, und es kommt landesweit zu Demonstrationen gegen das Verfahren.[5] Um Massenprotesten vorzubeugen, wird der Prozess im letzten Moment von Johannesburg in die besser kontrollierbare Hauptstadt Pretoria verlegt.

Spätestens Anfang 1964 wird das Ausland auf Mandela aufmerksam. Denn ihm und den übrigen Angeklagten droht die Todesstrafe. Mehrere Regierungen, darunter die britische und die amerikanische, intervenieren erfolgreich bei der südafrikanischen Regierung. Am 12. Juni 1964 werden gegen ihn und seine Mitangeklagten lebenslange Haftstrafen verhängt.[6]

Nelson Mandela wird so zum bekanntesten ANC-Häftling, und der Kampf um seine Freilassung verschmilzt mit dem weltweiten

*Nelson-Mandela-Denkmal im südafrikanischen Howick.*

Kampf gegen das Apartheidregime. Der südafrikanische Journalist Allister Sparks bezeichnet ihn als den weltweit bekanntesten politischen Gefangenen.[7]

Unterdessen wird die Lage der schwarzen Bevölkerungsmehrheit Südafrikas immer schlechter. Immer neue diskriminierende Vorschriften engen den Bewegungsraum ein und verschlimmern die Lebensbedingungen für die Bewohner der Townships, den elenden, eigens für die farbige Bevölkerung eingerichteten Wohnsiedlungen.[8] Massaker der Polizei in Sharpeville (1960) oder Soweto (1976) zeigen, mit welchen Mitteln die weiße Regierung ihre Macht zu behaupten gedenkt.

Unter dem zunehmenden internationalen Druck und wegen wachsender wirtschaftlicher Probleme gerät die Lage ab Mitte der achtziger Jahre mehr und mehr außer Kontrolle. In der Regierung setzt sich die Ansicht durch, dass man ohne Mandela der Lage nicht mehr Herr werden könne. So kommt es zu einer Serie von Geheimtreffen – indirekt mit Mitgliedern des Exil-ANC, direkt mit Mandela im Gefängnis – und 1991 schließlich zu Mandelas Freilassung und der Wiederzulassung des ANC in Südafrika. Das Parlament in Pretoria hebt bis Juni 1991 alle wesentlichen Apartheidgesetze auf.

In diesem lange nicht für möglich gehaltenen Umbruchprozess spielte Mandela eine enorme Rolle. Schon in seiner Haftzeit hatte sein Name hohe Symbolkraft und Kultstatus erreicht. Und das Ausland wirkte mit. Zu Mandelas 70. Geburtstag am 11. Juni 1988 lief im Londoner Wembley-Stadion ein zehnstündiges Konzert – mit mehr als 70 000 Besuchern und Live-Übertragungen in 67 Ländern. Interpreten waren unter anderem Bryan Adams, Joe Cocker, UB40, Harry Belafonte und Whitney Houston. Mutmaßlich eine Milliarde Menschen verfolgten das Konzert am Fernseher oder am Radio.[9] Der prominenteste Gefangene des Apartheidregimes empfing mindestens 17 Ehrendoktorwürden von Universitäten aus aller Welt und wurde Ehrenbürger zahlloser Kommunen und Regionen, darunter von Weltstädten wie Rom und Florenz.[10] Bereits 1973 hatte die Universität Leeds ein neu entdecktes Nuklearpartikel nach Mandela benannt.[11] Er wurde auch Träger des Simon Bolívar-Preises der UNESCO, Träger des Sterns der Völkerfreundschaft der DDR sowie des EU-Menschenrechtspreises.[12] In den Vereinigten Staaten stand der ANC gleichwohl seit 1988 auf der sogenannten Watch List, er galt dort als terroristische Organisation. Margaret Thatcher nannte den ANC noch im Jahre 1987 eine terroristische Vereinigung.[13]

Bei Mandelas Freilassung war die Lage explosiv. Tägliche Morde in den Townships und bei Demonstrationen und Zusammenstößen sowohl zwischen der schwarzen Bevölkerung und der Polizei als auch untereinander ließen trotz der Haftentlassung einen schlimmen Fortgang der Entwicklung befürchten. Im Gefängnis hatte Mandela der Gewalt gegen die Regierung nicht ausdrücklich abgeschworen. Trotz erlittener schwerer persönlicher Demütigungen setzte er jedoch auf eine Versöhnung mit der Apartheidregierung, allerdings mit dem Ziel, diese abzulösen. Er nahm Verhandlungen mit der Regierung auf, um einen friedlichen Übergang zu ermöglichen. Bald erhielt er Einladungen aus aller Welt und traf zahlreiche Staatsoberhäupter und Regierungschefs, darunter George H.W. Bush, François Mitterrand, Margaret Thatcher und Papst Johannes Paul II. Er sprach vor beiden Häusern des amerikanischen Kongresses und in New York fand zu seinen Ehren eine Konfettiparade statt. Im Londoner Wembley-Stadion nahm er am 16. April 1990 am Konzert »Nelson Mandela: An International Tribute for a free South Africa« teil.[14]

Als die Verhandlungen mit der bisherigen südafrikanischen Regierung über die Beendigung des Apartheidregimes im Dezember 1993 kurz vor dem Abschluss standen, verlieh das Nobelpreiskomitee in Stockholm den Verhandlungsführern Nelson Mandela und dem südafrikanischen Präsidenten Frederik de Klerk den Friedensnobelpreis. Heute ist Mandela Träger einer kaum zu überblickenden Zahl von Auszeichnungen. Straßen, Häuser, Brücken, sogar Preise, Pflanzen und Tiere wurden nach ihm benannt. Bei einem Empfang im Buckingham Palace in London empfing Mandela am 10. Juli 1996 gleich acht Ehrendoktorwürden britischer Universitäten.[15] Die Webseite www.nelsonmandela.org erwähnt rund 1800 Auszeichnungen verschiedenster Art aus mehr als 100 Ländern.

In Südafrika gedeiht mittlerweile ein Mandela-Tourismus. Entlang seiner Lebensstationen zieht sich eine Kette von Gedenkstätten und Museen, so in Qunu,[16] wo er zeitweise aufwuchs, und in Soweto, wo er wohnte.[17] Sein langjähriger Gefängnisaufenthaltsort, die Felseninsel Robben Island vor Kapstadt, ist heute ein Museum.[18] Als fester Programmpunkt bei einer Besichtigung gilt der Besuch der original erhalten gebliebenen Zelle. Die Schiffsanlegestelle in Kapstadt, wo die Fähre nach Robben Island ablegt, trägt den Namen Nelson-Mandela-Gateway. Das Haus in der Johannesburger Innenstadt, in dem Mandela & Tambo ihre Rechtsanwaltskanzlei unterhielten, beheimatet heute eine Bilder-Dauerausstellung. Zu besichtigen sind dort auch digitalisierte Unterlagen der von der Kanzlei betreuten Mandate. In der Nähe von Howick, wo Mandela 1962 verhaftet wurde, erhebt sich ein knapp zehn Meter hohes Monument aus 50 Stahlrohren, die das Gesicht Mandelas darstellen. Am Nelson Mandela Square in Johannesburg steht vor einem großen Einkaufszentrum eine sechs Meter hohe Statue. Anlässlich des 100. Gründungstages des ANC wurde im Dezember 2012 auch in Bloomfontein ein solches Denkmal enthüllt.

Der Nationalheld bleibt in Südafrika allgegenwärtig, und das, obwohl er sich bereits vor vielen Jahren aus der Öffentlichkeit zurückgezogen hat. Mittlerweile tragen sogar alle fünf von der südafrikanischen Notenbank herausgegebenen Geldnoten sein Bildnis. Er selbst hat versucht, sein begonnenes Werk über Stiftungen weiterzuführen, dort, wo es seines Erachtens noch nötig zu sein scheint. 1999 gründete er die Nelson-Mandela-Stiftung, der die Aufgabe zukommt, mithilfe von Spenden den Kampf gegen Apartheid und für Gleichberechtigung und Demokratie fortzusetzen. Die Mandela-Rhodes-Stiftung gewährt Stipendien für Studenten. Der Nelson Mandela Children's Fund soll helfen, benachteiligten Kindern in Südafrika eine geordnete Entwicklung zu ermöglichen. Großen Erfolg hatte Mandela mit der Gründung der Organisation 46 664. Die Zahl bezieht sich auf seine Häftlingsnummer auf Robben Island und das Jahr seiner Verurteilung: 1964. Mandela wollte so zunächst die Aufmerksamkeit auf die Bekämpfung der Immunschwächekrankheit AIDS lenken. Mittlerweile wirkt die Organisation auch bei sozialen Projekten mit. Sie finanziert sich in erster Linie durch Spenden und durch die weltweite Veranstaltung von Konzerten.

2000 und 2004 übertrugen die südafrikanischen Landsleute Mandela die Aufgabe, die Fußball-Weltmeisterschaft nach Südafrika zu holen. Er reiste beide Male persönlich nach Zürich zum Sitz der FIFA, um seine Popularität in die Waagschale zu werfen. Der zweite Anlauf brachte Erfolg: 2010 war die Fußballwelt Gast bei Mandela. Er kam selbst zum Endspiel. Das war sein letzter öffentlicher Auftritt.

Die Vereinten Nationen haben im Jahr 2009 den 18. Juli, Mandelas Geburtstag, zum Mandela-Tag erklärt.[19] Eine weltweite Würdigung seines Lebenswerks.

Ein Teil der Presse, auch in seinem Heimatland, zeigt sich indessen weniger respektvoll. Voyeuristisch begleitet sie seine nachlassende Gesundheit und den Streit seiner Kinder und Enkel um das Erbe mit Schlagzeilen. Nicht übersehen werden darf, dass der Name Mandela mittlerweile auch eine Marke im wirtschaftlichen Sinne geworden ist, mit der sich Geld verdienen lässt. Es gibt in Südafrika Kühlschrankmagneten mit seinem Antlitz, T-Shirts, Tassen und Salzstreuer mit seinem Bildnis. In einem Schachspiel findet er als schwarzer König Verwendung – und der frühere Präsident de Klerk als weißer König. Bei ebay.de, beispielhaft herausgesucht am 9. Juni 2013, wurden 1278 Artikel unter dem Suchbegriff Mandela aufgelistet, bei amazon.de sogar 2659. Das Deutsche Marken- und Patentamt führt mittlerweile sechs geschützte Eintragungen mit Mandelas Namen, sowohl Wortmarken als auch Wortmarken in Verbindung mit einem Bild.[20]

Es bleibt festzuhalten, dass es sich bei dem Personenkult um Nelson Mandela um etwas Besonderes handelt, um eine immense

*ANC-Anhänger feiern den 20. Jahrestag von Nelson Mandelas Freilassung und tragen ein altes Mandela-Plakat mit sich (11. Februar 2010).*

öffentliche Verehrung für einen demokratischen Politiker. Seiner Vereidigung zum südafrikanischen Präsidenten 1994 ging eine demokratische Wahl voraus, an der erstmals alle Bevölkerungsgruppen mit gleichem Stimmrecht teilnehmen konnten. Die schwarze Bevölkerungsmehrheit sieht in ihm den Befreier vom brutalen Joch der Apartheid. Die weiße Bevölkerung sieht in ihm den Mann, der ihr nach dem Ende der Apartheid ein Bleiben im Land ermöglicht hat. Nicht vergessen haben beide einst so verfeindeten Seiten Mandelas Kaffeebesuch bei der Witwe des früheren Apartheidarchitekten Verwoerd und sein Essen mit seinem Ankläger Yutar, der für ihn 1964 die Todesstrafe gefordert hatte. Zur Rugby-Weltmeisterschaft 1995 in Südafrika erschien Mandela auf der Tribüne in einem T-Shirt mit der Rückennummer sechs, die stets den Kapitän auf dem Spielfeld ausweist. Rugby ist in Südafrika ganz überwiegend der Lieblingssport der weißen Bevölkerung. Als der schwarze Staatspräsident dem südafrikanischen Siegerteam am Ende den Pokal übergab, brachen Fans aller Couleur, auch solche, die ihn früher lieber auf Robben Island gesehen hatten, in »Nelson, Nel-son«-Rufe aus. Und mehr als einer der Zuschauer flüsterte unter Tränen: »Das ist mein Präsident.«[21]

Im Gegensatz zu anderen Politikern, die auf einer Woge der Zustimmung in ihr Amt gelangten und später zu diktatorischen Potentaten mutierten, und im Gegensatz zu solchen, die sich ohne Rückhalt in der Bevölkerung an die Macht putschten und dann verehren ließen, übte Mandela sein Amt demokratisch aus. Opposition gegen ihn war möglich, und es gab sie auch. Sein unbeliebter Vorgänger als Präsident aus Apartheidzeiten wurde sogar Vizepräsident. Die Presse war frei, und Kritik am Staatspräsidenten Nelson Mandela war problemlos möglich und nicht untersagt. Und nach nur einer Amtszeit, ebenfalls im Gegensatz zu vielen seiner Präsidentenkollegen, trat er freiwillig ab, obwohl er verfassungsgemäß noch für eine weitere Amtszeit hätte kandidieren dürfen. An einer überwältigenden Zustimmung für seine Wiederwahl hätte kein Zweifel bestanden.

## Anmerkungen

1 http://www.mandeladay.com/static/about-mandela-day (Zugriff 02.07.2013).
2 Tagesschau vom 11.02.1990: http://www.tagesschau.de/multimedia/video/video-649190.html (Zugriff 04.09.2013).
3 Tagesschau vom 13.02.1990: http://www.tagesschau.de/multimedia/video/video-653960.html (Zugriff 04.09.2013).
4 Mandela, Nelson: Der lange Weg zur Freiheit, Frankfurt a.M., 15. Aufl. 2012, S. 52.
5 Ebenda, S. 434.
6 Vgl. zum Prozessverlauf Joffe, Joel: The State vs. Nelson Mandela, Oxford 2007.
7 Sparks, Allister: Tomorrow is Another Country. Kindle-E-Book, Amazon 2012, 6%.
8 http://www.nelsonmandela.org/omalley/index.php/site/q/03lv01538/04lv01828/05lv01829/06lv01830.htm zählt 163 diskriminierende Apartheitsgesetze auf (Zugriff 02.09.2013).
9 Ausschnitt zu sehen unter: http://www.tvclips.info/video/6mXOW61J97A/dire-straits-eric-clapton-brothers-in-arms-nelson-mandela-70th-birthday-wembley-london-1988.html oder auch unter http://www.tvclips.info/video/ewK_PdjoGCQ/simple-minds-peter-gabriel-biko-mandela-70th-wembley-1988.html (Zugriffe 02.09.13).
10 http://db.nelsonmandela.org/tributes/pub_view.asp?pg=results&opt=guided&strGenre=Honorary (Zugriff 02.09.2013)
11 Vgl. http://physicsforme.wordpress.com/2012/02/25/the-mandela-particle (Zugriff 02.09.2013).
12 Aufzählung nach: http://db.nelsonmandela.org/tributes/pub_view.asp?pg=results&opt=guided&strGenre=Other#top (Zugriff 02.09.2013).
13 http://www.margaretthatcher.org/document/106948 (Zugriff 02.09.2013).
14 Sein begeisterter Empfang kann hier angesehen werden: https://www.youtube.com/watch?v=nL8Qmznec20 (Zugriff 02.09.2013).
15 http://www.spiegel.de/unispiegel/wunderbar/superdoktor-nelson-mandela-ueberhaeuft-mit-akademischen-titeln-a-223827.html (Zugriff 02.09.2013).
16 www.nelsonmandelamuseum.org.za (Zugriff 02.09.2013).
17 www.mandelahouse.com (Zugriff 02.09.2013).
18 www.robben-island.org.za (Zugriff 02.09.2013).
19 Vgl. http://www.un.org/en/events/mandeladay/ (Zugriff 02.09.2013).
20 Abgerufen von der Webseite des Deutschen Patent- und Markenamtes (www.dpma.de).
21 Van Zyl Slabbert, Frederik: The Other Side Of History, Kapstadt 2006, S. 61.

# Rafael Leónidas Trujillo Molina

\* 24. Oktober 1891 in St. Cristóbal
† 30. Mai 1961 in Santo Domingo

1930–1938 und 1942–1952: Präsident der Dominikanischen Republik

»Primer Maestro de la Republica« – »Erster Lehrer der Republik« (1939).

Trujillo gelangte 1930 mit US-amerikanischer Unterstützung durch einen Militärputsch an die Macht und blieb, entweder als Präsident oder über Strohmänner, bis zu seinem Tod Alleinherrscher und Despot der Dominikanischen Republik. Zehntausende Menschen fielen seinem Regime zum Opfer. Trujillo ließ sich mit »Generalissimus«, »Benefactor de la Patria« (Wohltäter des Vaterlandes) oder einfach nur mit »Jefe« (»Chef«) ansprechen. Er liebte Prachtuniformen, ausschweifende Festgelage und sonnte sich in dem Kult, der um seine Person betrieben wurde.

*Lang lebe der Chef*

*Schmeicheln möchte Ihnen Ihr Vaterland*
*Tiefstes Vertrauen in Sie hat Ihr Volk*
*General Trujillo, Sie sollen ewig unser Taktstock sein*
*Ihr Stern soll zeitlos leuchten*
*Hier befehlen nur Sie, General Trujillo*
*Das Volk wünscht, dass Sie es führen*[1]

*(Populäres dominikanisches Lied aus den fünfziger Jahren)*

# Rafael Trujillo – »El Jefe« (»Der Chef«)

*Nikolaus Werz*

»Gott im Himmel und Trujillo auf der Erde«, hieß es vor gut einem halben Jahrhundert zur Begrüßung auf dem Flughafen von Ciudad Trujillo.

Trujillo-Stadt?

Eine solche Bezeichnung ist auf den heutigen Landkarten nicht mehr zu finden. Mit gutem Grund. Der Namensgeber galt als Musterbeispiel jenes Typs von Tyrannen karibischer und mittelamerikanischer Staaten, welche im politischen Dunstkreis der USA aufstiegen und ihre Länder als Privatbesitz betrachteten. Auf der prachtvollen Uferstraße starb Rafael Leónidas Trujillo an einem Maitag des Jahres 1961 im Kugelhagel von Attentätern. Als einer der wenigen lateinamerikanischen Diktatoren im 20. Jahrhundert, die während ihrer Amtszeit umgebracht wurden.

Der selbstherrliche und unberechenbare Emporkömmling aus der Provinz hatte die Dominikanische Republik ab 1930 31 Jahre lang beherrscht und galt deshalb als »Genie der Macht«.[2] Gewalt, Nepotismus und Ausschweifungen prägten seine Tyrannei in einer Weise, dass das Interesse an seiner Person bis heute anhält. Er sei eine Figur für einen Roman, schrieb der Historiker Jesús de Galíndez in seiner klarsichtigen Analyse der Ära Trujillo, später wurde er vom Geheimdienst umgebracht.[3] Einem breiteren Publikum wurden die Grausamkeiten durch den Bestseller von Mario Vargas Llosa, »Das Fest des Ziegenbocks«, bekannt.[4] Empörung rief 2010 die Veröffentlichung des Buches »Trujillo, mi padre« seiner Tochter Angelita hervor, Demonstranten verhinderten eine Vorstellung.

Trujillo stützte sich auf die Armee und einen Geheimdienst, der nicht davor zurückschreckte, Oppositionelle aus dem Exil zu entführen und dann in der Dominikanischen Republik zu Tode zu foltern. Der selbsternannte Wohltäter des Vaterlandes war der Patron seiner ausgedehnten Familie und Entourage, die sich gerne im Ausland aufhielt und dort ihren Reichtum ostentativ zur Schau stellte. Seine Macht lebte er auch sexuell aus. Es heißt, er habe sich nicht nur junge Mädchen zuführen lassen, sondern sei auch in den Schlafzimmern seiner Gefolgsleute aufgetaucht, um dort Tribut für seine Gunst einzufordern.

Seine familiäre Herkunft hielt der ehemalige Telegrafist, Viehdieb und Scheckfälscher im Dunkeln. Sicher ist, dass Rafael Leónidas Trujillo am 24. Oktober 1891 als drittes von elf Kindern in der damals noch ländlichen Stadt San Cristóbal auf die Welt kam. Großspurig gab er sich später als Nachfahre eines spanischen Offiziers und eines französischen Marquis aus. Seine Schulzeit währte nur kurz, Bildung interessierte ihn nicht.

Trujillos Karriere begann 1918 mit dem Eintritt in die von den USA geförderte Nationalgarde. US-amerikanische Truppen hielten das Land seit dem Jahr 1916 besetzt. 1924, als sie abzogen, war der mit Charme, Organisationstalent und Hinterhältigkeit begabte Ehrgeizling aus der Provinz schon Kommandant der Nordregion. Präsident Horacio Vásquez, der von 1924 bis 1930 regierte, ernannte ihn zum Oberkommandierenden. Trujillo dankte es ihm nicht. Als Vásquez 1930, verstrickt in Machtkämpfe, eine nicht vorgesehene Wiederwahl anstrebte, nutzte Trujillo den Protest, täuschte den gesundheitlich angeschlagenen Präsidenten, ernannte sich selbst zum vorübergehenden Regierungschef und rief Neuwahlen aus, die er am 16. Mai 1930 für sich entscheiden konnte. Da war er 39 Jahre alt.

Der dominikanischen Oberschicht und den Akademikern galt er als nicht unbedingt willkommener Aufsteiger. Ein kleinerer Teil der Opposition versuchte, den Usurpator im bewaffneten Kampf zu stürzen. Trujillo ließ einzelne Mitglieder der Oligarchie öffentlich vorführen, um ihren Widerstand zu brechen. Nach einem knappen halben Jahr stand er als Sieger fest. Später wurde gesetzlich festgelegt, dass der 16. August 1930, der Tag, an dem er das Präsidentenamt angetreten hatte, als Beginn der Ära der Trujillo zu gelten habe.

Frühzeitig setzte ein Personenkult ein. Besonders auffällig: Trujillos Titelsucht. Die militärischen Rangbezeichnungen hätte er eigentlich abgeben müssen, als er Präsident wurde, doch das Gegenteil geschah. Der Kongress billigte ihm 1933 den Titel Chef-Generalissimus aller Truppen zu Lande, zu Wasser und in der Luft zu. Damals zählte das Heer gerade mal 1500 Soldaten. Das Gesetz enthielt auch detaillierte Angaben über die Uniformen des Generalissimus, die den tropischen Temperaturen keineswegs angemessen waren, sondern europäischen Vorbildern entsprachen. Im gleichen Jahr wurde er zum Wohltäter des Neuen Vaterlandes ernannt. Dazu gehörte eine Neuauslegung der nationalen Geschichte, wobei die Bedeutung der Unabhängigkeitsbewegung herabgesetzt wurde, um die Rolle Trujillos als neuer Staatsgründer zu erhöhen. 1936 erließ der Senat das Gesetz, das den Namen der Hauptstadt in Ciudad Trujillo umwandelte. Der höchste Berg des Landes und eine Provinz trugen bald seinen Namen. Straßen, Brücken und Plätze wurden nach dem Diktator oder seinen Familienangehörigen benannt. 1938 beschaffte sich Trujillo auch noch den Titel Erster Doctor Ehrenhalber der Universität von Santo Domingo, der ältesten Universität Amerikas. In der Verfassung von 1955 wurden alle für ihn errichteten Denkmäler zu nationalen Monumenten erhoben. Er sammelte immer weiter Titel, etwa Wiederhersteller der finanziellen Unabhängigkeit, Vater des neuen Vaterlandes, Erster und Größter aller Regierungschefs und Befreier der Künste und Literatur. An Hospitälern befanden sich Inschriften wie: »Nur Trujillo heilt uns«, an Stauanlagen fand sich der Hinweis »Nur Trujillo bringt uns Wasser«. Wenn Trujillo aus dem Urlaub zurückkehrte, gab es einen Ferientag. In manchen Regierungsräumen las man die Aufschrift »Gott und Trujillo«. Hospitäler wurden nicht nur nach ihm, sondern auch nach seiner dritten Frau María Martínez und seinem Sohn Ramfis benannt. Insgesamt ließ er 1850 Denkmäler von sich errichten.

Kurze Zeit nach seiner Machtübernahme gründete Trujillo die Dominikanische Partei. Er selbst ernannte sich zum Obersten Chef und einzigen Direktor der Partei. Alle Staatsangestellten mussten eine Karte mit der Parteimitgliedschaft vorlegen. Die Leitmotive der Partei ließ er mit den Buchstaben seines vollen Namens in Verbindung bringen: Rafael = Rectitud (Rechtschaffenheit), Leonidas = Libertad (Freiheit), Trujillo = Trabajo (Arbeit), Molina = Moralidad (Moral). Die Opposition interpretierte das anders: Rapina (Raub), Lujuria (Unzucht), Tortura (Folter) und Muerte (Tod).

Die Haupteinnahmen des Staates stammten damals aus den neu eingeführten Zöllen auf Kaffee und Kakao sowie den Zuckerexporten. Die Bevölkerungszahl lag knapp über 1,2 Millionen, vier von fünf Dominikanern lebten auf dem Land. Es bestanden Handelsabkommen mit den USA, die nordamerikanischen Botschafter spielten eine wichtige Rolle in der Innenpolitik.

Trujillo verschaffte sich Kontrolle über fast alle wirtschaftlichen Ressourcen. Er kontrollierte Banken, Radiostationen, Zeitungen, die Zucker-, Rum- und Tabakindustrie und andere Wirtschaftszweige. Zugleich verwandelte er das ganze Land in eine Privatdomäne seiner Familie und Günstlinge. Das jährliche Einkommen der Familie Trujillo soll 1939 bei zwei Millionen US-Dollar gelegen haben. Im Nationalpalast bestand ein persönliches Büro des Generalissimo, dessen Leiter Tirso Rivera nach dem Tod des Chefs ein auf seinen Namen in den USA geführtes Konto offenlegte, dass zwölf Millionen Dollar enthielt.

In offiziösen Beiträgen wurde Trujillos Herrschaft 1958 folgendermaßen beschrieben: »Die Regierung ist teils autoritär, teils bürokratisch, teils wohlfahrtsstaatlich, teils demokratisch und teils echt republikanisch – aber grundsätzlich eine Entwicklungsdemokratie.«[5] Tatsächlich basierte sein politisches Machtsystem vor allem auf drei Macht- und Personengruppen. Erstens der engere Zirkel mit Teilen des Militärs, bevorzugten Politikern, einflussreichen Unternehmern und mit der nicht unproblematischen Familie in ihren weiten Verzweigungen. Zweitens die katholische Kirche, die bis 1959 zu Trujillo hielt. Drittens Teile der ärmeren Schichten, die teils in Sozialprogramme eingebunden wurden, teils von der Propaganda des Regimes mit seinem rhetorischen Nationalismus beeindruckt waren.

Der Staats- und Parteiführer stilisierte sich gern als Erneuerer der Dominikanischen Republik. Zur Absicherung seiner Macht diente ein Einschüchterungssystem. Dazu gehörte die Methode der Bestrafung mit anschließender Neuvergabe eines Postens. Morde wurden häufig als Unfälle ausgegeben. Im Jahr 1937 ließ Trujillo auf den Zuckerrohrplantagen mindestens 25 000 aufbegehrende Wanderarbeiter aus dem Nachbarland Haiti niedermetzeln.

Die Tyrannei und Unberechenbarkeit des Diktators erregten zunehmend Unmut in der dominikanischen Oligarchie und auch in Washington. Mit geschickten taktischen Manövern überließ er zweimal, 1938 und 1940, Gefolgsleuten das Präsidentenamt, ohne seine eigene Machtstellung als Wohltäter des Vaterlandes und Generalissimus der Armee zu schmälern.

*Trujillo (Mitte) in Ciudad Trujillo (Santo Domingo). Neben ihm sein Bruder Hector Bienvenido Trujillo Molina (1952–1960 Präsident der Dominikanischen Republik) und der apostolische Delegierte Monsignore Octavio Beras (Dezember 1955).*

Um den Anschein von Demokratie zu erwecken, ließ Trujillo im Jahr 1940 eine zweite Partei gründen. Schon der Name Partido Trujillista – also: Partei der Trujillo-Anhänger – ließ über ihre politische Ausrichtung keinen Zweifel aufkommen. Die Parallelexistenz von Demokratischer Partei und Partido Trujillista diente lediglich dazu, um bei den Wahlen eine Scheinalternative zu präsentieren. Der Demokratischen Partei sollen am Ende über eine Million Personen angehört haben. Jeder Dominikaner über 18 Jahre trat ihr mit erzwungener Freiwilligkeit bei, zumal die Rückseite der unentbehrlichen Ausweis- und Steuerkarte zugleich als Mitgliedskarte der Partei diente.

1942 hievte Trujillo sich selbst wieder in das Präsidentenamt. Seguiré a caballo, im Sattel bleiben – so nannte er seine Kandidatur. Den anhaltenden Herrschaftsanspruch begründete er unter anderem mit seiner Tatkraft für die Einleitung der erforderlichen Infrastrukturmaßnahmen. In den folgenden Jahren wurde die Hauptstadt modernisiert, es wurden Investitionen in die Verkehrswege und bei Industrieansiedlungen getätigt. Ordnung ist Fortschritt, verkündete Trujillo, als 1944 der neue Hafen von Santo Domingo eingeweiht wurde. 1947 zahlte die Dominikanische Republik ihre Auslandsschulden zurück.

Der Diktator galt als fleißig und diszipliniert. Er stand um vier Uhr früh auf, las die Zeitungen und Berichte, so dass er beim Eintreffen im Büro um 9.00 Uhr umfassend informiert war. Er arbeitete bis mittags, aß dann meist mit Geschäftsleuten und unternahm anschließend einen Spaziergang. Nach der erneuten Arbeitszeit von 15.30 bis 19.00 Uhr folgten ein Besuch bei seiner Mutter und ein weiterer Spaziergang mit Mitarbeitern.

Klatsch und Tratsch interessierten Trujillo heftig. Er konnte zuhören, bediente sich aber der Streitsituationen zum eigenen Vorteil und um andere herabzusetzen. Die Schwächen der Menschen nutzte er aus. Indiskrete Informationen nutzte er als Herrschaftsmittel. Er belieferte damit unter anderem die »Foro Público« genannte Seite der Tageszeitung. Nie verließ er das Haus ohne einen Geldkoffer. Damit kaufte er sich Freunde. Andere Militärs verwickelte er in kriminelle Machenschaften, um sie so abhängig zu machen. Dazu gehörten die Teilnahme an Erschießungen von Gefangenen, die Annahme von Bestechungsgeldern und Unterschlagungen.

Trujillo war eitel: Er soll mehr als 10 000 Krawatten, 2000 Uniformen und 500 Schuhe besessen haben. Er hatte eine Vorliebe für Auszeichnungen, daher auch sein Spitzname »Chapita«, abgeleitet von »chapa«, das Blech. Gern ließ er sich Orden an seine Uniformen stecken. Seine Reden wurden gedruckt und seit 1937 nach gesetzlicher Vorschrift in den Schulen vorgelesen. Die drei wichtigen Tageszeitungen schmeichelten in ihren Editorials dem Erleuchteten Chef. In den Leserbriefspalten wurden unablässig Huldigungen abgedruckt.[6]

Trujillo war auch Inszenierungskünstler. Den Sohn des US-amerikanischen Präsidenten Franklin Delano Roosevelt, James Roosevelt, soll er 1938 bei einer Militärparade selbstgefällig aufgefordert haben: »Schauen Sie genau hin, es handelt sich um die gleichen Soldaten, die nochmals vorbeiziehen.«[7]

Insgesamt viermal in seiner Herrschaftszeit ließ Trujillo sich von anderen Präsidenten vertreten. 1952 war sein Bruder Hector dran, auch nur ein Strohmann des übermächtigen Jefe. Das Protokoll machte daraus gar keinen Hehl. Beim feierlichen Hochamt platzierte sich Trujillo stets so, dass er näher zum Altar saß als der formal erste Mann. Im Parlament traf er häufig eine Viertelstunde zu früh ein, worauf man unverzüglich mit der Zeremonie begann. Wegen dieser Überpünktlichkeit waren die Mitarbeiter des Staatsapparates in der Dominikanischen Republik gehalten, generell eine halbe Stunde vor dem Beginn von staatlichen Anlässen zu erscheinen.

Trujillo war nachtragend und rachsüchtig, präsentierte sich aber gern als Familienmensch. Ein Trugbild. Früh trennte er sich von seiner ersten Frau und heiratete 1927 Bienvenida Ricart, die aus einer sozial höhergestellten Familie kam. Von ihr ließ er sich 1935 scheiden, während sie sich in Paris aufhielt, wozu der Kongress eigens ein Gesetz erließ, dass eine Auflösung der Ehe aufgrund des Ausbleibens von Kindern ermöglichte. Offenbar hielt die Beziehung aber nach der Trennung an, es sollen sich dann zwei Kinder eingestellt haben.

Zum persönlichen Umfeld gehörte der Playboy Porfirio Rubirosa, der die erste Tochter des Diktators, genannt Flor de Oro – Goldblume –, geheiratet hatte, als diese 17 Jahre alt war. Der Schwiegersohn war an Aktionen gegen Trujillo-Gegner in den USA beteiligt und blieb nach der Scheidung von der Tochter dem Clan verbunden. Mit seinen Affären und durch die Ehen mit nordamerikanischen Millionärinnen wurde er ein Dauerthema der internationalen Klatschpresse. In der Dominikanischen Republik erlangte Rubi wegen seiner vermeintlichen Manneskraft Kultstatus und galt als »tíguere«, als ein Aufsteiger, der Reichtum und Einfluss gewinnen konnte.[8] Trujillo zeigte eine starke Zuneigung und Bewunderung für den Verführer, möglicherweise sah er sich in seinem Verhältnis zu Frauen auch gern als solch ein Tiger.[9]

Seiner dritter Frau, María Martínez Alba, sagte man eine starke Ausstrahlungskraft in jungen Jahren nach. Mit ihr hatte er drei Kinder. Der erste Sohn hieß Ramfis und wurde später der auffälligste. Alle Vornamen der Trujillo-Söhne stammen aus der Oper »Aida« von Verdi, die María in New York gesehen hatte. Ein Ghostwriter soll für die Vortreffliche Dame, wie sie sich später bezeichnen ließ, ihre »Moralischen Meditationen« verfasst haben. Vermutet wird, dass Trujillos Privatsekretär José Almoina der Autor ist. Der mexikanische Kulturphilosoph José Vasconcelos steuerte ein – nach Informationen Eingeweihter – bezahltes Vorwort bei. Der Text musste an den Schulen des Landes gelesen werden. Auch die

Aufführung ihres Theaterstückes »Falsche Freundschaft« dürfte nicht aus freien Stücken erfolgt sein.

Der Wohltäter des Vaterlandes bevorzugte unterdessen wechselnde Geliebte und diese meist kurzfristig. Seine Vorliebe für jüngere Frauen und Mädchen nahm mit dem Alter zu. Mit der Schönheitskönigin Lina Lovatón, die aus einer angesehenen Familie stammte, hatte er zwei Kinder. Nachdem seine Frau gedroht hatte, die Nebenbuhlerin ermorden zu lassen, kaufte Trujillo 1938 für Lina ein Haus in Miami, wo sie die meiste Zeit verbrachte. Er erkannte ihre Kinder ebenso an wie die Nachkommen von zwei weiteren Geliebten.

1955 wurde eine internationale Messe anlässlich der 25-jährigen Herrschaft Trujillos ausgerichtet. Eigens dafür errichtete man in Santo Domingo Bauten und lud internationale Gäste ein. 30 Millionen US-Dollar soll die Veranstaltung gekostet haben. Angelita, eine Tochter des Diktators, wurde zur Schönheitskönigin gekürt, allein ihr Kleid kostete 80 000 US-Dollar. In seiner Ansprache bezeichnete Trujillo als seine wichtigsten Leistungen das Ende der De-Nationalisierung, die Bezahlung der Auslandsschuld und das Alphabetisierungsprogramm.

Aber das sicherte ihm auf Dauer keine Machtstabilität. Die Opposition gegen seine Herrschaft nahm in den fünfziger Jahren zu. Die Gegner kamen vor allem aus der oberen Mittelschicht und der Studentenschaft. Ende der fünfziger Jahre geriet Trujillos Diktatur immer mehr zu einem Anachronismus. Zwischen 1956 und 1960 stürzten mehrere Militärdiktaturen, im benachbarten Kuba übernahm Fidel Castro 1959 die Macht.

Der kubanische Diktator Batista und sein Gefolge flohen zunächst in die Dominikanische Republik. Trujillo blickte als Berufsmilitär mit einer gewissen Verachtung auf Batista herab, zumal dessen Aufenthalt das Land drei bis vier Millionen US-Dollar gekostet haben soll. Auch der argentinische Populist Juan Domingo Perón nahm 1959, nach dem Sturz des Diktators Pérez Jiménez in Venezuela, für mehrere Monate seinen Aufenthalt auf der Insel. Trujillo bewunderte Perón, während er dem ebenfalls zunächst in der Dominikanischen Republik gestrandeten Jiménez eher distanziert gegenüberstand. Auch Perón blieb nicht lange. Das politisches Gespür veranlasste den Argentinier, schon im Januar 1960 nach Spanien zu wechseln, wo er dann viele Jahre im Schutz der

Franco-Diktatur lebte, bevor er noch einmal in Argentinien Fuß fasste.

Trujillo indessen schien die Zeichen der Zeit nicht zu begreifen und fühlte sich seiner Machtstellung sicher. Am 30. Mai 1961 verließ er gegen 22 Uhr das Haus seiner 93-jährigen Mutter, die er nahezu täglich besuchte, um in seiner 35 Kilometer entfernten Geburtsstadt San Cristóbal die Nacht bei einer Geliebten zu verbringen. Sein Chauffeur fuhr einen älteren nordamerikanischen Straßenkreuzer. Am Stadtausgang erwarteten ihn acht Attentäter, die sich auf drei Fahrzeuge verteilt hatten. Mit Maschinenpistolen eröffneten sie das Feuer, dass von dem Diktator, der stets eine kugelsichere Weste trug, und dem Chauffeur noch erwidert wurde. Doch die Attentäter töteten Trujillo mit Schüssen in den Kopf.

Ausländischen Beobachtern vor Ort erschien der Anschlag als ein privater Racheakt ohne unmittelbare politische Konzeption. Doch das trog. Während die Aktionsgruppe ihren Auftrag ausführte, versagte die politische Gruppe, die sich um Allianzen unter den Trujillo-hörigen Militärs kümmern sollte, was für die Täter fatale Folgen hatte.

Unmittelbar nach der Rückkehr der zwei Söhne Trujillos, die sich auf einer Polo-Turnierreise in Europa befanden, und Rubirosas kam es zu blutigen Vergeltungsmaßnahmen. Noch in der Nacht begann Ramfis einen persönlichen Rachefeldzug gegen die Attentäter. Nur zwei von ihnen wurden nicht gefasst. Die anderen wurden nach schweren Folterungen ermordet, einige erschoss Ramfis mit einem Revolver seines Vaters, danach wurden ihre Leichen über die Klippen ins karibische Meer geworfen.

Der tote Diktator wurde zunächst in San Cristóbal beigesetzt, in einem schon zu seinen Lebzeiten errichteten Pantheon beerdigt. Ein Vertreter der Kirche erließ ihm alle Sünden. Vizepräsident Joaquín Balaguer sprach. Der wie ein Gelehrter aussehende Regierungschef gab in seiner ruhigen Bürgerlichkeit ein ganz anderes Bild ab, als es die Dominikaner von Trujillo gewohnt gewesen waren. Das war wohl der Hauptgrund dafür, dass kein schneller Zusammenbruch des Regimes mit schweren inneren Konflikten folgte.

Langsam regte sich die Oppositionsbewegung dann aber doch. Sie ging zunächst von den oberen Schichten aus, die eine Demonstration von 400 Frauen organisierten. Nun kehrten Oppositionelle aus dem Exil zurück, und Ende November 1961 wurden Trujillo-Monumente und Gedenktafeln abmontiert. Es kam zu Plünderungen und Angriffen auf Häuser des Trujillo-Clans. 29 Mitglieder der Trujillo-Familie waren vorsorglich in die USA geflohen.

Balaguer veranlasste, den früheren Namen der Landeshauptstadt Santo Domingo wieder einzuführen. Zumindest formal war damit die Ära Trujillo beendet. 1962 wurde ein Komitee zur Beseitigung des Trujillo-Kults eingesetzt und die Verherrlichung des Diktators per Gesetz verboten. Erst da begannen auch die Freudenfeste. Das Volk sang: »Sie haben den Ziegenbock auf der Straße umgebracht« und »Gehen wir zum Fest des Ziegenbocks«.

Dem Sarg des Diktators stand noch eine lange Reise bevor. Als die Familie floh, wurde er auf der Jacht Angelita eingeschifft. Nach vielen Irrfahrten wurde der Leichnam 1964 auf dem Friedhof von Père Lachaise in Paris beerdigt, später gelangte er nach Spanien.

Der Trujillo-Clan fiel nach dem Tod des Familienoberhauptes auseinander und stritt um die in die Schweiz verbrachten Gelder. Ramfis Trujillo starb 1969 nach einem Autounfall in Spanien.

In der Dominikanischen Republik wurde 2011 ein Gedenkmuseum für den Widerstand gegen die Trujillo-Diktatur eingeweiht. Ein Blog enthält Informationen von und zu den Nachfahren der Opfer.[10]

## Anmerkungen

1 General Trujillo Molina. Que viva el Jefe: http://www.solarshoptv.com/dominicana/video/ky1f0fb1ezo/General-Trujillo-Molina-%C3%ADQue-viva-el-jefe.html (Zugriff 03.08.2013). Freie Übersetzung aus dem Spanischen: Markus Rosenberger.
2 Crassweller, Robert D.: Trujillo. The Life and Times of a Caribbean Dictator, New York 1966. Ein Überblick bei: Werz, Nikolaus: Rafael Leónidas Trujillo, in: Ders.(Hg.): Populisten, Revolutionäre, Staatsmänner. Politiker in Lateinamerika, Frankfurt a. M. 2009, S. 450–473. Die folgenden Ausführungen basieren z. T. auf dem Text.
3 De Galíndez, Jesús: La era de Trujillo, Santiago de Chile 1956. Das schnell vergriffene Buch wurde noch im gleichen Jahr als Dissertation an der New York University eingereicht und war die erste systematische Analyse der Herrschaft von Trujillo. Zusätzlich Brisanz erhielt der Text durch die Entführung und Ermordung des Autors. Darüber und über die Studie berichtete The New York Times am 30. Mai 1956.
4 2007 erfolgte eine Verfilmung durch Luis Llosa mit dem Titel »Der Tod einer Bestie«. 2010 wurde das Leben und die Ermordung der drei Schwestern Mirabel verfilmt: Trópico de sangre. Im Netz zugänglich: Trujillo. El poder del Jefe. Ein dreiteiliger Film von René Fortunato über die Diktatur, Santo Domingo 2006.
5 The Herald of the Dominican Republic, 17.8.1958.
6 Suter, Jan: Die ersten Jahre des Trujillato: Prozesse der Entstehung und Institutionalisierung diktatorialer Machtausübung in der Dominikanischen Republik, Saarbrücken 1990, S. 114.
7 Crassweller: Trujillo, S. 81.
8 Collado, Lipe: Porfirio Rubirosa. La impresionante vida de un seductor, 7. Auflage, Santo Domingo 2005.
9 So die Vermutung von Derby, Lauren: The Dictator's Seduction. Politics and the Popular Imagination in the Era of Trujillo, Durham 2009, S. 186 f.
10 http://paraquenoserepitalahistoria.blogspot.de/2013/04/trujillo-oficialmente-no-es-responsable.html (Zugriff 01.06.2013).

# Ruhollah Khomeini

*Der alte und der neue Ayatollah (Khomeini und Khamenei).*

\* 24. September 1902 in Khomein (bei Isfahan)[1]
† 3. Juni 1989 in Teheran

1979 (bis zum Tod): Oberster Religionsführer und oberster Rechtsgelehrter der Islamischen Republik Islam

1979 wurde die Monarchie im Iran durch eine »islamische Revolution« gestürzt. Der Schah (Kaiser) von Persien (Mohammad Reza Pahlavi, 1919–1980) musste das Land fluchtartig verlassen. Unter Reza Pahlevi unterhielt der Iran gute Beziehungen zum Westen. Die neuen Machthaber unter Religionsführer Ayatollah Khomeini islamisierten das öffentliche Leben. Gegen politische Gegner und »Ungläubige« gingen sie radikal vor. 1988 kam es im Iran zu Massenhinrichtungen, denen Tausende Menschen zum Opfer fielen. Der Kult um den im Volk verehrten Ayatollah Khomeini, der nach wie vor andauert, stützt das islamische Regime bis heute.

*Nach der Gründung der Islamischen Republik Iran war der Imam nicht mehr nur der Führer, er war unser liebvoller, treusorgender, wahrer Vater!*[2]

*(Aus einer Khomeini huldigenden Biografie)*

# Ayatollah Khomeini –
# Der islamische Revolutionsführer

*Arash Sarkohi*

Am 3. Juni 1989, um 22.20 Uhr, starb Ayatollah Ruhollah Khomeini, Revolutionsführer der Islamischen Republik Iran. Sein Tod – der sich seit einigen Wochen angekündigt hatte – wurde am nächsten Morgen in den Staatsmedien verkündet. Auf dem Teheraner Zentralfriedhof versammelte sich drei Tage zu seiner Beerdigung eine unübersehbare Menschenmenge, geschätzt je nach Quelle auf fünf bis zehn Millionen.

Die Behörden hatten mit diesem Andrang nicht gerechnet, war doch der Leichnam bereits zwei Tage im Zentrum Teherans ausgestellt worden, wo Abertausende sich von ihrem Führer verabschieden konnten. Als der Leichnam Khomeinis nun am 6. Juni 1989 in einem einfachen Sarg aus Holz in die Nähe des Grabes kam, geriet die Situation außer Kontrolle: Tausende Trauernde versuchten, sich einen Weg durch die Massen zum Sarg zu bahnen, um – so der islamische Glaube – durch Berührung des Toten gesegnet zu werden.

Die wenigen Sicherheitskräfte konnten die Menge nicht aufhalten. In wenigen Augenblicken wurde ihnen der Sarg – den sie auf einem offenen Kleinlaster zu transportieren versuchten – entzogen und wanderte, gestützt von den Händen, über die Köpfe der frenetischen Menge. Wer die Live-Übertragung des iranischen Staatsfernsehens sah, traute seinen Augen nicht: Der Leichnam Khomeinis wurde aus dem Sarg geholt und – eingehüllt in das islamische Leichentuch – von den Trauernden auf Händen getragen. Jeder versuchte, den Leichnam zu berühren oder sich ein Stück des Tuchs zu sichern.

Die Sicherheitskräfte mussten zu drastischen Mitteln greifen: Ein Militärhubschrauber landete mitten in der Menge und nahm den Leichnam Khomeinis an Bord. Stunden später, die Menschen hatten sich immer noch nicht beruhigt, unternahmen die Sicherheitskräfte einen zweiten Versuch, Khomeini zu beerdigen: Sein

Leichnam wurde diesmal in einem mit einem Riegel verschlossenen Sarg aus Metall und unter massivem Polizeieinsatz zur Grabstelle gebracht und dort versenkt.

Wer war Ruhollah Khomeini? Und wie kam es, dass er bei seinem Tod nach zehnjähriger Herrschaft (1979 bis 1989), die von Krieg, wirtschaftlicher Not und politischen Unruhen gekennzeichnet war, solche Menschenmassen bewegen konnte?

Seyyed Ruhollah Musavi Khomeini wurde 1902 in der zentraliranischen Stadt Khomein in einer klerikalen Familie geboren. Er war das letzte Kind der Familie, der Vater starb kurz nach seiner Geburt. Der Junge begann 1918 mit der religiösen Ausbildung in der Stadt Arak und setzte diese dann ab 1922 im *howzeh-ye elmiye*[3] in Qom, dem geistlichen Zentrum Irans, fort. Dort lernte er bei Größen wie Ayatollah Abdolkarim Hāeri Yazdi und Ayatollah Hossein Boroujerdi. 1936 bekam er die Erlaubnis zum *Ijtehād*[4] und erlangte den Titel *hojjat al-eslām*[5].

Bald darauf begann Khomeini, im *howzeh* von Qom zu unterrichten. Zu dieser Zeit hielt sich sein politisches Engagement in Grenzen, obwohl er schon in den vierziger Jahren mit Schriften zum politischen Islam auf sich aufmerksam gemacht hatte. Darin hielt er sich an den bis dahin in der politischen Schia propagierten Quietismus, nach dem nur die messianische Figur des Mahdi zur Herrschaft befugt ist.[6] Während der Zeit seiner Verborgenheit gilt jede Herrschaft als ungerecht und illegitim.

Die politische Verantwortung wird im Quietismus in zwei Sphären aufgeteilt: Dem Klerus obliegt der Bereich der religiösen Rechtsprechung (Scharia), dem (im besten Fall rechtgeleiteten und gottesfürchtigen) König die Regierungsgewalt. So tragen die religiösen Gelehrten keine direkte politische Verantwortung, sie üben lediglich eine beratende politische Funktion aus. Ayatollah Boroujerdi, der ranghöchste schiitische Kleriker der Zeit, war ebenfalls Anhänger des Quietismus. Khomeini sprach sich zu Lebzeiten Boroujerdis nie offen gegen dieses Prinzip aus, in seinen frühen Schriften wie *asrār-e hezārsāle* (Tausendjährige Geheimnisse) lassen sich jedoch Spuren einer anderen politischen Vorstellung finden. Diese konnte er nach dem Tod Boroujerdis im Jahr 1961 freier zum Ausdruck bringen.

Während seiner Zeit im *howzeh* von Qom stieg Khomeini zum

*marja'-e taqlid* auf und wurde damit zu einer der höchsten klerikalen Autoritäten der Schia. Kurz nach Boroujerdis Tod bekam er die Möglichkeit, seine religiöse Autorität auch auf die politische Ebene zu übertragen. Im Jahr 1963 beschloss Mohammad Reza Schah eine Reihe von Reformen, die als Weiße Revolution in die iranische Geschichte eingegangen sind. Dazu gehörten eine grundlegende Landreform und das Frauenwahlrecht.

Khomeini profilierte sich als entschiedener Gegner der Weißen Revolution. Im Jahr 1963 hielt er mehrere Reden, in denen er die Reformen verteufelte, den Schah als den Tyrannen unserer Zeit bezeichnete und die Bevölkerung zum Widerstand aufrief. Das Regime von Mohammad Reza Shah ließ sich diese Provokation nicht gefallen. Khomeini wurde zunächst verhaftet, aber nach größeren Protesten und der Intervention anderer bedeutender Geistlicher freigelassen. Als er sich 1964 erneut öffentlich gegen den Schah aussprach, wurde er verhaftet und diesmal ins Exil geschickt.

Nach einem kurzen Aufenthalt in der Türkei landete Khomeini 1965 im irakischen Nadschaf, dem zweiten wichtigen Zentrum des schiitischen Klerus. Im Exil setzte er seine Lehrtätigkeit fort. Im Nadschafer *howzeh* konzentrierte er sich jedoch immer mehr auf die politische Bedeutung des Islam. 1970 erschien sein Buch *veláyat-e faqih* (Islamische Herrschaft), in dem Khomeini seine Ansichten zum politischen Islam darlegte.[7] Darin brach Khomeini endgültig mit der quietistischen Haltung der Schia und verlangte eine islamische Herrschaft unter der Leitung des Klerus.

Das Exil tat dem Einfluss des Ayatollahs im Iran keinen Abbruch. Er stieg nach und nach zur wichtigsten Oppositionsfigur des Landes auf. Seine auf Tonbandkassetten gesprochenen Predigten wurden in Iran verbreitet und massenhaft gehört. Viele Kleriker, vor allem die radikaleren unter ihnen, unterstützen ihn und seine Theorien.

In Januar 1978 erschien in iranischen Medien ein Zeitungsartikel, der gegen Khomeini hetzte. Viele Iraner vermuteten, dass dieser publizistische Angriff vom Informationsminister des Schahs lanciert worden sei, und trugen ihren Unmut auf die Straße. Das Regime versuchte, die Massendemonstrationen gewaltsam zu unterdrücken, doch die Proteste weiteten sich immer mehr aus. Khomeini selbst rief kurz darauf direkt zum Sturz des Schahs auf.

Die Demonstrationen hielten das ganze Jahr 1978 über an. Auf

Drängen des Schahs wurde Khomeini schließlich im Oktober 1978 von der irakischen Regierung ausgewiesen. Er ging nach Paris. In Teheran hoffte man, dies würde seinen Einfluss schmälern. Doch zu dieser Zeit befand sich Iran schon im Aufbruch. Der Schah verließ schließlich im Januar 1979 das Land, nachdem er »die Stimme der Revolution des Volkes gehört hatte«, wie er sagte, und nicht gewillt oder nicht in der Lage war, den Aufstand niederzuschlagen. Somit konnte Khomeini am 1. Februar 1979 triumphal nach Iran zurückzukehren. Nach seiner Ankunft am Teheraner Flughafen fuhr er direkt zum *behesht-e zahrā*-Friedhof am Rande der Stadt, um den dort begrabenen Gefallenen der Revolution seine Ehre zu erweisen, jubelnd begrüßt auf den Durchfahrtsstraßen von einem Menschenspalier, das auf ein bis drei Millionen Teilnehmer geschätzt wurde. Am Friedhof hielt Khomeini seine berühmte Rede, in der er ankündigte, er werde eine Regierung bestimmen. Das Militär forderte er auf, sich der Revolution anzuschließen. Am 11. Februar schließlich erklärte das Militär seine Neutralität: Die Revolution hatte gesiegt.

Im Pariser Exil hatte Khomeini noch angedeutet, dass der Klerus sich nicht in die Politik einmischen und sich auf die geistliche Lehre in Qom beschränken werde. In den ersten Monaten der Revolution ließ er jedoch keinen Zweifel mehr daran aufkommen, wer das politische Heft in die Hand genommen hatte.[8] Unterstützt von einer breiten Masse der Bevölkerung, dem Klerus, den national-religiösen Kräften und sogar großen Teilen der kommunistisch-sozialistischen Linken, ließ Khomeini schon in April 1979 ein Referendum abhalten, in dem die Bevölkerung über die zukünftige Form des Staates entscheiden konnte. Die Frage lautete: Islamische Republik: Ja oder Nein? 98,2 % der Bevölkerung antworteten mit Ja.

Bald darauf schrieb ein vom Volk gewählter Expertenrat, in dem 55 der 72 Mitglieder Geistliche waren, die endgültige Verfassung nieder. Darin wurde die *velāyat-e faqih*, die Herrschaft des obersten Rechtsgelehrten, als konstituierendes Grundprinzip aufgenommen.[9] In Artikel 5 der Verfassung hieß es: »In Zeiten der Verborgenheit des zwölften Imams übernimmt der valiy-e faqih[10] die Führung der Gemeinschaft.« Damit setzten sich Khomeini und seine Anhänger endgültig mit ihrem theokratischen Modell durch – auch gegen den Widerstand einiger einflussreicher Geistlicher, die weiterhin eine quietistische Haltung vertraten.

Mit der Konzeption einer islamischen Republik betrat Khomeini politisches Neuland in der Schia. Kein religiöser Denker vor ihm hatte die Idee einer islamischen gesellschaftlichen Ordnung mit dem Modell einer Republik zu verbinden vermocht.[11] Das neue politische Gefüge stellte erstmals einen Geistlichen an die Spitze des Staates. Als oberster Rechtsgelehrter und Stellvertreter des zwölften Imams verkörperte der religiöse Führer die oberste politische und religiöse Instanz, die allen wichtigen Organen vorstand und uneingeschränkt über die Leitlinienkompetenz verfügte. Außerdem verlangte die neue Verfassung die Vereinbarkeit von erlassenen Gesetzen mit der islamischen Scharia. Ein Wächterrat sollte über die Einhaltung der religiösen Vorschriften in der Gesetzgebung wachen. Das Parlament blieb als Institution bestehen und bildete die republikanische Komponente zu den theokratischen Elementen des Staates.[12] Diese Verfassung wurde bei einem weiteren Referendum und wiederum mit überwältigender Mehrheit von der Bevölkerung angenommen.

Khomeinis Konzept der *veláyat-e faqih* bedeutete eine einschneidende Reform der schiitischen Glaubensauffassung, da der religiöse Gelehrte in diesem System die Berechtigung erhält, um des Wohls der Allgemeinheit und des Systems willen *(maslehat-e nezām)* islamische Gesetze zeitweise außer Kraft zu setzen.[13] Der Ayatollah meinte, dass die Aufrechterhaltung der islamischen Regierung im Zweifel sogar gegenüber elementaren und eindeutigen islamischen Vorschriften wie dem Beten und der *hajj*-Fahrt[14] Vorrang genieße. Die Einsetzung des Prinzips der *maslehat-e nezām* steht exemplarisch für Khomeinis Pragmatismus, der ihm einen hohen Grad an religiöser und politischer Flexibilität ermöglichte. Davon musste er in den ersten Jahren nach der Revolution verstärkt Gebrauch machen, um den islamischen Staat an die politische, gesellschaftliche und wirtschaftliche Wirklichkeit anzupassen. Unter Berufung auf die *maslehat-e nezām* wurde nicht nur das Wahlrecht für Frauen legitimiert, auch der Einsatz von *hadd*-Strafen[15] wurde eingeschränkt. Obduktionen, zuvor religiös nicht legitim, waren nun möglich. Außerdem umging Khomeini mithilfe der *maslehat-e nezām* das Problem, aus religiösen Gründen keine Zinsen erheben zu dürfen, und ermöglichte damit die Gründung einer islamischen Bank. Auch im kulturellen Bereich setzte Khomeini auf Pragmatismus: Galten Musik und Kino in der Schia lange als westliche Elemente und religiös abzulehnen, so bekräftigte Khomeini nun, dass er nicht gegen Musik oder die Filmkunst an sich sei, sondern gegen »moralisch verdorbene« Kunst. Dadurch gelangten die Kunstformen, die unter dem Schah zwar frei ausgeübt werden konnten, aber einer kleinen und privilegierten Schicht vorbehalten geblieben waren, in die Mitte der Gesellschaft.[16]

Khomeinis Pragmatismus, seine Bereitschaft, religiöse Gebote politischen Zielen unterzuordnen, zeigten sich auch bei der Frage um seine Nachfolge. Bis zum Frühjahr 1989 galt Ayatollah Hassanali Montazeri als offizieller Nachfolger von Khomeini für den Fall seines Todes. Montazeri, zuvor Weggefährte und von hoher geistlicher Autorität, wandte sich aber mehr und mehr gegen Khomeini und kritisierte teils offen und sehr harsch dessen Politik, vor allem die Massenhinrichtung von politischen Gefangenen im Sommer 1988. So entband Khomeini Montazeri von den Aufgaben als sein designierter Nachfolger.

Die Absetzung hinterließ zunächst ein Machtvakuum. Kein anderer Geistlicher erfüllte zu diesem Zeitpunkt in Khomeinis Augen alle Voraussetzungen für die Übernahme der Rolle des *valiy-e faqih*. Bei einigen – zumeist sehr alten – Klerikern war zwar die religiöse Autorität und *marjaiat*[17] vorhanden, ihnen fehlte es aber an politischem Gespür. Andere Kleriker wiederum waren gewiefte Politiker, besaßen jedoch keine religiöse Autorität.

Khomeinis politische Zielsetzung war auf Beständigkeit – weit über die Zeit seiner charismatischen Herrschaft hinaus – ausgerichtet. So entschied er sich für das Primat der Politik gegenüber der Religion und befahl eine Verfassungsänderung: Er bestimmte, dass der zukünftige religiöse Führer zwar weiterhin ein *mojtahed* und Ayatollah sein müsse, jedoch nicht zwangsläufig als *marja'-e taqlid* gelten muss. Damit war der Weg frei für Seyyed Ali Khamenei, enger Vertrauter Khomeinis und Präsident des Landes von 1981 bis 1988, dem im Ad-hoc-Verfahren der Titel eines Ayatollahs verliehen wurde. Kurz nach Khomeinis Tod wählte ihn der Expertenrat zum neuen religiösen Führer.

Khomeini war nicht nur maßgeblich am Gelingen der Revolution von 1979 beteiligt, er war auch dafür verantwortlich, dass das neue Regime sich etablieren und festigen konnte. Dies gelang ihm mit seinem beispiellosen Pragmatismus in Bezug auf religiöse Vorschriften, durch sein politisches Gespür, mit dem er strategische und temporäre Bündnisse mit anderen Kräften einging, und durch seine religiöse Autorität, mit deren Hilfe er seine radikalen Reformen der politischen Schia durchzusetzen vermochte.

Die Etablierung des Systems gelang ihm aber auch durch seine Härte gegenüber jeglicher Opposition, die seinen Machtanspruch nicht akzeptierte. Anfänglich gewährte Freiheiten für Nichtgläubige und Andersdenkende wurden kassiert, die Pressefreiheit und Frauenrechte stark eingeschränkt. Konkurrierende Parteien und Organisationen – Linke, Nationalisten, marxistische Islamisten und andere – wurden nach und nach verboten, ihre Mitglieder wurden verhaftet, hingerichtet oder flüchteten ins Exil. Universitäten wurden zunächst geschlossen und später durch die kulturelle Revolution »gereinigt« und islamisiert.

Der Kult um die Person Khomeini war notwendige Voraussetzung, damit sein Pragmatismus sowohl von den Eliten als auch vom Volk akzeptiert werden konnte. Die kultische Verehrung begann bereits in seiner Zeit im Exil. Kurz vor der Revolution 1979 ging im Iran das Gerücht um, man könne Khomeinis Gesicht im Mond sehen. Viele Menschen berichteten, sie hätten ihn im Mond beobachten können, sogar einige Zeitungen berichteten davon. Den Rückkehrer umgab schon die Aura eines Heiligen. In revolutionären Liedern wurde er als Engel beschrieben, der die bösen Geister vertreibt. Er wurde *rahbar-e engeläb* (Revolutionsführer) oder auch einfach *rahbar* (Führer) genannt. Dass er fast auf eine Stufe mit islamischen Heiligen gelangte, zeigt sich am deutlichsten an seiner bekanntesten und geläufigsten Bezeichnung: Von den meisten Iranern – jedweder Couleur – wurde und wird Khomeini einfach als *emām* (Imam) bezeichnet. Dieser Titel wird in der Schia – im Gegensatz zum sunnitischen Islam – nicht auf Moschee-Vorbeter angewendet, sondern ist eigentlich exklusiv für die zwölf Imame reserviert, dem schiitischem Glauben zufolge die legitimen Nachfolger Mohammeds. In der Geschichte der Schia wurde kein Kleriker *emām* genannt. Diese Ehrung wurde bisher nur Khomeini zuteil.[18] Bezeichnend ist auch, dass Khomeinis Mausoleum sich zu einem beliebten Wallfahrtsort für Iraner und Schiiten entwickelt hat. Auch das ist eine Ehre, die für die Imame oder deren Kinder reserviert ist und die keinem schiitischen Geistlichen vor ihm zuteilwurde.

Der Kult um Khomeini wurde schon zu seinen Lebzeiten vom Regime gefördert und unterstützt. In allen Schulklassen, Büros und offiziellen Gebäude in Iran hing sein gerahmtes Bild. Viele Häuserfassaden wurden mit überlebensgroßen Bildern und Parolen von ihm geschmückt. Bei offiziellen Anlässen wie dem Freitagsgebet lauteten einige der stets wiederholten Parolen: »Nur eine Partei: Die Hisbollah, nur ein Führer: Ruhollah (Khomeini)«. Oder »Gott, erhalte uns Khomeini bis zur Revolution (Wiederkehr) des Mahdi«.

Khomeini hat die kultische Verehrung seiner Person nie befördert, sich aber auch nie gegen die Titulierung als *emām* gewehrt. Er wusste sein Charisma und die religiös-kultische Verehrung seiner Person geschickt in der Welt der Tagespolitik einzusetzen. Seine Aussagen bei brisanten und umstrittenen Themen in der Politik und Wirtschaft galten stets als letztes Wort. Als im Jahr 1980 die unabhängige Zeitschrift »ayandegān« immer mehr kritische Artikel zu Khomeini und der Macht des Klerus veröffentlichte, genügte ein Satz von ihm: »Von heute an lese ich ayandegān nicht.« Anhänger der Hisbollah stürmten die Redaktionsräum, und kurz darauf wurde die Zeitschrift wie viele andere kritische Medien verboten.

Seine einmalige Position nutzte Khomeini auch, um Streitigkeiten innerhalb des Systems zwischen einzelnen Parteien und Fraktionen zu schlichten. Vor allem sein Charisma half, Akteure unterschiedlichster politischer und religiöser Ausrichtung unter seiner Ägide zu vereinen und so vorerst eine stabile Allianz zu bilden.[19] Er versuchte dabei, nicht eindeutig für eine Seite Partei zu ergreifen. Nur bei einer Eskalation der Rivalitäten sprach er ein Machtwort. So bei Fragen der Wirtschaftspolitik der Islamischen Republik. Er selbst war darin eher der islamischen Linken zuzurechnen, die die Unterstützung Bedürftiger und die Etablierung sozialer Gerechtigkeit propagierte. Unter der Regierung von Mir-Hossein Mousavi und mit dem Einverständnis Khomeinis wurde in den ersten Jahren der Revolution die Wirtschaft weitgehend verstaatlicht und die Unterstützung der Armen *(mostaz'afān)* in den Vordergrund gerückt. Diese Politik löste Auseinandersetzungen mit dem konservativen Klerus und den Bazaris aus, den einflussreichen Großhändlern. Häufig entlud sich das in heftigen Streitigkeiten in dem von den Konservativen dominierten Parlament, dem zu dieser Zeit Ali Khamenei vorsaß. Dies führte dazu, dass Mousavi 1984 in drei Wahlgängen keine Mehrheit im Parlament erhielt. Erst durch eine Intervention Khomeinis wurde Mousavi Ministerpräsident.

Der Kult um Khomeini wirkt bis zum heutigen Tag nach. Seine Bilder sind im Stadtbild und in offiziellen Gebäuden weiterhin allgegenwärtig. Vielerorts wurden sie mit Bildern des aktuellen religiösen Führers Khamenei ergänzt. Politisch-religiöse Parolen mussten zwar modifiziert werden, einige beziehen sich aber weiterhin auf ihn: »Gott, beschütze Khomeinis Weg bis zur Revolution (Wiederkehr) des Mahdi«.

Auch in der aktuellen Politik des Landes spielt Khomeini posthum eine wichtige Rolle. Sprach er früher bei Streitigkeiten zwischen verschiedenen Fraktionen oder Positionen selbst das letzte Wort, so ist in der heutigen iranischen Politik immer öfter der Versuch zu beobachten, Streitigkeiten unter Bezugnahme auf vergleichbare Situationen zu Khomeinis Lebzeiten zu lösen: Was in den »goldenen Zeiten des *emām* (Khomeinis)« richtig war, so die Überlegung, muss auch für die heutige Zeit der richtige Weg sein. Die Bezugnahme auf Situationen, Taten und Worten des Propheten Mohammeds gilt im Islam neben dem Koran als Quelle der Scharia. Durch die Bezugnahme auf Khomeinis goldene Zeiten, die glorifiziert und oft verklärt werden, wird Khomeini somit indirekt in die Nähe des Propheten und seiner Nachfolger gebracht – ein weiteres Zeichen der kultisch-religiösen Verehrung.

Bezugnahmen auf Khomeini waren sowohl bei den Präsidentschaftswahlen 2009 als auch bei denen 2013 verstärkt zu beobachten. Politiker aller politischen Richtungen versuchen, in Interviews ihre Nähe zum verstorbenen religiösen Führer zu untermauern, zum Beispiel indem sie Anekdoten ihrer Treffen mit ihm zum Besten geben. Wer damit nicht aufwarten kann, bezieht sich auf bestimmte Praktiken, die zu Zeiten des *emām* üblich waren oder von ihm forciert wurden, um die eigene Politik damit zu rechtfertigen. Hier lässt sich eine weitere Parallele zwischen der Rolle Khomeinis und der Rolle Mohammeds als Quelle der Rechtsprechung und der moralischen Rechtfertigung bestimmter Praktiken ausmachen.

Sowohl Khomeinis als auch Mohammeds Worte und Taten sind immer wieder mehrdeutig. So werden nicht selten gegensätzliche politische Vorstellungen mit Bezug auf Khomeinis Worte und Taten gerechtfertigt; es entbrennt ein Kampf um die Interpretationshoheit. Dies rührt oft auch daher, dass für die Untermauerung einer bestimmten Politik manchmal Zitate von Khomeini angeführt werden, die er, angeblich, in privater Runde und in Anwesenheit von nur einer oder zwei weiteren Personen ausgesprochen haben soll. Dieser Umstand ist umso interessanter, als Khomeini – in weiser Voraussicht – in seinem Testament ausdrücklich darauf hingewiesen hat, dass nur diejenigen seiner Worte als authentisch betrachtet werden sollen, die in seinen Schriften zu lesen sind oder in Staatsmedien wiedergegeben wurden. Trotz dieses eindeutigen Hinweises hat beispielsweise Ayatollah Rafsanjani, Expräsident des Landes und mächtige Figur hinter der iranischen Politikbühne, 1989 bei einer entscheidenden Sitzung des Expertenrats zur Frage der Nachfolge für Khomeini mit Erfolg aus einem Vieraugengespräch mit Khomeini zitiert, in dem dieser Rafsanjani signalisiert habe, dass er Khamenei als legitimen und geeigneten Nachfolger betrachte.

Dass der Kult um Khomeini in den Jahren seiner Herrschaft nicht abgenommen hat, mag Grund zur Verwunderung sein. War doch seine Herrschaftszeit von Krisen, Krieg und Entbehrung gekennzeichnet. Und hat er doch in dieser Zeit oft unpopuläre Maßnahmen getroffen und gegenüber vielen Gruppen extreme Härte gezeigt, so bei den Massenhinrichtungen 1981 und 1988.

Dass all dies seiner Popularität und Beliebtheit keinen Abbruch tat, kann zum einen mit der außenpolitischen Extremsituation erklärt werden, in der sich Iran zwischen 1980 und 1988 befand: Der Krieg mit Irak, die damalige internationale Unterstützung für Saddam Hussein und die Sanktionen gegen Iran haben in der Bevölkerung den Wunsch nach einem starken charismatischen Führer wachsen lassen. Der verheerende Krieg, in dem zwischen einer viertel und einer halben Million Iraner den Tod fanden, fungierte als effektiver Stabilisierungsfaktor nach innen. Viele Repressionen gegenüber der inneren Opposition wurden mit Verweis auf die äußere Gefahr begründet. Vielleicht deswegen hat Khomeini in einer seiner Reden den Iran-Irak-Krieg als »Segen« bezeichnet.

Der anhaltende Kult um Khomeini kann zum anderen damit erklärt werden, dass zu keiner Zeit persönliche Verfehlungen von ihm bekannt geworden sind. Er lebte, seit seinen Lehrzeiten in Qom und im Gegensatz zu den Gepflogenheiten vieler anderer Geistlicher seiner Zeit, stets monogam. Er häufte keinen Reichtum an, sondern wohnte bis zu seinem Lebensende mit seiner Frau in einem einfachen Haus, das extrem spartanisch eingerichtet war. Khomeinis Genügsamkeit hatte in einem Rentierstaat, wo nahezu alle Mitglieder der politischen Elite mit angehäuftem Reichtum und Korruption von sich reden machen, Seltenheitswert und beflügelte den Kult um seine Person.

Ebenso starken Einfluss auf die kultische Verehrung hat die religiöse Autorität Khomeinis gehabt. Schon in den 1960er Jahren war er ein *marja'* und hatte sehr viele Anhänger *(moqalled)*. Seine Expertise im islamisches Recht *(fiqh[20])*, in Theologie und islamischer Mystik *(erfān)* galt stets als unbestritten. Zwar hat es in der Geschichte der Schia andere hochrangige *marja'* gegeben, doch einzig Khomeini vermochte es, diese religiöse Autorität einzusetzen, um sich in die Politik des Landes einzumischen. Er kanalisierte geschickt die Unzufriedenheit des Volkes mit dem Schah, insbesondere mit seinen Reden in den Jahren 1963 und 1964. Auch verstand er es, seine Botschaften in einfache und für das gemeine, fromme Volk verständliche Sätze zu verpacken. Sind seine meist auf Arabisch verfassten theologischen Bücher von einer wissenschaftlichen Sprache geprägt, so waren seine Reden – sowohl vor als auch nach der Revolution – in einer einfachen, geradezu plumpen Sprache gehalten.

Ein weiterer gewichtiger Grund für Khomeinis kultische Verehrung findet sich in den Grundprinzipien der Schia: Seit mehr als 1300 Jahren warten die Schiiten auf die messianische Figur des Mahdi, der nach all den Jahrhunderten der Tyrannei Gottes Herrschaft auf Erden installiert und göttliche Gerechtigkeit walten lässt. Khomeini erfüllte für viele die Sehnsucht nach der Wiederkehr des zwölften Imam, auch wenn er nie offiziell als solcher galt, sondern stets als dessen Stellvertreter.

Die Revolution von 1979 wäre ohne die charismatische Figur Khomeinis nicht denkbar gewesen. Doch wiegt wohl sein Bemühen um die Etablierung und Stabilisierung des politischen Systems der islamischen Republik in den Jahren nach der Revolution schwerer, wenn man seine Bedeutung für das Land bemisst. Khomeini hat es vermocht, theokratische und republikanische Elemente in seinem System der *velāyat-e faqih* miteinander zu vereinen, auch wenn das System an vielen Stellen widersprüchlich ist. Nicht umsonst wird er von einigen islamischen Denkern als größter schiitischer Reformer seit Jahrhunderten bezeichnet. Khomeini schaffte es durch seinen Pragmatismus, sein politisches Gespür, seine religiös-poli-

*Zwei Angestellte des Innenministeriums unterhalten sich vor einem Wandgemälde, das Ayatollah Khomeini zeigt (2013).*

tische Autorität und nicht zuletzt durch sein Charisma, die islamische Republik durch schwere und krisenbehaftete Zeiten zu führen.

Die Frage, ob das politische System der Islamischen Republik auch ohne seinen Führer Khomeini überleben könne, wurde schon seit den ersten Revolutionstagen debattiert. Nicht wenige Denker – unter ihnen viele Unterstützer des Regimes – waren der Meinung, dass die Übertragung des Postens des religiösen Führers ebenso wenig möglich ist wie die Übertragung seines Charismas. Das System der *velāyat-e faqih* sei »ein Gewand, das auf Khomeinis Leib genäht wurde«. So kritisierte der einflussreiche Ayatollah Makārem-Shirāzi in den ersten Jahren der Revolution: »Die Verfasser [der Konstitution] [...] denken, dass für immer ein großer Mann wie Imam Khomeini an der Macht sein wird. Die Verfassung ist [jedoch] eine allgemeingültige Angelegenheit, [die] für alle Zeiten und Orte [Bestand haben muss].«[21]

Diese Kritiker haben zum Teil Recht behalten. Der aktuelle religiöse Führer, Ayatollah Khamenei, hat weder das Charisma noch die religiöse Autorität Khomeinis. Die Streitigkeiten der Präsidenten Khatami und insbesondere Ahmadinejad mit dem religiösen Führer wären zu Zeiten Khomeinis undenkbar gewesen. Khamenei zehrt indessen noch von der Aura, ein sehr früher und enger Vertrauter Khomeinis gewesen zu sein. Der Nachfolger Khameneis als religiöser Führer Irans wird es ungleich schwerer haben, da er kein direkter Gefährte Khomeinis mehr sein wird.

Es steht zu vermuten, dass der Kult um Khomeini weiterhin als stabilisierendes Element in der Islamischen Republik fungieren wird. Noch Jahre wird es Versuche geben, seine Person und seine Ansichten zu instrumentalisieren, um politische Entscheidungen populär zu machen. Die aktuelle Tagespolitik wird allerdings mit dem Tod der unmittelbaren Wegbegleiter Khomeinis weniger als heute von den Nachwirkungen der Khomeinizeit beeinflusst sein.

## Anmerkungen

1 Hinsichtlich des Geburtstages geben verschiedene Quellen verschiedene Daten an. Oft wird auch der 19. Mai 1900 genannt. Die von uns verwendete Angabe wurde übernommen aus: http://www.biography.com/people/ayatollah-ruhollah-khomeini-13680544 (Zugriff 15.08.2013).
2 Vgl. http://www.imam-khomeini.com/web1/english/showitem.aspx?cid=1352&h=13&f=14&pid=1445 (Zugriff 02.08.2013).
3 Wörtlich heißt *howzeh-ye elmieh* »Wissenschaftsbereich«. Bezeichnet werden damit Ausbildungszentren für islamische Theologie. Die wichtigsten schiitischen *howzeh* befinden sich in Nadschaf (Irak), Qom und Mashad (Iran).
4 Wörtlich heißt *Ijtehād* »Anstrengung«. Bezeichnet wird damit in der islamischen und vor allem schiitischen Jurisprudenz (*fiqh*) eine weitgehend selbstständige Auslegung des Korans und der Sunna. Durch die Bedeutung des *Ijtehād* kommt es in der Schia zu der Unterscheidung zwischen den Personen, die religiös gebildet sind und das Recht zum *Ijtehād* erlangt haben, diese werden *marja'-e taqlid* (Quelle der Nachahmung) genannt, und denjenigen, die nicht zum Ijtehād befähigt sind und einen *marja'-e taqlid* in religiösen Fragen nachahmen müssen (moqalled = Nachahmer). Jeder Schiit ist angehalten, sich einen *marja'-e taqlid* – also einen zum *Ijtehād* befähigten *mojtahed* – zur Nachahmung zu suchen, der ihn in religiösen Fragen leitet.
5 In der schiitischen Tradition des Klerus erhält ein Student nach ca. 15–17 Jahren Studium die Erlaubnis zum Erstellen eigener Rechtsgutachten (Fatwa). Von diesem Zeitpunkt an ist er ein *mojtahed*, das heißt, dass er die Erlaubnis zu *Ijtehād* hat. Er darf ab diesem Zeitpunkt den Titel *hojjat al-eslām* (Beweis des Islams) tragen. Kann er dann eine große Anhängerschaft um sich versammeln und wird er von einigen gleich- oder höhergestellten Geistlichen anerkannt, wird er fortan als Ayatollah (Zeichen Gottes) bezeichnet. Jeder *mojtahed*, der von mehreren *marja'-e taqlid* (Quelle der Nachahmung) anerkannt wird, eine große Anhängerschaft von *moqalled* (Nachahmer) hat und im Besitz einer Sammlung eigener religiöser Gutachten ist, kann seinerseits *marja'-e taqlid* werden.
6 Schia wird abgeleitet vom arabischen *shiat ali* = die Partei Alis. Nach dem Tod des Propheten Mohammed entbrannte im Streit über die Frage seiner Nachfolge. Während die Mehrheit der Muslime Abu-Bakr und nach ihm Omar, Osman und Ali als sogenannte rechtgeleitete Kalifen als Mohammeds Nachfolger akzeptierten, waren die Schiiten der Meinung, dass der Prophet vor seinem Tod Ali, seinen Vetter und Schwiegersohn, als direkten Nachfolger bestimmt habe. Nach Ali sollen seine Nachkommen die islamische Gemeinde leiten. Die Zwölferschiiten, die größte Fraktion innerhalb der Schia, folgt einer Linie von zwölf Imamen, angefangen mit Ali als erstem und seinen Söhnen Hasan und Hussein als zweitem und drittem Imam. Außer Ali hat keiner der anderen Imame weltliche Macht innegehabt. Der letzte Imam, Mohammad ibn Hasan al-Mahdi, oft auch Mahdi genannt, befindet sich nach schiitischem Glauben seit dem Jahr 941 in der Verborgenheit (*qeibat*) und wird am Ende der Zeiten wiederkehren.
7 Vgl. Khomeini, Ruhollāh: velāyat-e faqih, hokumat-e eslāmi [Dt.: velāyat-e faqih, Islamische Herrschaft], Teheran, 1979.
8 Vgl. Martin, Vanessa: Creating an Islamic State – Khomeini and the Making of a New Iran, London, 2007.
9 Wörtlich meint *velāyat-e faqih* die »Herrschaft des obersten Rechtsgelehrten« und ist die Staatsdoktrin der Islamischen Republik Iran.
10 Wörtlich heißt *valiy-e faqih* Rechtsgelehrter, Statthalter, wird in vielen Dokumenten aber mit »religiöser Führer« übersetzt. Doch auch die Übersetzung »oberster Rechtsgelehrter« ist üblich.
11 Vgl. Abrahamian, Ervand: Khomeinism – Essays on the Islamic Republic, Berkeley 1993.

12 Vgl. Chehabi, Houchang: Das politische System der Islamischen Republik Iran, in: Zamirirad, Azadeh (Hg.): Das politische System Irans, Potsdam, 2011.
13 Vgl. Khalaji, Mehdi: mas'ale-ye akhund [Dt.: Die Frage des Mullas]. Online verfügbar unter: http://www.bbc.co.uk/blogs/persian/viewpoints/2013/06/post-597.html#more (Zugriff 30.08.2013).
14 Die Pilgerfahrt nach Mekka, die jeder Muslim mindestens einmal in seinem Leben antreten muss.
15 Wörtlich heißt *hadd* die (von Gott gesetzte) Grenze. Die rigide Ahndung der im Koran festgeschriebenen Straftaten wie Diebstahl oder Ehebruch beispielsweise durch Amputation oder Steinigung wird damit bezeichnet.
16 Vgl. Zamirirad, Azadeh; Sarkohi, Arash: Herrschaft und Moderne im politischen Diskurs Irans, Potsdam 2011.
17 Wird vom Wort *marja'* (Quelle der Nachahmung) abgeleitet.
18 Zwar wird Ayatollah Khamenei auch und des Öfteren in staatlichen Medien und in Veranstaltungen als *emām* tituliert, im Volksmund hat sich diese Titulierung aber nicht durchgesetzt.
19 Ashraf, Ahmad; Banuazizi, Ali: Intellectuals in Post-Revolutionary Iran – Iran's Tortuous Path Toward »Islamic Liberalism«, in: International Journal of Politics, Culture, and Society 2/2001, S. 237–256.
20 Wörtlich meint fiqh die Erkenntnis, das Verstehen und bezeichnet die islamische Rechtswissenschaft bzw. islamische Jurisprudenz. Ihr Gegenstand sind Vorschriften, die aus dem Koran und der Sunna abgeleitet werden. Islamische Rechtsgelehrte werden *faqih* genannt, im Plural *foqahā*.
21 Zit. nach Kadivar, Mohsen: hokumat-e velā'i [Dt.: Die Herrschaft der velāyat-e faqih], Teheran 1998, S. 193.

## Muammar al-Gaddafi

\* 19. Juni 1942 in Sirte
† 20. Oktober 2011 in oder bei Sirte (genaue Todesumstände sind ungeklärt)

1969 (bis zum Tod): sogenannter Revolutionsführer und de facto Staatsoberhaupt Libyens

## Zine el-Abidine Ben Ali

\* 3. September 1936 in Sousse

1987: Premierminister;
1987–2011: Präsident der Tunesischen Republik

## Husni Mubarak

\* 4. Mai 1928 in Musaliha

1981–2011: Präsident der Arabischen Republik Ägypten

In Libyen, Ägypten und Tunesien, aber auch in anderen arabischen Ländern, regierten über Jahrzehnte autoritäre Regimes, die den islamischen Radikalismus unterbanden und Stabilität gewährleisteten.
Die jeweiligen Herrscher umgab jedoch Nepotismus, Korruption, Gewalt sowie ein Personenkult, der unter Muammar al-Gaddafi in Libyen die paranoidesten Züge trug.

> *Muammar Gaddafi ist unser Held.*
> *Er hält uns gesund.*
> *Er zeigt uns den Weg.*
> *Wenn wir nichts sehen, macht er uns sehend.*
> *Er ist in unseren Herzen.*
> *Wir sind wie Kinder an seiner Mutterbrust.*
> *Oh Du Held. Afrikanischer Held!*[1]

# Muammar al-Gaddafi, Zine el-Abidine Ben Ali und Husni Mubarak – Die arabischen Despoten

*Andreas Jacobs*

»Ich bin also geneigt, das Dasein Kadhafis, des Botschafters aus der Wüste, am ehesten mit dem Mohammeds, des Botschafters von Gott zu vergleichen.«[2]

Die italienische Journalistin Mirella Bianco, die mit diesem naiven Vergleich ihre 1973 erstmals erschienene Biografie des libyschen Revolutionsführers abschloss, hätte sich seinerzeit kaum ausmalen können, welches Ende der Botschafter aus der Wüste nehmen würde.

Fast 40 Jahre nach Biancos Recherchen setzte der Arabische Frühling nicht nur einen Schlussstrich unter das Leben Gaddafis, sondern verjagte auch den tunesischen Diktator Ben Ali und seinen ägyptischen Kollegen Mubarak aus den Präsidentenämtern. Die Umbrüche in den arabischen Staaten wurden im Westen vor allem als Kampf für Freiheit, Demokratie und Menschenrechte interpretiert. Die Menschen vor Ort sahen darin vor allem die gerechten Strafen für jahrzehntelang regierende Diktatoren, die ihre Macht zur persönlichen Bereicherung und Belustigung missbraucht hatten und sich gleichzeitig von den eigenen Bevölkerungen feiern ließen.

Was waren die Ausprägungen und Besonderheiten des Personenkults um Gaddafi, Ben Ali und Mubarak? Wie setzte sie ihn zur politischen Herrschaftssicherung ein und welcher Mittel und Instrumente bedienten sie sich dabei?

Als Rebellen am 20. Oktober 2011 den langjährigen libyschen Herrscher Muammar al-Gaddafi unweit seiner Heimatstadt Syrte aus einem Abwasserkanal zogen, ihn schwer misshandelten und anschließend exekutierten, ging für viele Libyer ein Albtraum zu Ende. Jahrzehntelang hatte sich Gaddafi von seinem eigenen Volk als visionärer Denker und Erfinder des neuen Libyen preisen lassen, während er im Ausland wahlweise als ambitionierter Dritt-

*Muammar al-Gaddafi beim Gipfeltreffen der Afrikanischen Union in Addis Abeba (2009).*

weltpolitiker, unberechenbarer Terrorpate oder exzentrischer Sonderling firmierte.

Narzissmus und Selbstüberschätzung waren bereits früh in Gaddafis Persönlichkeitsprofil angelegt. Schon seine Lehrer im südlibyschen Sebha hatten ihn als gefährlichen politischen Agitator eingestuft.[3] Beim Putsch junger Offiziere gegen den greisen Senussi-König Idris I. im September 1969 stand Gaddafi zunächst keineswegs im Mittelpunkt. Durch Massenveranstaltungen und öffentliche Reden gelang es ihm aber rasch, die breite Zustimmung zur Revolution in Zustimmung zu seiner Person umzumünzen. Das von ihm vertretene politische Ideengebäude bediente sich wahlweise bei Panarabismus, Antikolonialismus und Theorien vom Dritten Weg. Das kam in der Bevölkerung an – trotz vieler Ungereimtheiten.

Es war aber nicht die Rolle des Politikers oder Theoretikers, mit dem Gaddafi die Libyer hinter sich scharen wollte. Es war die Selbststilisierung als unkonventioneller Außenseiter und furchtloser Regelbrecher, mit der er in die Geschichtsbücher eingehen wollte. Dieses gezielt aufgebaute Einer-gegen-alle-Image trug von Beginn an ideologische und pseudoreligiöse Züge.

Der aus einfachem beduinischem Milieu stammende Gaddafi verachtete das bis 1969 dominierende System einflussreicher Großfamilien. Die politische und gesellschaftliche Erneuerung, so Gaddafi, könne nur aus der Wüste kommen. Das knüpfte an Grundmotive des Islam und der arabisch-beduinischen Volksfrömmigkeit an. Auch der Prophet Mohammed stammte aus bescheidenen Verhältnissen und hatte sich gegen die herrschenden Familienclans gestellt. Sein »Grünes Buch« benannte Gaddafi sogar ungeniert nach der Farbe des Propheten.[4] Von Schmeichlern ließ er sich außerdem gerne als jener religiöse Erneuerer (Mudschadid) bezeichnen, der nach einer in Libyen verbreiteten Vorstellung etwa alle hundert Jahre in Erscheinung trete.

Allein dies zeigt, in welcher Liga der junge Gaddafi sich bereits wähnte. Drei Monate nach dem Staatsstreich brüskierte der damals Siebenundzwanzigjährige die arabischen Monarchen, indem er sie mit ihren Vornamen ansprach und nebenbei als israelische Agenten beschimpfte. Innenpolitisch brachte er zeitgleich die Institutionen des Landes auf Linie und ließ politische Gegner liquidieren. Nach dem Tod seines großen Vorbilds, des damaligen ägyptischen Präsidenten Gamal Abdel Nasser, mit dem er sich weiterhin auf großen Wandplakaten überall im Land zeigte, sah sich Gaddafi als einzig verbliebener Vertreter der arabischen Sache und dazu berufen, seine politischen Pläne in die Tat umzusetzen.

*Titelblatt einer deutschsprachigen Ausgabe des »Grünen Buchs« aus dem Jahre 1985.*

Nachzulesen waren diese Pläne im 1975 erschienenen »Grünen Buch«. Darin skizzierte er auf etwas über hundert Seiten die Lösung sämtlicher politischer und wirtschaftlicher Probleme und entwarf eine »dritte Universaltheorie«, die Kommunismus und Kapitalismus ablösen sollte. Unter dem Etikett der Volksmassenrevolution setzte Gaddafi in der zweiten Hälfte der siebziger Jahre dann eine weitgehende Umgestaltung des politischen und gesellschaftlichen Systems seines Landes um, das fortan den Fantasienamen »Große Sozialistische Libysch-Arabische Volksdschamahirija« tragen musste. Im Rahmen der damals durchgeführten Trennung von Revolution und Regierung wurde ein dysfunktionales System von Volkskongressen mit den Regierungsgeschäften betraut. Gaddafi selbst gab derweil sämtliche politischen Ämter ab und ließ sich fortan nur noch als Revolutionsführer oder Bruder Oberst ansprechen.

Die Libyer erlebten die Errichtung des Volksmassenstaates als großes institutionelles Chaos. In diesem Chaos versprach – neben der Armee und dem Geheimdienst – nur noch eine Institution Halt und Kontinuität: die des Revolutionsführers.[5] Mit der Farce der Macht- und Funktionsleugnung ging eine surrealistische Stilisierung Gaddafis als machtloser Dauerrevolutionär einher, was ihm den direkten Zugriff auf das Regierungshandeln ermöglichte, ohne hierfür zur Rechenschaft gezogen zu werden.[6]

Erst aufgrund der Selbsterklärung zum Revolutionsführer entwickelt sich der eigentliche Personenkult um Gaddafi. Aus dem Militär und Berufspolitiker wird nun der anbetungswürdiger Führer und Erschaffer einer neuen politischen Ordnung, dem mit riesigen Plakaten und Banderolen gehuldigt wird. Ganze Häuserzeilen schmücken fortan seine Aussprüche oder Bilder oder preisen ihn mit Sprüchen wie »Ohne dich wäre das Unmögliche niemals geschehen«. Die libyschen Basare bedienen den Personenkult mit Alltagskitsch. Gaddafi-Hemden, Gaddafi-Uhren und Gaddafi-Schulranzen sind überall zu haben. Die libysche Musikindustrie produziert Gaddafi-Pop und das libysche Nationalmuseum degradiert die römische und byzantinische Geschichte des Landes zu Fußnoten des Volksmassenstaates.

Gleichzeitig fördert der Revolutionsführer die Mythenbildung um die eigene Person. Während er sein eigentliches Privatleben weitgehend von der Öffentlichkeit abschirmt, lässt er nach außen das Image des progressiven Wüstensohnes verbreiten. Beduinenkitsch und Zeltlagerromantik gehörten zu dieser Inszenierung ebenso wie Fantasieuniformen und Militärakademien für Frauen. Neueren Erkenntnissen zufolge war kaum etwas von dieser Inszenierung real. Statt im Zelt soll Gaddafi in einem bunkerartigen Komplex in Tripolis residiert haben, wo er sich mit Drogen vollgepumpt und die Angehörigen seiner männlichen und weiblichen Leibgarde misshandelt und vergewaltigt habe.[7] Bewiesen ist das nicht. Aber es erklärt den Hass des libyschen Volkes auf seinen ehemaligen Führer.

Und es erklärt, warum sich während der über 40-jährigen Regentschaft Gaddafis vergleichsweise wenig öffentliche Kritik an seiner Person und seinem Gebaren regte. Heute weiß man, dass die Volksdschamahirija trotz einiger Entwicklungsfortschritte eines der autoritärsten arabischen Regime überhaupt war. Nach Experteneinschätzung sollen zwischen zehn und zwanzig Prozent der Bevölkerung mit der Kontrolle und Bespitzelung ihrer Landsleute beschäftigt gewesen sein. Einschüchterung, Folter und politische Morde waren an der Tagesordnung. Für die Libyer war die Glaubwürdigkeit ihrer Zuneigung zum Revolutionsführer daher oft eine Überlebensfrage. Dementsprechend ausgeprägt war in Libyen die arabische Tradition der Herrscherhuldigung (Bai'a).[8] Wer ganz sichergehen wollte, ließ sich Gaddafi-Konterfeis sogar auf Haut und Hände tätowieren.

Wie viele andere größenwahnsinnige Diktatoren hielt sich auch Gaddafi für ein Universalgenie. Er bezeichnete sich als Stilikone, Dichter, Philosoph und Frauenheld. Selbst der Islam war vor seinen Allmachtsfantasien nicht sicher. Gaddafi schaffte die traditionelle islamische Zeitrechnung des Hijra-Jahres ab, benannte die islamischen Monate um und erklärte die Prophetenüberlieferung für verfälscht. Im Westen hielt man das für progressiv. Für die meisten Muslime war das eine ungeheuerliche Anmaßung.[9]

Im Vergleich damit erscheinen Gaddafis dichterische und schriftstellerische Gehversuche eher banal. Mitte der neunziger Jahre brachte er unter dem sonderbaren Titel »Das Dorf, das Dorf, die Erde, die Erde und der Tod des Astronauten« einen Band mit unverständlichen Kurzgeschichten heraus. Das Werk taugte bestenfalls als Psychogramm eines müden, desillusionierten und vereinsamten Diktators, dessen Programm zur Weltveränderung längst gescheitert war.[10] Das hinderte den ehemaligen Pressesprecher von US-Präsident Kennedy nicht, dem Werk ein wohlwollendes Vorwort zu widmen. Ausschlaggebend dürften wohl die 100 000 US-Dollar Honorar gewesen sein, die er dafür erhalten haben soll.

Aber auch anderswo im Westen stießen die Angebote und Anmaßungen des Revolutionsführers nicht unbedingt auf Ablehnung. Noch in den neunziger Jahren wurde das »Grüne Buch« an deutschen Universitäten als ernstzunehmender Beitrag zur politischen Theoriebildung diskutiert. Die umfangreiche Gaddafiliteratur fällt immer wieder durch Bemühungen auf, die Skurrilitäten des libyschen Diktators rational zu erklären und ihn als unkonventionellen, aber interessanten Außenseiter darzustellen. Seit seiner Abwendung vom internationalen Terrorismus in den neunziger Jahren durfte er sich in Europa sogar persönlich danebenbenehmen und wurde dennoch wie ein Staatsmann behandelt.

Seither sorgten Gaddafis Auslandsreisen immer wieder für Schlagzeilen: kugelsichere Zelte und Kamellager am Louvre, Massenbegutachtungen eigens angeworbener italienischer Schönheiten, antisemitische Dauervorträge, zölibatär lebende Amazonen-

*Präsident Ben Ali startet die Kampagne zu seiner Wiederwahl, Tunis 2009.*

Leibgarden und die Männerfreundschaft zu Italiens Premier Berlusconi. Auch Gaddafis Söhne konnten sich in Europa fast alles erlauben: erschummelte Doktortitel, Feuerlöscherattacken auf italienische Polizisten, Autorennen auf den Champs-Élysées, Trunkenheitsfahrten in München und verprügelte Hotelangestellte in der Schweiz, den Gaddafi-Sprösslingen war nichts zu peinlich.

Gegenüber dem selbsternannten libyschen Universalgenie nahm sich die Selbstdarstellung der Nachbardiktatoren geradezu zahm aus. Tunesiens Diktator Zine-el-Abidine ließ sich zwar als großer Staatsmann feiern, stieß dabei aber immer an die Grenzen seiner blassen Persönlichkeit. Ähnliches galt für den ägyptischen Präsidenten Hosni Mubarak. Dennoch waren beide Gegenstand öffentlich vorgetragener Verehrung und Huldigung, allerdings mit einem anderen Hintergrund. Was bei Gaddafi vor allem der eigenen Hybris geschuldet war, beruhte bei Mubarak und Ben Ali vor allem auf einem Loyalitätswettbewerb der Herrschaftseliten des Landes. Während sich der libysche Revolutionsführer als visionärer Außenseiter und Weltverbesserer darstellte, ließen Mubarak und Ben Ali – in jeweils unterschiedlichen Ausprägungen – das Bild der treu sorgenden Landesväter errichten, die sich als vermeintlich neutrale Schiedsrichter über den herrschenden Eliten positionierten.

Sowohl Mubarak als auch Ben Ali galten zu Beginn ihrer Amtszeit als eher konturlose Nachfolger ihrer charismatischen Vorgänger Sadat und Bourguiba. Beide verfügten aber über politische Erfahrungen und, was noch wichtiger war, über eine Hausmacht beim Militär (Mubarak) beziehungsweise bei Polizei und Geheimdienst (Ben Ali). Mubarak kam außerdem sein militärisches Profil zugute. Als ehemaliger Chef der Luftwaffe gehörte er zu der sogenannten Oktobergeneration, die sich den militärischen Teilerfolg über Israel im Jahre 1973 als großen vaterländischen Sieg zurechnete. Das aufgeblähte ägyptische Militär nutzte diesen Sieg, um sich in den achtziger Jahren zunehmend in der Wirtschaft des Landes festzusetzen. Dies führte zu einer sukzessiven Verflechtung von wirtschaftlichen und militärischen Interessen. Die Kontrolle dieses Systems verlangte eine Führungspersönlichkeit, die sich über diesen Akteuren positionierte und gleichzeitig beste Kontakte zu beiden Gruppen pflegte.

Anders als Gaddafi leistete sich der ägyptische Diktator auch nur wenige Eitelkeiten. Lediglich das auffallend dauerschwarze Haar Mubaraks eignete sich als Zielscheibe des berühmten ägyptischen Humors. Anders als in den totalitären Diktaturen Libyens, Syriens und Iraks waren es in Ägypten und – mit Abstrichen – auch Tunesien vor allem die Eliten, die den Führerkult pflegten. Durch die Zurschaustellung ihrer Präsidentennähe versprachen sich Unternehmer, Funktionäre, Journalisten und Militärs bessere Zugänge zu staatlichen Ressourcen. Wie dieser Mechanismus funktionierte, zeigte eine große Teppichfabrik. Die Firma brachte einen großflächigen Mubarak-Wandteppich auf den Markt, der bald zahlreiche öffentliche Einrichtungen zierte. Private Geschäftsleute mussten daraufhin befürchten, dass das obligate Mubarakbild an der Wand als Ausweis ihrer Präsidententreue nicht mehr ausreiche. Als Ergebnis wurden immer mehr und immer größere Mubarakteppiche geordert, vermutlich ein gutes Geschäft für die präsidententreuen Teppichmacher.

Und die Medien spielten mit. Die halbstaatliche Zeitung »Al-Ahram« setzte den ägyptischen Präsidenten auf einem Bild mit den Protagonisten der Nahost-Friedensverhandlungen 2010 per Photoshop einfach nach vorne, direkt neben den US-Präsidenten. Mehr noch als diese Fälschung verblüffte die Erklärung des Zeitungsherausgebers, als der Schwindel bekannt wurde. Man habe dem Präsidenten nur die Stellung eingeräumt, die ihm ohnehin zukomme, so der Kommentar. Die Reaktionen der ägyptischen Internetszene ließen nicht lange auf sich warten. Schon bald kursierten Bilder von Mubarak als Gewinner des olympischen Hundertmeterlaufes oder als erster Mensch auf dem Mond.

Seit dem Jahrtausendwechsel rückte zunehmend Mubaraks Familie ins Zentrum der öffentlichen Wahrnehmung. Schulen, Krankenhäusern, Stiftungen und Sozialinitiativen trugen bis 2011 den Namen der Ehefrau Suzanne Mubarak. Hintergrund dieser Selbstverewigung war der Versuch, bei der einfachen Bevölkerung einen kognitiven Zusammenhang zwischen Land und Herrscherfamilie herzustellen. Die Botschaft war klar: Ohne die Mubaraks geht nichts in Ägypten. Auch der nächste Präsident sollte deshalb ein Mubarak sein. Es war gerade dieser Versuch der Etablierung einer dynastischen Erbfolge, die den revolutionären Aufruhr des Jahres 2011 auslöste. Die Ägypter gingen nicht zufällig in demjenigen historischen Moment auf die Straße, als aus der staatlich verordneten Herrscherverehrung eine dynastische festgeschriebene Herrschaftsfolge zu werden drohte.

Auch im Tunesien Ben Alis diente der Führerkult in erster Linie als strategische Ressource der Herrschaftseliten, dort allerdings angereichert durch eine gehörige Portion Eitelkeit, Geltungsbedürfnis und Gier auf Seiten Ben Alis und seiner zweiten Ehefrau Leila Trabelsi. Da sich Ben Alis Werdegang und Persönlichkeit nicht zur Mythenbildung eigneten, zögerte er nach seiner Machtübernahme 1987 zunächst, den Kult um seinen Vorgänger Habib Bourguiba auf die eigene Person zu übertragen. Geldscheine und Briefmarken wurden mit nationalen Symbolen versehen, Ben-Ali-Abbildungen nur zögerlich in tunesischen Geschäften aufgehängt. Statt einer Verehrung der eigenen Person verordnete Ben Ali seinem Land zunächst den Kult um den Tag seiner Amtsübernahme, den 7. November. Überall wurden Plätze, Straßen, Firmen und öffentliche Gebäude danach benannt und der 7. November somit sukzessive zum Schicksalsdatum der tunesischen Geschichte erhoben.

Bereits nach wenigen Jahren war die Schamfrist allerdings vorbei. Vor allem Ehefrau Leila trieb den Personenkult um ihren Mann und um sich selbst voran. Die ehemalige Friseurin versorgte nicht nur ihren Familienclan mit Ressourcen und Privilegien, son-

*Während einer Demonstration für Mubarak (Februar 2011).*

dern stellte auch sicher, dass in Tunesien niemand mehr an den Ben Alis vorbeikam. Schulbücher wurden mit Dutzenden von Bildern des Präsidentenpaares versehen. Kinder mussten Reden der Ben Alis auswendig lernen und interpretieren. Hagiografische Texte über das politische Wirken BenAlis und seiner Familie wurden allgegenwärtig. Die Medien überboten sich in Jubelberichterstattungen und Huldigungen. Wer in Tunesien etwas werden wollte, musste seine Zustimmung zu Tunesiens Herrscherclan möglichst sichtbar dokumentieren. Großflächige Bilder Ben Alis, vorzugsweise in Fäuste reckender Siegerpose, wurden überall aufgehängt, tunesische Männer trugen plötzlich Krawatten im Lila der Staatspartei und immer mehr Häuser wurden lila gestrichen. Seit dem Januar 2011 sind sie wieder weiß.

Form, Ausmaß und Intention des Kultes um Gaddafi, Mubarak und Ben Ali waren unterschiedlich. Gaddafi gestaltete ganz Libyen nach seinen wirren politischen Vorstellungen um und baute seine Person mit Rückgriff auf ideologische und zum Teil pseudoreligiöse Bezüge zur unantastbaren Führerfigur auf. Hintergrund war zum einen sein ausgeprägter Narzissmus, zum anderen aber auch das Bestreben, die politische Sozialisation aller Libyer auf seine Person auszurichten und die Grenzen zwischen Staat und Führer völlig verschwimmen zu lassen. Demgegenüber diente der Personenkult um Ben Ali und Mubarak eher der nationalen Integration hinter oder – besser gesagt – unter der über allen Interessengruppen stehenden Führerfigur. Das ging nicht zuletzt von untereinander konkurrierenden Eliten aus.

Die drei Beispiele zeigen, dass sich arabische Diktatoren genauso geschmacklos anbeten und verehren lassen, wie autokratische Herrscher irgendwo auf der Welt. Die hin und wieder zu hörende Vorstellung, nach der die islamisch-arabische Kultur mit ihrem Bilderverbot und ihrem strengen Monotheismus der Herausbildung eines exzessiven und quasireligiösen Personenkultes entgegenstehe, haben Muammar al-Gaddafi und der 2006 hingerichtete irakische Diktator Saddam Hussein eindrucksvoll widerlegt.

Das Ausmaß des arabischen Personenkults erklärt schließlich auch die Wucht der Veränderungen, die im Dezember 2010 zuerst Tunesien erfassten und dann auf Ägypten, Libyen, Jemen und schließlich Syrien übersprangen. Es ist kein Zufall, dass ausgerechnet diejenigen Staaten vom Arabischen Frühling erfasst wurden, in denen sich die jeweiligen Führer von ihren Bevölkerungen seit Jahrzehnten als Helden, Heilsbringer und Wohltäter feiern ließen, während sie ebendiese Menschen mithilfe mafiös strukturierter Familienclans ausbeuteten.

Der Personenkult macht das bisherige Scheitern eines demokratischen Wandels, die allgemeine politische Orientierungslosigkeit und das Erstarken islamistischer Kräfte besser verstehbar. Nach Jahrzehnten der Ausbeutung und Unterdrückung im Namen ihres Führers hatten die Menschen auf dem Tahrir-Platz, der Avenue Habib Bourguiba und dem Grünen Platz kein politisches Programm und keine funktionsfähige Opposition. Sie hatten nur eine Botschaft an ihren jeweiligen »geliebten Führer«. Diese Botschaft hieß: »Irhal!«, zu Deutsch: »Hau ab!«

## Anmerkungen

1 Song »Gaddafi – the African Hero«, vgl. http://www.youtube.com/watch?v=YUkNjw7J9PY (Zugriff 02.08.2013). Übersetzung aus dem Englischen: Thomas Vogel, Thomas Kunze.
2 Bianco, Mirella: Kadhafi. Der Sohn der Wüste und seine Botschaft, Hamburg 1975, S. 221 f.
3 Vgl. Sadek, Hassan: Gaddafi, Kreuzlingen/München 2005, S. 13.
4 Vgl. Szatkowski, Tim: Gaddafis Libyen und die Bundesrepublik Deutschland 1969 bis 1982, München 2013, S. 68.
5 Vgl. ebenda, S. 69 f.
6 Vgl. Sadek: Gaddafi, S. 66.
7 Vgl. Cojean, Annick: Niemand hört mein Schreien. Gefangen im Palast Gaddafis, Berlin 2013.
8 Vgl. Mattes, Hanspeter: Bilanz der Libyschen Revolution. Drei Dekaden politischer Herrschaft Mu'ammar El-Qaddafis, Wuquf-Kurzanalyse 11–12, Hamburg 2001, S. 76.
9 Vgl. ebenda, S. 47.
10 Vgl. Mattes, Hanspeter: Qaddafi als Autor und Schriftsteller, in: Wuquf 10–11/1995–96, Hamburg 1997, S. 529–532.

*Saparmurat Nijasow.*

## Saparmurat Nijasow (»Turkmenbaschi«)

* 19. Februar 1940 in Kiptschak
(bei Aschgabat)
† 21. Dezember 2006 in Aschgabat

1986–1991: Erster Sekretär des ZK der KP der Turkmenischen Sowjetrepublik;
1990–1992: Vorsitzender des Obersten Sowjets der Turkmenischen Sozialistischen Sowjetrepublik (seit 1991: Republik Turkmenistan);
1992 (bis zum Tod): Präsident Turkmenistans

Den ehemaligen sowjetischen KP-Funktionär Nijasow, der sich »Turkmenbaschi« (»Haupt der Turkmenen«) nennen ließ, umgab nach dem Zusammenbruch der Sowjetunion und der damit einhergehenden Unabhängigkeit Turkmenistans ein Personenkult, der in seinen Ausmaßen mit den Kim-Kulten in Nordkorea zu vergleichen ist. Nijasows Nachfolger Gurbanguly Berdimuchamedow (Präsident Turkmenistans seit 2007) eifert seinem Vorgänger darin nach. Ausufernde Personenkulte gibt es in Mittelasien heute auch um den Präsidenten Tadschikistans, Emomalii Rachmon (Präsident seit 1994), und um den Präsidenten Kasachstans, Nursultan Nasarbajew (Präsident seit 1991).

*Der Führer*

*Über's Land geräuschvoll der Wald grüner Fahnen weht,*
*Unser Führer bei der UNO eine weise Rede hält,*
*Verdient hat er die Anerkennung der ganzen Welt.*
*Für ihn bedecken wir den Heimatboden mit Rosen,*
*Heimattreue Jugend, ihr sollt ihn liebkosen.*[1]

*(Ode von Allajat Tschurijew an den turkmenischen Präsidenten Nijasow, 2006)*

# Saparmurat Nijasow (»Turkmenbaschi«) — Neue Götter in Mittelasien

*Hubert Kemper und Peter Boehm*

In der Wüste hat ER seine letzte Ruhe gefunden. Sonnenlicht reflektiert auf der goldglänzenden, 60 Meter hohen Kuppel und lässt den Marmor der Moschee in gleißendem Weiß erstrahlen. Wie eine Fata Morgana erhebt sich aus der Einöde vor den Toren der Hauptstadt Aschgabat dieses prunkvolle, dem Pariser Invalidendom nachempfundene Bauwerk, das von einem 91 Meter hohen Minarett flankiert wird. Nur im Flüsterton übersetzt ein offizieller Führer eine Inschrift auf dem Eingangsportal. »Die Moschee seiner Geistlichkeit Turkmenbaschi«, heißt es da. In der Halle kann man einen Blick auf den Sarkophag werfen. »Wir haben tagelang getrauert«, sagt der Offizielle mit gesenktem Blick und fügt hinzu: »Ich kann nicht alles sagen, verstehen Sie mich.« Von Nachfragen bittet er abzusehen. Deutlich werden Parallelen zu Nordkorea, zu den staatlich verordneten Tränen nach dem Tod des Diktators Kim Jong Il, zu der Angst vor Denunziation.

Gottähnlich ließ sich der Expräsident Turkmeniens Saparmurat Nijasow schon zu Lebzeiten huldigen, als Führer der Turkmenen, als der Große Saparmurat Turkmenbaschi. Am 21. Dezember 2006 verstarb er im Alter von 66 Jahren an Herzversagen. Aber sein Größenwahn lebt fort und prägt nach wie vor die Aschgabat.

Turkmenistans Metropole erscheint wie eine Geisterstadt. Sie fasziniert und lässt gleichzeitig frösteln. Beeindruckend modern, zugleich aber kalt und monströs wirkt die Architektur mit ihren weißen Häusern, den schnurgeraden vierspurigen Straßen und den riesigen beleuchteten Springbrunnen. Vergeblich sucht man flanierende Menschen. Viele der nagelneuen, meist von französischen und türkischen Firmen gebauten Stadtpaläste stehen leer, werden aber nachts angestrahlt. Manche öffentlichen Gebäude, wie das neue Verteidigungsministerium, wirken irrwitzig gigantisch, andere wie das Pferde- oder Teppich-Ministerium entspringen offenbar dem Bedürfnis der herrschenden Clique, sich mit Posten zu versorgen. Als gute Pfründe gilt auch der Sicherheitsapparat. Kaum eine Hauptstadt der Welt ist so gut bewacht wie Aschgabat. Alle paar hundert Meter patrouilliert ein Polizist. Die Ordnungshüter bessern ihr mageres Gehalt durch Strafen für Autofahrer auf, die sie beispielsweise mit ungewaschenen Fahrzeugen erwischen. Oder sie schüchtern arglose Besucher ein, die Schnappschüsse von öffentlichen Gebäuden, wie dem Ministerium für Staatssicherheit, machen wollen. Auch das Fotografieren goldener Statuen des »Großen Turkmenbaschi« kann Festnahmen nach sich ziehen. Die große Polizeipräsenz wirkt insgesamt aber weniger beängstigend als folkloristisch.

Auf dem zentralen »Platz des Großen Saparmurat Turkmenbaschi« stand das mit 40 Metern höchste und bizarrste Beispiel der Götzenverehrung: Als goldenen Statue mit ausgebreiteten Armen drehte sich der Führer einmal pro Tag um sich selbst – dem Lauf der Sonne folgend. Inzwischen, nach dem Tod Nijasows 2006, ist das Denkmal, dessen Fundament einer Raketenabschussrampe ähnelt, allerdings abgeschraubt und an einem weniger zentralen Platz neu aufgestellt worden.

In den früheren Sowjetrepubliken ist man mit solcher staatlich vorgegebenen Symbolik vertraut. Bis zur Auflösung der Sowjetunion im Jahr 1991 bestimmten Marx, Engels und Lenin den öffentlichen Raum. Auch in Turkmenistan. Seither aber galten sie als Zeichen sowjetischer Kolonialisierung und nationaler Unterdrückung, und neue Vorbilder waren gefragt. Das sowjetische Geschichtsbild musste auf die Schnelle durch ein nationales ersetzt werden. Teilweise in Vergessenheit geratene Persönlichkeiten und Traditionen aus vorsowjetischer Zeit hatten plötzlich Konjunktur. Mit historischen Detailfragen nahmen es die Machthaber in den fünf nun unabhängigen mittelasiatischen Republiken dabei nicht immer ganz genau. Entscheidend war, dem Volk eine nationale Identität in Abgrenzung zu den früheren sogenannten Bruderrepubliken zu liefern und dabei die eigene Herrschaft zu rechtfertigen. Neben den Nationalsprachen, deren Verwendung anstatt des Russischen allerorten forciert wurde, kam der Errichtung von Denkmälern und Gebäuden »im nationalen Stil« eine große Rolle zu.

Demokratische Traditionen gab es nicht und so hatten ehrgeizige Aufsteiger wie Saparmurat Nijasow gute Karten, sich selbst identitätsstiftend zu inszenieren, die überlieferten patrimonialen

Verhaltensnormen und Gesellschaftsstrukturen für ihren eigenen Machtgewinn zu nutzen und die Geschicke ihrer Länder medienwirksam mit ihren eigenen zu verknüpfen. Große sozioökonomische und sicherheitspolitische Probleme – der Zusammenbruch der sowjetischen Planwirtschaft, Grenzstreitigkeiten, Konflikte um Wasser, das Aufkommen radikal-islamistischer Bewegungen ließen die Orientierung der Bevölkerung auf einen starken Mann als beste politische Lösung erscheinen.

In allen früheren mittelasiatischen Sowjetrepubliken (Turkmenistan, Kasachstan, Usbekistan, Tadschikistan und teilweise auch in Kirgistan) setzte man auf diese Karte. In drei dieser Staaten gibt es einen ausgeprägten Personenkult um den jeweiligen Präsidenten. In Turkmenistan, Tadschikistan und Kasachstan singt und klingt es um die Staatschefs, als hätten die Funktionärshöflinge aus den Lehrbüchern der Politikwissenschaft die Kapitel über Personenkult mit besonderer Inbrunst studiert und verinnerlicht. Doch nirgendwo wurde um einen Staatschef ein solch extremer Kult produziert wie bei den Turkmenen. Nijasow stellt ein Extrembeispiel für orientalischen Personenkult in der Nachfolge stalinistischer Despotie dar: Ein Aufsteiger aus ärmlichen Verhältnissen mit einer schwierigen Kindheit und Jugend, der schließlich, im Besitze der Allmacht, jedes Maß für Selbsteinschätzung verlor.

Nijasows Vater fiel im Zweiten Weltkrieg, seine Mutter starb am 6. Oktober 1948, als ein Erdbeben Aschgabat total zerstörte und 160 000 Menschenleben forderte. Nijasow kam in ein Waisenhaus, wuchs später bei entfernten Verwandten auf, trat der Kommunistischen Partei bei, studierte in Leningrad Elektrotechnik und machte nach seiner Rückkehr im Parteiapparat Turkmenistans eine steile Karriere. Der Machtmensch Nijasow besetzte mit dem Vorsitz des Ministerrates der Sozialistischen Sowjetrepublik und als Erster Parteisekretär die Schlüsselpositionen. Am 22. August 1990 gab er die Unabhängigkeitserklärung ab. Im Politbüro der KPdSU saß er noch bis zum 24. August 1991, dem Tag des Putsches in Moskau. Als die Sowjetunion sich auflöste, wechselte er einfach nur das politische Etikett. Er löste die KP im nun unabhängigen Turkmenistan auf und gründete an ihrer Stelle die Demokratische Partei. Unverzüglich füllte er das Machtvakuum und vereinigte alle wichtigen politischen Ämter auf seine Person: Präsident, Ministerpräsident, Dienstherr des Polizeiapparates, des Geheimdienstes und

Oberbefehlshaber der Streitkräfte. Ähnlich wie das Parlament, ein reines Proklamationsorgan gefüllt mit Abgeordneten der Einheitspartei, unterwarf er auch die Judikative seinem Einfluss. Der Weg war frei zu einer Alleinherrschaft mit absurdesten Zügen.

Als Großer Saparmurat Turkmenbaschi spielte Nijasow fortan den von Gott berufenen Herrscher, der sein Volk vor sich selbst zu schützen und Turkmenistan in das »goldene Jahrtausend der Turkmenen« zu führen gedachte. Die Einführung einer neuen Zeitrechnung, die selbstverständlich mit dem Amtsantritt des obersten Turkmenen beginnt, erschien dazu unerlässlich. Als Leitfaden diente die »Ruhnama«. Dieses von Nijasow verfasste »geistigheilige Buch« ist ein 431 Seiten dicker Wälzer mit Ausflügen in die angeblich 5000 Jahre alte Geschichte des Landes. Turkmenistan erscheint darin als der Nabel der Welt und das historische Zentrum der Zivilisation. Selbst der erste Wagen sei von Turkmenen entwickelt worden. Es ist ein wirres Durcheinander aus eigener, geschönter Biografie, Anlehnungen an Bibel und Koran, halbwissenschaftlichen historischen Abhandlungen, Gedichten, tagespolitischen Einsprengseln und unzähligen moralischen Anleitungen. Ein Beispiel: »Die Jungen sollen Ehrgefühle, Jungfrauen Schamgefühle pflegen, alte Männer und Frauen sollen sich vernünftig, intelligent und würdevoll benehmen und Ehefrauen vornehm sein.«[2] »Die Ruhnama soll der turkmenischen Nation ein einheitliches, geschlossenes Konzept, eine einheitliche und geschlossene Lebensphilosophie bieten«, heißt es in dem »Handbuch der Turkmenen«.[3] Die Ruhnama diente Nijasow als Herrschaftsinstrument. Der Dichterpräsident misstraute seinem so innig geliebten Volk und setzte es bei der Bildung auf Magerkost. Auf dem Land ließ er Bibliotheken schließen. »Dorfbewohner lesen ohnehin nicht«, lautete die Begründung. Landesweit verbot er Opernhäuser und Ballette. Zugleich ließ er Fremdsprachen und humanistische Fächer an Schulen und Hochschulen streichen, verkürzte das Hochschulstudium auf zwei Jahre, senkte die Zahl der Studenten auf ein Zehntel und die Schulpflicht auf neun Jahre. »Turkmene von heute! – Solange du studierst, zählst du zu den gebildeten Menschen. Aber wenn du die Liebe zum Studium verlierst, verwandelst du dich in einen ungebildeten Menschen«, heißt es in der grünen Fibel. »Jeder turkmenische Landsmann muss seine wissenschaftlichen Fähigkeiten verbessern«.[4]

Die Ruhnama ist ein spirituell-kruder Leitfaden mit stark nationalistischer Ausprägung. In ihr sind Blut-und-Bodentheorien zu finden, die nicht zuletzt die Überlegenheit der turkmenischen Rasse über andere Völker begründen wollen. Sie wurde zur Pflichtlektüre an Schulen und Hochschulen erklärt. Wer den Führerschein erwerben oder nach Absitzen einer Gefängnisstrafe in die Freiheit zurückkehren wollte oder wer einen Arbeitsplatz im öffentlichen Dienst anstrebte, musste aus dem Werk flüssig zitieren können. Nervtötende Nachhilfe leisteten Fernsehen und Moscheen. Die staatlichen Sender zitierten die Sinnsprüche, Imame verlasen sie nach dem Freitagsgebet in der Moschee. Einer der Ratschläge betrifft auch die Essgewohnheiten: »Er soll sich nicht auf das Essen stürzen«, empfahl der um das Wohl seiner Bürger besorgte Staatschef und zitierte die Worte Allahs: »Esst, trinkt, aber übertreibt es nicht.« Mit der praktischen Fürsorge hielt er es dagegen nicht so genau. In der Provinz schloss er Krankenhäuser, entließ 2004 mehr als 15 000 Krankenhausangestellte und senkte die Rentenansprüche drastisch. Das Bildungs-, das Gesundheits- und das Sozialsystem wurden systematisch zugrunde gewirtschaftet.

Der Personenkult Nijasows wirkt bis heute nur wenig gemindert fort. Die größte Hafenstadt des Landes trägt den Namen Turkmenbaschi, ebenso ein Meteorit, der erste Monat des Jahres, Schulen, Pflanzen, Tee und ein Parfüm. Einige kleine Ortschaften mussten wegen der inflationären Verwendung des Ortsnamens wieder zurückbenannt werden, um Verwirrungen zu vermeiden. Das Konterfei des obersten Turkmenen prangte während seiner Herrschaft überall, auf den Geldscheinen, auf Wodkaflaschen, in Flugzeugen. Man landete auf dem Flughafen Großer Saparmurat Turkmenbaschi, fuhr auf der Straße »Großer Saparmurat Turkmenbaschi« ins Zentrum an riesigen Plakaten mit seinem Gesicht vorbei zum Palast des Großen Saparmurat Turkmenbaschi oder zu ebenso benannten öffentlichen Gebäuden am Platz des Großen Saparmurat Turkmenbaschi. Nachdem das Präsidium des turkmenischen Parlaments eine Resolution zur forcierten Produktion von Nijasow-Bildern verabschiedet hatte, gerieten die Organisatoren dieser Selbstdarstellungsorgie Nijasows in eine peinliche Situation. Von einer Chinareise kehrte der grauhaarige Führer 1998 schwarzhaarig und um ein Jahrzehnt verjüngt wirkend zurück. Danach mussten schleunigst Zehntausende Bilder ausgetauscht werden.

Gegenteilige Regeln verordnete der Große Turkmenbaschi für die Gesichter auf dem Bildschirm. Die Sprecher des Staatsfernsehens sollten natürlich aussehen, forderte er eines Tages unwirsch. »Turkmenen haben einen weizenfarbenen Teint«, kritisierte er weibliche Moderatorinnen, die ihre Gesichtsfarbe seiner Ansicht nach zu sehr mit Puder aufgehellt hatten.

Proteste oder Aufruhr brauchte der Übervater der Turkmenen, der sich 1999 zum Präsidenten auf Lebenszeit bestimmen und 2003 zum Propheten ausrufen ließ, nicht befürchten. Sein Land überzog er mit einem dichten Netz von Spitzeln. Oppositionsparteien sind bis heute verboten, freie Medien unbekannt. Die staatlichen Zeitungen füllten sich mit Lobpreisungen auf den Präsidenten, dazu Glückwunschadressen, Schmeichelbriefe und Meldungen über Ernteerfolge. Im Fernseher wurde der Präsident von patriotischen Chören besungen, Kinder verlasen rühmende Gedichte, Schriftsteller priesen ihn wie einen Gott, ein Ballett umtanzte sein Gemälde. Menschenrechtsorganisationen beklagten unterdessen die Unterdrückung von Regimegegnern. Ermahnungen europäischer Politiker ließ der turkmenische Diktator routiniert an sich abprallen. In Fragen von Demokratie und Menschenrechten sei man zu keiner einheitlichen Beurteilung gekommen, berichtete der damalige Bundesaußenminister Frank-Walter Steinmeier missgelaunt nach einem Gespräch mit Nijasow im November 2006. Bestenfalls heimlich konnten die Turkmenen über ihren krankhaft eitlen und allgegenwärtigen Führer scherzen und grinsen.

Wie aber sollte ein abgeschottetes, im stalinistischen Personenkult erstarrtes Land den Übergang zu einer neuen Führung finden? Nach dem plötzlichen Tod des Turkmenbaschi übernahm 2007 der bis dahin weitgehend unbekannte Gesundheitsminister und stellvertretende Ministerpräsident Gurbanguly Berdimuchamedow die Führung Turkmenistans. Mit zaghaften Reformen setzte er sich von seinem Vorgänger etwas ab. Er verlängerte die Studienzeiten von zwei auf fünf Jahre. Russisch darf wieder gelehrt werden, ebenso Literatur, Physik und Sport, Fächer, die von Nijasow verboten worden waren. Berdimuchamedow erlaubte wieder Opernaufführungen sowie Zirkus- und Theatervorstellungen. Die unter dem Despoten eingestellten Rentenzahlungen ließ er wieder aufnehmen. Den ins Absurde überzogenen Überwachungsstaat fuhr er etwas zurück.

Und den Personenkult um den Turkmenbaschi dampfte er etwas ein, um Platz für Kult um seine eigene Person zu schaffen. Denn wie sein Vorgänger liebt er es etwas schwülstig. In den Medien lässt er sich gerne Beschützer nennen. Berdimuchamedows erste Amtsperiode bekam die Bezeichnung Große Ära der Wiedergeburt, seine zweite Amtszeit taufte er Ära des höchsten Glücks.[5] Im Sommer 2012 feierte Berdimuchamedow seinen 55. Geburtstag. Die Theater des Landes priesen sein Wirken mit eigenen Stücken. Das Puschkintheater in der Hauptstadt rührte alle gängigen Floskeln zu einem Brei zusammen und brachte ein Stück auf die Bühne, das den Titel trug: »In der Ära des höchsten Glücks und des stabilen Staates brachte unser Beschützer dem Staat Ruhm.«[6]

Handlungsspielraum für das autoritäre Regime gibt es genug. Turkmenistan ist von Natur aus unermesslich reich. Seinen riesigen Vorräten an Erdgas und Öl verdankt das Land die freundliche Aufmerksamkeit des energiehungrigen Westen und auch Chinas. Das erlaubte dem Turkmenbaschi, die Turkmenen mit kostenloser Energie bei Laune zu halten, und er ließ eine neue Hauptstadt wie ein Märchen aus 1001 Nacht aus dem Boden stampfen. Präsident Berdimuchamedow glänzt als Baulöwe weiter im Stil des Großen Turkmenbaschi. Im Vorfeld des zwanzigsten Unabhängigkeitstages im Oktober 2011 ließ er eine beheizbare Prachtstraße von der Innenstadt bis zu seinem Wohnsitz verlegen.

Vom traditionellen Turkmenistan scheint nicht mehr viel zu bleiben. Aber Spuren lassen sich noch finden. Park der Begeisterung nennt sich eine Grünanlage im Zentrum der Hauptstadt. Sie ist geschmückt mit Figuren bedeutender turkmenischer Dichter und Künstler. Nebenan, in einem einfachen Flachbau, unter Bäumen und im Qualm lodernder Grillfeuer lebt noch das ursprüngliche Aschgabat. Dort wird vorwiegend Russisch gesprochen, man prostet sich zu und kommt sich näher. Erst dort verliert Absurdistan Turkmenistan die Maske des Makaberen.

Patrimoniale Clanstrukturen spielen in ganz Mittelasien eine enorme Rolle. Das ist ein Erbe der Vergangenheit. Ein großer Teil der Region – Turkmenistan, Kasachstan, Usbekistan, Tadschikistan und Kirgistan – wurde mit der russischen Oktoberrevolution des Jahres 1917 aus dem Feudalismus in den Einzugsbereich der bolschewistischen Modernisierungsversuche katapultiert. 70 Jahre

Sowjetherrschaft mündeten dann 1991 unvorbereitet und unerwartet in der Unabhängigkeit. Nicht überall verlief die Transformation der Macht so glatt wie in Turkmenistan. Die Gebirgsrepublik Tadschikistan glitt in einen Bürgerkrieg, in dem sich zwei Lager gegenüberstanden: ein postsowjetisch-säkulares und ein islamistisches. Mehrere Tausend russische Soldaten und die Unterstützung des Nachbarn Usbekistans sorgten dafür, dass die säkularen Kräfte die Oberhand behielten. Der Bürgerkrieg endete 1997. Die verfeindeten Lager schlossen ein Friedensabkommen, das beiden einen Proporz in Wirtschaft und Staat versprach. Die Islamisten legten ihre Waffen nieder und gründeten eine eigene politische Partei, die Partei der Islamischen Wiedergeburt.

Seit 1994 wird Tadschikistan von Emomali Rachmanow, heute Rachmon, regiert. Begonnen hatte Rachmonow seine politische Karriere als Vorsitzender einer landwirtschaftlichen Kolchose in seiner Heimatprovinz Kulob, im Südwesten Tadschikistans. Zu Beginn des Bürgerkrieges setzte er sich an die Spitze des säkularen Lagers. Wegen der Auflösungserscheinungen des Landes hatte sein Vorgänger aufgeben müssen.

Nach dem Bürgerkrieg baute Rachmon seine Macht politisch und wirtschaftlich stetig aus. Die Partei der Islamisten (IRP) war schnell völlig marginalisiert und gewann bei den Parlamentswahlen im Jahre 2010 nur noch zwei Sitze. Zu den wirtschaftlichen Unternehmungen von Rachmon heißt es in von WikiLeaks veröffentlichten diplomatischen Depeschen der US-Botschaft in der tadschikischen Hauptstadt Duschanbe aus dem Jahr 2010: »Rachmon und seine Familie kontrollieren die wichtigsten Unternehmen des Landes, die größte Bank des Landes eingeschlossen, und sie kämpfen mit harten Bandagen, um ihre Geschäftsinteressen zu vertreten, egal welche Kosten das für die Wirtschaft des Landes mit sich bringt.«[7]

In Fragen des Kults um seine Person bemüht sich Rachmon um Bescheidenheit, zumindest rhetorisch. In den Jahren 2001 und 2002 verlangte er, dass seine Porträts aus der Öffentlichkeit entfernt würden. Die Glorifizierung eines Staatschefs könne nur negative Konsequenzen haben, dafür gebe es viele Beispiele in der Geschichte und in der heutigen Welt. »Wir sind uns der Ergebnisse eines Personenkults in einem Land völlig bewusst, unsere Nachbarländer eingeschlossen.«[8] 2009 wies der tadschikische Staats-

*Großplakat von Emonoli Rachmon in Chodschand.*

chef seine Funktionäre an, keine großflächigen Poster und Teppiche mit seinem Konterfei mehr an den Straßen und in den Verwaltungsgebäuden aufzuhängen.

Doch die Realität straft diese angeblichen Bemühungen immer wieder Lügen. Denn liest man Rachmons Dekret aus dem Jahre 2009 genau, wird klar, dass nicht Rachmons Konterfei vom Verbot betroffen ist, sondern nur die Bilder seiner Funktionäre. Und so trifft die Einschätzung des Central Asia-Caucasus Institute zu, dass in dieser Anweisung nur ein weiteres Beispiel für die Monopolisierung der Macht durch Rachmon sieht: »Die Order zeigt, dass der Präsident über die Versuche der Verwaltung in den Provinzen besorgt ist, etwas von seinem Ruhm zu stehlen und sein Konterfei zu benutzen, um an Macht zu gewinnen.«[9]

Überall auf den Straßen Tadschikistan lächelt Rachmon von riesigen Plakaten, und zwar immer allein: mal in einem Mohnblumenfeld, mal mit einem Bündel Getreide in der Hand, mal mit einem

Buch. In den wenigen Buchläden, die es noch gibt, findet man im zentralen Bereich ganze Reihen mit seinen Werken, Gedichtbände auf den »weisen Führer« sowie protzige Bildbände. Im neu geschaffenen riesigen Nationalmuseum sind alle seine Bücher in hell erleuchteten Vitrinen ausgestellt. Im Zentrum des Museums gibt es einen besonders bewachten Raum mit Fotografierverbot, in dem Geschenke ausgestellt sind, die der Präsident aus aller Welt erhalten hat – vom verzierten Krummsäbel bis zu prächtigen Vasen.

Rachmons Bücher sind Pflichtlektüre in tadschikischen Schulen. Die tadschikischen Medien beschreiben sein jüngstes Buch »Die Tadschiken im Spiegel der Geschichte« als »spirituelles Geschenk« des Staatschefs an die tadschikische Nation. Rachmon wird als Lehrer der Lehrer, Retter der Nation oder – in Anlehnung an eine historische Figur der tadschikischen Geschichte – als der zweite Ismail Somoni gefeiert.[10] Schon lange erwähnten die tadschikischen Medien seinen Namen kaum noch ohne den Zusatz »Janobi Oli«. Das war die Anredeformel der tadschikischen Monarchen vor der russischen Kolonisation.

Inzwischen hat das höchste Stadium der Glorifizierung für Rachmon begonnen. Wenn der Präsident in die Provinzen reist, begrüßt ihn ein Spalier jubelnder Schulkinder. Sie überreichen ihm Blumen und tragen, die Mädchen die rechte Hand auf dem Herzen, Gedichte zu seinen Ehren vor: »Großer Führer unserer Zeit. In der Politik bist du die Sonne, die uns Licht gibt. Möge sie recht lang leuchten.«[11]

Auch in Kasachstan huldigt man dem Präsidenten. Zunächst gab es dafür aber keine so deutlichen Anzeichen wie in einigen Nachbarländern. Auch im größten mittelasiatischen Land gab es beim Verfall der Sowjetunion kein Personenwechsel an der Spitze. Erst 1989 Generalsekretär der Kasachischen KP geworden, ließ sich Nursultan Nasarbajew 1991 zum Staatschef des nun unabhängigen Kasachstan wählen. Er förderte die ethnischen Kasachen, ohne jedoch die anderen Volksgruppen zu verprellen, verzichtete wie selbstverständlich auf die sowjetischen Atomwaffen, die noch auf kasachischem Territorium stationiert waren, und schuf ein Umfeld, in dem unabhängige Medien und andere politische Parteien als seine Vaterlandspartei gedeihen konnten. Der Gefahr, von seinen Landsleuten zu sehr angehimmelt zu werden, war sich Nasar-

»Wir stimmen für den Führer!« Nursultan Nasarbajew auf einem Wahlplakat in Kasachstan.

bajew zunächst offenbar bewusst. 2003 erklärte er dem *Wall Street Journal:* »In orientalischen Ländern respektieren die Leute ihre Staatschefs sehr. Einige Leute traten an mich heran und sagten, sie wollten ein Denkmal für mich errichten, wie sie es in Turkmenistan für den Turkmenbaschi tun. Ich sagte, wozu? Das [Astana] ist das Denkmal. Meine Taten sind mein Denkmal.«[12]

In diesem Anspruch zeigte sich aber auch seine Hybris. Nasarbajew wählte als Ort für den Bau der neuen Hauptstadt Astana einen Platz mitten in der nordkasachischen Steppe. Er hatte sich in den Kopf gesetzt, ein Handels- und Dienstleistungszentrum wie Singapur oder Dubai zu errichten. Aber das halbe Jahr herrscht dort eisiger Winter und das Meer ist in jeder Richtung mehrere Tausend Kilometer entfernt. Nasarbajew pflegte dennoch selbstherrlich seine Vision und überließ nichts dem Zufall. Auf die Frage, ob er persönlich Gebäude in Astana entworfen habe, sagte Nasarbajew: »Jedes Haus. Jeden architektonischen Entwurf. Sogar den Farbton [der Fassaden].«[13]

Das Regierungsviertel ist erschlagend monumental gebaut und gleichzeitig voll infantiler Symbolik. Hauptgliederungsprinzip ist eine 2,6 Kilometer lange, schnurgerade Achse, in deren Verlauf verschiedene Regierungsgebäude angeordnet sind und die an ihren beiden Enden von den Pfeilern der kasachischen Macht begrenzt wird, dem Präsidentenpalast und dem Gebäude der zwei staatlichen Ölgesellschaften. Eine Symbiose, die nicht ganz unpassend erscheint, Kasachstan wird bald zu den zehn größten Erdölexporteuren der Welt gehören.

Hinter dem Präsidentenpalast befindet sich auf einem zwanzig Meter hohen, künstlich geschaffenen Hügel eine Pyramide mit einer Höhe und Seitenlänge von je 70 Metern. Der Pressedienst der kasachischen Regierung bezeichnet diesen Bau als ein »Weltzentrum für religiöse Verständigung und ein Symbol des Weltfriedens«, mit einem Wort »eines der modernen Wunder der Welt«.[14]

Das Denkmal Astana ist fast fertig und bildet nun den Aufhänger, an dem der Kult um Nasarbajew konstruiert wird. Ein Film aus dem Jahr 2011 über Nasarbajews Kindheit mit dem Titel »Der Himmel meiner Kindheit« zeigt ihn in einer symbolschwangeren Szene, eine Stadt aus Feldsteinen bauend. Es folgten ein Theaterstück und ein illustriertes Märchen in Buchform für Kinder mit Nasarbajew als Protagonisten. 2011 wurde außerdem ein neuer Feiertag eingeführt, der Astana-Tag, der mit dem Geburtstag Nasarbajews zusammenfällt. Die Untertanen können in Astana sogar zu einem Turm pilgern, in dessen oberster Etage Nasarbajews goldener Handabdruck verewigt ist. Legt man die eigene Handfläche hinein, ist man eins mit dem Schöpfer der Stadt.

Vorsorglich hat sich der kasachische Staatschef die rechtlichen Rahmenbedingungen geschaffen, die er als de facto uneingeschränkt herrschender Präsident benötigt. Im Mai 2010 ließ er sich von seinem ausschließlich mit Abgeordneten der Regierungspartei besetzten Parlament zum *El Baschi*, zum Führer der Nation ernennen, was ihm lebenslangen Schutz vor zivil- und strafrechtlicher Verfolgung in Kasachstan garantieren soll. Ginge es nach Nasarbajew, so würde diese Ehrung niemals enden. Allen Ernstes beauftragte er die Wissenschaftler der Akademie der Wissenschaften, ein Elixier des Lebens zu suchen. Dass die Forscher angeblich fündig wurden, mag den einen oder andern Bürger erstaunt haben, nicht aber die staatlichen kasachischen Medien, die das Wunder sogleich vermeldeten, ohne auf die Einschränkungen zu achten. Das Joghurtgetränk namens Nar (Nahrung) hilft der Verdauung und hat, laut dem Leiter des Forschungsprojektes, noch kleine Defizite bei der Lebensverlängerung.[15] Nasarbajew jedenfalls ist noch längst nicht geneigt, seine Macht abzugeben, und so hörte man unlängst von ihm: »Ich bin bereit, bis 2020 weiterzumachen. Sie müssen mir nur das Elixier finden.«[16] Die Kasachische Akademie der Wissenschaften konnte vorerst schon mal mit einem Placebo dienen: Sie ernannte den Präsidenten zum Weisen des Jahrhunderts.

## Anmerkungen

1 Frei übersetzt aus dem Russischen: Abdulla Mamadschonow.
2 Turkmenbaschi, Saparmurat: Ruhnama, Aschgabat 2001, S. 10.
3 Ebenda, S. 25, 27.
4 Ebenda, S. 18.
5 Zit. nach Radio Free Europe, Silly Dictator Stories #4, Celebrations Everywhere for Turkmenistan's ›Protector‹: http://www.rferl.org/content/silly-dictator-gurbanguly-berdymukhammedov-birthday/24630147.html (Zugriff 15.05.2013) Übersetzung aus dem Englischen: Peter Boehm.
6 Ebenda.
7 Zit. nach: The Guardian: WikiLeaks cables paint bleak picture of Tajikistan, central Asia's poorest state, 12.12.2010: http://www.guardian.co.uk/world/2010/dec/12/wikileaks-bleak-picture-tajikistan (Zugriff 06.09.2013). Übersetzung aus dem Englischen: Peter Boehm.
8 Zit. nach Central Asia Online, Tajikistan's President struggles to counter cult of personality, 21.05.2009: http://centralasiaonline.com/en_GB/articles/caii/features/2009/05/21/feature-06 (Zugriff 06.09.2013). Übersetzung aus dem Englischen: Peter Boehm.
9 Central Asia-Caucasus Institute: Emomali Rachmon announces fight against personality cult, 03.06.2009: http://old.cacianalyst.org/?q=node/5121 (Zugriff 06.09.2013).
10 Vgl. Personality Cult in Tajikistan: https://www.neweurasia.net/politics-and-society/personality-cult-in-tajikistan, 21.09.2006 (Zugriff 15.05.2013). Übersetzung aus dem Englischen: Peter Boehm.
11 Zit. nach Radio Free Europe: A Personality Cult Grows in Tajikistan, 18.11.2011: http://www.rferl.org/media/video/24395299.html (Zugriff 06.09.2013). Übersetzung aus dem Englischen: Peter Boehm.
12 Zit. nach: Kazakhstan's Nazarbayev Speaks on Terrorism, Oil, in: The Wall Street Journal, 06.11.2003: http://online.wsj.com/article/SB106936888744029700.html (Zugriff 06.09.2013). Übersetzung aus dem Englischen: Peter Boehm.
13 Ebenda.
14 Broschüre über das Regierungsviertel Astana, Privatarchiv Peter Boehm.
15 Zit. nach: Radio Free Europe: Nazarbayev University Discovers ›Elixier of Life‹, 02.11.2012: http://www.rferl.org/content/nazarbaev-university-discovers-the-elixir-of-life/24758856.html (Zugriff 06.09.2013). Übersetzung aus dem Englischen: Peter Boehm.
16 Ebenda.

# Wilhelm II.

* 27. Januar 1859 in Berlin
† 4. Juni 1941 in Haus Doorn, Niederlande

1888 – 1918: Deutscher Kaiser und König von Preußen

## Otto von Bismarck

* 1. April 1815 in Schönhausen (Altmark)
† 30. Juli 1898 in Friedrichsruh

1862 – 1890: Preußischer Ministerpräsident;
1871 – 1890: Reichskanzler des Deutschen Reichs

Die drei Kaiser des Deutschen Reiches (Wilhelm I., Friedrich III. und Wilhelm II.) waren in Personalunion Könige von Preußen. Wilhelm I. hatte der Kaiserproklamation nur zögerlich zugestimmt. Der Personenkult, der um die deutschen Kaiser betrieben wurde, fiel nicht aus dem Rahmen des Kultes, den es um andere europäische Monarchen gab. Er stand zudem im Schatten des Kults um Otto von Bismarck. Der »eiserne Kanzler« galt als eigentlicher Reichsgründer.

*Es hat, was du in Taten gedichtet,*
*Uns in uns selber aufgerichtet,*
*Hin schwand auch im Schwachen, was schwach und krank,*
*am ehrlichsten ist der selbstische Dank.*[1]

*(Theodor Fontane an Bismarck, 1. April 1890)*

# Kaiser Willhelm II. –
# »Der beste Herr, den Preußen jemals hatte«

*Martin Sieg*

Mit Otto von Bismarck beginnt der moderne Personenkult in der deutschen Geschichte. Keine andere Gestalt, auch nicht die Kaiser Wilhelm I. und Wilhelm II., erfuhren zu ihrer Zeit eine ähnliche öffentliche Verehrung wie der Mann, der als der Schmied der ersten deutschen Einheit gilt. Davon zeugen nicht nur die unzähligen Vergötterungen in Gemälden und Standbildern, die den Kanzler als heroischen Recken darstellen und ihn an mittelalterliche Vorbilder und altgermanische Heldengestalten messen. Eine besondere Stilform bildeten die mehr als 200 Bismarcktürme, errichtet an markanten Landschaftspunkten und fast alle durch private Initiative und von privaten Vereinigungen finanziert.

Nach Bismarcks Abgang von der politischen Bühne im Jahre 1890 nahm der Kult um ihn immer größere Ausmaße an. Die Deutschen pilgerten in Scharen zu seinem Altersruhesitz in Friedrichsruh. Zu seinem 80. Geburtstag, am 1. April 1895, reisten 7000 Studenten in Sonderzügen an, um dem ehemaligen Kanzler ein Ständchen darzubieten.[2]

Den Höhepunkt erreichte die Verehrung nach seinem Tod im Jahr 1898. Dieser Personenkult galt nicht primär der Legitimation von Macht und Herrschaft, sondern der Erinnerung an die Reichseinigung des Jahres 1871 sowie an die politischen und sozialen Reformen der Bismarck'schen Regierungszeit. Doch es war nicht nur ein Ausdruck deutschen Nationalgefühls. Darin schwang auch ein kritischer Unterton gegenüber den Nachfolgern mit. Sowohl die späteren Reichskanzler, als auch Kaiser Wilhelm II. mussten verglichen mit ihm als Epigonen erscheinen. In der Idealisierung Bismarcks schwang Skepsis mit gegenüber dem persönlichen Regiment des Kaisers, seinem Streben nach Selbstherrschaft, wie es nach einem Ausdruck des späteren Reichskanzlers Bernhard von Bülow zufolge in der Historiografie oft bezeichnet wurde. Das verstärkte sich nach dem Ende der Monarchie noch. Während das Bild

Wilhelms II. mit dem Odium der katastrophalen Niederlage im Ersten Weltkrieg belastet blieb, setzte sich der Bismarck-Kult in der Weimarer Republik wie in der Propaganda des Dritten Reichs fort.

Wilhelm II., der 1888 den Thron bestiegen und Bismarck 1890 zum Rücktritt veranlasst hatte, empfand die Verehrung des ersten Reichskanzlers als einen Stachel, zumal sich Bismarck stets jeder Vereinnahmung verweigert hatte, bis hin zu den Vorkehrungen für seine Beisetzung. Zu deutlich war der Bruch zwischen Kaiser und Kanzler, zu vordergründig erschienen die Versöhnungsgesten danach. Der Kaiser sah sich durch die Kritik getroffen, die Bismarck privat wie öffentlich äußerte. Die Memoiren Bismarcks bezeugen seine Verbitterung. Der dritte Band, der zu einer Abrechnung mit dem Kaiser wurde, konnte erst nach dem Ende der Monarchie erscheinen.

Der junge Kaiser, der bei seiner Thronbesteigung erst 29 Jahre alt gewesen war, reagierte, indem er sich seines Großvaters besann. Der Verehrung Bismarcks stellte er die Verherrlichung Wilhelms I. als des eigentlichen Reichsgründers entgegen. Denkmale Wilhelms I. entstanden im ganzen Reich, oft monumental wie am Deutschen Eck in Koblenz, am Kyffhäuser oder vor dem Berliner Schloss. Monumental ausgeführt waren auch Apotheosen des früheren Kaisers, von denen das Gemälde von Ferdinand Keller vielleicht das bekannteste ist. Heute befindet es sich im Märkischen Museum in Berlin. Der Enkel verstieg sich einmal sogar zu der Aussage, gegenüber Wilhelm »dem Großen« sei Bismarck nur »ein Pygmäe und Handlanger« gewesen.[3] Bismarck aber fand weiterhin beinahe uneingeschränkte Verehrung.

Für Wilhelm II. erwuchs aus dem Personenkult um Bismarck ein Drang nach stärkerer eigener Profilierung. Jedoch waren der öffentlichen Verherrlichung eines lebenden Monarchen durch die preußische Tradition Grenzen gesetzt. Von ihm gibt es daher nur wenige Denkmale. Das bekannteste ist wohl das Reiterstandbild an der Hohenzollernbrücke in Köln.

Schmeichler umgaben ihn jedoch zur Genüge. »Wir können nicht dankbar genug sein, dass wir einen solchen Herrn haben, der mich immer an die heldenhaften Salier und Hohenstaufen-Kaiser unseres Mittelalters gemahnt. Er ist [...] von dem Holze gemacht, aus dem unser Herrgott die großen, die sehr großen Herrscher zu

*Eine übermalte Fotografie des berühmten Fotografen Emil Bieber, die Wilhelm II. ca. 1893 zeigt.*

schnitzen pflegt«[4], lobhudelte 1891 der Diplomat Bernhard von Bülow, was seiner Karriere sicher förderlich war. Neun Jahre später wurde er selbst zum Reichskanzler ernannt. Der Adressat Philipp zu Eulenburg, ebenfalls Diplomat, huldigte Wilhelm II. als dem »besten Herr, den jemals Preußen hatte«. Mit dem Monarchen, dem er immer wieder seine »grenzenlose Liebe« und Verehrung bekundete,[5] verband ihn wohl eine echte, wenn auch nicht uneigennützige Freundschaft – bis Wilhelm ihn infolge eines Skandals fallen ließ.

Wilhelm II. war für solche Töne nur allzu empfänglich: »Ich gehöre zu den Naturen, die Lob brauchen, um angefeuert zu werden und Gutes zu leisten. Tadel lähmt mich.«[6] Das Übermaß an Lob trübte jedoch seine Fähigkeit zur Selbsteinschätzung immer mehr. Bei Militärmanövern bestand er oft darauf, selbst ein Armeekorps zu führen. Als Eulenburg ihn einmal diskret aufmerksam machen wollte, dass die Generale ihn im Manöver gewinnen lassen würden, wies der Kaiser ihn zurecht: Erfolge seien nur seinen militärischen Fähigkeiten zuzuschreiben. Dem Generalstabschef Alfred von Waldersee bekam es gar nicht, dass er einmal nach einem solchem Kriegsspiel negative Manöverkritik übte. Wohl nicht zuletzt wegen dieser offenen Meinungsäußerung wurde er wenig später entlassen. Des Kaisers Persönlichkeit zog eher den Typus serviler Höflinge an.

Wilhelm II. erreichte im öffentlichen Leben Deutschlands eine mediale Präsenz, wie sie vorher nie und nach ihm nur in den beiden Diktaturen des 20. Jahrhunderts übertroffen wurde. Die Fülle von Devotionalien, in Form patriotischer Postkartenmotive, von Gemälden in heroischer Pose oder fotografischen Porträts in den verschiedensten Uniformen und Kostümen vermitteln der Nachwelt bis heute einen Eindruck davon.

Vieles jedoch, was im Nachhinein als organisierter Personenkult um Wilhelm II. anmutet, war vor allem Selbstinszenierung des Kaisers. Seine Empfänglichkeit für Huldigungsgesten prägte auch den Stil seiner Selbstdarstellung, insbesondere seine Auftritte bei Reisen und seine Reden. Weit weniger als in anderen Fällen waren die Formen von Personenkult im deutschen Kaiserreich von oben gelenkt oder Ausdruck einer fest gefügten Staatsideologie. Begrenzt waren bereits die Möglichkeiten einer Steuerung von Medien. Für Zeremonialfragen, Reisen, Auftritte und das Bild des Kaisers war das Oberhofmarschallamt zuständig. Sicher konnte die Reichsleitung sich einer Reihe regierungsfreundlicher Blätter bedienen. Sie vermochte auch, Einfluss auf Journalisten zu nehmen und wohlwollende Berichterstattung mit Zugang zu Informationen erkaufen, verbunden mit dem Appell an ihre patriotische Verantwortung.

Außerdem verfügte die Regierung über Sanktionsmöglichkeiten, vor allem aufgrund des Verbots der Majestätsbeleidigung. Auch direkte finanzielle Zuwendungen waren dabei im Spiel, besonders in der Amtszeit Bismarcks. Aber einen kaiserlichen Propagandaapparat, ein spezielles Amt für die Öffentlichkeitsarbeit, gab es nicht.

Sofern sich die Reichsleitung nicht selbst um die Pressepolitik kümmerte, wurde diese durch einzelne Pressereferenten wahrgenommen, die dem Kanzler zuarbeiteten. Sie konzentrierten sich auf die Vermittlung der Regierungspolitik. Das öffentliche Bild des Kaisers bestimmten sie weniger durch eine gezielte Öffentlichkeitsarbeit, als vielmehr defensiv, durch Schadensbegrenzung nach misslungenen Äußerungen.

Im selbstinszenierten Bild Wilhelms II. verschmelzen Elemente von Tradition und Moderne. Seine Autorität gründete er auf ein betontes Gottesgnadentum. In seinem Machtanspruch blieb er dabei freilich einem vorkonstitutionellen Rollenbild verhaftet. Vor allem in seinen frühen Reden betonte er implizit oder explizit den Anspruch, dass der Kaiser allein das Sagen habe. Weil dieser Anspruch sich an den politischen Realitäten der deutschen wie der preußischen Verfassungsordnung brach, sah sich Wilhelm II. immer wieder herausgefordert, sein Herrschaftsverständnis umso stärker – und selbst oft provozierend – zu demonstrieren. In vielen seiner Äußerungen, besonders in den Randnotizen, die er auf amtlichen und privaten Papieren anbrachte, ahmte er den Regierungsstil der Preußenkönige Friedrich Wilhelm I. und Friedrich II. nach, ohne allerdings das Organisationstalent oder den geistreichen Zynismus seiner Vorgänger zu erreichen.

Reaktionär war die Herrschaftsauffassung Wilhelms II. auch darin, dass er das Militär stets als wichtigste Stütze des Thrones begriff. Jegliche Einschränkungen seiner Befehlsgewalt wehrte er als Eingriff in seine monarchischen Vorrechte ab. Den Rekruten des Gardekorps erklärte er bei ihrer Vereidigung einmal, für ihn müssten sie bereit sein, »selbst auf ihre Väter und Brüder zu schießen«.[7] Modern hingegen war, wie er den öffentlichen Auftritt für seine Selbstdarstellung nutzte, sich für die entstehenden Massenmedien gezielt in Szene zu setzen verstand. Wilhelm II. war ein Monarch der exzessiven Selbstinszenierung. Er beschäftigte eine Vielzahl von Fotografen, mit denen er sein öffentliches Bild zu bestimmen suchte. Im Kontrast zu seinen Vorgängern und besonders dem zurückhaltenden Stil Wilhelms I. suchte er die Selbstdarstellung in glanzvoller Repräsentation und einer Vielzahl von Reisen und Auftritten. Über das Hofmarschallamt wurden das öffentliche Bild des Kaisers und seine Auftritte koordiniert, die in der Regel nur bei Sonnenschein erfolgen sollten.

Obwohl Wilhelm II. seinen Machtanspruch auf das Gottesgnadentum gründete, suchte er mit seinen Reden immer wieder nach Bestätigung durch das Volk. Die Öffentlichkeit war für ihn ein Forum, auf dem er sein »persönliches Regiment« demonstrieren konnte. Gegenüber demokratischen Partizipationsansprüchen erfüllte das Kaisertum für Wilhelm II. die Funktion der national einigenden Institution. Wilhelm I. hatte sich noch gegen einen nationalen Kaisertitel gewehrt, zuerst weil er die preußische Tradition zu überstrahlen drohte, zuletzt weil die Form des Titels – Deutscher Kaiser statt Kaiser von Deutschland – ihm zu vage blieb in der Bezeichnung seiner monarchischen Autorität. Verfassungsrechtlich war der Kaiser nur der Vorsitzende der Bundesfürsten, eine Funktion, die er als König von Preußen ausübte. Sein wichtigstes politisches Vorrecht war die Ernennung des Reichskanzlers. Dieser führte den Vorsitz des Bundesrates. Erst in der Verfassungswirklichkeit entwickelte sich der stimmführende Gesandte Preußens zum Chef einer Reichsregierung. Die teils föderale, teils konföderale Struktur sah an sich keine dominierende nationale Führungsfigur vor.

Wie von Bismarck vorausgesehen, entfaltete der Rückgriff auf die Bezeichnungen Kaiser und Reich aber eine starke nationale Sogwirkung. Die Stellung des Kanzlers gewann an Stärke, solange sich Wilhelm I. auf eine politisch zurückhaltende, eher präsidiale Rolle beschränkte. Zugleich gewannen Exekutive und Legislative des Reiches gegenüber den Bundesstaaten zunehmend an Bedeutung.

Den Führungsanspruch, den Wilhelm II. erhob, konnte er daher nicht mehr auf Preußen beschränken, sondern musste ihn gleichermaßen auch als nationaler Herrscher erheben. In seinem Herrschaftsverständnis löste sich das deutsche Kaisertum vom preußischen Königtum. Am Ende, im Revolutionsjahr 1918, führte das bei Wilhelm II. zu der unmöglichen Idee, als Kaiser, nicht aber als König von Preußen abzudanken.

Gottesgnadentum, nationales Kaisertum und der direkte Appell an das Volk bildeten die drei Elemente, worauf die öffentliche

Selbstdarstellung Wilhelms II. vor allem ausgerichtet war. Anspruch und Wirklichkeit, Persönlichkeit und Selbstdarstellung, Appell und Wirkung waren bei ihm kaum zu trennen. Von keinem anderen preußischen Monarchen sind mehr Bildzeugnisse erhalten. Kein anderer hat ähnlich freimütig – und oft ebenso unbesonnen und zugespitzt – zu politischen Fragen Stellung genommen. Doch das Charakterbild Wilhelms ist seltsam konturlos geblieben. Die Persönlichkeit, die Ziele und Überzeugungen sind bei jedem seiner Vorgänger klarer zu fassen als bei ihm.

Das Bild Wilhelms II. verliert sich in der Vielzahl seiner Posen. Er blieb ein Herrscher der Widersprüche. Progressiv war der Kaiser in der Aufgeschlossenheit gegenüber neuen Technologien, Industrien und bürgerlichen Unternehmern. Der Konflikt mit Bismarck entsprang nicht nur dem Wunsch, allein zu regieren, sondern hatte auch politische Gründe. Der Kaiser billigte nicht die restriktiven Maßnahmen des Kanzlers gegen die Sozialdemokraten und die Arbeiterbewegung. Er erklärte, ein Kaiser der Arbeiter und Bettler sein zu wollen, und förderte die Sozialgesetzgebung, was ihn dann eine Reihe von Konflikten mit den Konservativen einbrachte. Andererseits schrieb aber auch, sich der Sozialisten nötigenfalls »per Blutbad« entledigen zu wollen.[8]

Die Fürsten und Öffentlichkeiten in den nichtpreußischen Bundesstaaten irritierte er, indem er seinen nationalen Führungsanspruch hervorhob, sich zugleich aber unvermittelt auf brandenburgisch-preußische Traditionen berief, die Siege Friedrichs II. zum Beispiel, die oft auch gegen andere Deutsche errungen worden waren.

International trat Wilhelm II. oft martialisch und aggressiv auf, schreckte vor tatsächlichen Risiken aber zurück. In den beiden Marokko-Krisen der Jahre 1905/06 und 1911 kontrastierte die Risikopolitik der Reichsleitung mit einer vorsichtigeren Haltung des Kaisers. Als der Erzherzog Franz Ferdinand von Österreich-Este in Sarajevo ermordet wurde, sicherte der deutsche Kaiser Österreich-Ungarn zwar zunächst uneingeschränkte Rückendeckung zu, doch als die Kriegsgefahr konkret wurde, versuchte er, diese mit einem naiven Appell an den russischen Zaren einzudämmen. Als das gescheitert war, verunsicherte er seinen Generalstabschef mit der illusorischen Hoffnung, den Krieg auf Russland begrenzen zu können. Doch der Erste Weltkrieg nahm seinen Lauf.

Anderen Kulturen konnte Wilhelm II. sowohl mit Aufgeschlossenheit und demonstrativer Sympathie begegnen, wie den Muslimen, aber auch mit einem fremdenfeindlichen Chauvinismus, wie den Chinesen während des Boxeraufstandes. Mit einer Reihe prominenter Juden pflegte er in seiner Regierungszeit freundschaftlichen Umgang, vor allem aus der Zeit im Exil stammen aber auch antisemitische Zitate. Wofür Wilhelm stand, wechselte von Gegenstand zu Gegenstand, von Betrachter zu Betrachter. Für einen einheitlichen Personenkult um den Herrscher fehlte die geschlossene Programmatik.

Gründe für diese Widersprüche sind in der Komplexität der sozialen und politischen Herausforderungen in seiner langen Regierungszeit von 1888 bis 1918 zu suchen. Der Kaiser verstrickte sich in unterschiedlichen und zum Teil gegensätzlichen Rollen, die er in Einklang zu bringen hatte: Sein Verständnis des Gottesgnadentums und der Militärmonarchie mit der preußischen und deutschen Verfassungsordnung, die Doppelrolle als deutscher Kaiser und als König von Preußen, die Funktionen als evangelischer oberster Bischof der altpreußischen Unionskirche und die als weltlicher Herrscher eines multikonfessionellen Staates, die Aufgaben als nationaler Herrscher und als europäischer Dynast; die Synchronisierung des überparteilichen Herrschers mit dem persönlichen Regiment. In jedem dieser Rollenpaare waren für ihn, bewusst oder unbewusst, gegensätzliche Imperative von Konflikt und Ausgleich angelegt. Dass er diese Gegensätze nicht zu überwinden vermochte, sondern vielmehr von Fall zu Fall zwischen unterschiedlichen Motiven schwankte, verweist auf seine Grenzen als Herrscher. Die resultierenden Gegensätze zeigen aber auch, dass das Bild Wilhelms zu differenziert ist, um einfache Kategorisierungen zu erlauben.

Zugleich waren die Widersprüche aber auch in seinen persönlichen Eigenschaften angelegt. Geltungsdrang verband sich mit sensibler Selbstbezogenheit, Intelligenz mit Selbstüberschätzung, Verantwortungsbewusstsein mit Egozentrik, Sprunghaftigkeit korrespondierte mit einem Mangel an Gründlichkeit. Das Ergebnis war Unstetigkeit, geprägt durch häufige Meinungsumschwünge. In der Persönlichkeit des Kaisers war auch ein Bedürfnis nach Äußerung angelegt, zum oft zugespitzten Machtwort. In einem »Zeitalter der Nervosität«[9] war Wilhelm II. besonders erregbar. Wo

Selbstbestätigung durch die Zustimmung des Publikums ausblieb, fühlte er sich persönlich herausgefordert.

Zuspitzung verursachte der Kaiser oft durch seine Rhetorik. Stärke und Entschlossenheit demonstrierte er umso mehr, je weiter Anspruch und Wirklichkeit auseinanderklafften. Die entscheidenden Formulierungen seiner Selbstherrschaft waren weniger Ausdruck seiner Macht, sondern vielmehr der Frustration über ihre Grenzen. Viele der brutalen und schockierenden Äußerungen Wilhelms II. waren in diesem Sinne demonstrative Wendungen, eher Stilelemente als Zeugnis tatsächlicher Intention, oft Produkte der Spontaneität des meist frei redenden Monarchen in seiner Emotionalität und Erregbarkeit. Nicht selten machte das gesprochene Wort auf seine Zuhörer einen positiveren Eindruck als die gedruckten Reden auf die Leser. Doch Wilhelm II. blieb für seine Zeitgenossen eine polarisierende Figur.

Für den Personenkult um diesen Kaiser fügten sich die vielen Gegensätze im Handeln und Reden nicht zu einer Synthese in einer klaren Botschaft. Er konnte vielmehr für oder gegen die unterschiedlichsten Werte und Ziele in Anspruch genommen werden. Für seine Verehrer war Wilhelm II. eine Projektionsfläche eigener Ideale und Idealisierungen.

Friedrich von Holstein, die Graue Eminenz des Auswärtigen Amtes, damals eng mit Eulenburg und Bülow verbunden, urteilte 1896: »Die Hauptgefahr im Leben Wilhelms II. ist die, dass er absolut unbewusst ist und bleibt der Wirkungen, welche sein Reden und Tun auf Fürsten, Menschen und Massen hervorbringt.«[10] Der Kaiser irritierte auch wohlmeinende Zeitgenossen immer wieder. Bis heute erschweren die Widersprüche im Reden und Tun des Kaisers seine Bewertung. Was war Inszenierung, was politische Substanz? War Wilhelm ein starker oder ein schwacher Monarch? War das persönliche Regiment Realität oder Anspruch? War Wilhelm eine politisch entscheidende Figur, die selbst verhängnisvolle Weichenstellungen vornahm, den Ersten Weltkrieg maßgeblich verschuldete und vielleicht sogar Grundlagen für die Hitlerdiktatur und den Zweiten Weltkrieg legte? Oder war er nur ein typischer Repräsentant der Gesellschaft und Politik seiner Zeit? Ebenso umstritten ist geblieben, wie populär Wilhelm II. tatsächlich war. Wurde sein Ansehen zuerst durch die Verehrung Bismarcks überschattet, so zuletzt durch diejenige Hindenburgs, die Wilhelms II. Popularität seit dem Sieg von Tannenberg zu überstrahlen begann.

Meinungsumfragen stehen nicht zur Verfügung. Historiker müssen sich daher weitgehend auf die subjektiven Einschätzungen von Zeitgenossen stützen. Abgesehen vor allem von sozialdemokratischen Blättern wahrte die Presse gegenüber dem Kaiser meist einen respektvollen Ton und spiegelt damit vermutlich kein objektives Meinungsbild. Ein Indiz ist die hohe Zahl der Prozesse wegen Majestätsbeleidigung im ersten Jahrzehnt seiner Herrschaft. Über den für ihn ungünstigen Ausgang eines dieser Prozesse beklagte sich der Kaiser, er sei wohl »vogelfrei«.[11] Es war dem negativen Eindruck der Prozesse zuzuschreiben, dass Wilhelm II. schließlich selbst entschied, die Anklageerhebung an so hohe Voraussetzungen zu knüpfen, dass die Zahl der Verfahren drastisch sank.

Ein Beispiel für die Resonanz, die Kritik am Kaiser fand, bietet die Vielzahl an Auflagen, die eine Schrift des Historiker und Pazifisten Ludwig Quidde über den Cäsarenwahns Caligulas fand. Das Buch lieferte eine implizite Anspielung auf Wilhelm II., seinen Geltungsdrang und seine Selbstinszenierung. Die Anfeindungen, die Quidde aus der Gesellschaft erfuhr, und eine aus anderem Anlass gegen ihn erwirkte Verurteilung wegen Majestätsbeleidigung zeigen aber auch den Respekt, der dem Kaiser entgegengebracht wurde.

Wilhelm II. war für zweieinhalb Jahrzehnte die öffentlich dominierende Gestalt im Deutschen Reich. Zum Teil beruhte das auf dem Fehlen charismatischer Regierungschefs nach Bismarcks Ausscheiden aus dem Amt, zum Teil auf der Art und Weise, wie sich Wilhelm selbst immer wieder in den Vordergrund rückte. Das, was im Nachhinein als Personenkult um Wilhelm II. erscheint, ist zu einem großen Teil Selbstkult gewesen, ein Produkt seiner Selbstinszenierung. Auch aus der Untertanengesinnung erfuhr der Kaiser eine oft unreflektierte Verehrung. In der Form, wenn auch nicht dem Ausmaß nach konnte das Parallelen zu dem Personenkult annehmen, der sich um nationale Leitbilder wie Bismarck und Hindenburg entfaltete.

Der Kaiser war ein nationales Symbol. Weit mehr als die Reichskanzler oder der Reichstag konnte er als Verkörperung nationaler Macht und Einheit auftreten. Er sprach dieses Motiv umso mehr an, je stärker er sowohl den nationalen wie auch den eigenen Führungsanspruch artikulierte. Aufgrund seiner politischen Aussagen und Handlungsweise erfuhr Wilhelm II. Zustimmung oder Ablehnung. Darin war er weniger Integrations- als Polarisierungsfigur. Die Verehrung, die ihm als Herrscher zuteilwurde, galt dem Kaisertum mehr als dem Kaiser, dem nationalen Symbol mehr als der Person.

## Anmerkungen

1 Fontane, Theodor: Werke, Schriften und Briefe, 1. Abteilung Band VI., hg. von Helmuth Nürnberger, dritte, durchges. und erg. Auflage München 1995, S. 578 f.
2 Vgl. Briefe an Bismarck. »Größter aller Zeiten des Kontinents«, in: http://einestages.spiegel.de/static/topicalbumbackground/5499/_groesster_aller_zeiten_des_kontinents.html (Zugriff 01.07.2013).
3 Röhl, John C. G.: Wilhelm II., Bd. 2: Der Aufbau der Persönlichen Monarchie, 1888–1900, München 2001, S. 943.
4 Brief vom 28.8.1891 an Philipp zu Eulenburg; Eulenburg und Hertefeld, Philipp Fürst zu: Politische Korrespondenz, hg. von John C. G. Röhl, Bd. 1, Boppard 1976, S. 562.
5 Röhl: Wilhelm II., Bd. 2, S. 643.
6 Eulenburg und Hertefeld, Philipp Fürst zu: Politische Korrespondenz, hg. von John C. G. Röhl, Bd. 3, Boppard 1983, S. 1849.
7 Röhl: Wilhelm II., Bd. 2, S. 452.
8 Mommsen, Wolfgang J.: War der Kaiser an allem schuld? Wilhelm II. und die preußisch-deutschen Machteliten, München 2002, S. 115.
9 Radkau, Joachim: Das Zeitalter der Nervosität. Deutschland zwischen Bismarck und Hitler, München/Wien 1998.
10 Holstein, Friedrich von: Die geheimen Papiere Friedrich von Holsteins, hg. v. Norman Rich und Max Henry Fisher, deutsche Ausgabe von Werner Frauendienst, Band 3, Göttingen u.a. 1961, S. 548.
11 Mommsen: War der Kaiser an allem schuld?, S. 131.

*Herzogin Kate und Prinz William, Nummer zwei der britischen Thronfolge, während des 60. Thronjubiläums von Königin Elisabeth II., 5. Juni 2013.*

## Monarchien und Personenkult

Weltweit gibt es heute noch 44 Monarchien. Über die meiste Macht verfügt der Monarch in der absoluten Monarchie. Heute (Stand: 2013) gibt es diese Staatsform nur noch in den Königreichen Saudi-Arabien und Swasiland sowie den Sultanaten Brunei und Oman.[1] Weiterhin gibt es konstitutionelle Monarchien. In ihnen wird die Macht der Monarchen durch Verfassungen beschränkt und streng geregelt. Beispiele sind die Königreiche Kambodscha, Thailand und Marokko, die Vereinigten Arabischen Emirate oder das Fürstentum Monaco. Bei den meisten der heute nach wie vor existierenden Monarchien handelt es sich um parlamentarische Monarchien. Dem Kaiser (diesen Titel gibt es nur noch in Japan), den Königen, Großherzogen und Fürsten fallen dort vor allem repräsentative Aufgaben zu. Auf die laufenden Regierungsgeschäfte haben sie kaum noch Einfluss.

In allen Monarchien ist der Kult um die jeweiligen Monarchen stärker ausgeprägt als es der Kult um Staatsoberhäupter in republikanisch verfassten Staaten ist. Dafür spielen monarchistische Traditionen sowie identitätsstiftende Elemente eine besondere Rolle.

## Kate als heilige Kuh – Personenkult in der parlamentarischen und konstitutionellen Monarchie

*Alexander von Schönburg*

Das Königtum ist erstaunlich robust. Das älteste bekannte Dokument, in dem das Wort »König« vorkommt, die Sumerische Königsliste aus dem 3. Jahrtausend vor Christus, ist zugleich eines der ältesten Schriftzeugnisse überhaupt. 5000 Jahre später gibt es immer noch Königslisten. Nur findet man sie heute nicht mehr in sumerischer Keilschrift auf Tontafeln, sondern meist wenig kunstvoll dahingeschludert in Druckerzeugnissen wie »Hello« oder »Gala«.

Der mangelnde Gehalt dieser industriell von einer unüberschaubaren Schar Ahnungsloser verfertigten Hofberichterstattung enthebt uns nicht der Frage, wie es sein kann, dass die Faszination, die von »gekrönten Häuptern« ausgeht, und die Ehrerbietung, die sie genießen, eine der wenigen unveränderten Konstanten der Menschheit ist.

Es gibt natürlich nicht die eine alleingültige Antwort auf diese Frage. Aber wenn wir hier nun untersuchen, wie adaptionsfähig das Königtum und der damit einhergehende Königskult ist, vermögen wir vielleicht, einen Zipfel jenes geheimnisvollen Schleiers zu lüpfen, der die Faszination der Königshäuser ausmacht. Königskult gab es schon in der menschlichen Frühgeschichte und es gibt ihn heute. Aber immer wieder anders. Immer wieder neu. Und immer wieder – scheinbar von unsichtbarer Hand – auf die Bedürfnisse der jeweiligen Zeit zugeschnitten.

Beginnen wir mit recht extremen Beispielen. In fernöstlichen Monarchien. Dort nämlich wurde der Kult um den Monarchen perfektioniert. Die ganze Existenz fernöstlicher Monarchen war (und ist in Japan bis heute) dem Kult unterworfen. Oberstes Ziel: Die Wahrung der Mystik des Monarchen. Am kaiserlichen Hof von China durften seit dem 8. Jahrhundert ausschließlich Eunuchen persönliche Diener des Kaisers sein. Nichteunuchen, selbst Verwandten des Kaisers, war es bei Todesstrafe untersagt, auch nur in die Nähe seiner Quartiere zu kommen. Die Eunuchen schufen eine Aura des Geheimnisses um den kaiserlichen Thron, nur sie galten als niedrig genug, schweigende Zeugen seiner privaten Schwächen zu werden.

Auch der japanische Tenno (»Himmlische Herrscher«) ist traditionsgemäß mit Haut und Haaren dem Kult der Mystifizierung unterworfen. Noch Yoshihito, der Großvater des heutigen Kaisers, durfte nicht an die frische Luft gehen, denn, wie es in alten Schriften heißt: »Die Sonne ist nicht wert, sein Haupt zu bescheinen.« Die japanische Hofetikette ist ein engmaschiges Netzwerk von Verboten und Vorschriften, die den Monarchen zu einer kultisch-rituellen Existenz zwingt. Er wird rund um die Uhr für Zeremonien in Anspruch genommen, während die Staatsgeschäfte durch den Staatsrat besorgt werden.

Nur wenn man weiß, dass lange bevor die Menschen »aufgeklärt« waren, sie fest daran glaubten, dass der Monarch eine Art kosmischen Mittelpunkt der »Welt«, des Seins, darstellt, kann man erahnen, warum ein japanischer Kaiser bis vor zwei Generationen gezwungen war, jeden Morgen ein paar Stunden mit der Kaiserkrone auf dem Haupt auf dem Thron zu sitzen – wie eine Bildsäule, ohne Hände oder Füße, Kopf oder Augen oder irgendeinen Teil seines Körpers zu bewegen. Nur so, glaubte man nämlich, seien Ruhe und Frieden im Reich gewährleistet.

Der große Anthropologe James Frazer hat in seinem Monumentalwerk »Der Goldene Zweig« Herrschaftsformen von den pazifischen Archipelen über den afrikanischen Dschungel bis in die Höhen der Anden untersucht – und immer wieder das Gleiche festgestellt: In fast allen archaischen Gesellschaftsordnungen gilt der König als dynamisches Zentrum des Universums und somit hat all ihr Handeln unmittelbaren Einfluss auf den Gang der Welt und die Natur. Und für alle Monarchien in allen Zeiten und in allen Kulturen gilt: Je herausgehobener die Stellung eines Herrschers, desto mehr Tabus ist er zu beachten verpflichtet. Sie bestimmen dann sämtliche seiner Handlungen, sein Gehen und Stehen, sein Essen und Trinken, Schlafen und Wachen.

Das Bild des Monarchen als Geisel des Kultes stellt ihn übrigens in den krassesten Gegensatz zu ordinären Alleinherrschern: Diktatoren lassen sich huldigen, um Ausbeutung und Unterdrückung zu rechtfertigen. In der Monarchie ist es genau andersherum. Hier existiert der Herrscher für die Untertanen, ist letztlich ihr edelster Gefangener. Deshalb konnte sich ein Bokassa oder ein Napoleon auch noch so sehr mit royalem Geschirr schmücken, Monarchen waren sie nie. Sie blieben – trotz allem künstlichen Brimborium – immer nur Diktatoren, Hochstapler.

Die Kultformen, die sich in Europa über die Jahrhunderte entwickelt haben – von den fränkischen Stammesfürsten, die sich auf Schilder hieven ließen, bis zur hysterischen Verehrung von Lichtfiguren wie Englands Diana –, fußen auf archaischen Vorstellungen, aber sie entfalteten sie sich immer wieder neu und anders, zum Teil aus recht pragmatischen Gründen.

Das berühmte spanische Hofzeremoniell zum Beispiel war im 15. Jahrhundert mit dem Ziel entwickelt worden, die vorrangige Stellung des Königs gegenüber dem Hochadel sichtbar zu machen – und so die aufstrebenden Adeligen artig auf Abstand zu halten. Auch der Kult am Hof des französischen Sonnenkönigs hat seine Wurzeln, behauptete jedenfalls Norbert Elias in seiner bahnbrechenden Studie »Die höfische Gesellschaft«, in Machtpolitik. Versailles war, nach Elias, ein System sich gegenseitig im Schach haltender Eliten. Unter Ludwig XIV. wurde die Nähe zum Zentrum des Reiches – also zu ihm selbst – zur alles entscheidenden Währung. Er erreichte, dass der Adel nichts so sehr fürchtete wie die Entfernung vom Hof. Nach Norbert Elias war die erzwungene Nähe zum König, und das ausgefeilte Protokoll mit seinen Zeremonien, mit seinen Posten und Pöstchen, die die Prestigebedürfnisse der Höflinge befriedigten, vor allem ein Verteidigungsinstrument für Ludwig XIV. – um den Adel unter Kontrolle zu haben.

Allerdings, auch wenn es kühn erscheint, den Vater der modernen Soziologie zu korrigieren: Sehr häufig ist es auch so, dass Zeremonien praktische Absichten zugrunde liegen, aber dass sie sich irgendwann verselbstständigen und zu Akten reiner Schönheit und Kunst werden. Auch darf man – bei allem Sinn für das Pragmatische – nicht vergessen, dass auch dem Hofleben in Versailles archaische und somit sakrale Grundvorstellungen monarchischer Herrschaft zugrunde lagen. Die Zeremonienmeister an Frankreichs Hof hatten bei ihrem Handeln die großen Liturgien der Kirche vor Augen. Das französische Königtum war schließlich explizit sakral. Das wird am deutlichsten, wenn man die vielleicht berühmteste Zeremonie am französischen Königshof, das »Lever«, betrachtet: Ein durch und durch kultisch zelebriertes Ritual, bei dem der König morgens nicht als Privatmann erwachte, gekleidet wurde und zum »Dienst« schritt, sondern als Verkörperung des Staates selbst, als Frankreich – ja sogar als Statthalter des ewigen Königtums Christi.

Die kultische Verehrung des Monarchen hat letztlich immer – im Kern – religiöse Gründe. Von den frühesten Kulturvölkern am Ganges, am Indus, im Zweistromland, am Nil wissen wir: Entweder wurden hier die Könige selbst als Götter verehrt, oder sie wurden als deren Stellvertreter gesehen. Unsere Kenntnisse über das vorchristliche Germanien sind sehr lückenhaft, aber auch hier steht fest: Die Häuptlinge der Franken, der Angeln und Sachsen führten ihre Abstammung auf Götter wie Wotan oder Odin zurück. (Die Merowinger waren sogar noch ein wenig origineller und behaupteten, von einem Seeungeheuer abzustammen.) Dem Priester-Königtum der germanischen Völker wurde dann freilich durch die Verbreitung des Christentums ein herber Schlag versetzt. Fortan wurde es als heidnische Irrlehre bekämpft. Die alten Ideen verschwanden aber nicht, sondern lebten unterschwellig im Bewusstsein des Volkes weiter.

Den tiefwurzelnden Glauben an eine geheimnisvolle Macht – und auch die Heilkraft – der Könige konnte das Christentum dem Volk nie ganz austreiben. Daher rührt auch die bis weit in die Neuzeit in Frankreich und England verbreitete Vorstellung, der König könne manche Krankheiten durch Handauflegung heilen. Ein entsprechendes Heilungsritual war in beiden Ländern über Jahrhunderte Teil der Krönungsriten und wurde in England erst mit den Hannover-Königen abgeschafft, die diese mittelalterliche Tradition als »Hokuspokus« abtaten. In Frankreich wurde es zur Krönung des Restaurationskönigs Karl X. 1825 das letzte Mal praktiziert.

Wie tief verwurzelt und unausrottbar Volksglaube ist, wie lebendig noch heute die Sehnsucht im »einfachen« Volk nach einer völlig unmodernen Idee von Königtum ist, zeigte recht eindrucksvoll die Diana-Manie. Besuchte die Prinzessin von Wales ein Krankenhaus, wurden ihr kranke Kinder entgegengestreckt, damit sie sie berühre. All die handgefertigten Altäre, Abertausende Blumen und Bittgesuche an den Toren des Kensington-Palastes nach ihrem Tod – bei ihrer Beerdigung die weltweit mehr als drei Milliarden

Menschen vor den Fernsehschirmen –, Symptome von Massenpsychose? Oder einer im Volk verwurzelten Sehnsucht?

Diese Frage ist für ihre Nachkommen alles andere als nur akademisch. Es geht konkret für ihren Sohn William – und irgendwann wohl auch für dessen Sohn George – schlicht darum, wie Königskult heute zu interpretieren ist, um einerseits archaischen Sehnsüchten gerecht zu werden und andererseits mit dem Zeitgeist kompatibel zu bleiben. Wie muss sich ein König im 21. Jahrhundert inszenieren? Als Pater Patriae? Popstar? Oder Prolet? Was ist gefragt: Assimilierung oder Distinktion?

Weder Adelige noch Angehörige des Bürgertums – also die Verlierer der gesellschaftlichen Umwälzungen der Moderne – eignen sich bei dieser Frage übrigens als Ratgeber. Sie sind von jeher gegen Veränderung und Modernisierung. Könige können aber ziemlich instinktsicher ohne deren Hilfe beurteilen, was der Zeitgeist von ihnen verlangt. Royals scheint, dies zumindest wäre eine Erklärung für die 5000 Jahre lange Erfolgsgeschichte, eine angeborene Fähigkeit eigen zu sein, sich immer genau dem jeweiligen Zeitalter anpassen zu können. Dem Mittelalter gaben sie Ritterkönige wie Richard Löwenherz, der Aufklärung Philosophen-Könige wie Friedrich der Große, im Biedermeier waren auch sie angemessen bieder (Friedrich Wilhelm III. und seine brave Luise!) ...

Und heute? Heute haben die Königshäuser begriffen, dass ihre einzige Chance, im 21. Jahrhundert fortzuexistieren, darin besteht, das Zeitalter des Egalitarismus mit voller Inbrunst zu umarmen, den Ballast des treulosen Adels, die jahrhundertealten fehlerlosen Stammbäume abzuwerfen, sich mit den Massen zu verbünden und sich ihnen als Schauspiel darzubieten.

Wenn der spanische Thronfolger und seine Frau Letizia (Vater Fernsehtechniker, Mutter Krankenschwester) Interviews geben, endet jede zweite Satz mit »como todo el mundo«, also mit der gebetsmühlenartigen Beteuerung, dass bei ihnen alles genau so ist »wie bei allen anderen Leuten« auch. Dänemarks Kronprinzessin Mary ließ sich in einem von ihren PR-Beratern orchestrierten Akt beim Raustragen des Hausmülls fotografieren, Willem-Alexander und Máxima der Niederlande kokettieren in Interviews damit, dass sie sich nicht mit »Majestät« anreden lassen wollen, das norwegische Thronfolger-Paar (eine zeitgemäße Patchwork-Familie) lädt

Journalisten alljährlich kurz vor Weihnachten zum gemeinschaftlichen Plätzchenbacken ein ... – alles Formen des Personenkultes, die im Dienste der gesellschaftlichen Kohäsion stehen, nur vielleicht ein wenig subtiler und geschickter, als man es aus vergangenen Epochen gewohnt ist.

Als der britische Königshof am 22. Juli 2013 verkündete, dass die Herzogin von Cambridge »mit einem Sohn niedergekommen« sei (»was safely delivered of a son«), klang das zwar altmodisch und formell – täuschte aber nur für einen kurzen Moment darüber hinweg, dass England mit jenem George Alexander Louis, trotz seiner beruhigend altmodischen Vornamen (snobistische Spötter hatten bereits auf Kevin gewettet), der erste Thronfolger in der modernen Geschichte des Landes ist, dessen Mutter keinen Tropfen adeliges Blut hat. Die Mutter von Herzogin Kate (oder Herzogin Catherine, wie sie inzwischen offiziell heißt) stammt von Bergbauarbeitern ab. Das wurde zwar schon hunderttausend Mal an anderer Stelle betont, ist aber dennoch von historischer Tragweite. Im Grunde verwirklicht sich mit der Heiratspolitik der europäischen Königshäuser ein jahrhundertealter Traum. Das Märchen vom Aschenputtel wird ja deshalb von Generation zu Generation weitererzählt, weil diese Geschichte eine tief verwurzelte Sehnsucht ausdrückt. Und die ist inzwischen Realität geworden. Heute ist es tatsächlich so, dass vor dem Kindergarten oder der Supermarktkasse buchstäblich die goldene Kutsche vorfährt, eine von vielen Hübschen (aber möglichst nicht allzu Hübschen) gegriffen und in Blitzlichtgewittern zur Hoheit neugeboren wird. Von da an wird sie jeden Tag fotografiert, was die neuzeitliche Form von Salbung darstellt, und lebt als menschliche Heilige Kuh, verehrt von den Massen, die sich in ihr wiedererkennen, ein Leben in lückenloser Öffentlichkeit.

Warum in manchen europäischen Ländern die Neigung zur Idolatrie, zu jenem götzenhaften Personen- und Celebrity-Kult unserer Tage, stärker ausgeprägt ist als in anderen, muss an anderer Stelle untersucht werden. Fest steht, dass England mit seiner großen Dichte an zu Erregung neigenden Massenmedien hier eine Sonderstellung einnimmt – und es sich daher hier besonders lohnt, den modernen Aschenputtel-Mythos und seine die Bevölkerung hypnotisierende Wirkung zu begutachten.

Nachdem Kates Eltern für eine Fluggesellschaft gearbeitet (gearbeitet!) hatten, gründeten sie ein kleines Geschäft (Geschäft!), einen Online-Versandhandel für Party-Produkte, für das stinknormale Menschen Geld (Geld!) zahlten. Gewöhnlicher geht es kaum. Der Wohlstand der Familie Middleton gründet auf Tüchtigkeit (einer der britischen Oberklasse völlig fremden Tugend) und machte es möglich, Tochter Kate auf eine Upper-Class-Schule zu schicken und sie so in die Sichtweite extrem heiratsfähiger junger Männer, einschließlich des Thronfolgers, zu bringen. Ihr Aufstieg verleiht der als klassenversessen geltenden britischen Gesellschaft einen faszinierend amerikanischen Akzent: Wenn du nur hart genug arbeitest und dich brav an die Regeln hältst, kannst du es ganz nach oben schaffen, egal woher du kommst. Wenn man den Traum konsequent zu Ende denkt, müsste der kleine George eines Tages eigentlich ein Einwanderkind aus Pakistan heiraten – oder, noch besser, der erste König werden, der in gleichgeschlechtlicher Ehe lebt. Ernster formuliert: Der kleine George wird eines Tages altmodische Monarchisten als auch hartgesottene Anti-Royalisten gleichermaßen ins Schwitzen bringen wird, das ist bei diesen Eltern garantiert.

Zugeben, es ist zunehmend schwer, die Klatschpressenverzückung, die die britischen Royals bewirken, von jener zu unterscheiden, die durch Popstars, Fußballer und Hollywoodstars ausgelöst wird, aber: Keines der europäischen Königshäuser gelingt es, den Kult um sich herum derart professionell und zeitgemäß zu managen.

Selbst die sich traditionell skeptisch gebende Illustrierte »Stern« musste nach der bis ins Detail perfekt modern choreografierten Präsentation des Windsor-Thronfolgers konstatieren (der jeansgekleidete William hatte Kate in der Klinik abgeholt, das Baby im Maxi-Cosi, das Auto selbst gesteuert):

»Der Auftritt der königlichen Kleinfamilie war so perfekt inszeniert, dass die Botschaft keine Royal-Experten brauchte, um – im Sinne ihrer Majestät – richtig anzukommen. Ein Maxi-Cosi sagt mehr als tausend Worte. Er sagt: Hallo Volk, wird sind ein Teil von euch, wir sind zwar steinreich, aber hey, wird sind auch jung und praktisch veranlagt, deshalb tragen wir unser Baby in dieser Plastikschale herum und nicht in einem parfümierten Weidenkorb. Und wenn ihr sonst noch was wissen wollt: Sorry, wir müssen jetzt echt los. But you can follow us on Twitter.«[2]

William ist ein PR-Genie, der kein Foto zulässt, dass wir nicht sehen sollen. Man sieht ihn an der Seite von populären Sportlern, man sieht ihn auf Rettungsmission in Pilotenuniform, man sieht Bilder von Kate Einkaufswagen schiebend, alles sorgsam arrangiert und dennoch seltsam authentisch. Authentisch? Wenige Wochen nach dem gelungenen Auftritt als »normaler« Familienvater, der seinen Neugeborenen im Maxi-Cosi aus der Klinik holt und behände (mit nur einem routinierten Handgriff!) im Land Rover festschnallt, räumte der Prinz unvorsichtigerweise in einem Interview mit dem Fernsehsender CNN ein: Die Aktion war einstudiert! Er hatte, beraten von seinen Image-Fachleuten, den in England allgegenwärtigen »spin doctors«, mehrmals geübt, wie man so einen Maxi-Cosi ins Auto verfrachtet und dabei so aussieht, als würde man dies täglich tun.

Was für Profi! Er hat von den Fehlern seines Vaters gelernt, der – wenn er sich aus der Luftblase royaler Existenz hinaus ins »wirkliche Leben« begibt – stets etwas abgehoben und weltfremd wirkt. Legendär war Charles' Exkursion in einen Supermarkt, bei dem er sich von Kamerateams diverser Fernsehstationen begleiten ließ. Die PR-Aktion ging fürchterlich nach hinten los, weil der Thronfolger, als er an die Kasse kam, nicht den blassesten Schimmer hatte, was nun zu tun sei. Irgendein Helfer musste herbeieilen und ihm – quelle horreur – Kleingeld (was ist das?) in die Hand drücken, die Szene an der Kasse musste wiederholt werden.

Prinz William aber sorgt dafür, dass die britische Monarchie menschlich und modern wirkt, und sein professioneller PR-Apparat sorgt im Hintergrund geräuschlos dafür, dass via Twitter, Facebook und Internet immer Informationen über die jungen Royals zugänglich bleiben, so dass niemand, der sich für ihr Leben interessiert, gezwungen ist, den Umweg über die konventionellen Medien zu suchen.

Um Missverständnisse zu vermeiden: William ist nicht der erste »moderne« Royal. Er ist nur der perfekte Royal für genau unsere Zeit. Auch Deutschlands Wilhelm II. war damals »modern«, er war geradezu besessen von den Möglichkeiten, die sich durch die modernsten Medien seiner Zeit ergaben. Diesem Umstand verdanken wir, dass es so viele Fotos und so viel Bewegtbildmaterial von ihm gibt. Wilhelm war eben perfekt für seine Zeit. Auch wenn er rückblickend vielleicht lächerlich wirkt. Damals repräsentierte er seine Zeit wirklich idealtypisch. Ironischerweise war sein Zeitalter, waren die politischen und wirtschaftlichen Eliten, die ihn umgaben, viel »wilhelminischer« als er selbst (der »privat« eher schüchtern, bescheiden und friedfertig war). Jedes Zeitalter, das ist das eigentlich verblüffende, hat genau die Könige, die es verdient.

Der König von Frankreich stellte von morgens bis abends das menschliche Dasein dar – als großes, perfektioniertes, opernhaftes Schauspiel. Man könnte beim Anblick der heutigen Royals – bei den fahrradfahrenden Oraniern, den auf Popkonzerten feiernden Windsors, den Plätzchen backenden Norwegern – zum Schluss kommen, dass sich die Nachfolger Ludwigs XIV. sehr weit von ihm entfernt haben. Aber ist das wirklich so? Oder sind gerade diese Zeugnisse sorgfältig inszenierter Zwanglosigkeit ebenso Repräsentationsakte wie einst die des Sonnenkönigs? Der Personenkult, den Könige inszenieren ließen, hatte immer die eine Botschaft, die Aussage nämlich: Wir sind wie ihr. Nur stehen wir eben über euch. Diese Botschaft wird seit 5000 Jahren immer wieder neu verpackt.

### Anmerkungen

1 Auch der Vatikan gehört zu dieser Gruppe, nimmt allerdings als christliche Theokratie eine Sonderstellung ein.
2 Ritter, Andrea: Der Junior-Chef, in: Der Stern Nr. 32 vom 01.08.2013, S. 70.

# Jean-Bédel Bokassa
# (Kaiser Bokassa I.)

\* 22. Februar 1921 in Bobangui
† 3. November 1996 in Bangui

1966–1976: Präsident der Zentralafrikanischen Republik;
1976–1979: Kaiser von Zentralafrika

*Bokassa I., Kaiser von Zentralafrika, während seiner Krönungszeremonie.*

Die Geschichte um das gut dreijährige Kaiserreich ist das skurrilste Beispiel eines Personenkults auf dem schwarzen Kontinent. Narzisstische Selbstinszenierungen unterstrichen Bokassas Machtanspruch. Meist zeigte er sich mit einem hermelinbesetzten Purpurmantel. Er hatte 18 Ehefrauen (andere Quellen nennen die Zahlen 17 oder 19) und eine unbekannte Anzahl an Liebschaften. Die geschätzte Zahl der von ihm gezeugten Kinder schwankt zwischen 40 und über 100. Mit seinen Gegnern machte er kurzen Prozess und ließ sie angeblich in den privaten Krokodilteich werfen. Hartnäckig hielt sich der Vorwurf des Kannibalismus. Der französische Präsident Giscard d'Estaing bezeichnete Bokassa seinerzeit dennoch als »Frankreichs besten Freund in Afrika«. In der Hauptstadt Bangui, die von Bokassa ausgebaut wurde, war er allgegenwärtig. Viele Straßen, eine Universität und ein Sportpalast trugen seinen Namen.

*Bokassa – neuer Bonaparte*
*Bangui – ruhmreiche Stadt*
*Deine strahlende Schönheit*
*Lassen Rom, Athen und Sparta verblassen.*[1]

*(Aus der Krönungsode für Kaiser Bokassa I., 1977)*

# Kaiser Bokassa I. –
# Der Napoleon Afrikas

*Reinhart Bindseil[2] und Thomas Kunze*

An einem heißen tropischen Dezembertag des Jahres 1977 nahm in Bangui, der Hauptstadt der Zentralafrikanischen Republik, eines der skurrilsten Kapitel des Personenkults im 20. Jahrhundert seinen Lauf. Mit einem Gestus, den er seinem großen Vorbild Napoleon Bonaparte abgesehen hatte, setzte sich der Sohn eines Dorfältesten, der es in der französischen Armee bis zum Hauptmann gebracht hatte, die Kaiserkrone auf: als Bokassa I. Ähnlich wie sein Vorbild Napoleon hatte er verschiedene Stufen bis zu dieser Krönung erklommen: Korporal und Hauptmann in der französischen Armee, Stabschef des 1960 selbstständig gewordenen Landes, unblutiger Staatsstreich in der Silvesternacht 1965/66, Präsident, Feldmarschall, Präsident auf Lebenszeit und schließlich die Proklamation der Monarchie am 4. Dezember 1977.

Der Krönungstag, genau ein Jahr danach angesetzt, begann mit mitternächtlichem Kanonendonner. Für seine triumphale Zeremonie hatte Bokassa das Palais du Couronnement ausgewählt, eine ehemalige Sporthalle, die mehreren Tausend Menschen Platz bot. Die luxuriösen Kronen, die kostbaren Equipagen mit Grauschimmeln, die Schleppen und Gewänder, die zahlreichen Luxuslimousinen der kaiserlichen Garage, die Fahnen und Uniformen, Illuminierungen und Triumphbögen boten ein kitschbeladenes Schauspiel. Das nach heutigem Geld schätzungsweise 30 Millionen Euro teure Krönungsspektakel geriet zu einer unvergesslichen Karikatur europäisch-afrikanischer Nachkolonialgeschichte.

Ausländische Staatschefs erschienen zu diesem in Prunk- und Protzakt nicht, dennoch waren 59 Delegationen aus verschiedenen Staaten anwesend. Die ehemalige Kolonialmacht Frankreich schickte einen Minister, einen nahen Verwandten von Präsident Giscard d'Estaing und eine Kapelle der französischen Marine. Andere europäischen Regierungen ließen sich durch ihre Botschafter vertreten. Nord- und Südkorea entsandten jeder immerhin einen

Minister, ein Zeichen dafür, dass Ost und West zumindest keinen diplomatischen Geländegewinn der Gegenseite zulassen mochten.

In einem Rundbrief an ihre Freunde und Verwandten schilderte eine Mitarbeiterin der Deutschen Botschaft diesen Tag so: »Wir wurden am 4. Dezember unsanft geweckt von gewaltigem Kanonendonner, der die Fensterscheiben erzittern ließ. 21 Kanonensalven im Abstand von je einer Minute schafften es, dass wir hellwach wurden und es blieben bis zum Morgen, an dem wir zum Außenministerium bestellt waren. In großer Toilette versammelte sich dort das Diplomatische Corps. Die Damen alle in langen Kleidern (7.25 Uhr morgens!), Hüten, weißen Handschuhen, die Herren im Cut, manche in Diplomatenuniform. Afrikaner oft in prächtiger Nationaltracht. Gegen 8.00 Uhr fuhr man in geschlossenem Zug zum Palais du Couronnement, wo der Kaiser um 8.30 Uhr eintreffen sollte. Sollte! Er tat es natürlich nicht, wie er nie irgendwo zu angegebener Zeit erscheint, sondern immer gegen zwei Stunden später.«[3]

Im Palais waren am Krönungstag etwa 1000 Staatsgäste versammelt. Die katholische Kirche hatte sich geweigert, die Krönung als Messe in der Kathedrale zu zelebrieren. Wohl auch deshalb, weil Bokassa ein Jahr zuvor kurzzeitig zum Islam übergetreten war und sich Mustafa Ali Bou-kassa genannt hatte, weil er von Libyens Herrscher Gaddafi Geld erhoffte. Drei Monate später hatte er den Islam schon wieder vergessen und war in den Schoß der Kirche zurückgekehrt, doch den höchsten kirchlichen Segen zur Krönung gab es nicht.

An weltlichen Freuden gab es dagegen keinen Mangel. Bei der Ausstattung der Krönungsfeierlichkeiten ließ Bokassa es an nichts fehlen. Aus Europa wurden 60 schwarze Mercedes-Limousinen eingeflogen, dazu Tausende Galauniformen, mehrere Tonnen Feuerwerksraketen, viele Pferde und Prachtsättel. Den Reitern hatte Bokassa speziell für diesen Anlass eine Fortbildung in französischen Reitschulen angedeihen lassen. Mehr als 200 Tonnen feinster Delikatessen aus aller Welt sollen den Gästen aufgetischt worden sein, eine ganze Flugzeugladung bestand nur aus Blumen. Zudem wurden Unmengen von Orden für Gäste und Günstlinge des Kaisers herbeigeschafft.

Musikkapellen und Chöre schmetterten Heldenlieder, bis endlich um 10.15 Uhr der Einzug der kaiserlichen Familie begann. Voran der vierjährige Kronprinz, der sich »auf seinem Kinderthron furchtbar gelangweilt hat und mit seinem Gähnen und Zappeln zum Vergnügen der Leute beitrug«. Dann die Kaiserin Cathérine, »prachtvoll gekleidet, schön und charmant, zum Schluss Bokassa mit grimmiger Miene, mit goldenem Lorbeer um die Stirn und in Cäsar nachempfundener Aufmachung.« Schließlich das Finale: Bokassa leistete mit Korporalstimme den Eid auf die Verfassung und schwor »vor der gesamten Menschheit und vor der Geschichte« Verfassungstreue. Das war wie in einer großen Oper. Nicht einmal der Theaterdonner fehlte, denn die Kanonensalven untermalten das Ganze wirkungsvoll.«[4]

Afrikanische Folklore, französischer Geschmack und Hollywood waren eine farbenfreudige Ehe eingegangen. Ein deutscher Sonderbotschafter vermeldete dem Auswärtigen Amt in Bonn mit ziemlicher Begeisterung:

*»Die 2 1/2 stündige Parade von einigen zehntausend Teilnehmern am 05. Dez. stellte zweifelsohne eine Demonstration dar, auf die der Veranstalter stolz sein konnte. Formationen der Armee und der Polizei, teilweise in französisch-historischen Uniformen, sowie Parteigliederungen, Schulkinder, Studenten, Berufsverbände, Beamte und Arbeiter machten in ihrer jeweils gleichen und gepflegten Kleidung, mit ihrem gesunden, wohlgenährten Aussehen und ihrer disziplinierten Haltung einen sehr guten Eindruck. Den Schlusspunkt setzte eine Polizeieinheit mit fast 200 BMW-Motorrädern, der dann eine Anzahl Mercedes für den Kaiser, die kaiserliche Familie und die prominentesten Ehrengäste folgte.*

*Auch die beiden Staatsbankette am 04. und 05. Dezember für jeweils etwa 3000 Menschen boten ein farbenfrohes und elegantes Bild, das jedoch im scharfen Kontrast zu den wirtschaftlichen und finanziellen Gegebenheiten dieses Landes steht. Das fünfstündige Dinner wurde begleitet durch zahlreiche Darbietungen wie Chöre mit Preisliedern auf den Kaiser, folkloristische Tänze, Jazzmusik, klassische Kompositionen von der Wassermusik Händels über den Triumphmarsch aus Aida bis zur »Schönen blauen Donau«, Darbietungen einer Wasserorgel sowie ein abschließendes gewaltiges Feuerwerk. Die Menüs waren nach Rang abgestuft. Die umfangreiche erste Kategorie wurde u. a. mit Kaviar aus dem Iran, mit Gänseleber aus Frankreich, mit Champagner, Château Mouton Rothschild, mit Chivas Regal Whisky und anderen Kostbarkeiten verwöhnt, aber auch den übrigen Kategorien blieb eine hinlängliche Auswahl.«*[5]

Vom Botschafter der Bundesrepublik Deutschland hatte Bokassa bei der Überreichung des Beglaubigungsschreibens kurz vor der Krönung zwölf Whisky-Gläser und eine Karaffe überreicht bekommen. Auf den Gläsern umrankte ein Lorbeerkranz ein großes »B« (für »Bokassa«). So viel Personenkult musste sein! Das Protokoll des Auswärtigen Amtes ließ außerdem ein Service für 24 Personen mit grünem Rand und dem zentralafrikanischen Staatswappen in Gold zum Preis von 6000 bis 7000 DM liefern.

Die Kaiserkrönung markierte den Höhepunkt der Machtentfaltung und Selbstdarstellung des Jean-Bédel Bokassa. Der Putschist, der elf Jahre zuvor seinen Cousin David Dacko aus dem Präsidentenamt vertrieben, das Parlament aufgelöst, die Verfassung abgeschafft und nur noch seine eigene Partei (MESAN, Mouvement pour l'évolution sociale de l'Afrique noire; deutsch: Bewegung für die soziale Entwicklung Schwarzafrikas) zugelassen hatte, proklamierte in diesem fast vergessenen Land Afrikas nun die Erbmonarchie. Das Kaiserreich Äthiopien, so Bokassa, sei zusammengebrochen. Afrika habe damit ein Stück afrikanische Tradition verloren. Es sei nun sein historischer Verdienst, dass er im Herzen Zentralafrikas als Kaiser die zerbrochene Krone wieder aufgenommen und für die Zukunft erhalten habe. Umrahmt wurden diese Auslassungen von Huldigungen. Das rühmende Poem eines angeblich belgischen Grafen wurde ständig im zentralafrikanischen Radio verlesen:

> *Als später in der Kathedrale*
> *Gott selbst eingriff,*
> *sagte er durch die erhabene Stimme des Pontifex:*
> *Mein Sohn ist Bokassa,*
> *der heilige Schatten Gottes auf Erden.*
> *Bokassa, der vom Herrn Erwählte*
> *dessen hohe Macht als einziges Ziel Euer Glück will.*
> *Bokassa widmen wir unser ganzes Leben,*
> *die Liebe und die Treue.*
> *Möge unsere Herzen niemals etwas verfälschen*
> *um seiner kaiserlichen Güte willen.*[6]

Der bei der Krönung 56-jährige Jean-Bédel Bokassa war besessen von einem Faible für Napoleon. Sein bronzener, mit Hermelinfellen drapierter Thron hatte die Form eines Adlers. Die mit unzähligen Diamanten des Landes besetzte Krone, das Zepter und auch die kaiserlichen Kleider mit dem hermelinbesetzten Purpurmantel waren der Ausstattung nachempfunden, mit der sich 173 Jahre zuvor, am 2. Dezember 1804, der korsische Artilleriehauptmann als Kaiser der Franzosen präsentiert hatte. Auch der afrikanische Epigone geizte nicht mit Titelschwulst und nannte sich nun »Seine kaiserliche Majestät Bokassa der Erste, Kaiser von Zentralafrika durch den Willen des Zentralafrikanischen Volkes vereinigt in der nationalen politischen Partei, der MESAN«.

Die narzisstische Selbstinszenierung Bokassas und sein verschwenderischer und pompöser Lebensstil sollten seinen Machtanspruch landesweit unterstreichen. Er ließ sich stets acht Schimmel vor seine kaiserliche Kutsche spannen und einen eigenen Kaiserwalzer komponieren. Er besaß einen Privatjet, Villen und Schlösser in Frankreich.

An Frankreich fühlte sich Bokassa zeit seines Lebens in Treue gebunden. An einer Missionsschule hatte er Französisch gelernt. Im Jahr 1939, als der Zweite Weltkrieg ausbrach, trat er in die französische Armee ein und machte langsam, aber stetig Militärkarriere: vom Sergeanten bei der Freien Armee Frankreichs über Militärschulen in Senegal und in Châlons-sur-Marne, Adjudantenzeit im Indochinakrieg 1954 und Leutnant im Algerienkrieg 1956 bis zur Ernennung zum Capitaine, zum Hauptmann, im Jahr 1961. Die Unabhängigkeitserklärung seines Landes kam ihm sehr gelegen. 1963 war er schon Stabschef der Streitkräfte der Zentralafrikanischen Republik, die damals zwar kaum mehr als Regimentsstärke erreichten, genug aber, um ihrem Kommandeur bei Unruhen im Jahr 1966 die Macht zu sichern. Als neuer Präsident ernannte sich der 45-Jährige alsbald auch zum Innen- und Verteidigungsminister und beförderte sich selbst zum General. Später gönnte er sich auch noch den Rang des Feldmarschalls.

Kurz vor seiner Krönung hatte Bokassa in einem Zeitungsinterview seine große Liebe zu Frankreich geschildert, seine Bewunderung für General de Gaulle zum Ausdruck gebracht sowie den Willen, auch als afrikanischer Kaiser die französische Staatsangehörigkeit beizubehalten.

Frankreich stand dem Putschisten lange zur Seite, schickte 1967 sogar Fremdenlegionäre, um seine Macht zu stabilisieren. Denn die wirtschaftlichen und auch die strategischen Interessen an dem ehemaligen Kolonialgebiet bestanden unverändert fort. Frankreich benötigte vor allem das zentralafrikanische Uran für sein nukleares Waffenprogramm. Präsident Giscard d'Estaing bezeichnete Bokassa zu seiner Regierungszeit als »Frankreichs besten Freund in Afrika«. Beide Staatsoberhäupter trafen sich des Öfteren zur Elefantenjagd, pflegten gute familiäre Geschäftsbeziehungen und geizten nicht mit hochkarätigen Geschenken für politische Loyalitäten. Zu Bokassas Kaiserkrönung soll ein ansehnlicher Sponsorenbeitrag aus der französischen Staatskasse geflossen sein.

Allerdings bereiteten die Herrschaftsmethoden Bokassas seinen französischen Protektoren bald Unbehagen. Politische Widersacher ließ er hinrichten, Kriminalität bekämpfte er mit Plakaten vom Ohrenabschneiden. Gerüchteweise ließ er 46 Diebe öffentlich mit Knüppeln zusammenschlagen. Zur Abschreckung soll er die Toten und Schwerverletzten bei glühender Sonne mehrere Stunden lang der Bevölkerung präsentiert haben. Dem Polizeichef ließ er angeblich in Gegenwart von dessen Kindern die Augen ausstechen.

So umgaben den Kaiser schon zu seiner Zeit viele von Angstfantasien ausgelöste Halb- und Unwahrheiten, gefördert von postkolonialen Vorurteilen der europäischen Regenbogenpresse, die ihn gern als afrikanisches Monster darstellte. Er habe, so hieß es da zum Beispiel, eigenhändig Bettler aus Flugzeugen in den Fluss und Straftäter in seinen privaten Krokodilteich geworfen. Bis heute hält sich hartnäckig der Vorwurf des Kannibalismus. Bokassas politische Feinde taten nach seinem Sturz das Ihrige hinzu. In der Kühlkammer seines Palastes soll Menschenfleisch nach Alter und Geschlecht sortiert gewesen sein und angeblich wurden Menschenknochen auf dem Grund seines Pools entdeckt. Zur Erklärung wird gern ein alter afrikanischer Mythos bemüht: Bokassa habe Fleisch von Menschen gegessen, um sich deren Lebenskräfte einzuverleiben.

Wahr ist, dass der als charmant und umgänglich beschriebene, den Luxus liebende und maßlos selbstgefällige Napoleon Zentralafrikas keine expansiven Gedanken hegte wie sein großes französisches Vorbild knapp zwei Jahrhunderte zuvor. Dass er keine Stammeskriege führte, kein internationales Risiko darstellte und an seinen Grenzen zu Tschad, Sudan, Kongo, der Demokratischen Republik Kongo und Kamerun Ruhe hielt. Darin unterschied er sich diametral auch von seinem Zeitgenossen Idi Amin in Uganda, der – was Größenwahn und Aberglaube betrifft – von ähnlichen Triebkräften beherrscht gewesen zu sein scheint. Auch dieser Selbstherrscher – im Gegensatz zu Bokassa ein halber Analphabet – verdankte seinen Aufstieg einer militärischen Kariere bei einer Kolonialmacht. Idi Amin diente anfangs bei den King's African Rifles, einer schwarzen Elitetruppe, geleitet von britischen Offizieren, und putschte sich 1971 in Uganda an die Macht. Um sich durchzusetzen, überzog er erst das eigene Land mit Folter und Mord und dann die Nachbarregionen in Tansania mit Krieg. Auch ihm, einem ehemaligen Schwergewichtsboxer, der statt die Krone zu tragen lieber den Gemütlichen spielte und sich Big Daddy nennen ließ, wurden eigenhändiges Foltern und Kannibalismus nachgesagt.

An einem Punkt freilich glichen sich die beiden damals zu Kultfiguren hochstilisierten afrikanischen Potentaten auffallend: in ihrem Potenzstolz und Machogehabe. Sie zeugten mit einer kaum überschaubaren Anzahl von Frauen eine noch weniger überschaubare Anzahl von Kindern. Bei Idi Amin ist von fünf Frauen und Dutzenden Konkubinen die Rede, bei Bokassa von 18 Frauen, darunter auch Europäerinnen, und zwischen 40 und mehr als 100 Kindern. Ein Beleg nicht nur für seine Vergnügungssucht im Bett, sondern auch für seine Wahnvorstellungen, sich und sein Kaiserreich durch Multiplikation unsterblich zu machen.

Bokassas Cäsarentraum währte allerdings nicht lange. Kaum zwei Jahre nach seiner Krönung schlug Vetter Dacko zurück. In Bangui waren im Frühjahr 1979 Schüler- und Studentenunruhen ausgebrochen, deren brutale Niederschlagung Bokassa auch internationaler Kritik aussetzte. Die Franzosen hielten nicht mehr zu Bokassa, sondern setzten auf den Expräsidenten Dacko und schickten ihm Fallschirmjäger zu Hilfe. Der Umsturz am 20. September 1979 überraschte Bokassa während eines Staatsbesuchs in Libyen.

Der Kaiser ohne Land erhielt Asyl in der Elfenbeinküste. Ein Gericht in Bangui verurteilte ihn in Abwesenheit wegen Mordes, Folter, Korruption und Kannibalismus. Letzteres ohne schlüssige Beweise. Bokassa wechselte nach Frankreich und lebte mit einer Reihe seiner Kinder von 1983 bis 1986 auf Schloss Hardricourt westlich von Paris. Vergeblich forderte er die französische Staatsbürgerschaft zurück, die ihm ein französisches Gericht aberkannt hatte. Als ehemaliger französischer Hauptmann, so seine Klage, darbte er nach 23 Dienstjahren mit einer Pension von 5998 Francs (heute etwa 1000 Euro). Er schrieb an einem Buch mit dem Titel »Meine Wahrheit« doch jeglicher Vertrieb wurde ihm wegen schwerwiegender Angriffe auf die Person des ehemaligen Staatspräsidenten Valéry Giscard d'Estaing verboten.[7]

Wohl, weil ihm das karge Leben im Exil nicht mehr erträglich schien und weil er auf die Verklärung der Vergangenheit vertraute, kehrte der Gedemütigte im Jahr 1986 überraschend in seine Heimat zurück. Straßen, Monumente, die Universität und der Sportpalast in Bangui trugen nicht mehr seinen Namen. Aber ansonsten war es mit dem Vergessen noch nicht so weit. Der Exkaiser kam zu früh. Er wurde verhaftet, erneut zum Tode verurteilt, schließlich zu zehn Jahren Haft begnadigt. 1993 kam er dank einer Generalamnestie frei. Er starb 1996 im Alter von 75 Jahren in Bangui an einem Herzinfarkt.

Die Zentralafrikanische Republik ist nach wie vor ein bettelarmes Land. In den Erinnerungen vieler Menschen zählen die Untaten Bokassas deshalb nur noch wenig. Er gilt manchen eher als Architekt eines legendären Aufschwungs – auch wenn der Zentralafrika an den Rand des Staatsbankrotts trieb. Die Zeitschrift »Jeune Afrique« (»Junges Afrika«) hat Bokassa mit dem Ausspruch »le trésor, c'est moi« (»Der Schatz, das bin ich«) aufs Titelblatt gehoben. Viele der Straßen, Hotels und der administrativen Gebäude, die in der Hauptstadt zu finden sind, wurden zu seiner Herrschaftszeit errichtet. Als vermeintlich Ordnung herrschte. Keinem seiner Nachfolger ist es gelungen, ein ebenbürtiges Infrastrukturprogramm zu realisieren. Staatschef François Bozizé rehabilitierte Bokassa anlässlich des 50. Jahrestages der Unabhängigkeit des Landes am 1. Dezember 2010 posthum als »großen Erbauer« Zentralafrikas: »Er hat das Land aufgebaut, aber wir haben zerstört, was er geschaffen hat.«[8]

Im Rückblick ändern sich manche Sichtweisen. Auch was den damaligen Personenkult anbetrifft, scheinen Klischeevorstellungen unangebracht. Man sollte in der Nachahmung Napoleons nicht ein Indiz für eine steigende geistige Verwestlichung des Staates sehen. Bokassa stellte selbstbegründende Betrachtungen über seine Erbmonarchie an. Er ließ die Menschheit wissen: Republikanische Institutionen seien eine Frucht westlicher Entwicklungen, sie seien unafrikanisch. Afrikanische Staatsinstitutionen waren in der Vergangenheit stets an Personen und Familien gebunden. Die Errichtung einer kaiserlichen Erbmonarchie sei daher eine Rückkehr zu den afrikanischen Quellen, sie sei Überwindung des Kolonialismus. Die äußerliche Anlehnung an die Kaiserkrönung Napoleons vor 173 Jahren sei eher zu werten als eine technische Frage und als eine persönliche Entscheidung des Herrschers. Bokassa erklärte, dass man sich an irgendein Vorbild anlehnen müsse. Napoleon erschien ihm als das am besten geeignete Vorbild als afrikanischer Herrscher, dessen Herz und Staatsbürgerschaft mit Frankreich aufs Tiefste verbunden war.[9]

Inzwischen hat das Land neue bürgerkriegsähnliche Unruhen zu durchleiden. Im März 2013 eroberte der Rebellenführer Michel Djotodia die Hauptstadt Bangui und ernannte sich zum Präsidenten. 550 französische Soldaten sollen in Zentralafrika stehen. Eine Äußerung zum Thema Bokassa ist von Djotodia nicht bekannt.

### Anmerkungen

1 Übersetzung aus dem Französischen: Andrey Zybkin.
2 Reinhart Bindseil war als Botschafter der Bundesrepublik Deutschland in Zentralafrika von 1977 bis 1980 tätig und somit auch ein Zeitzeuge bei der Kaiserkrönung Bokassas.
3 Bindseil, Reinhart: »Im Innersten Afrika. Ein Botschafter erlebt Bokassa und sein Kaiserreich«, e-publi 2010, S. 34.
4 Ebenda, S. 34 f.
5 Fernschreiben des deutschen Sonderbotschafters, Harald Graf Posadowski-Wehner, an das Auswärtige Amt vom 8. Dezember 1977 (Privatarchiv Reinhart Bindseil).
6 Übersetzung aus dem Französischen: Reinhart Bindseil.
7 Hénard, Jacqueline: Des Kaisers arme Kinder, DIE ZEIT vom 21.01.1999, abrufbar unter: http://www.zeit.de/1999/04/Des_Kaisers_arme_Kinder (Zugriff 16.01.2013).
8 Vgl. http://www.theguardian.com/world/2010/dec/03/jean-bedel-bokassa-posthumous-pardon (Zugriff 12.09.2013).
9 Vgl. Bindseil: Bokassa, S. 41.

# II. DAS PHÄNOMEN

## »Hurra, Mr. President« – Personenkult, Massenmedien und Demokratie

*Thomas Vogel*

Wenn Lech Wałęsa, der ehemalige polnische Staatspräsident, in seiner Heimatstadt landet, schlägt ihm das Herz womöglich manchmal höher. Die Beschriftung am Terminal verleiht seiner Person einen Hauch von Unvergänglichkeit. Der Danziger Airport trägt den Namen des berühmtesten Sohnes der Stadt: Lech-Wałęsa-Flughafen.

Andere Flugreisende, die in der Hafenstadt an der polnischen Ostseeküste eintreffen, sind über die Namensgebung mitunter erstaunt. Denn in Demokratien ist es weltweit ziemlich unüblich, dass Flughäfen, Straßen oder Schulen nach lebenden Personen benannt werden. Eine Angela-Merkel-Straße in Berlin und ein Gerhard-Schröder-Platz in Hannover sind derzeit völlig undenkbar.

Die meisten Polen finden nichts jedoch dabei, lebende Helden zu verehren. Das Volk, das Tradition und Nationalismus pflegt wie kaum ein anderes, verehrt seine lebenden Helden in fast kindlicher Weise. Besonders deutlich war das zu beobachten, als in den siebziger und achtziger Jahren ihr Landsmann Karol Wojtyła der alten Heimat Besuche abstattete – Johannes Paul II. war der erste polnischer Papst der Kirchengeschichte. Für viele Polen war der Pontifex ein lebender Heiliger.

Völlig anders als die Polen verhalten sich die Schweizer. Ihnen ist Personenkult gänzlich fremd. Eine Huldigung Prominenter liegt den Eidgenossen ferner als jedem anderen Volk in Europa. Sie erwärmen sich nur ganz selten an den Namen von Vorfahren, die Großes geleistet haben. So heißt die berühmteste Straße der Schweiz schlicht Bahnhofstrasse. Die zentralen Plätze in Zürich tragen die Namen Bellevue, Paradeplatz und Central.

Das Misstrauen der Schweizer gegen eine Benennung nach Personen, die Großes geleistet haben, beschränkt sich nicht auf die Benennung von Straßen und Plätzen. In Aarau hat Albert Einstein, von vielen als der intelligenteste Mann der Welt betrachtet, 1896 sein Abitur gemacht. Eine diskrete Büste aus Eisen, vielleicht 30 Zentimeter hoch, erinnert daran. Aber die Schule heißt nicht etwa Einstein-Gymnasium, wie das in Deutschland der Fall wäre, sondern ganz einfach Kantonsschule Aargau.

Ein einziger Politiker hat in der Schweiz in den neunziger Jahren des letzten Jahrhunderts den Nimbus eines Helden erlangt: Christoph Blocher, der Präsident der rechtsbürgerlichen Schweizerischen Volkspartei (SVP). Um ihn entwickelte sich so etwas wie ein Personenkult. Es gilt als Phänomen, dass eine Partei, die derart von einem Einzelnen geprägt ist, so bedeutend geworden ist. Die SVP entwickelte sich unter Blocher zur größten Partei der Schweiz. Ihre politische Leitlinie beschränkt sich darauf, kriminelle Ausländer aus dem Land jagen zu wollen und vor einem Beitritt der Schweiz zur Europäischen Union zu warnen.

Blocher erreichte, dass die Schweizer den Beitritt des Landes zum Europäischen Wirtschaftsraum 1992 mit knapper Mehrheit verwarfen. Als Industrieller und Milliardär verfügte er über genug Geld, um seinen Abstimmungskampf gegen Brüssel zu finanzieren. Er wurde nicht müde, vor »fremden Vögten« aus Brüssel zu warnen, die die direkte Demokratie in der Schweiz zu Fall bringen würden. Seine Bewunderer, rund ein Viertel der Bevölkerung, sehen in ihm seitdem einen Helden, der die konservativen Werte der Schweiz verteidigt.

Ein Mann, eine Partei. Ungewöhnlich für die Schweiz. Blocher hat das Land damit polarisiert – ein Novum im Alpenstaat, der sich seit Jahrhunderten den politischen Kompromiss auf die Fahne schreibt. Kein Wunder, wird Blocher von seinen Landsleuten auch im politischen Witz eine gewisse Selbstherrlichkeit zur Last gelegt:

Der rote Verkehrsminister Moritz Leuenberger, die sozialdemokratische Außenministerin Micheline Calmy-Rey und Blocher kommen in den Himmel. Gott fragt jeden: »Woran glaubst du?« »Ich glaube, dass Autos eine Erfindung des Teufels sind«, antwortet Leuenberger. »Das ist brav gesprochen«, sagt Gott, »setz dich zu meiner Linken.« Dann wendet sich Gott an Calmy-Rey: »Und du, Micheline, woran glaubst du?« »Ich glaube an den Menschenrechtsdialog mit Osama bin Laden und an die guten diplomatischen Dienste der Schweiz.« Gott denkt kurz nach und sagt dann: »Das zeugt von deinem guten Herzen, komm, setze dich zu meiner Rechten.« Schließlich wendet sich Gott an Blocher: »Und du, Christoph, woran glaubst du?« Christoph: »Ehrlich gesagt: Ich glaube, du sitzt auf meinem Platz.«[1]

In westlich-demokratischen Staaten hat Personenkult keine politische Machtfunktion und dennoch einen festen Platz in den Medien. Als Markenzeichen oder als Attraktion – Magazine und Fernsehanstalten zeigen Obama, wenn es um einen Bericht aus Amerika geht. Auch dann, wenn der amerikanische Präsident möglicherweise nur nebensächlich für die Story ist. Ein Staatsführer, schwitzend oder mit Sorgenfalten, sagt viel mehr über sein Land aus als eine abstrakte Beschreibung.

Personenkult hat in modernen, aufgeklärten Ländern niemals dieselbe Bedeutung wie in Diktaturen. Die Kreation von Helden passt nicht wirklich in eine aufgeklärte Gesellschaft. Sie finden zwar Anhänger, doch von einer großen Zahl der Medienkonsumenten wird das belächelt. Niemand erfährt Nachteile, wenn er die Bewunderung nicht teilt.

Der meistakzeptierte Personenkult in demokratischen Gesellschaften ist jener, welcher unter Katholiken verbreitet ist. Vor allem der deutsche Papst hat sich bei jeder Gelegenheit feiern lassen. Die Bilder, die Fernsehen und Presse von ihm zeigten, waren üppig und respekteinflößend. Benedikt XVI. war ein Ästhet. Er trug Moiré-Seide, Damast und Hermelin. Bischöfe und Priester holten ihre angestaubten Messgewänder aus der Sakristei und frönten ihrer Leidenschaft für Brokat, Brüsseler Spitzen, Quasten und Schleppen.

Kirchenkritiker Hans Küng befand in einem Zeitungsinterview, selbst Frankreichs Sonnenkönig Ludwig XIV. sei nicht so selbstherrlich gewesen wie das absolutistisch regierende Oberhaupt der katholischen Kirche: »Es herrscht heute wieder ein Personenkult sondergleichen, der im Widerspruch steht zu all dem, was im Neuen Testament zu lesen ist. Insofern darf man das auch in aller Deutlichkeit sagen. Benedikt hat sich sogar wieder eine Tiara, eine Papstkrone, schenken lassen, das mittelalterliche Symbol der absoluten päpstlichen Macht, das sein Vorgänger feierlich abgelegt hatte. Ich finde das ungeheuerlich.«[2]

In Sachen Personenkult trat Benedikt in die riesigen Fußstapfen seines Vorgängers Johannes Paul II. Bei dessen Begräbnisfeier am 8. April 2005 sei ein »Wohlgeruch der Heiligkeit« zu spüren gewesen, so der deutsche Papst.[3] Schon 2011 wurde der polnische Papst seliggesprochen, bald soll er heiliggesprochen werden. Mit Jubel, Applaus und Tränen verfolgten die Gläubigen, wie in Warschau das größte Papstporträt der Welt ausgebreitet wurde – bestehend aus mehr als hunderttausend Privatfotos seiner Anhänger. Das Mosaik hatte die Ausmaße eines halben Fußballfeldes.

Zur gleichen Zeit wurde im Vatikan am Petersdom ein Bildteppich mit dem Antlitz des Papstes entrollt. Die frühere Haushälterin des polnischen Papstes, Schwester Marie-Simon Pierre, die angeblich auf Fürbitte des verstorbenen Johannes Paul II. von ihrer Parkinson-Krankheit geheilt wurde, schritt mit einem Reliquienschrein zum Altar. Er enthielt eine Ampulle mit Blut, das dem todkranken Papst entnommen worden war.

Der Nachfolger Benedikts, Papst Franziskus, hat mit dem Prunk seiner Vorgänger schnell gebrochen. Dennoch: Es gibt keine Regel im Vatikan, die das Ausmaß von Pomp und Personenkult definiert. Gut möglich, dass der nächste Papst wieder wie ein Popstar von den Massen gefeiert wird.

Das Informationszeitalter mit seiner unüberschaubaren Vielfalt an Meinungen, Wissen und Wahrheiten generiert eine hohe Komplexität politischer und gesellschaftlicher Themen. Sobald diese Themen mit einer konkreten Person verbunden sind, lassen sie sich einfacher vermitteln. Doch in demokratisch verfassten Staaten sind der Selbstdarstellung vom Partei- und Staatsführern Grenzen gesetzt, weil es meist eine kritische Gegenöffentlichkeit gibt. Trotzdem kann auch da Personenkult entstehen.

Zum Beispiel im Wahlkampf: Da konstruieren Journalisten einen Showdown zweier Politiker, die gegeneinander antreten. Jedem der beiden Gegner werden Attribute zugeschrieben, die sich widersprechen sollen. So galt im deutschen Wahlkampf 2005 Gerhard Schröder als Macher, als Choleriker, als Lebemann im Brioni-Anzug. Seine Herausforderin Angela Merkel wurde als das Gegenteil dargestellt: eine zögerliche Frau, überaus besonnen und überlegt, bescheiden im Auftreten.

Diese Stilisierung zu Helden und Anti-Helden setzt voraus, dass Grautöne weggelassen werden. Menschen, auch Politiker, haben

*Senator Barack Obama umgeben von Unterstützern während des Vorwahlkampfs um das Präsidentenamt, Hartford, Connecticut, 4. Februar 2008.*

mehrere charakterliche Eigenschaften, die einander widersprechen. Für solche Feinheiten hat der Journalismus in der Regel keinen Platz, höchstens im Feuilleton. Massenmedien, vor allem Radio und Fernsehen, brauchen klare Charaktereigenschaften von Politikern. Dennoch: Merkel, als blass beschrieben, wurde 2005 zur Kanzlerin gewählt. Der mediengewandte Schröder musste als Kanzler abtreten.

Das heißt, auch Anti-Helden können Wahlen gewinnen. Doch im Zeitalter von Globalisierung, Terrorismus, Finanzkrisen und Kapitalismuskritik wächst die Sehnsucht nach Führerfiguren. Die Bürger werden überflutet mit Informationen zu komplexen politischen und gesellschaftlichen Themen. Über eine konkrete Person lassen sich diese Themen einfacher vermitteln. Journalisten kommt dadurch heute eine Macht zu, die kaum noch demokratisch legitimiert erscheint. Moderne Medien können tagschnell einen politischen Helden schaffen, einen Hype um ihn entwickeln und den soeben noch auf allen Titelseiten, in allen Online-Diensten und in allen Fernsehnachrichten gefeierten Politiker genauso schnell wieder in den Abgrund der Bedeutungslosigkeit fallen lassen.

Der Aufstieg des amerikanischen Präsidenten Barack Obama war kometenhaft. Obama wurde zum Helden der modernen westlichen Welt. Sein »Yes, we can« wurde zum Wahlspruch einer jungen, aufstrebenden Generation – nicht nur in den USA. Gebannt schaute die ganze Welt auf einen dynamischen, sportlichen Präsidenten mit dunkler Hautfarbe, der einen Aufbruch versprach zu mehr Gerechtigkeit und Bürgernähe. Der Friedensnobelpreis wurde ihm verliehen, kaum dass er im Amt war und kaum dass er etwas geleistet hatte. Wie jeder Staatsmann versuchte er, bei Kindern und Jugendlichen zu punkten. In einer amerikanischen Schule lernten die Kinder ein Loblied auf Obama auswendig:

*Hallo, Mister President, wir ehren dich heute!*
*Für all deine großartigen Errungenschaften sagen wir alle »hurra«*
*Hurra, Mister President, du bist die Nummer eins!*
*Der erste schwarze Amerikaner, der diese großartige Nation führt.*
*Hurra, Mister President, wir ehren deine großen Pläne*
*Um die Wirtschaft dieses Landes wieder zur Nummer eins*
*zu machen.*
*Deshalb, mach weiter, Mister President, wir wissen,*
*du wirst es schaffen.*
*Deshalb hier ein herzliches Hurra!*[4]

Solche eingeübte Begeisterung stößt schnell auf Kritik. Im September 2009 begab sich Obama in eine Schule in Arlington, einer kleinen ländlichen Gemeinde im Bundesstaat Virginia, um zum Beginn des Schuljahrs die Schüler zu mehr Selbstverantwortung und Disziplin aufzurufen. Sein Auftritt sollte in alle Klassenzimmer des Landes übertragen zu werden. Als diese Absicht bekannt wurde, regte sich heftiger Widerstand. Ein republikanischer Abgeordneter verglich das mit dem in Nordkorea üblichen Personenkult. Eltern empörten sich, Obama wolle die Kinder »mit seinem Sozialismus« indoktrinieren.[5] Auch wenn sich die Wogen rasch glätteten, nachdem das Weiße Haus den Redetext vorab publizierte, und die politischen Gegner Obamas in ihrer Bewertung bewusst überreagierten, zeigt das Beispiel doch, wie schnell allzu große Begeisterung oder massenhafte Zuneigung für einen Politiker in Demokratien mit Misstrauen quittiert wird und dem Objekt der Huldigung gefährlich werden kann.

Der russische Präsident Wladimir Putin beim Fischen (2007).

Das Beispiel Obama zeigt auch, wie schnell der Kult um Politiker in westlichen Demokratien verblassen kann. Viele seiner Fans hat der amerikanische Präsident enttäuscht.

Der russische Präsident Putin hat es da unter den bestehenden politischen Verhältnissen in seinem Land leichter. Auch, weil viele Russen in unsicheren Zeiten gern einen starken Mann an der Spitze sehen. Putin versucht das einzulösen: Er gibt sich entschlossen, streng, mutig, willensstark mit klarem, kühlem Blick. Eine respekteinflößende Vaterfigur, ein Autokrat.

Vor Fotografen posiert Putin als Angler mit nacktem Oberkörper, er reitet auf einem Pferd durch die Steppe, natürlich ebenfalls oben ohne. 2008 besichtigte Putin – im Tarnanzug und mit Wüstenstiefeln – ein Schutzprogramm für sibirische Tiger in einem Naturreservat Sibiriens. Beim Marsch durch die Taiga kam es zu einem Zwischenfall mit einem Kamerateam. Putin und die Wildhüter näherten sich einer Falle, worin ein sibirischer Tiger gefangen war. Doch genau in dem Moment gelang es dem Tier zu entkommen. Es rannte direkt auf das Kamerateam zu.

»Reaktionsschnell und beherzt«, wie es später in der Presse hieß, nahm Putin mit einem Betäubungsgewehr den Tiger ins Visier und traf. Nach der wohl inszenierten Aktion hat Putin das schlafende Tigerweibchen vermessen, geküsst und ihr »Auf Wiedersehen« zugeflüstert.[6]

Ziemlich durchschaubar, was da passiert ist. Es ist sogar anzunehmen, dass der Tiger nicht ausgebrochen ist, sondern von Gehilfen Putin direkt vor die Flinte getrieben wurde. Egal, viele Russen hinterfragen solche Inszenierungen nicht. Nur vereinzelt regt sich Widerstand. Einige Bürgerrechtler, die im Westen viel Publizität erlangen, stören sich am Personenkult um Wladimir Putin. Doch der mächtige, selbstgefällige Präsident lässt Andersdenkenden wenig Platz. Politische Gegner macht er mundtot oder lässt sie einsperren.

Tatsache ist: Putin ist mit Abstand der beliebteste Politiker in Russland. Seine hemdsärmlige Art macht ihn zum geistigen Verbündeten mit dem einfachen Mann auf der Straße. Putin bringt immer wieder die Mehrheit der vaterländischen Lacher auf seine Seite, indem er das westliche Ausland schmäht. Sein Humor ist scharfkantig, zynisch und einschüchternd wie die angewandte Psychologie, die er beim KGB gelernt hat. Viele Russen, auch Intellektuelle, leiden unter einem Minderwertigkeitskomplex gegenüber dem Westen. Und sie besitzen eine Schwäche für politische oder moralische Unkorrektheiten.

Den meisten Russen gelten westliche Staatschefs als schwache Figuren. Sie würden ungern Putin gegen Merkel oder Hollande tauschen. Am meisten Bewunderung hegen sie ausgerechnet für denjenigen westlichen Politiker, der in seinem eigenen Land am umstrittensten ist – Silvio Berlusconi. »Berlusconi war nicht von ungefähr bei den meisten Russen der beliebteste unter allen ausländischen Politikern«, sagt der Chefreporter des staatlichen russischen Fernsehens. »Für viele meiner Freunde war sein Rücktritt 2011 eine persönliche Tragödie.«[7]

Seit Benito Mussolini war in Italien erstmals wieder ein Premierminister gewählt worden, der seine Macht nicht den traditionellen Parteien, sondern dem Kult um den Gründer einer populistischen Bewegung verdankte. Das Gesellschaftsmodell, das Berlusconi den Italienern 20 Jahre lang eintrichterte, hieß: Es spielt keine Rolle, was du tust und was du leistest. Wichtig ist nur, bekannt zu werden. Und bekannt wirst du, wenn du im Fernsehen vorkommst. Der Personenkult, der ihn bis heute umgibt, hat einen eigenen Begriff bekommen: »Berlusconismus«.[8]

Berlusconis Eintritt in die Politik war perfekt inszeniert. Es war der 26. Januar 1994, als der Mailänder Medienunternehmer und Besitzer des Fußballklubs AC Milan sein »Betreten des Spielfelds« bekannt gab. Gemeint war die Arena der Politik. Berlusconi setzte sich für sein politisches Debüt vor eine Fernsehkamera, über die er einen Seidenstrumpf hatte stülpen lassen. Sein faltiges Gesicht wirkte dadurch wie glatt gezogen.

Der Drang, jung auszusehen, lässt dem mittlerweile über 75-Jährigen keine Ruhe. Zehn Jahre nach seinem Politikdebüt zog er

*Der ehemalige italienische Ministerpräsident Silvio Berlusconi auf einer Kundgebung in Rom zu seiner Unterstützung (4. August 2013).*

sich für einen Monat aus der Öffentlichkeit zurück. Als er wieder auftauchte, schien er einem Jungbrunnen entstiegen: Frisch geliftet, abgespeckt, unentwegt lächelnd. Sein plastisches Re-Styling animierte die Presse zu langen Analysen. Berlusconi verstand es, sein politisches Programm wie ein Messias zu verkünden. Sein Aussehen war dabei ebenso wichtig wie seine Parolen.

Dabei ist die Bilanz des alternden Pfaus alles andere als brillant. Nach seinem Amtsantritt war die viertgrößte Wirtschaft in der Europäischen Union kaum noch gewachsen. Das Pro-Kopf-Einkommen der Italiener hat abgenommen. Unerfüllt blieben auch Berlusconis Wahlversprechen, die hohen Steuern zu reduzieren und die Infrastruktur instand zu setzen.

Dass Berlusconi politisch bis heute nicht tot ist, liegt daran, dass er ganz unterschiedliche Wähler hat – die großen Unternehmer, die sich eine Liberalisierung der Wirtschaft versprechen, und die kleinen Leute, die sich vor Einwanderern fürchten und den Polit-Gockel, der sich gern mit jungen Schönheiten umgibt, unumwunden bewundern.

Berlusconi will mit der Politik vor allem seine eigene Haut retten. Er braucht seine Partei »Volk der Freiheit« vor allem als Schutz vor der Staatsanwaltschaft. Jede neue Anklage, vor allem wegen sexuellen Missbrauchs von Frauen, stellt er als Angriff linker Justizbüttel dar. In seiner Amtszeit hat er mehr als 20 Gesetze verabschieden lassen, um sich vor dem Zugriff der Richter zu schützen. Kopfschüttelnd beobachtete das restliche Europa, wie maßlos Berlusconi sich seinen eigenen Staat zurechtgezimmerte. Was Berlusconi sich erdreistete, wäre in den Nachbarländern Italiens wohl kaum vorstellbar.

Auch im 21. Jahrhundert suchen die Menschen nach Vorbildern, nach Helden der Gegenwart. Helden müssen nicht immer positiv sein, sie können auch dreist oder rücksichtslos sein wie Berlusconi. Medien fördern diesen Personenkult – solange sie ein Interesse daran haben und solange die hoch gelobte Person Erfolge vorweisen kann. Aber Ruhm und Ehre können platzen wie eine Seifenblase. Karl Theodor zu Guttenberg erfuhr das am eigenen Leib. Der gut aussehende und redegewandte Verteidigungsminister in der Regierung Merkel musste Hals über Kopf seinen Hut nehmen, weil bekannt wurde, dass er in seiner Dissertation gemogelt hat. An seinem Abgang, so schimpfte zu Guttenberg, seien die Medien schuld gewesen. Was der CSU-Politiker vergaß zu erwähnen: Seinen Aufstieg hatte er ebendiesen Medien zu verdanken gehabt.

## Anmerkungen

1 »Fehlt der Schweizer Politik der Witz?«, in: Tages-Anzeiger vom 03.12.2008, S. 54.
2 »Putinisierung der Kirche«, Interview mit Hans Küng, in: Der Spiegel 38/2011, S. 70.
3 »Polen feiern ihren seligen Papst mit Pomp, aber ohne Euphorie«, in: Der Bund vom 02.05.2011, S. 5.
4 https://www.youtube.com/watch?v=FO3NBqT3LBc&list=PL122SL2QSiL4KNO MrjmR0uMCEZ3ig6CDk (Zugriff 09.09.2013).
5 Obama rüstet sich für seine politischen Kämpfe, in: Neue Zürcher Zeitung vom 09.09.2009, online abrufbar unter: http://www.nzz.ch/aktuell/startseite/ obama-ruestet-sich-fuer-politische-kaempfe-1.3522265 (Zugriff 04.09.2013).
6 Vgl. http://www.rp-online.de/politik/ausland/putin-bezwingt-den-sibirischen-tiger-1.2113545 (Zugriff 06.09.2013).
7 »Putin ist ironisch und humorvoll«, Interview von Peter Holenstein mit Andrei Kondraschow, Chefreporter des staatlichen russischen Fernsehens RTR, in: Die Weltwoche 1/2012.
8 »Berlusconi war der härteste Gegner seit Mussolini«, Interview von Luciano Ferrari und Birgit Schönau mit Enrico Letta, in: Der Bund vom 19.02.2013, S. 2.

# Die toten Augen sehen alles –
# Führer-Monumente im Sozialismus

*Michael Schindhelm*

Der politische Totalitarismus des 20. Jahrhunderts hat sein Repertoire nicht selten der Selbstinszenierung der Techniken und Ideen der künstlerischen und intellektuellen Avantgarde der Moderne zu verdanken. So wurde die Kultur des italienischen Faschismus maßgeblich durch den Futurismus geprägt, während die revolutionäre Phase Sowjetrusslands (und der kommunistischen Internationale) stark vom Konstruktivismus beeinflusst worden ist.

Vor allem die Diktatoren des ersten Drittels dieses Jahrhunderts in Europa sonnten sich gerne in der Aureole des ästhetischen Genies und bedienten sich der Künste, um sowohl sich selbst zu einem überzeitlichen Herrscher zu erheben als auch die Massen als Komparsen dieser Herrschaft zu inszenieren. Der sich verkannt fühlende Kunstmaler Adolf Hitler zum Beispiel hat es in der Manipulation der Künste und ihrer Protagonisten weit gebracht. Josef Stalin mag ihn noch übertroffen haben, er verkörpert vermutlich den Diktator als Künstler in seiner virtuosesten Form.

Im Grunde ist bildnerische Kunst, die in einer Diktatur wirkt und einen Diktator zum Gegenstand hat, immer dessen Selbstdarstellung. Das Denkmal eines Herrschers wird kaum ohne dessen Kenntnis entworfen. Insofern muss davon ausgegangen werden, dass die Darstellung stets unter seinem unmittelbaren Einfluss entsteht. Der Künstler ist insofern tatsächlich nichts anderes als ein mehr oder minder williges Werkzeug. Wir erinnern uns nur selten an seinen Namen. Was zählt, ist die Rolle des Diktators selbst. Er ist nicht einfach das Objekt, er ist auch der Darsteller.

Dies mag der moderne Diktator mit anderen Gewaltherrschern gemein haben. Doch Palastkunst (wie sie die Vergangenheit bis zum Aufkommen der Moderne kennt) und öffentliche Kunst unterscheiden sich grundsätzlich. Vor allem durch ihr Publikum. Wurde jene ausschließlich einer ausgesuchten Elite zur Schau gestellt, muss sich diese gegenüber der gesamten Gesellschaft behaupten.

Der öffentliche Raum, wie eingeschränkt auch immer sein öffentlicher Charakter in einem bestimmten politischen System sein mag, er ist der Ort, an dem die Gesellschaft sich selbst begegnet. Kunst im öffentlichen Raum gibt es, seit es den öffentlichen Raum gibt. Doch haben nicht alle Zeiten und politischen Systeme das gleiche Interesse an ihr gehabt oder ähnliche Absichten mit ihr verfolgt.

Im Altertum diente die Kunst im öffentlichen Raum der Verherrlichung von Göttern, Feldherren und Herrschern. Noch dem italienischen Faschismus und dem deutschen Nationalsozialismus lieferte sie Referenzen. Hingegen sind in Venedig die Dogen und in Rom die Päpste eher auf Gemälden verewigt worden, obwohl zur selben Zeit Bildhauer wie Michelangelo und Donatello für die Renaissancestädte Italiens viele der bedeutendsten Kunstwerke geschaffen haben.

Oft hatten in der Öffentlichkeit ausgestellte Kunstwerke eher mythologischen, selten politischen Bezug. Machthaber der Renaissance wollten sich offenbar nicht ungeschützt der öffentlichen Meinung ausgesetzt sehen.

Griechische und römische Porträtkunst haben zwar bereits seit dem 18. Jahrhundert in feudale und bürgerliche Haushalte Einzug gehalten, zunächst jedoch ohne unmittelbare Vorbildwirkung auf die Repräsentation von Macht. Man sammelte die Kunst als Kunst, als historische Rarität, und so blieb die Sichtbarkeit dieser Kunst in der Regel auf die Privatsphäre ihrer Eigentümer beschränkt.

Auch im aufkommenden Kapitalismus hielt sich die Begeisterung für politische Monumentalisierung in Grenzen. Bei der Neuordnung von Paris in der zweiten Hälfte des 19. Jahrhunderts wurden keine Denkmäler für den damals manchmal abgöttisch verehrten Napoleon vorgesehen, obwohl riesige öffentliche Schneisen in den Stadtkörper von Paris geschlagen wurden. London verewigte zwar Lord Nelson am Trafalgar, doch verzichtete man auf Denkmäler für Victoria, Elizabeth oder andere gekrönte Häupter. Den notorischen Lincoln-Büsten zum Trotz bedienen auch Straßen und Plätze amerikanischer Städte selten eine personifizierte Erinnerungskultur.

In der modernen Stadt kam es nicht automatisch zur epidemischen Manifestation von politischer Macht durch öffentliche Selbstporträts dieser Macht. Erst die Kombination aus dem Projekt der künstlerischen Moderne und politischer Diktatur bot einen fruchtbaren Boden für die massenhafte Verbreitung von Monumenten lebender Herrscher oder solcher, für die nach ihrem Tod ein symbolisches Leben im öffentlichen Raum vorgesehen war.

Laut Theodor W. Adorno ist Kitsch ein unauflösliches Amalgam zwischen dem Schönen und dem Hässlichen. Aus dieser Perspektive ließe sich das gigantische Depot von Monumenten, das die Diktatoren des 20. Jahrhunderts hinterlassen haben und das ihre Nachfahren heute weiter auffüllen, als ein Museum des Polit-Kitsches betrachten. In Moskau hat man übrigens tatsächlich ein solches Depot eingerichtet und ausrangierte Denkmäler von Lenin, Stalin und anderen in einem Park aufgestellt.

Der öffentliche Raum einer politischen Diktatur und ein Museum ähneln sich. An beiden Orten gelten die Gesetze der Selektion von Signifikanz und der Kontrolle über den Diskurs. Eine Autorität – hier die politische Macht, dort die kuratorische – entscheidet darüber, was gezeigt wird und was nicht. Und vor allem wie gezeigt wird, was gezeigt wird. Jedoch sind sowohl das Museum als auch der öffentliche Raum seit dem Beginn der Moderne einer radikalen Umwälzung unterzogen worden, und in diesem Prozess haben sie sich gegenseitig stark durchdrungen.

Der Maler und Objektkünstler Marcel Duchamp postulierte vor hundert Jahren, dass sich im Grunde jeder Gegenstand als Objekt der Kunst eignet. Nicht nur ist Kunst eine Ware, sondern Waren können auch Kunst sein. Mit Duchamp hat seitdem eine massive Inbesitznahme der öffentlichen Domäne durch die Kunst stattgefunden, auch durch an sich kunstfremde Gegenstände, die zur Kunst stilisiert worden sind. Die Mauern des Museums wurden niedergerissen. Parks und Boulevards, Hotelrezeptionen, Fabrikhallen und Bankenfoyers sind zu potenziellen Ausstellungsräumen geworden.

Eine ähnliche Karriere erlebte die plastische Präsenz des Diktators in allen erdenklichen pseudo-öffentlichen Räumen seines Herrschaftsgebietes: Stalin, Lenin, Mao und ihresgleichen grüßten aus Bahnhofshallen und von den Straßen und Plätzen nahezu aller Städte innerhalb ihres Machtbereichs. Man könnte sagen, dass sich die Inflation des Führerkultus in den kommunistischen Städten und Ländern von Ost-Berlin bis Pjöngjang, von Rumänien bis

*Lenin-Denkmal in Chodschand (ehemals Leninabad, Tadschikistan).*

Kuba zur gleichen Zeit vollzogen hat, in der die Städte der westlichen Demokratien die öffentliche Kunst für sich entdeckten. Der Siegeszug der öffentlichen Kunst ist mit ihrem Potenzial begründet worden, den kommerziellen Wert der Stadt zu heben. Doch woher das spezielle Interesse von Diktaturen an einer Inbesitznahme öffentlicher Räume durch Skulpturen und Monumente?

Kunstwerke des öffentlichen Raumes lassen sich allgemein als Installationen betrachten. Handelt es sich um eine Herrscherfigur, dann artikuliert sie unmittelbar einen politischen, in der Regel repressiven Willen. Eine scheinbar triviale Wirkungsmechanik kommt in Gang. Die toten Augen Maos sehen alles, der ausgestreckte Bronzearm Lenins greift unwillkürlich nach uns. Der Herrscher ist über und mit uns. Seine Anwesenheit lenkt die soziale Kommunikation automatisch auf ihn hin und sorgt dafür, dass eine Verständigung innerhalb der Gesellschaft im öffentlichen Raum ohne ihn gar nicht möglich ist. Der öffentliche Raum wird durch die nachgebildete Anwesenheit des Herrschers zu einer Kontrollzone, in der sowohl das Verhältnis des Einzelnen als auch der Masse zum Führer ausgehandelt wird. Nicht immer sind sich der Einzelne und die Masse dieser Polarisierung bewusst. Der tägliche Drill in dieser Kommunikation führt zu einer Geläufigkeit. Das mildert den Eindruck der Obsession, die ihr in Wahrheit innewohnt.

Der atheistische Totalitarismus mit seiner naturgemäßen Ablehnung der traditionellen sakralen Orte hat mit dem Führerkultus eine neue pseudoreligiöse Öffentlichkeit herzustellen versucht. Nicht selten ist traditionelle Heiligen- und Heldenverehrung unmittelbar durch die Verehrung des Führers abgelöst worden.

Die Sowjetunion hat es aus naheliegenden Gründen zu einer beispiellosen Blüte der Führerikonografie gebracht. Immerhin hatten Lenin oder Stalin eine Mission zu erfüllen, die sich in mehreren Generationen und auf der gesamten Welt erfüllen sollte. Eine solche Mission verlangte nach einer dauerhaften, überzeitlichen Präsenz ihrer Träger. Obwohl sich die Aura des Weltrevolutionärs auch durch die aufkommenden Medien von Fotografie und Film übertragen ließ, schienen Denkmäler besonders attraktiv zu sein. Es mag dafür mehrere Gründe geben, die unter anderem auch mit der traditionellen Kultur eines Landes, in diesem Falle Russlands, zusammenhängen. Wichtig scheint ein technischer Aspekt zu sein. Das Denkmal bedarf im Gegensatz zu seinen modernen Konkurrenten keiner weiteren Übersetzung, keiner Apparatur zum Senden oder Empfangen von Botschaften. Die Botschaft ist der Körper selbst. Hinzu kommt, dass technisch gestützte Medien einen individuellen Konsum befördern, der nicht unbedingt im Sinne der herrschenden Ideologie war. Allen Wochenschauen zum Trotz trug das Radio (und später erst recht das Fernsehen) auch in kommunistischen Staaten zu einer massiven Privatisierung und Verbürgerlichung der öffentlichen Meinung bei. Das Denkmal hingegen bezog im Rampenlicht der Gesellschaft Posten.

*Stalin-Denkmal auf der Stalinallee (heute: Karl-Marx-Allee), 6. März 1953. Ehrenwache und Blumen zum Gedenken an den gerade Verstorbenen.*

Etwa zeitgleich mit Duchamp entwickelte der russische Konstruktivismus ein neues ästhetisches Konzept. Auch sowjetische Künstler wie der Dichter Wladimir Majakowski oder der Maler und Architekt El Lissitzky erstrebten eine Umwertung von Werten, durch welche die Ausdrucksformen und Produkte des Alltäglichen in den Kunstkontext rückten. Dem elitären Kulturbegriff der Tradition wurde der revolutionäre Begriff der Massenkultur entgegengestellt. Als der Konstruktivismus unter Stalin in den frühen dreißiger Jahren schließlich abgelehnt und gleichgeschaltet wurde, hatte sich die Umwertung bereits so weit vollzogen, dass sich auch der nachfolgende sozialistische Realismus der Kommunikationstechniken der Massenkultur bediente. Insbesondere machten sich die sowjetische und später die kommunistische Propaganda in den sogenannten Volksdemokratien jene Medialität zu eigen, welche der Massenkunst innewohnt. Ihr liegt die Erkenntnis zugrunde, dass sich Kunstwerke vervielfältigen und verbreiten lassen, ohne dass sie an Wert verlieren.

Das von Walter Benjamin beschriebene Phänomen, dass sich im Augenblick, da Kunstwerke technisch reproduzierbar werden, Original und Kunstwerk nicht mehr unterscheiden lassen, ließe sich auch auf die öffentliche Monumentalisierung von politischen Führern anwenden. Die immense Fülle an Bildreproduktionen, die Lenin, Stalin, Ceaușescu oder Kim Il Sung erfahren haben, legt den Schluss nahe, dass das Original von der Flut der Kopien allmählich aufgesogen worden ist. Der Führer war überall und nirgends. Das löste in Millionen von Gehirnen die Produktion von Psychokopien des Führers aus. Es gibt Zeitdokumente, wo Menschen Träume und Visionen beschreiben, in denen ihnen der Diktator erscheint.

Die physische Reproduktion des Führers im öffentlichen Raum verleiht ihm eine Wirklichkeit, die sich durch entmaterialisierte Medien nicht herstellen lässt. Dabei geht es nicht unbedingt um körperliche Authentizität. Im Gegenteil, die Kopie des Führers muss den ideologischen Körper herstellen, nicht den biologischen. Insofern spielen Proportionen, Haltungen, Gesten, Materialien und natürlich Standorte der Denkmäler eine entscheidende Rolle für die jeweilige Botschaft, die sich mit dem Monument verbindet. Dank seiner physischen Anwesenheit auf den Straßen und Plätzen erhält das Bild des Machthabers eine Nachdrücklichkeit, der sich niemand – bewusst oder unbewusst – entziehen kann.

Die Praxis der Implantierung von Führer-Reproduktionen in die überwachte Mitte der totalitären Gesellschaft ist unter den Diktatoren-Generationen bis in die Gegenwart weitergegeben worden.

Zweifelsohne hat der technologische Fortschritt im Verlaufe des 20. Jahrhunderts neue, suggestive Medien hervorgebracht, die in subtileren Formen öffentliche Materialität herstellen. Beispiele wie Michael Jackson oder der Hacker Aaron Swartz zeigen, dass das Phänomen des Kults um Personen sich keinesfalls auf die politische Diktatur beschränkt, sondern auch Bestandteil popkultureller Kommerzprozeduren geworden ist.

Dennoch ist zu vermuten, dass dem Diktator der ersten Jahrzehnte des 20. Jahrhunderts die Rolle eines unfreiwilligen Avantgardisten zufiel. Josef Stalin und mit ihm viele seiner Nachahmer haben sich den öffentlichen Raum zu einer Art Führer-Kunsthalle umfunktioniert, in dem sie mit ihrer eigenen Medialität, deren Reproduktivität und damit Überlebensfähigkeit experimentiert haben. Die totalitäre Gesellschaft war und ist ein pervertiertes Labor der Moderne, wo die Umwertung sozialer wie kultureller Werte dem Ziel dient, den Führer unsterblich zu machen.

Michel Foucault hat in einer späten Auslassung zu seiner Arbeit »Sexualität und Wahrheit« den Begriff der Technologie des Selbst eingeführt. Darunter sind »gewusste und gewollte Praktiken zu verstehen, mit denen die Menschen [...] sich selber zu transformieren [...] und aus ihrem Leben ein Werk zu machen suchen, das gewisse ästhetische Werte trägt [...]«[1]. In diesem Sinne lässt sich der klassische Diktator des 20. Jahrhunderts, dessen nicht minder grotesken Nachgeburten wir heute in Nordkorea oder Turkmenistan begegnen, als radikaler Avantgardist begreifen, der keine noch so finstere Methode scheut, um aus seinem Leben ein Werk zu machen, das ästhetische Züge trägt.

### Anmerkungen

1 Foucault, Michel: Der Gebrauch der Lüste. Sexualität und Wahrheit 2, Frankfurt a. M., S. 18.

# Göring als Harlekin und der Kaiser in Porzellan – Kunst und Personenkult in Deutschland

*Ingeborg Becker und Stefan von Finckenstein*

Dem heutigen Selbstverständnis ausgewogener westlicher Demokratien liegt offener politischer Personenkult eher fern. Diese Art übermäßiger Verehrung und Glorifizierung einer Leitfigur erfordert höchste Idealisierung und ist gekennzeichnet durch die Überbewertung der Person in Aktualität und Geschichte. Solchen Führerpersönlichkeiten werden zahlreiche positive Charismen zugeschrieben, die oft auch eine Anhäufung von unkontrollierbarer Macht rechtfertigen sollen. Widerstreitende Parteiinteressen, das Grundrecht auf freie Meinungsäußerung und die Pressefreiheit sind wichtige Merkmale demokratischer Strukturen und schränken die für ungezügelten Personenkult erforderliche Fokussierung deutlich ein. Wenn sich in heutigen Demokratien Ansätze hoher Formen der Glorifizierung einzelner Politiker entwickeln, sind Medien und Gegner früh zur Stelle, um auf tatsächliches, mögliches oder auch frei erfundenes Fehlverhalten hinzuweisen. So bleibt der politische Personenkult überwiegend ein Relikt der Vergangenheit und eignet sich allenfalls für noch tätige Diktatoren als demagogische Projektionsfläche.

Etwas anders verhält es sich bei den Repräsentanten konstitutioneller europäischer Monarchien. Der auf sie bezogene Personenkult ist von ihren Staatsvölkern gewollt und sogar hoch erwünscht, bietet er doch dem einzelnen Bürger Teilhabe an Glanz und Größe seines Monarchen, von dem er ein Höchstmaß moralischer Integrität erwartet. Diese demokratische Heroisierung lässt Fehltritte ihrer Protagonisten – so sie bekannt werden – zunächst besonders unverzeihlich erscheinen. Allerdings spiegelt sich das dann überwiegend in der nationalen und je nach Ausmaß der Verfehlung zuweilen auch in der internationalen Regenbogenpresse wider, ohne dass die Position des Monarchen ernsthaft infrage gestellt würde. Letztlich ist der Bürger einsichtsvoller Mensch genug, um auch seinen Idealbildern das Menschsein, ihre Neigung zu Fehlern nachzusehen oder – meist bei kleineren Misslichkeiten – diese als individuelle und liebenswerte Schrullen zu akzeptieren.

Politischer Personenkult als Personifizierung aller Wünsche und Hoffnungen ist nahezu überall auf der Welt und in allen Epochen zu finden. Die Glorifizierung einzelner Personen gehört – trotz Aufklärung und Bekenntnis zu den humanistischen Idealen der Gleichheit – zur Geschichte. Das 21. Jahrhundert mit seiner ungeahnten Informationsfreiheit relativiert jedoch bewusst und unabwendbar die Eigeninszenierungen der zu Sagen- und Mythenbildern verklärten Demagogen. Fakten und Dokumente lassen den falschen Glanz auch in den dunklen Winkeln von Diktat und Unfreiheit matter schimmern. Dies gilt nicht nur für lebende Akteure, sondern auch für tote Helden, die von autoritären Führern in demokratisch schwach entwickelten Ländern gern als wehrlose Komparsen eines idealisierenden Totenkults in der Rolle des Märtyrers, Befreiers oder angeblichen Friedenskämpfers benutzt werden.

Das 19. und das frühe 20. Jahrhundert in Deutschland waren eine Zeit des romantisierenden Denkmals, ja die Zeit des Denkmals überhaupt. Den in den dreißiger und vierziger Jahren zu diktaturtypischer Blüte getriebenen Abbildungseifer kannte auch das 19. Jahrhundert, allerdings in beschaulich-bürgerlichen Zügen. Hier war das Denkmal als Zeichen der Verehrung geliebter und bewunderter Leistungsträger von der Gesamtgesellschaft getragen und gefördert. Der radikale Wandel zum plakativen Medium offensiver Propaganda nahm erst mit der Machtergreifung der nationalsozialistischen Demagogen allenfalls im klassischen Altertum erlebte Formen an.

Herrschaftsgeschichte, Legitimation und Identifikation mit bestimmten vorbildhaften Gestalten aus der Ideengeschichte und Politik artikulierte sich in Standbildern, Plaketten, Reliefs und bürgerlichem Zierrat wie auch in Gemälden. Die Bilderflut des 19. Jahrhunderts wurde ein wichtiger Baustein zur Vermittlung von Geschichte; einem in dem aus Kleinstaaten gewachsenen Deutschland besonders empfundenen nationalen Bedürfnis nach gemeinsamer historischer Identität.

Am Beginn stand das Doppelstandbild der Schwestern Friederike und Luise von Mecklenburg-Strelitz, geschaffen von Johann Gottfried Schadow im Jahr 1797. Die Prinzessinnen-Gruppe wurde im

19. Jahrhundert ungemein populär. Das Marmorbildnis bereitete den Luisenkult der preußischen Königin vor und findet in ungezählten Repliken bis heute Verbreitung. Vor allem die Königliche Porzellanmanufaktur Berlin bediente mit dieser Bildnis-Gruppe das bürgerliche Bedürfnis nach Schmuck und Verehrung, zumal die Adoration der Preußenkönigin nach ihrem frühen Tod im Jahr 1810 noch zunahm. Das ursprünglich als Porträt geschaffene Kunstwerk wandelte sich zum Denkmal und spiegelt eine Auffassung wider, die mit dem fortschreitenden Jahrhundert einen ungeahnten Personenkult etablierte.

Schadows Denkmäler trugen zur weiteren Personen-Kultbildung des historienverliebten 19. Jahrhunderts bei. Die 1822 entstandene Bronzeskulptur Friedrichs II. mit seinen Hunden bahnte die Popularisierung des Preußenkönigs als »Alter Fritz« an. Das ebenfalls 1822 von Schadow geschaffene Standbildnis Martin Luthers in Wittenberg würdigt nicht nur den Reformator, sondern auch den Nationalhelden Luther, der sich gegen Rom gestellt hatte.

In den Jahrzehnten der Restauration und der Suche nach nationaler Identität standen historische Persönlichkeiten im Mittelpunkt, die durch ihr Werk und ihr Leben, durch ihre Taten den Stolz und die Verehrung der Deutschen forderten und förderten. Diese Bildnisse entsprachen der klassischen Definition eines Denkmals, nämlich bedeutsamer Personen mit Vorbildcharakter zu gedenken.

Geistesheroen wie Johann Wolfgang von Goethe und Friedrich Schiller erlebten seit Beginn der Restaurationsjahre eine weite Verbreitung im Bild. Die Dichterfürsten waren keine politischen Persönlichkeiten, bekräftigten aber den Anspruch, Deutschland als eine Nation der Dichter und Denker zu sehen. Der unpolitische Rückzug nach innen, Kennzeichen der Vormärzepoche und der gescheiterten Hoffnung nach der 1848er-Revolution, fand in diesen Darstellungen mit ihrem Identifikationscharakter für breite Bevölkerungsschichten einen adäquaten Ausdruck. Das beeindruckende Denkmal für Goethe und Schiller in Weimar von Ernst Rietschel aus den Jahren 1852/57 ist dafür ein prägnantes Beispiel. Aufgestellt wurde es aus Anlass des 100. Geburtstages von Herzog Carl August von Sachsen-Weimar-Eisenach, des Regenten der Goldenen Jahre Weimars, des Freundes, Förderers und Mäzens Goethes. Es gab einem gesamtnationalen Anliegen Ausdruck. Den Sockel aus badischem Granit hatte der Großherzog Friedrich von Baden gestiftet und auch König Ludwig I. von Bayern hatte das Projekt unterstützt. Die Aufschrift auf dem Sockel lautet: »Dem Dichterpaar – Goethe und Schiller – das Vaterland«.

Auch hier handelt es sich um ein Doppelbildnis, beide Persönlichkeiten werden in zeitgenössischer Kleidung nebeneinandergestellt und in gleicher Größe, was sie in natura nicht waren. Der gestufte Sockel ist einfach, die Plinthe schlicht, so dass die ungeteilte Aufmerksamkeit sich den Figuren zuwenden kann. Das Monument fand seinen Platz vor dem Hoftheater in Weimar, dem heutigen Deutschen Nationaltheater, und bekräftigte dort den Anspruch, eine einzigartige Kultstätte des Geistes zu sein. Rietschels imposantes Bronzedenkmal erfuhr unzählige Repliken und Depravationen.

Dem Vorbild antiker Reiterstatuen eines Herrschers – ein Motiv, das sich in Renaissance und Barock erneuert hatte – folgt das Reiterstandbild Friedrichs des Großen in Berlin, das der Preußenkönig Friedrich Wilhelm III. im Jahr 1836 in Auftrag gab. Auf der politischen Ebene erlebte die Person Friedrichs II. zu dieser Zeit eine erstaunliche bildliche Reinkarnation. Auch mit ihm verbanden sich Identifikationsmuster nationaler Stärke, die von einem breiten Konsens der Bevölkerung getragen wurden.

Das monumentale Denkmal zeigt den Preußenkönig auf einem architektonischem Sockel, der bedeutende Persönlichkeiten aus Friedrichs Umfeld zeigt: seine Generäle und Vertrauten, aber auch Geistesgrößen seiner Zeit wie Kant und Lessing. Der König selbst ist in volkstümlicher Pose dargestellt und damit fast im Widerspruch zu dem heroischen Sujet des Reiterstandbildes.

Der Bildhauer Christian Daniel Rauch, ein Schüler Schadows, schuf mit diesem Denkmal ein monumentales Kompendium der Friedrich-Verehrung. Denn nicht nur der königliche Auftraggeber, sondern auch das preußische Volk gedachte der Thronbesteigung Friedrichs 1740 und verband mit dem jungen König Friedrich Wilhelm IV., der ihm genau 100 Jahre später folgte, große Hoffnungen. Das Buch »Geschichte Friedrichs des Großen« von Franz Kugler, mit den Illustrationen des jungen Adolph Menzel, das 1840 in erster Auflage erschien, popularisierte Friedrich II. in ungeahnter Weise.

Eine gänzlich andere Entstehungsgeschichte weist das kolossale Hermannsdenkmal im Teutoburger Wald auf. 1835 begann der Ar-

*Bismarck auf einem Waldspaziergang. Gemälde von Carl Röhling (1898).*

chitekt Ernst von Bandel in Eigeninitiative mit dem Projekt eines Nationaldenkmals mit dem germanischen Heerführer Hermann aus dem Stamme der Cherusker. Hermann gilt als legendärer Sieger der Varusschlacht im Jahre 9 n. Chr., der dem römischen Expansionsdrang nach Norden ein Ende setzte und deshalb als Stammvater der geeinten deutschen Nation angesehen wurde.

Das ehrgeizige Unterfangen kam zeitweise zum Erliegen, da die Spenden hinter den Erwartungen zurückblieben. Erst mithilfe und Unterstützung von Kaiser Wilhelm I. konnte es 1875, vierzig Jahre nach Baubeginn, eingeweiht werden. Es war in seinen Dimensionen mit einer Gesamthöhe von über 50 Metern, davon einer Figurenhöhe von knapp 27 Metern, das zu dieser Zeit größte Denkmal der Welt.

Das Ehrenmal, eine Mischung aus architektonischem Monument und Figurendenkmal, erlebte in der Folgezeit unterschiedliche Interpretationen als heroische Geste gegen den Erzfeind Frankreich, als völkisches Symbol der Nationalsozialisten, aber auch als national-liberale Gedenkstätte. Heute gilt es als Mahnmal für den Frieden zwischen den Völkern.

Als ein Gründungsobjekt des Personenkults der Moderne gilt der deutsche Reichskanzler Fürst Otto von Bismarck. Zahllose Künstler haben ihn verewigt, so dass die Reihe der Gemälde, Plastiken und vor allem die der Kitschobjekte unüberschaubar ist. Der Münchener Maler Franz Seraph von Lenbach (1836–1904) nimmt mit seinen mehr als achtzig Ölgemälden und Unmengen von Studien unter den Bismarck-Porträtisten eine mit Recht herausragende Rolle ein; dennoch bleibt er einer unter vielen, die den Eisernen Kanzler künstlerisch verewigten.

Singulär dagegen ist die Gedenkstätte, welche die Hansestadt Hamburg 1906 dem acht Jahre zuvor verstorbenen Reichskanzler errichtete. Der Bildhauer Hugo Lederer und der Architekt Emil Schaudt hatten 1902 für ihren Entwurf einer riesigen Rolandsstatue auf einem architektonischen Sockel den Zuschlag bekommen. Bismarck erscheint in der Rüstung eines Kreuzritters, der sich auf sein Schwert stützt, sinnend dem Elbstrom zugewandt. Die Gesamthöhe beträgt 34 Meter, die eigentliche Figur ist knapp 15 Meter hoch. Eine Gedenkstätte fast von der Monumentalität des Hermanndenkmals.

Hamburg würdigte mit diesem Denkmal den Reichseiniger und Ehrenbürger der Stadt. Die Bausumme von 500 000 Reichsmark wurde zum Teil durch Spenden der Bevölkerung aufgebracht.

Schon zu seinen Lebzeiten war Bismarck die Ehre zuteilgeworden, in zahlreichen öffentlichen Bildnissen verewigt zu werden. Dem Hamburger Monument war eine Legion an Bismarckdenkmälern und -türmen in Deutschland vorausgegangen. Die ersten waren schon vor der Reichsgründung 1871 errichtet worden. Eine Inselgruppe im Pazifischen Ozean vor Neuguinea, damals in deutschem Kolonialbesitz, wurde Bismarck-Archipel, das anliegende Seegebiet Bismarcksee benannt. Hering, Zigarrenmarken, Klapptaschenmesser, Tabakpfeifen – alles hieß nach dem Eisernen Kanzler oder zeigte sein Bild.

Obwohl (oder gerade weil) das Hamburger Denkmal in seiner Dimension alle anderen in den Schatten stellte, zeigte sich das Verhältnis zwischen der Hansestadt und den Hohenzollern als unterkühlt. Kaiser Wilhelm II., der den Reichkanzler 16 Jahre zuvor entlassen hatte, erschien nicht zur Einweihung. Erst die Taufe des Kriegsschiffes »Bismarck« im Juni 1914 nahm Wilhelm II. persönlich vor.

Die zunehmende Hohenzollern- und Preußenverehrung zeichnete sich in der Person Wilhelms I. zuerst ab. 1865 schuf Adolph Menzel ein beeindruckendes Gemälde von der Krönung Wilhelms I. zum preußischen König, die 1861 in Königsberg erfolgt war.

Der Sohn der vielverehrten Königin Luise hatte 1848 in Berlin die Revolution militärisch niederschlagen lassen und war zunächst als »Kartätschenprinz« verhasst. In den folgenden Jahrzehnten gewann er jedoch an Beliebtheit. Nach 1871, proklamiert zum Deutschen Kaiser, wurde Wilhelm I. dann mit zahlreichen Denkmälern als Vollender der deutschen Reichseinigung geehrt.

Das erste Denkmal, noch in seiner Zeit als preußischer König, errichtet, gestaltete für ihn 1867 der Berliner Bildhauer Friedrich Drake. Damit wurde eine landesherrliche Bestimmung in Preußen umgangen, die besagte, dass keine Denkmäler für lebende Monarchen errichtet werden sollten. Die große Denkmalflut in Deutschland setzte erst 1888, nach dem Tod von Wilhelm I., ein und erreichte noch einmal einen Höhepunkt 1897 zum 100. Geburtstag des Kaisers. Auftraggeber waren oftmals die Städte, aber auch sein Enkel Wilhelm II., der ihm im Drei-Kaiser-Jahr auf den Thron gefolgt war. Zu Ehren Wilhelms I. errichtete man Reiterstandbilder, modellierte Büsten, schuf Sitzstatuen und prägte Gedenkmünzen. Berlin bekam einen der 28 Gedenktürme, den Grunewaldturm, dazu die Kaiser-Wilhelm-Gedächtnis-Kirche und sogar eine Kaiser-Eiche in Friedenau. Der damals eingeweihte Nord-Ostsee-Kanal hieß natürlich zuerst Kaiser-Wilhelm-Kanal. Schon zu Lebzeiten trugen Gedenkplätze und Straßen seinen Namen. Sogar eine Apfelsorte wurde nach ihm benannt, eine Ehre, die der Kaiser huldvoll annahm.

Die Regentschaft von Kaiser Wilhelm II., die 1888 begann, ahnte natürlich noch nichts von dem schrecklichen Ende, das einer langen Friedenszeit folgen sollte. Dem 25-jährigen Herrscherjubiläum des Kaisers, 1913, waren noch unzählige Ergebenheitsadressen geschuldet, auch in künstlerischer Form. Die Liste der Denkmäler für Wilhelm II. ist dennoch nicht so imposant wie die für seinen Großvater, schon aus dem bereits erwähnten Verdikt heraus, lebende Monarchen im großen, öffentlichen Standbild darzustellen.

Mit dem Ersten Weltkrieg endete dann auch eine ganze Epoche der öffentlichen Herrscherverehrung. Das Deutsche Kaiserreich ging 1918 in der Novemberrevolution unter. Wilhelm II. blieb nur das Exil in Holland. Die kultische Verehrung seiner Person endete jäh. Vormals begehrte Preziosen des Kunstgewerbes, wie die große Porzellan-Plastik »Wilhelm II. als römischer Imperator zu Pferde«, die die Königliche Porzellan-Manufaktur Berlin 1913 nach einem Entwurf des Bildhauers Adolf Amberg fertigte, gerieten als Symbole monarchischer Verehrung ins Abseits der Geschichte.

Die Kaiserdenkmäler fielen später größtenteils der Zerstörung anheim. Im Zweiten Weltkrieg, umgewidmet zur »Metallspende des Deutschen Volkes«, wurden viele Bronzestandbilder eingeschmolzen. Nach 1945 schleifte man den Rest, vielfach aus politischen Gründen, als Sinnbilder des verhassten Preußentums. Die Kaiser-Wilhelm-Gedächtnis-Kirche stand nach dem Bombenkrieg nur noch als Ruine, wurde dann aber als solche zum ausdrucksstarken und weithin präsenten Denkmal gegen den Krieg und seine Schrecken gestaltet.

Mit dem Ende des Ersten Weltkrieges verblasste der Personenkult um den Kaiser und die Landesfürsten schnell. Neues Medium der Verehrung wurde der Sieger von Tannenberg, Paul von Hindenburg. Der greise Feldmarschall folgte 1925 dem ersten Reichspräsidenten Friedrich Ebert im Amt. Hindenburg als höchstdekorierter Kriegsheld eignete sich in einer Zeit ständig wechselnder Reichskanzler aus einfachen Gründen als Objekt des Personenkults. Er verkörperte Kontinuität. Seine Amtszeit dauerte von 1925 bis 1934. Ungezählte Bildnisse, Standbilder und Büsten sind auch ihm gewidmet worden. Kaum ein deutsches Heim kam aus ohne ein Hindenburg-Figürchen aus Bronze, Porzellan oder Zinkspritzguss. Allein die Aufzählung seiner Titel und Würden, die das Genealogische Handbuch des Adels für erwähnenswert hält, sind ein anschauliches Beispiel der kultischen Verehrung, die seiner Person entgegengebracht wurde. Er war Ehrenbürger von 3824 deutschen Städten und Gemeinden, Dr.-Ing. E. h. sämtlicher Technischer Hochschulen der Weimarer Republik und der Freien Stadt Danzig, Dr. h. c. aller vier Fakultäten der Universität Königsberg, der Rechts- und Staatswissenschaftlichen Fakultät der Universität Breslau, der Juristischen und Philosophischen Fakultät der Universität Bonn, der Juristischen Fakultät der Universität Graz, Ehrendoktor der Universitäten Göttingen, Königsberg, Köln und Jena, der Technischen Hochschule in Stuttgart und der Forstlichen Hochschule in Eberswalde, außerdem Dr. med. vet. h. c. der Tierärztlichen Hochschule in Hannover, Kgl. preuß. Generalfeldmarschall, vorm. Chef des Infanterie-Regiments Generalfeldmarschall v. Hindenburg, ehemaliger Oberstinhaber des k. u. k. Infanterie-Regiments Nr. 69, Oberstinhaber des Kgl. Ungarischen Honved-Infanterie-Regiments St. Stefan, Domdechant des Hochstifts Brandenburg, Ritter des Schwarzen Adler-Ordens, Großkreuzinhaber des Eisernen Kreuzes mit dem Stern, Ritter des Ordens pour le mérite mit Eichenlaub, Kommandeur 1. Klasse des sächsischen Militär-St.-Heinrichs-Ordens, Großkreuzinhaber des österreichischen Militär-Maria-Theresien-Ordens und Ehrenkommendator des Johanniterordens. Diese Aufzählung erhebt keinen Anspruch auf Vollständigkeit.

Die Bewertung Hindenburgs in und nach seiner Zeit ist mehr als zwiespältig. Das deutsche Volk fand in ihm die charismatische Heldengestalt des Ersten Weltkrieges, und er war der demokratisch gewählte Reichspräsident der Weimarer Republik. Andererseits ist er einer der wichtigsten Propagandisten der Dolchstoßlegende, die in völliger Verdrehung der Tatsachen besagte, das deutsche Heer sei im Weltkrieg unbesiegt geblieben und habe durch »vaterlandslose Gesellen« aus der Heimat einen »Dolchstoß« in den Rücken erhalten. Die militärische Niederlage sollte so vor allem der Sozialdemokratie und anderen demokratischen Politiker angelastet werden.

Im Januar 1933 ernannte Hindenburg schließlich Adolf Hitler zum Reichskanzler und gilt somit als einer derjenigen, die die Beseitigung der Demokratie mit zu verantworten hatten.

Das Dritte Reich brachte – wie die meisten Diktaturen – eine industriehafte und sakralartige Abbildungswut bezüglich seiner Führer-Persönlichkeiten mit sich. Dies wurde insbesondere an Adolf Hitler, dem sogenannten Führer, und an Reichsmarschall Hermann Göring deutlich. Nicht nur, dass diese Titel neu und einzigartig in der Nomenklatura der Macht in Deutschland waren; auch die angestrebte Verehrungswürdigkeit erreichte geradezu groteske Züge, die sogar die eitlen Selbstinszenierungen des Kaiserreichs deutlich überstrahlten. Die braune »Bewegung« wurde als Religionsersatz angeboten und Adolf Hitler von der Propaganda zum Götzen stilisiert.

Mit der Omnipräsenz des Führerbildes griffen die Nationalsozialisten auf eine antike Funktion des Bildes zurück. Die Darstellungen dienten als Imago imperialis der auratischen Selbstinszenierung des Führers und waren Mittel, die Gesellschaft auf eine ideale Gemeinschaft einzuschwören und eine kollektive Identität herzustellen.

Viele Künstler ließen sich in den zwölf Jahren des Nationalsozialismus als treue Denkmalpfleger eines verbrecherischen Systems einspannen. Es entstanden zahllose Porträts des »Führers« und seiner Paladine sowie allegorische Darstellungen, die dem Kult-, Kunst- und Zeitgeschmack der Nationalsozialisten entsprachen. Besonders geschätzt wurden die Bildhauer Arno Breker, Georg Kolbe, Richard Scheibe, Josef Thorak und Adolf Wamper.

Der Personenkult um Hitler in Porträtbüsten, Reliefs, Gemälden, Fotografien, Münzen, Briefmarken und Medaillen wurde durch den Einsatz bis dato nie gekannter und allgegenwärtiger Propaganda vorangetrieben und gefestigt. Die von Propagandaminister Goebbels gelenkten gleichgeschalteten Medien zollten dem Führer als Retter Deutschlands und Heilsbringer auf Postkarten, Plakaten und zahllosen Werbemitteln devote Ehrerbietung und begründeten so einen Personenkult, der denjenigen um Bismarck und Hindenburg in den Schatten stellte. Symbolträchtig ist das vielpublizierte Foto, das Hitler am 21. März 1933 zeigt, dem Tag von Potsdam, als er stellvertretend für das neue nationalsozialistische Deutschland dem greisen Reichspräsidenten Hindenburg als Vertreter des Kaiserreichs die Hand reicht und scheinbar demütig ehrfurchtsvoll den Kopf neigt.

Hitler und sein Medienfachmann Goebbels hatten früh die

Macht der Bilder erkannt und wussten sie auszunutzen. Hitlers Leibfotograf Heinrich Hoffmann lieferte zahllose Bilder seines Führers und anderer Nationalsozialisten, Leni Riefenstahl setzte Hitler und die ihm ergebenen Massen meisterhaft filmisch in Szene. Kritische oder satirische Darstellungen Hitlers, seiner Politik und seiner Umgebung dagegen wurden mit schwersten Strafen bis zu den Todesurteilen des Volksgerichtshofs geahndet. Dennoch gab es Satire im deutschen Untergrund, der überfrachtete Prunk und Pathos vieler Darstellungen forderte sie geradezu heraus. Ein eindrucksvolles Beispiel bot ein Ölgemälde, das Hermann Göring lebensgroß im Harlekinkostüm zeigte. Göring waren Attribute wie aus der Ikonografie der Commedia dell'arte beigegeben. Der Reichsmarschall, Reichsjägermeister, Minister und multiple Funktionsträger des »Tausendjährigen Reichs« mit seinen fantastischen Uniformen und zahllosen Orden war ein überaus geeignetes Sujet der Karikaturisten. Gerade die Karikatur ist eine hohe, wenn auch meist so nicht gewollte, Form des Personenkults. Nur der aktuell Bedeutende – im Guten wie im Bösen – erfährt diese Form der Darstellung.

Auch der Toten wurde monumental gedacht. Eines der prägnantesten Beispiele der Glorifizierung ist das des SA-Sturmführers Horst Wessel (1902–1930). Wessel war in einem offenbar eher privat gefärbten Konflikt von einem Rotfrontkämpfer der KPD erschossen worden. Er hatte um 1928 den Text des sogenannten Horst-Wessel-Liedes geschrieben, das nach seinem Tod zur NSDAP-Hymne erhoben und im nationalsozialistischen Deutschland im Anschluss an das Deutschlandlied gesungen wurde. Diese Bedeutungsüberhöhung wurde begleitet von anderen üblichen Mitteln des Personenkults: Der Berliner Bezirk Friedrichshain wurde 1933 in Horst-Wessel-Stadt umbenannt, das Krankenhaus, in dem er starb, hieß bis 1945 nach ihm, ebenso der heutige Rosa-Luxemburg-Platz in Berlin, vormals Bülowplatz. In seiner Geburtsstadt Bielefeld wurde eine Horst-Wessel-Statue aufgestellt.

Zu Kriegsende war Deutschland ein gesellschaftlich, politisch und wirtschaftlich ausgeblutetes und zerstörtes Land mit unzähligen Bildnisdarstellungen, die nun niemand mehr sehen und an die niemand mehr denken wollte. Eilig wurden die eben noch kostbaren Objekte der Bewunderung zerstört oder versteckt und verschwiegen, als habe es sie nie gegeben. Das Phänomen des Bildersturms ist nach jedem Umsturz zu verzeichnen.

*Hermann Göring im Harlekinkostüm, satirische Darstellung während der NS-Zeit, Ölgemälde, unbekannter Künstler.*

Während die junge Bundesrepublik in der Kunst neue Wege ging, lehnte sich in der DDR die Personendarstellung mit dem Stil des sozialistischen Realismus durchaus an die Blut-und-Boden-Malerei des untergegangenen »Tausendjährigen Reichs« an. Und auch nach der Geheimrede Chruschtschows über den Personenkult und

Kunst und Personenkult in Deutschland 315

seine Folgen auf dem XX. Parteitag der KPdSU im Jahr 1956 blieb man in der DDR liebgewonnenen Gewohnheiten treu. Vielfach abgebildet wurde Wilhelm Pieck, der 1960 verstorbene einzige Präsident der DDR. Doch vor allem um den Spitzengenossen Walter Ulbricht wurde versucht, Kult zu betreiben.

Das Ostberliner Zentralorgan der Partei, »Neues Deutschland« titelte: »Mit Walter Ulbricht für das Glück den Menschen.« Zu seinen Lebzeiten wurden zahlreiche Einrichtungen nach ihm benannt, so die Deutsche Akademie für Staats- und Rechtswissenschaft, die Leuna-Werke, das Synthesewerk Schwarzheide und das 1950 als Walter-Ulbricht-Stadion eröffnete spätere Stadion der Weltjugend. 1963 schuf die Bildhauerin Ruthild Hahne eine Büste Walter Ulbrichts, für die er selbst Modell saß. Solche künstlerischen Darstellungen sind allerdings eher selten zu finden. Überhaupt blieben die Darstellungen der Leitungsfiguren der DDR ungleich bescheidener als die des Dritten Reichs und die der UdSSR. Unter Erich Honecker, nach 1971, nahm der Personenkult um lebende Politiker und um ihn selbst eher übersichtliche Ausmaße an; die DDR-Kommunisten widmeten sich umso intensiver der posthumen Verehrung von Theoretikern des Marxismus-Leninismus.

Der deutsche Philosoph und Ökonom Karl Marx zählt zu den einflussreichsten Gesellschaftstheoretikern des Sozialismus und Kommunismus. Wenngleich seine Theorien bis heute kontrovers diskutiert werden, ist um seine Person ein systemübergreifender Kult entstanden. Seine Geburtsstadt Trier ist im heutigen China ebenso bekannt wie die Namen der europäischen Metropolen London, Paris oder Berlin. Tausende Chinesen reisen Jahr um Jahr an die Mosel, um den Geburtsort von Karl Marx zu besuchen und sich ein bebildertes Andenken an den großen Vordenker mitzubringen. In der DDR wurde Marx gefeiert wie sonst niemand; er dürfte so das Paradebeispiel für die posthume politische Heldenverehrung eines Menschen zu Systemzwecken sein. Obwohl Karl Marx selbst Personenkult und Hagiografien ablehnte, benannte die DDR 1953 die sächsische Industriestadt Chemnitz ihm zu Ehren in Karl-Marx-Stadt um.

Karl Marx, zunächst ein deutscher Universalgelehrter des 19. Jahrhunderts, ist weltweit einer der am häufigsten im Bild dargestellten Persönlichkeiten: Von frühen Fotografien und ihrer gezielten Verbreitung zur Verherrlichung in der Arbeiterbewegung, in Historiengemälden, die im Zusammenhang mit der Oktoberrevolution stehen, bis hin zur Umsetzung in moderner Kunst, die den ikonenhaften Charakter des Marx-Porträts transformieren. Das Marx-Monument in Chemnitz, ein 40 Tonnen schwerer Bronzekopf, zählt mit 7,10 Metern Gesamthöhe zu den größten Porträtbüsten der Welt. Es wurde am 9. Oktober 1971 unter enormer öffentlicher Teilnahme eingeweiht und steht mit seiner Monumentalität durchaus in der Tradition der bereits erwähnten Standbilder des Cheruskerfürsten Hermann im Teutoburger Wald und Bismarcks in Hamburg. Der russische Bildhauer Lew Kerbel war der Schöpfer dieses ungewöhnlichen Denkmals. Im Sinne der weltumspannenden und weltverändernden Philosophie, die Marx als Systemtheoretiker begründete, wird seiner hier mit dieser gewaltigen Kopfbüste gedacht. Die Liniensprache ist dynamisch-expressiv und die Tafel hinter ihm fordert in vielen Sprachen auf: »Proletarier aller Länder vereinigt euch!«

Noch 1986 wurde auf dem Marx-Engels-Forum in Berlin-Mitte das Doppelstandbild von Karl Marx und Friedrich Engels, das der Bildhauer Ludwig Engelhardt schuf, aufgestellt. Mit den überlebensgroßen Bronzefiguren, beide in zeitgenössisch-historischer Kleidung, wird der Vaterfiguren des Sozialismus gedacht. Patriarchalisch, fast im biedermeierlichen Sinne, erscheint die Figur des sitzenden Marx mit dem an seiner Seite stehenden Engels. Das Doppelbildnis des 19. Jahrhunderts wird hier noch einmal zitiert; die beiden Prinzessinnen, Goethe und Schiller sind berühmte Vorbilder, die im ausgehenden 20. Jahrhundert so eine späte Variante erfahren.

In der westlichen Hemisphäre hält man sich heute fern von politischen Kultbildern. Eitelkeit gilt in der Politik als suspekt. Im Show-Business sieht das anders aus; dort gehört Klappern von jeher zum Handwerk, und je fragwürdiger die Prominenz ist, desto lauter das Klappern – es ist der Kampf um die Hoheit über die eigene öffentliche Darstellung. In gewollter öffentlicher Privatheit generieren Personen je nach ihren Bedürfnissen, Neigungen und empfundenen Notwendigkeiten auf Facebook, Twitter, YouTube und ähnlichen sozialen Medien eine neue Form der Selbstdarstellung, die man durchaus als kultisch bezeichnen könnte, wenn sie auch kaum Ausgangspunkt eines Personenkults im historischen Sinne sein kann.

# Die Droge Macht –
# Warum Personenkult nicht aussterben wird

*Thomas Kunze und Thomas Vogel*

Den Begriff Personenkult hat der Sowjetführer Nikita Chruschtschow nachhaltig geprägt, als er auf dem XX. Parteitag der Kommunistischen Partei der Sowjetunion im Jahr 1956 mit seinem Vorgänger Stalin abrechnete und damit die Periode der Entstalinisierung einläutete. In einer Geheimrede forderte Chruschtschow: »Genossen! Wir müssen den Personenkult entschlossen ein für allemal beseitigen (und) entsprechende Konsequenzen sowohl in der ideologisch-theoretischen wie auch in der praktischen Arbeit ziehen. Zu diesem Zweck ist es erforderlich: [...] auf bolschewistische Art den Personenkult zu verurteilen und auszurotten.«[1]

Eine Absichtserklärung, die nur kurze Zeit hielt. Zwar erreichte der Personenkult in kommunistischen Regimes nie wieder die Ausprägung wie unter Stalin, aber er war bis zum Fall des Eisernen Vorhangs Bestandteil kommunistischer Herrschaftsausübung in fast allen Ländern des Ostblocks.

Personenkult ist ein weiter und vielseitig verwendeter Begriff. Er ist nicht nur auf die politische Sphäre der Herrschaft beschränkt, sondern wird bisweilen inflationär mit jeglichen gesellschaftlichen Phänomenen in Verbindung gesetzt, die auch nur den Anschein der Verehrung, Huldigung oder Hochachtung einer Person erwecken. Starkult gibt es um Schauspieler, Musiker, Wirtschaftsbosse und Religionsführer.

Politischer Personenkult zeichnet sich primär durch die unkritische und quasireligiöse Glorifizierung politischer Führerfiguren aus. Die Verherrlichung des Führers steht dabei eng mit medialer Manipulation und Propaganda in Verbindung. Niccolò Machiavelli, der vor 500 Jahren mit »Der Fürst« (Il Principe, 1513) ein Standardwerk über die Funktionsweisen und Mechanismen der Machtausübung verfasste, erkannte die Wurzeln devoter Gefolgschaft, Schmeichelei und Anbiederung im Dünkel und der Gefallsucht der Herrschenden: Die Höfe seien voller Schmeichler, »denn die Menschen sind so selbstgefällig und geben sich so leicht der Selbsttäuschung hin, dass sie sich dieser Ansteckung nur schwer entziehen; und wer sich ihrer erwehren will, läuft leicht Gefahr, verachtet zu werden.«[2]

Personenkult dient auch der politischen Sozialisation, also der Erziehung der Volksmassen im Sinne des Regimes. Dies geschieht in Form der Besetzung des öffentlichen Raumes durch Statuen oder Denkmäler, die Allgegenwärtigkeit von Bildnissen und Sprüchen des jeweiligen Führers, durch Mythen, propagandistische Rituale und symbolische Inszenierungen. Dazu gehören auch die Be- und Umbenennung von Schulen, Stadien, Straßen und Plätzen sowie die Errichtung von Statuen und symbolischen Bauwerken. Was fast alle Personenkulte eint, ist die Allgegenwärtigkeit von Bildnissen und Losungen des »geliebten Führers«.

Der oft totalitäre Anspruch eines Personenkults zeigt sich zudem bei der absurden Herstellung von Zusammenhängen zwischen der Führerfigur und nahezu sämtlichen Lebensbereichen. Dies bedeutet keinesfalls, dass ein Großteil der Bevölkerung zwangsläufig den Kult für angemessen erachten muss. Entscheidend ist, dass die Masse diesen zumindest äußerlich mitträgt. Darin offenbart sich die disziplinierende Macht des Regimes, wodurch der Raum für oppositionelle Meinungen schwindet.

Eine weitere wichtige Funktion des inszenierten Personenkults besteht in seiner Kraft zur sozialen Integration. Der Kult ist eine Strategie der zentral gesteuerten Herrschaftslegitimation. In Ländern mit schwach ausgeprägter nationaler Identität kann er zur Schaffung eines Gemeinschaftsgefühls beitragen und dadurch als Zentripetalkraft wirken. In den ehemaligen mittelasiatischen Sowjetrepubliken, Produkten sowjetischer Nationalitätenpolitik und willkürlicher Grenzziehung, galt es, nach dem Wegfall der sowjetischen Ideologie einen neuen Identifikationsrahmen zu schaffen. Als weiteres Paradebeispiel sei Nordkorea genannt, das sich nach der Teilung vom Süden des Landes von diesem und der gesamten westlichen Welt ideologisch abzugrenzen versucht.

In demokratischen Staaten sind der Selbstdarstellung von Partei- und Staatsführern Grenzen gesetzt, unter anderem deshalb, weil es eine kritische Gegenöffentlichkeit gibt. Trotzdem kann auch in demokratisch verfassten Staaten Personenkult entstehen.

Im Zeitalter von Globalisierung, Terrorismus, Finanzkrisen und Kapitalismuskritik ist eine wachsende Sehnsucht nach Führungsfiguren zu beobachten. Das Informationszeitalter mit seiner unüberschaubaren Vielfalt an Meinungen, Wissen und Wahrheiten erzeugt zudem eine hohe Komplexität politischer und gesellschaftlicher Themen. Sind diese Themen mit einer konkreten Person verbunden, lassen sie sich einfacher vermitteln. Journalisten kommt dadurch heute eine Macht zu, die kaum noch demokratisch legitimiert erscheint. Moderne Medien können tagesschnell einen politischen Helden schaffen, einen Hype um ihn entwickeln und den soeben noch auf allen Titelseiten, in allen Online-Diensten und in allen Fernsehnachrichten gefeierten Politiker genauso schnell wieder in den Abgrund der Bedeutungslosigkeit versenken.

Jedoch bleibt unbestritten: Diktaturen sind besonders anfällig für Personenkulte. Der rasante Aufstieg eines Parteiführers, die Umgehung formeller Legitimationsinstanzen sowie eine rituelle und gesteuerte Verehrung einer mehr oder weniger charismatischen Persönlichkeit sind Phänomene, die sich signifikant häufig in faschistischen und kommunistischen Regimes des 20. Jahrhunderts herausgebildet hatten. So lassen sich anhand der Verfahren zur Herrschaftslegitimierung enge und strukturähnliche Verbindungen zwischen diktatorischen Systemen und Personenkult herstellen.

Die Verankerung einer faschistischen oder kommunistischen Ideologie, die alle Bereiche der Gesellschaft umfasst, findet nur selten ein traditionelles Fundament zur Legitimation des eigenen Herrschaftsanspruchs. Es handelt sich meist um eine neue und abrupt installierte Gesellschaftsordnung. Die kulthafte Glorifizierung einer Person ist dabei ein Vehikel zur Herstellung genau dieser Legitimation. Die Schaffung eines Personenkults strebt zumeist einen radikalen gesellschaftlichen Wandel an. Die Ideen und Werte des Führers sollen einerseits von der Öffentlichkeit als vorteilhaft für die Nation wahrgenommen und andererseits stets mit dem Bildnis der Führerfigur assoziiert und dadurch legitimiert werden. Doch nicht in allen Diktaturen ist der Kult um eine Person selbstverständlich. In Ceaușescus Rumänien gab es ihn, in Honeckers DDR fehlte er weitestgehend. Das Vorhandensein von Personenkult hat auch mit den historischen und kulturellen Wurzeln sowie mit dem Entwicklungsstand eines Landes zu tun.

Personenkult ist in den meisten Fällen mit Charisma verbunden. Eine erste und systematische Analyse charismatischer Herrschaft findet sich in der Herrschaftstypologie von Max Weber (1864–1920).³ Der Mitbegründer der deutschen Soziologiewissenschaft unterscheidet drei Typen von Herrschaft anhand ihrer jeweils unterschiedlichen Legitimationsmuster. Er grenzt die charismatische Herrschaft als außeralltägliche Form gegenüber der traditionellen (patrimonialen) sowie legalen (rational-bürokratischen) Herrschaft ab. Eine andere Herangehensweise wählt David Beetham. Der britische Sozialtheoretiker teilt die Herrschaftslegitimation in drei sukzessive Phasen ein: das Verfahren (die Einhaltung formaler Regelwerke), den Konsens über das Verfahren (gesellschaftlicher Rückhalt des Regelwerks) sowie die Zustimmung (explizite Anerkennung der Herrschaft).⁴

Verbindet man die Logik dieser beiden Konzepte, so ergibt sich:

Erstens: Faschistische und kommunistische Regime können nicht auf traditionelle Legitimationsmuster zurückgreifen, sie grenzen sich gegenüber diesen bewusst ab. Tradition zeichnet sich dadurch aus, dass sie über einen längeren Zeitraum hinaus entsteht und eine gewisse Kontinuität und Gleichförmigkeit aufweist. Sozialistische und faschistische Regimes des 20. Jahrhunderts mit ihren eher revolutionären Momenten standen diametral zu den etablierten Traditionen. Eine neue, den eigenen politischen Ambitionen angemessene Tradition mussten sie sich erst schaffen. Wenn kommunistische Diktaturen Bezug auf revolutionäre nationale Persönlichkeiten der Vergangenheit nahmen, dienten diese eher als Symbolfiguren, um die charismatischen Eigenschaften des aktuellen Führers zu betonen.

Zweitens: Auch die legal-rationale Herrschaftslegitimierung nach Weber ist für kommunistische und faschistische Regime kein probates Mittel. Unter Berücksichtigung von Beethams Konzept ergibt sich, dass bei der Etablierung totalitärer Regime lediglich die Verfahren innerhalb eines legal-rationalen Rahmens verliefen (Phase 1) – beispielsweise durch Wahlen, auch wenn diese gezielt gesteuert wurden. Der Konsens über das politische Vorgehen (Phase 2) jedoch und die explizite Zustimmung (Phase 3) zu diesem mussten über charismatische Techniken erzielt werden, weil sonst die Gefahr der Delegitimation bestand, da traditionelle und bürokratische Mechanismen ausfielen. Inszenierte Massenveranstaltungen, bei denen der Kult um eine Führerfigur seinen Ausdruck fand, waren dazu bestimmt, diesen Konsens über die Verfahren und die Zustimmung zum Regime herzustellen.[5]

Der Schweizer Osteuropa-Historiker Daniel Ursprung sieht bei sozialistischen Systemen eine besondere Anfälligkeit für charismatische Herrschaft, die auf die Konstitution des Parteiapparates zurückzuführen ist. Die Partei sollte kollektiv organisiert sein, zugleich aber straff und diszipliniert geführt werden. Das kollektive Gremium der Partei war stets durch interne Machtkämpfe gekennzeichnet. Das Amt des Parteiführers, meist Generalsekretär genannt, bot ihm keine Garantie, die Gefahr der Absetzung durch das kollektive Parteigremium, das ihn zur Nummer eins bestimmt hatte, begleitete ihn. An der Parteispitze klaffte somit eine ungeklärte organisatorische Lücke, ein Machtvakuum, eine latente Instabilität, da die Führungsposition eine lediglich schwach ausgeprägte und wenig institutionalisierte legale Grundlage hatte – und eine neutrale Schiedsinstanz im Konfliktfall fehlte. Daher konnte sich eine Führerfigur nur mithilfe informeller Techniken, wie der persönlichen Durchsetzungsfähigkeit oder eben Charisma, aus diesem Zirkel hervorheben, worauf dann sein Machtanspruch und seine Legitimität beruhten.[6]

Das Problem einer auf Personenkult gestützten Herrschaft liegt in ihrer Instabilität. Die Schwäche der totalitären Propaganda zeigt sich im Moment der Niederlage. Kaum ist die zentrale, alles dominierende Gestalt abgesetzt oder verstorben, wechseln die einstigen Gefolgsleute mit verblüffender Geschwindigkeit das Lager, ohne sich auch nur einen Moment mit ihrer Vergangenheit auseinanderzusetzen. Denn neue Pfründe warten darauf, vergeben zu werden.

Die Weltgeschichte kann als Geschichte des Kampfes um Macht beschrieben werden. Das 20. Jahrhundert stellt aber diesbezüglich eine Zäsur dar, weil mit dem Entstehen halbtotalitärer und totalitärer Staaten, zunächst in Russland, dann in Italien und in Deutschland, eine neue Qualität von Herrschaft erreicht wurde, die sich in den nach 1945 installierten osteuropäischen Regime fortsetzte. Das vergangene Jahrhundert hat viele Usurpatoren hervorgebracht, die mit Gewalt regierten. Lenin, Stalin, Hitler, Mao Zedong, Idi Amin, Pol Pot und andere erschütterten das zivilisatorische Grundvertrauen der Menschen nachhaltig.

Macht besitzt ihre eigenen Gesetze, ihre eigene innere Logik, und sie entwickelt eine eigene Dynamik. Das Scheitern des Urchristentums ist wie das Fehlschlagen sozialistischer Gleichmacherei und Gleichheitsbestrebungen mit dem menschlichen Streben nach Herrschaft und Macht eng verbunden. Der »gute Mensch« als solcher existiert mehrheitlich nur in der Vorstellung.

Seit der Antike gibt es Beispiele, wie Menschen – hatten sie die angestrebte Macht erreicht – deren vielfältiger Versuchung erlagen, oft mit verheerenden Auswirkungen für ihre Völker. Dabei zeigt sich immer wieder der gleiche Mechanismus: Mächtige Personen ziehen Bewunderer und Speichellecker magisch an. Es gibt keine Massenmörder ohne Helfer, und es gibt immer Subalterne, die um sich selbst wieder einen Hofstaat willfähriger Untergebener scharen, die ihrerseits hoffen, an der Macht partizipieren zu können.

Personenkult heißt: die Macht in ihrer Totalität ausleben. Doch was sind das für Persönlichkeiten, um die ein absurder Kult getrieben wird? Großen Diktatoren, Despoten, Führern und Feldherren attestiert man zumeist eine gestörte Persönlichkeit oder einen Hang zum Narzissmus. Der Psychoanalytiker, Philosoph und Dichter Erich Fromm beschrieb das bei Hitler so: »Er interessiert sich nur für sich selbst, für seine Begierden, seine Gedanken, seine Wünsche; er redet endlos über seine Ideen, seine Vergangenheit, seine Pläne; die Welt interessiert ihn nur, soweit sie Gegenstand seiner Pläne und Begierden ist; andere Menschen spielen für ihn nur eine Rolle, soweit sie seinen Zwecken dienen und dafür benutzt werden können; er weiß immer alles besser als die anderen. Diese Sicherheit bezüglich der Richtigkeit der eigenen Pläne ist ein typisches Kennzeichen eines intensiven Narzissmuss.«[7] Der britische Historiker Alan Bullock, Autor der 1952 erschienenen ersten großen Hitler-Biografie, vermutet, dass bei Stalin ebenso »eine pathologische Form des Narzissmus« vorhanden war, »eine psychische Deformation, durch die man außer sich selbst nichts auf der Welt, als wirklich, als real und als lebendig empfindet.«[8]

Diese narzisstischen Ausprägungen waren bei vielen Despoten mit paranoiden Geisteszügen verbunden und mündeten nicht selten in größenwahnsinnigen Praktiken. Stalin und sein Sicherheitsapparat erfanden eine groß angelegte Ärzteverschwörung im Kreml gegen den »Vater aller Werktätigen«. Ceauşescu ließ Kinder medizinisch untersuchen, bevor er sie küsste. Hodscha übersäte ganz Albanien mit rund 750 000 Bunkern aus Angst vor Angriffen der Sowjets, der Amerikaner und der Jugoslawen.

Die Wurzeln solchen Verhaltens werden in der Psychologie nicht zuletzt in den Sozialisationsphasen der Personen ausgemacht. Narzisstische Persönlichkeitsbilder erklären sich zumeist aus einer frühen Störung in den primären Beziehungen und Bindungen, insbesondere gegenüber der mütterlichen Bezugsperson. Der Psychoanalytiker Heinz Kohut sprach sehr anschaulich vom Fehlen »Des Glanzes im Auge der Mutter«[9] beim Betrachten des Kindes. Stalins Vater trank und verprügelte den Sohn und seine Mutter regelmäßig. Hitler begründete seinen schulischen Boykott später mit den Schlägen seines Vaters. Im Alter von nur sechs Jahren verlor Bokassa binnen einer Woche seinen Vater, der hingerichtet wurde, und seine Mutter, die daraufhin Selbstmord beging.

Doch vordergründig krank sind solche Personen nicht. Oft sind es eloquente, intelligente Menschen, die aufgrund eines labilen Selbstgefühls ständige Bestätigung von außen benötigen und diese auch mit manipulativem Geschick einfordern können. Anders als disoziale oder asoziale Menschen verfügen sie in der Regel über das Talent, zu glänzen und zu verführen. Daher sind sie für andere interessant und kommen als Führungspersönlichkeiten und Autoritätspersonen infrage. Je pathologischer ihr Narzissmus ausgeformt ist, desto kälter, brutaler und berechnend handeln sie. Nicht selten werden narzisstische Persönlichkeitsstörungen von einem erheblichen Sadismus begleitet. Erich Fromm bezeichnete Stalin als »a clinical case of nonsexual sadism«.[10]

Stalin, Hitler und Mao Zedong – und nicht nur sie – hatten ein Gefühl von Allmacht. Ihr Sendungsbewusstsein ließ sie in dem krankhaften Wahn leben, vom Schicksal für einzigartige historische Großtaten auserkoren und mit den dafür notwendigen Fertigkeiten und Begabungen ausgestattet zu sein.

Aber es braucht natürlich auch immer ein Gegenüber, das für derartig manipulative Praktiken empfänglich ist. Was verleitet Menschen dazu, sich einem Personenkult hinzugeben oder diesen zu tolerieren? Weber meint, dass Führer im modernen Zeitalter generell aus situativen Umständen heraus an die Macht gelangen, die für ihre jeweilige spezifische Agenda günstig sind. Gerade in ökonomischen, politischen oder gesellschaftlichen Krisensituationen sehnen sich die Menschen nach Halt und klarer Orientierung.

Die Frustration über das Bestehende, über das, was scheinbar oder tatsächlich versagt hat, mündet in einer unkritischen Empfänglichkeit und Offenheit gegenüber dem Neuen. Einfache Lösungen sind Trumpf. Der Glaube an Verbesserung lässt die Menschen sich um eine starke Führerfigur scharen. Die Sehnsucht nach und der Vorrang von Stabilität und Autorität bewirken, dass die Fiktion im Zweifelsfall eher Zuspruch erhält als die Realität, wie schon der Begründer der modernen Psychoanalyse Sigmund Freud bemerkte. Dabei zielt die Propaganda auf den Triumph der Emotionen über die Vernunft. Ein charismatischer und dominanter Führer gibt die Richtung vor und vermittelt das Gefühl der Kontrolle in einer Welt voller Unsicherheiten und Zweifel. Mit doppeltem Effekt: Nicht nur die Angst der Menschen vor der Zukunft, sondern auch die Angst vor dem Regime und dessen Praktiken führt zu opportunistischen Verhaltensweisen und kollektiven Anpassungsstrategien.

Ein anderer relevanter Aspekt liegt in autoritären Gewohnheitsmustern begründet. Darauf verwies bereits der britische Philosoph John Stuart Mill (1806–1873). Er sah in ihnen einen wesentlichen mentalen und zivilisatorischen Kern autokratischer, nichtdemokratischer Herrschaft. Während ein liberal-demokratischer Staat liberal und demokratisch denkende Bürger benötige, zögen patriarchalische Gesellschaften kleine Despoten heran, denen früh die Prinzipien der Hierarchie und der männlichen Superiorität gelehrt werden. Diese verinnerlichten Prinzipien untergraben dann die normativen Grundfesten eines liberal-demokratischen Gemeinwesens im Keim.[11]

*Seht! Über Stalins Grab die Taube kreist,*
*Denn Stalin: Freiheit –Stalin: Frieden heißt!*
*Und aller Ruhm der Welt wird Stalin heißen!*
*Lasst uns den Ewig-Lebenden lobpreisen!*[12]

Viele Diktatoren hofften auf ewigen Ruhm, wie ihn Johannes R. Becher einst Stalin prophezeite. Doch solche Lobpreisungen waren selten von langer Dauer. Kaum verlieren Despoten ihre Macht, die ehemals unbezwingbar schien, wechseln ihre Claqueure und Lakaien – abgesehen vielleicht von einigen Unbelehrbaren – die Fronten. Die devoten Schmeichler suchen sich einen neuen Helden.

## Anmerkungen

1 Über den Personenkult und seine Folgen. Rede des Ersten Sekretärs des ZK der KPdSU, Gen. N. S. Chruschtschow, auf dem XX. Parteitag der Kommunistischen Partei der Sowjetunion. 25. Februar 1956. Erstmals veröffentlicht in »Iswestija ZK KPSS« 3/1989, vgl. http://www.stalinwerke.de/sonstiges/geheimrede.de.vu/ (Zugriff 07.06.2013).
2 Machiavelli, Niccolò: Der Fürst., Frankfurt a. M. 1990, S. 13.
3 Vgl. Weber, Max: Wirtschaft und Gesellschaft, Tübingen, 1922, S. 603 ff.
4 Vgl. Beetham, David: The Legitimation of Power, New York 1991, zitiert nach Ursprung, Daniel: Inszeniertes Charisma: Personenkult im Sozialismus, Zürich 2011, S. 158 ff.
5 Vgl. Ursprung: Inszeniertes Charisma, S. 169 f.
6 Ebenda, S. 154 ff.
7 Fromm, Erich: Anatomie der menschlichen Destruktivität, Reinbek 1992, S. 457.
8 Bullock, Alan: Hitler und Stalin. Parallele Leben, Berlin 1991, S. 486.
9 Kohut, Heinz: Analysis of the Self, New York 1971, S. 141.
10 Fromm, Erich: The Anatomy of Human Destructiveness New York 1973, S. 318. (In deutscher Übersetzung unter dem Titel »Anatomie der menschlichen Destruktivität« 1974 in Stuttgart erschienen.).
11 Vgl. Mill, John Stuart: Über die Freiheit, Stuttgart 2009.
12 Becher, Johannes, R.: Dem ewig Lebenden (Auf Stalins Tod), 1953, zit. nach Schmid, Markus Herbert: Poetae Laureati. Stalins Minnesänger, Eichstätt 2006, S. 144.

# Anhang

## Bildnachweise

### S/W-Abbildungen

**S. 10:** Hubert Kemper; **S. 14:** picture-alliance/KCNA, Str; **S. 14:** Bundesarchiv Bild 183-S62600; **S. 19:** Bundesarchiv Bild 102-10460, Hoffmann; **S. 21:** Bundesarchiv Bild 102-18103, Pahl; **S. 34:** Privatarchiv Markus Herbert Schmid; **S. 40:** Archiv des Verlags; **S. 44:** Archiv des Verlags; **S. 52:** Thomas Awe; **S. 60:** http://en.wikipedia.org/wiki/File:Mao_Zedong_youth_art_sculpture_4.jpg; Urheber: 黄丹; **S 72:** Online communism photo collection, #BA231; **S. 82:** Online communism photo collection, #F008; **S. 84:** Archiv des Verlags; **S. 88:** Archiv des Verlags; **S. 100:** Archiv des Verlags; **S. 103:** Mit freundlicher Genehmigung von Aurore Belkin; **S. 104:** Mit bestem Dank an Illlya Szilak; **S. 108:** Archiv des Verlags; **S. 115:** Thomas Schrapel; **S. 117:** http://commons.wikimedia.org/wiki/File:07Tirana_Skenderbeg-Denkmal03.jpg; Urheber: Fingalo; lizenziert unter den Bedingungen der Creative Commons Attribution-Share Alike 2.0 Germany license; **S. 124:** imago/United Archives International; **S. 137:** Archiv des Verlags; **S. 142:** Historische Sammlung der Deutschen Bahn AG (Wolfgang Stephan); **S. 147:** Bundesarchiv Bild 183-1987-0907-13, Mittelstädt; **S. 150:** Website des türkischen Präsidentenamtes, http://www.tccb.gov.tr/pages/ata_special/Photos/; **S. 155:** http://commons.wikimedia.org/wiki/File:Statue_of_Atat%C3%BCrk_in_Kad%C4%B1k%C3%B6y,_2009.jpg; Urheber: Darwinek; lizenziert unter den Bedingungen von Creative Commons Attribution-Share Alike 3.0 Unported license; **S. 158:** http://commons.wikimedia.org/wiki/File:Evita_y_Per%C3%B3n.jpg?uselang=de; **S. 164:** http://commons.wikimedia.org/wiki/File:Buenos_Aires_-_Balvanera_-_Manifestaci%C3%B3n_por_el_voto_femenino_en_1948.jpg; Archivo General de la Nación. Inventario 128621; **S. 167:** http://commons.wikimedia.org/wiki/File:Busto_Eva_Per%C3%B3n-La_Plata-1.jpg; Urheber: Barcex; lizenziert unter den Bedingungen von Creative Commons Attribution-Share Alike 2.5 Generic license; **S. 172:** imago/XINHUA; **S. 175:** http://commons.wikimedia.org/wiki/File:Castro_sign.jpg; Urheber: jim; lizenziert unter den Bedingungen von Creative Commons Attribution 2.0 Generic license; **S. 180:** http://commons.wikimedia.org/wiki/File:HugoChavez1820.jpeg?uselang=de; Quelle: AgenciaBrasil, Urheber: Victor Soares/ABr; lizenziert unter den Bedingungen von Creative Commons License Attribution 3.0 Brazil; **S. 188:** imago/Afrika Media Online; **S. 191:** picture-alliance/EPA, Kim Ludbrook; **S. 195:** picture-alliance/EPA, Jon Hrusa; **S. 198:** Privatarchiv Nikolaus Werz; **S. 203:** picture-alliance/UPI; **S. 210:** Michael Lottes; **S. 222:** imago/UPI; **S. 228:** http://commons.wikimedia.org/wiki/File:Muammar_al-Gaddafi_at_the_AU_summit.jpg; Urheber: US Navy; **S. 229:** Archiv des Verlags; **S. 232:** imago/XINHUA; **S. 235:** getty images/Peter Macdiarmid; **S. 238:** Peter Boehm; **S. 247:** Privatarchiv der Herausgeber; **S. 249:** Privatarchiv der Herausgeber; **S. 255:** Privatarchiv Finckenstein; **S. 264:** picture-alliance/PA Wire, Tom Hevezi; **S. 274:** Albrecht Kunkel, Privatarchiv Dr. Reinhart Bindseil; **S. 290:** http://commons.wikimedia.org/wiki/File:Barack_Obama_and_supporters_5,_February_4,_2008.jpg; Urheber: Ragesoss; lizenziert unter den Bedingungen von

Creative Commons Attribution-Share Alike 3.0 Unported, 2.5 Generic, 2.0 Generic and 1.0 Generic license; **S. 292**: picture-alliance/RIA_NOVOSTI_POOL, Dmitry Astakhov; **S. 294**: getty images/Franco Origlia; **S. 299**: Privatarchiv der Herausgeber; **S. 301**: Bundesarchiv Bild 183-18634-0002, Weiß; **S. 308 und 315**: Privatarchiv Finckenstein; **S. 328**: Thomas Kunze (Autorfoto), Thomas Vogel (Autorfoto).

## Farbabbildungen

**I**: Archiv des Verlags; **II**: Privatarchiv Markus Herbert Schmid; **III/oben**: Privatarchiv Thomas Awe; **III/unten**: Privatarchiv Thomas Kunze; **IV**: Stefan Friedrich; **V**: Archiv des Verlags; **VII**: Veronika Wengert; **VIII/unten**: Bundesarchiv Bild 183-Z1112-418, Franke; **IX/oben**: http://commons.wikimedia.org/wiki/File:Ataturk_Day,_2004.jpg; Urheber: Bryce Edwards; lizenziert unter den Bedingungen von Creative Commons Attribution 2.0 Generic; **IX/unten**: http://www.costaricaguy.com/on-the-death-of-hugo-chavez/; **X**: Holger Dix; **XI**: Christoph Wesemann; **XII**: http://commons.wikimedia.org/wiki/File:Saint_Sarkis_Cathedral_%26_Imam_Khomeini,_Tehran.jpg; Urheber: Orijentolog; lizenziert unter den Bedingungen von Creative Commons Attribution-Share Alike 3.0 Unported license; **XIV**: http://commons.wikimedia.org/wiki/File:Zain_Al-A%27abdeen_Bin_Ali_portrait.jpg; Urheber: Ray_from_LA; lizenziert unter den Bedingungen von Creative Commons Attribution 2.0 Generic license; **XV**: http://commons.wikimedia.org/wiki/File:Stans 08-033_%283134868354%29.jpg?uselang=de; Urheber: Dave Proffer; Creative Commons-Lizenz Namensnennung 2.0 US-amerikanisch; **XVI**: Detlef Wurst.

# Informationen zu den Herausgebern und Autoren

## Die Herausgeber

**Thomas Kunze,** Dr. phil., geb. 1963 in Leipzig, studierte Geschichte, Germanistik und Pädagogik in Jena und Leipzig. Honorar-Professuren in Russland und Usbekistan. Seit 2002 ist Kunze für die Konrad-Adenauer-Stiftung tätig, er war u. a. deren Repräsentant in Moskau sowie Chef der Europa/Nordamerika-Abteilung in der Stiftungszentrale in Berlin. Seit 2010 vertritt er die Stiftung in Mittelasien (Sitz: Taschkent/Usbekistan). Autor zahlreicher Bücher, darunter Biografien über Nicolae Ceaușescu und Erich Honecker. Im Ch. Links Verlag erschienen zuletzt: »Russlands Untergrund. Eine Zeitreise durch geheime Bunker und vergessene Tunnel« (2008), »Ostalgie international. Erinnerungen an die DDR von Nicaragua bis Vietnam« (Hg. mit Thomas Vogel, 2010) und »Von der Sowjetunion in die Unabhängigkeit. Eine Reise durch die 15 früheren Sowjetrepubliken« (mit Thomas Vogel, 2011).

**Thomas Vogel,** geb. 1959 in Zofingen (Schweiz), studierte Anfang der achziger Jahre Germanistik, Politologie und Publizistik an der Freien Universität in West-Berlin und an der Humboldt-Universität in Ost-Berlin. Danach arbeitete Vogel als Politik-, Wirtschafts- und Gesellschaftsredakteur u. a. beim *Luzerner Tagblatt* und beim *Sonntags Blick*. Von 2003 bis 2009 war Thomas Vogel Auslandskorrespondent des Schweizer Fernsehens, von 2009 – 2012 arbeitete er als Redakteur der Nachrichtensendung »10 vor 10« des Schweizer Fernsehens in Zürich. Seitdem ist Vogel Redakteur des Politmagazins »Rundschau«. Autor zahlreicher Filmberichte und Reportagen zur internationalen Zeitgeschichte und Politik. Zuletzt erschien im Ch. Links Verlag: »Ostalgie international. Erinnerungen an die DDR von Nicaragua bis Vietnam« (Hg. mit Thomas Kunze, 2010) und »Von der Sowjetunion in die Unabhängigkeit. Eine Reise durch die 15 früheren Sowjetrepubliken« (mit Thomas Kunze, 2011).

## Die Autoren

**Thomas Awe**, geb. 1953 in Hannover, studierte Sinologie, Politologie, Publizistik- und Kommunikationswissenschaften an der Georg-August-Universität in Göttingen. Es folgte ein zweijähriger Sprachstudienaufenthalt in Taiwan. Thomas Awe ist seit 1981 für die Konrad-Adenauer-Stiftung tätig und leitete u. a. deren Büros in Seoul, Manila und Schanghai. Seit März 2011 vertritt Awe die Stiftung in Peking. Er ist Autor einer Vielzahl von Publikationen zur Wirtschafts- und Ordnungspolitik sowie zur Zeitgeschichte und Politik in Asien.

**Ingeborg Becker** studierte Kunstgeschichte und Germanistik in Hamburg und Berlin. Sie promovierte bei Otto von Simson an der Freien Universität Berlin zur Druckgraphik und Genremalerei des deutschen Vormärz in Berlin und absolvierte ein wissenschaftliches Volontariat an den Staatlichen Museen zu Berlin. 1985 wurde Ingeborg Becker Kuratorin und stellvertretende Direktorin im Bröhan-Museum Berlin. Von 2003 bis 2013 war sie Direktorin und Vorstand der Stiftung Bröhan-Museum. Zahlreiche Publikationen und internationale Ausstellungen zur Kunst der Jahrhundertwende 1900. Ingeborg Becker blickt auf eine langjährige Lehrtätigkeit an der Freien Universität Berlin im Bereich Kunstgeschichte sowie auf mehrere internationale Forschungsprojekte zum Jugendstil/Art Nouveau zurück.

**Reinhart Bindseil**, Dr. jur., geb. 1935 in Liegnitz/Schlesien, 1953 Abitur in Delitzsch (Sachsen); Jurastudium in Heidelberg; 1958 1. Jur. Staatsprüfung; 1959/1960 Studienreise nach Indien und Singapur;

1961/1962 DAAD-Stipendiat in Singapur und Erwerb eines »Master of Laws« (LL. M.) mit einer rechtsvergleichenden Studie über deutsches und malaiisches Verfassungsrecht; 1965 2. Jur. Staatsprüfung und Promotion. Reinhart Bindseil trat 1965 in den Auswärtigen Dienst ein. Es folgten Auslandsverwendungen in Tunis, Madras, Tokyo und Inlandstätigkeiten in der Personalabteilung des Auswärtigen Amtes. Bindseil war u. a. Botschafter der Bundesrepublik Deutschland in Zentralafrika (1977–1980), Ruanda (1984–1988) und Usbekistan (1996–2000). Seit 2000 lebt er im Ruhestand in Bonn.

**Peter Boehm,** geb. 1967, studierte Allgemeine Linguistik und Kommunikationswissenschaften in Berlin. Mehr als zehn Jahre war er Auslandskorrespondent für verschiedene deutsche Medien in Afrika, Zentralasien, den USA und dem Mittleren Osten. Nun lebt er als Dozent und freier Autor in Berlin. Seine Zentralasien-Reportagen sind unter dem Titel »Tamerlans Erben« erschienen. Weitere Buchveröffentlichungen: »Im Königreich der Frommen« und »Afrika Quer«.

**Stefan von Finckenstein,** Lic. rer. publ., geb. 1961 in Bielefeld, studierte Jura, Publizistik und Geschichte; Forschungsarbeiten zur Kunst- und Wissenschaftsgeschichte, Geschäftsführender Gesellschafter des Verlages Finckenstein & Salmuth in Berlin; Zusammenarbeit mit Thomas Kunze u. a. bei der Publikation »Einundzwanzig« (internationale Zukunftsforschung) und Vorträgen zur Pressefreiheit und zum Verfassungsrecht.

**Thomas Grimm,** geb. 1954 in Aue (Sachsen), studierte Philosophie und Ästhetik an der Humboldt-Universität in Berlin. Er war Filmredakteur des DDR-Filmarchivs. 1990–1991 leitete er die Abteilung Kirche, Familie und Soziales des Deutschen Fernsehfunks (DFF). Thomas Grimm ist seit 1992 Geschäftsführer der Zeitzeugen TV Film- und Fernsehproduktionen GmbH. Seit 2012 entwickelt er mit Unterstützung der EU das audiovisuelle Biografienportal (www.biopicpool.com). Als Filmemacher produzierte Grimm eine Vielzahl von zeitgeschichtlichen Dokumentarfilmen. Als Autor veröffentlichte er mehrere Sammelbände und Bücher. Zuletzt erschienen: »Das Politbüro privat. Honecker & Co. aus der Sicht ihrer Angestellten«.

**Andreas Jacobs,** Dr. phil., geb. 1969 in Kleve, Studium der Politik- und Islamwissenschaft in Köln sowie in London, Tunis und Kairo, Promotion in Köln. Von 2007 bis 2012 leitete er das Büro der Konrad-Adenauer-Stiftung in Kairo, Ägypten. Seit 2013 arbeitet er als Berater für Nahostpolitik am NATO Defense College in Rom. Er war Lehrbeauftragter für Islamwissenschaft an der FU Berlin und Mitglied der ersten Deutschen Islamkonferenz. Andreas Jacobs lebt in Rom und Berlin.

**Hubert Kemper,** geb. 1948 in Altena (Westfalen), setzte schon als junger Chefreporter der »Westfalenpost« (Hagen) seine Leidenschaft für das Reisen in Reportagen um. Zahlreiche Beiträge über die Bürgerkriege in Somalia, Ruanda/Burundi, Bosnien, Kosovo und Afghanistan. Hubert Kemper ist als Korrespondent der »Freien Presse« in Dresden mit Schwerpunkt Politik und Wirtschaft tätig. Sein Interesse gilt u. a. der mittelasiatischen Region, wohin ihn mehrere Reisen führten.

**Vera Lengsfeld,** geb. 1952 in Sondershausen (Thüringen), Studium der Geschichte und Philosophie in Leipzig und Berlin; Mitarbeiterin an der Akademie der Wissenschaften der DDR, später Lektorin im Verlag »Neues Leben«; seit den siebziger Jahren aktive Gegnerin des SED-Regimes. Sie studierte Religionsphilosophie in England, war Mitglied der Verfassungskommission des Runden Tisches sowie Mitglied der frei gewählten Volkskammer der DDR (1990/1991). Später war sie Mitglied des Bundestages. Sie ist Trägerin des Aachener Friedenspreises und des Bundesverdienstkreuzes. Heute arbeitet Vera Lengsfeld als freischaffende Autorin.

**Arash Sarkohi,** geb. 1981 in Teheran, Studium der Informatik und der Philosophie an der FU Berlin. Abschlüsse: Diplom-Informatiker und Master Artium. Sarkohi arbeitete bei verschiedenen persischsprachigen Nachrichtenportalen. 2009–2013 folgten ein Promotionsstudium an der FU Berlin zum Thema »Der Demokratie- und Menschenrechtsdiskurs der religiösen Reformer in Iran und die Universalität der Menschenrechte« und mehrere Forschungsaufenthalte in Iran. Seit 2008 ist Sarkohi freier Mitarbeiter beim Cheshmeh-Verlag in Teheran und übersetzt Literatur aus dem Deutschen, Spanischen und Englischen ins Persische. In Berlin arbeitet er ehrenamtlich für den Verein iranischer Flüchtlinge e. V. Arash Sarkohi ist Autor mehrerer Publikationen zur iranischen Zeitgeschichte und Politik.

**Carsten Scharffetter**, geb. 1964 in Bremen, aufgewachsen in Friesland, nach Jurastudium in Bayreuth und Referendariat Tätigkeit als deutscher Rechtsanwalt in Israel. Scharffetter lebte zwischen 2005 und 2010 in Pretoria (Südafrika), und lebt seither in Taschkent (Usbekistan).

**Michael Schindhelm**, geb. 1960 in Eisenach, Schriftsteller. Studium der Quantenchemie in Woronesch (UdSSR). 1984–1986 war Schindhelm wissenschaftlicher Assistent der Abteilung Theoretische Chemie im Zentralinstitut für Physikalische Chemie in Ost-Berlin. 1990 wurde Michael Schindhelm Berater und später Direktor der Theater-GmbH (Thüringen, Deutschland). 1992 wurde er zum Intendanten der Bühnen der Stadt Gera gewählt, von 1994 bis 1996 war er Generalintendant und Geschäftsführer des Theaters Altenburg-Gera und von 1996 bis 2006 Künstlerischer Direktor und Intendant des Theaters Basel (Schweiz). Von 2005 bis 2007 war Schindhelm Generaldirektor der »Stiftung Oper in Berlin«, bestehend aus der Staatsoper Berlin, der Deutschen Oper, der Komischen Oper und dem Staatsballett. Schindhelm ist seit 2009 unter anderem als Kulturberater und Kurator für internationale Organisationen tätig.

**Markus Herbert Schmid**, M. A., Dr. phil., 1964 in Eichstätt, Magisterstudium (2000) und Promotion (2006) an der Katholischen Universität Eichstätt-Ingolstadt (Neue und Neuere Geschichte, Mittel- und Osteuropäische Zeitgeschichte, Politikwissenschaft). Schmid ist u. a. Autor der Monografien »Poetae Laureati – Stalins Minnesänger« und »Der Prager Frühling und die 68er«.

**Alexander von Schönburg**, geb. 1969 in Mogadischu (Somalia), studierte in London Geschichte und Politikwissenschaften und arbeitet seit 2008 für die Chefredaktion der BILD-Zeitung. Er war Teil des sogenannten »popkulturellen Quintetts« (mit Christian Kracht, Eckhart Nickel, Benjamin von Stuckrad-Barre und Joachim Bessing), das 1999 mit dem Buch »Tristesse Royale« für Diskussionen sorgte. 2005 veröffentlichte er mit »Die Kunst des stilvollen Verarmens« einen internationalen Bestseller und 2008 »Alles was Sie schon immer über Könige wissen wollten, aber nie zu fragen wagten«. Er lebt mit seiner Familie in Berlin.

**Thomas Schrapel**, Dr. phil., geb. 1956 in Oschatz (Sachsen), studierte Alte Geschichte und Archäologie in Berlin und Trier, 1985–1988 arbeitete er im Museum für Ur- und Frühgeschichte in Berlin (Ost), 1992 Promotion im Fach Alte Geschichte an der Universität Trier, 1999–2003 Mitarbeiter im Deutschen Bundestag; seit 1993 Mitarbeiter der Konrad-Adenauer-Stiftung, 2004–2010 Repräsentant der KAS in der Mongolei, 2010–2012 Koordinator Neue Länder bei der KAS in Berlin; seit April 2012 Repräsentant der KAS in Albanien; zahlreiche Veröffentlichungen zu Politik und Zeitgeschichte.

**Martin Sieg,** Dr. phil., Dr. rer. pol., geb. 1970, Studium der Geschichte, Philosophie und Politologie; promovierte in Geschichte mit einer Studie zu »Staatsdienst, Staatdenken und Dienstgesinnung in Brandenburg-Preußen im 18. Jahrhunderts«. Sieg ist außen- und sicherheitspolitischer Mitarbeiter im Deutschen Bundestag und seit 2013 Berater des Ministerpräsidenten der Republik Moldau. Er ist Lehrbeauftragter der Freien Universität Berlin und der Universität Passau; daneben freiberuflicher Politikberater und Verfasser zahlreicher Politik- und geschichtswissenschaftlicher Veröffentlichungen.

**René Sternberg,** geb. 1982, studierte Soziologie, Politikwissenschaften und Berufs- und Betriebspädagogik in Magdeburg, Bangor (Wales) und Łódź (Polen). Im Rahmen seines Studiums befasste er sich mit der Frage, ob Atatürk ein Demokrat oder autoritärer Herrscher sei. Gerade beendet er seine Promotion über den Einfluss von Web 2.0 auf die Organisationsstrukturen sowie das Kommunikationsverhalten von Mitarbeitern in Organisationen. Zu diesem Thema bloggt er unter: www.ezweinull.de. Dort finden Sie auch weitere Angaben zu seiner Person, Veröffentlichungen und Kontaktdaten.

**Veronika Wengert,** geb. 1974 in Karlsruhe, Studium der Südslawistik, Russistik, Journalistik. Später Aufbaustudium »Master für Medien und interkulturelle Kommunikation«. Mehr als elf Jahre Studium, Praktika und Berufserfahrung in Moskau, Zagreb, Sofia und Ljubljana, u. a. von 2001–2005 als Redakteurin der »Moskauer Deutschen Zeitung« und 2005–2011 als freie Journalistin und Übersetzerin für slawische Sprachen in Zagreb. 2010 erschien ihr interkultureller Ratgeber »Fettnäpfchenführer Russland: Was sucht der Hering unterm Pelzmantel?«. Veröffentlichung mehrerer Reiseführer: »Russland – Europäischer Teil«, »Bildatlas Kroatische Adriaküste«, »Istrien – Kvarner Bucht«. Veronika Wengert lebt und arbeitet in München. www.veronika-wengert.de

**Nikolaus Werz,** Dr. phil. habil., geb. 1952 in Bonn, argentinisches und deutsches Abitur in Buenos Aires. 1980–1981 war er wissenschaftlicher Mitarbeiter am CENDES (Caracas/Venezuela). Nach seiner Promotion arbeitete Werz 1983–1991 als Lehrbeauftragter am Seminar für Wissenschaftliche Politik der Universität Freiburg i. Br., und nach der Habilitation nahm er 1991–1993 eine Lehrstuhlvertretung wahr. Seit 1994 ist Nikolaus Werz Lehrstuhlinhaber für das Fach »Vergleichende Regierungslehre« an der Universität Rostock. Nikolaus Werz war 2005–2007 Vorsitzender der Deutschen Gesellschaft für Politikwissenschaft (DGfP). Er ist Autor einer Vielzahl von Publikationen zu Lateinamerika und Mitherausgeber der Reihe »Studien zu Lateinamerika«.

**Christoph Wesemann,** geb. 1978 in Magdeburg, studierte Politikwissenschaft, Neuere Geschichte und Jüdische Studien an der Universität Potsdam. Er arbeitete in dieser Zeit mit am Biografieband »Juden in Berlin« und am Lehrforschungsprojekt »Deutsch-jüdische Literaturgeschichte«. Wesemann schrieb von 1995 bis 2006 als freier Mitarbeiter für die »Altmark-Zeitung«. Nach dem Studium volontierte er bei der »Schweriner Volkszeitung« und entwickelte mit Schülern eine Zeitzeugen-Ausstellung über das Warschauer Ghetto. Anschließend war er Berater für Wirtschaftsentwicklung sowie Presse- und Öffentlichkeitsarbeit im Bayerischen Haus Odessa (Ukraine). Wesemann schrieb von dort regelmäßig Kolumnen u. a. für die »Schweriner Volkszeitung«, hielt Vorträge und war Mitarbeiter des Medienprojekts »Deutsche Spuren am Schwarzen Meer« der Robert-Bosch-Stiftung. Von 2009 bis 2012 arbeitete er als Referent einer Bundestagsabgeordneten in Berlin. Seit Juli 2012 lebt er als Politikberater und Journalist in Buenos Aires.

Thomas Kunze
**Nicolae Ceaușescu**
Eine Biographie

464 Seiten, 33 Abb., Festeinband
ISBN 978-3-86153-562-1
49,90 € (D); 51,30 € (A)

Thomas Kunze hat Zeitzeugenberichte sowie aufschlussreiches Archiv- und Bildmaterial zutage gefördert und zeichnet die Lebensgeschichte des Diktators auf fesselnde Weise nach. Die erfolgreiche Biografie liegt in der 3. Auflage vor.

Ulrich Chaussy/
Christoph Püschner
**Nachbar Hitler**
Führerkult und Heimatzerstörung
am Obersalzberg

248 Seiten, 221 Abb., Broschur
ISBN 978-3-86153-704-5
19,90 € (D); 20,50 € (A)

In der aktualisierten 7. Auflage werden die kürzlich gefundenen Pläne des britischen Geheimdienstes zur Ermordung Hitlers dargestellt und die jahrzehntelange Auseinandersetzung um das Areal behandelt, auf dem inzwischen ein Dokumentationszentrum und ein Luxushotel eröffnet worden sind.

**www.christoph-links-verlag.de**